"十四五"时期国家重点出版物出版专项规划项目

**迈向体育强国之路**

中国体育改革与创新发展研究文丛

总 主 编 ｜ 易剑东
副总主编 ｜ 李树旺　龙斌

ON THE WAY
TO A SPORTS POWER

# 使命在肩

## 我国青少年
## 体育活动促进制度体系研究

肖林鹏 等　著

北京体育大学出版社

丛书总策划：赵月华　赵海宁

丛书责任编辑：赵海宁

本册责任编辑：钱春华

本册责任校对：赵红霞

封　面　设　计：刘星逸

版　式　设　计：北京禾风雅艺

**图书在版编目（CIP）数据**

使命在肩：我国青少年体育活动促进制度体系研究 /
肖林鹏等著 . -- 北京：北京体育大学出版社，2025.1.
（迈向体育强国之路：中国体育改革与创新发展研究文丛 /
易剑东主编）. -- ISBN 978-7-5644-4235-4

Ⅰ . G808.17

中国国家版本馆 CIP 数据核字第 2024AG2851 号

**使命在肩——我国青少年体育活动促进制度体系研究**　　　　　　　肖林鹏 等 著
SHIMING ZAIJIAN——WOGUO QINGSHAONIAN TIYU HUODONG CUJIN ZHIDU TIXI YANJIU

出版发行：北京体育大学出版社

地　　　址：北京市海淀区农大南路 1 号院 2 号楼 2 层办公 B-212

邮　　　编：100084

网　　　址：http：//cbs.bsu.edu.cn

发 行 部：010-62989320

邮 购 部：北京体育大学出版社读者服务部 010-62989432

印　　　刷：北京建宏印刷有限公司

开　　　本：710mm×1000mm

成品尺寸：170mm×240mm

印　　　张：22.25

字　　　数：345 千字

版　　　次：2025 年 1 月第 1 版

印　　　次：2025 年 1 月第 1 次印刷

定　　　价：158.00 元

# 编写人员名单

肖林鹏　靳厚忠　胡　庆　李凌晨

马枢佳　王　超　武旗红　石鹏飞

章美怡　袁　兰

# 总序

## 体育强国建设的理论贡献和学术追求

体育强国，对中国人来说至少是一个百年梦想。

早在 1907 年，我国著名教育家张伯苓就提出我国派运动员参加奥运会的设想。

随后的 1908—1909 年，中国大地上流传着著名的"奥运三问"："中国何时派一人参加奥运会？中国何时派一支队伍参加奥运会？中国何时举办奥运会？"

到了 1910 年，在中国历史上第一届全国运动会[1] 举办之前，新的"奥运三问"在媒体出现了，其中的第二个问题换成了"何时能于万国运动大会[2] 时独得锦标"。

这三个梦想，中国人花了百年才完全实现。

百年前的 1924 年巴黎奥运会，中国曾有四名运动员报名参加网球男子比赛，可惜后来因为种种原因未能如愿。

1928 年，宋如海代表当时的中华全国体育协进会参观了荷兰阿姆斯特丹奥运会。他回国后出版了《我能比呀·世界运动会丛录》，将"Olympia"置换成"我能比呀"，发出了中国人期待在奥运会展露风采的强音。

1932 年美国洛杉矶奥运会上，中国运动员刘长春孤身一人踏上了赛场，成为中国奥运第一人。

1980 年 2 月，中华人民共和国首次派团参加了在美国普莱西德湖举办的第 13 届冬奥会。

1984 年 7 月 29 日，许海峰在美国洛杉矶奥运会射击场上夺得当届奥运会第一枚金牌，国际奥委会主席萨马兰奇亲自颁奖，称这是中国体育史上伟大的一天。

---

[1] 原名"全国学校区分队第一次体育同盟会"，辛亥革命后追认为"第一届全国运动会"。

[2] "万国运动大会"即当时国人对于奥运会的称呼。

2001 年 7 月 13 日，北京成功获得 2008 年奥运会主办权。

大约半年后，杨扬在美国盐湖城举办的第 19 届冬奥会上夺得两枚金牌，实现了中国冬奥会金牌零的突破。

我们的首次夏季奥运会和冬季奥运会之旅都是在美国开启的，金牌零的突破也是在美国实现的，特别是夏季奥运会，首次之旅和金牌零的突破都是在美国洛杉矶。这是一个历史的机缘巧合，似乎也预示着中国人的强国梦的开启和落实。

2008 年 8 月 8—24 日，北京奥运会成功举办，获得了国际奥委会"无与伦比"的评价。2022 年 2 月 4—20 日举行的北京冬奥会，国际奥委会再次给出了完全一样的评价——"truly exceptional"，我们称之为"无与伦比"！

中国的体育强国梦想，从一开始就是在国际环境中自我激励和砥砺前行的产物。我们在与其他国家（或地区）的比较中生发出民族强盛的梦想，我们在屈辱的近代历史中希望通过体育的强大洗刷曾在战争中遭受的屈辱。体育成为中国人强大心灵和强盛梦想的显性承载平台。因为这个平台鲜明、直观、庞大，极易打动人心，也最能凝聚人心。

根据历史记载和旧人回忆，我国最早出现"体育强国"一词应该在 1980 年前后。在中央电视台拍摄的一部体育纪录片中，曾经担任国家体委主任的李梦华亲口坦诚地说："体育强国一词是我提出来的。"

2008 年北京奥运会结束以后，在总结表彰大会上，国家主席胡锦涛在讲话中提出了中国从体育大国向体育强国迈进的战略目标。

2019 年，国务院办公厅发布了《体育强国建设纲要》。

笔者曾经阅读过 20 世纪 80 年代初出版的《体育理论》《体育概论》教材，发现其中已经出现了体育强国建设的指标，包括奥运会金牌总数进入前六名这个硬指标，还有群众体育参与人数比例、人均体育场地面积数、青少年体育成绩达标人数、体育经费占比等指标。这个体育强国的指标，后来还在四个现代化的目标描述中被引用，成为"2000 年的中国体育"中关于中国体育贡献与国家现代化的一个核心表述。

如果说过去提出"体育强国"的概念和口号，代表着我们依托国民经济和社会发展的目标对体育发展提出的要求，那么 2019 年发布的《体育强国建设纲要》则是在我们建设现代化强国的征途中体育与国家同步走向现代化的一个切实而具体的目标。

体育强则中国强，国运兴则体育兴。这句简洁的话语背后，蕴含着体育强国的深刻内涵和深层逻辑。只有在国家经济社会发展处于不断进步的背景下，体育才能获得发展的环境和条件。在国际舞台上，体育的强大往往是国家强盛的重要标志之一。体育强国，必然是先有强国才有强体育，而强体育是展示强国实力的重要标志。这也是体育成为强国标志性力量重要组成部分的应有之义。所以，我们的体育强国建设，包含着两个必然的逻辑进路：体育在国家经济社会发展支撑下逐步强大，进而通过体育的强大昭示和展现国家的强大实力。

《体育强国建设纲要》提出了全民健身、竞技体育、体育产业、体育文化、体育外交五个关键领域逐步发展更好的目标、任务和步骤，开启了中国体育全面实现高质量发展的新征程。

我们来看下具体的表述。

"全民健身更亲民、更便利、更普及"，这是让大众体育走进百姓日常生活的具体要求，是增加群众体育人口和人均体育场地面积乃至体育经费的必然要求，需要我们付出巨大的努力。

"青少年体育服务体系更加健全，身体素养显著提升，健康状况明显改善"，这是国家层面加大对青少年体育投入以取得显著效果的必由之路，展示了对当前我国青少年体育现实加以改变和完善的决心。

"把竞技体育搞得更好、更快、更高、更强"，这是对我国参与国际体育竞争的目标和能力的表述，将"更好"置于"更快、更高、更强"之前，也体现出我们追求中国竞技体育高质量发展和高水平治理的战略目标。

"体育产业更大、更活、更优"，这是我国将体育产业建成国民经济支柱性产业的战略目标的表述，该目标势必要求体育产业规模更大、机制更灵活、效益更优。这不仅可以为体育事业提供强有力的支撑，也可以为国民经济和社会发展作出更大贡献。

"体育文化感召力、影响力、凝聚力不断提高。"体育文化发展是体育事业和体育产业发展的根基和灵魂，指引着体育改革的方向。体育赛事和群众体育活动、体育新闻报道和文化艺术作品等，只有充分发挥感召世人、影响舆论、凝聚人心的功能，才能助推体育强国建设。

"体育对外和对港澳台交往更活跃、更全面、更协调。"体育是举世公认的身体语言和世界语言，体育对外交往是塑造可亲、可敬、可信的中国形象的独特平台。宏大、激越、亲和、直观的体育交往平台是不可替代的对外交往场域。使体育对外交往增加活跃度、拓展影响面、注重协调性是中国建成体育强国的必然要求。

今年1月，笔者有幸参与了国家体育总局政策法规司组织的一次关于构建体育强国建设指标体系的座谈会，其间有机会听取了我国交通运输部一位专家讲解的"交通强国"建设指标体系的构建思路和做法。这次座谈会的召开，也昭示着体育强国建设已经进入了分领域、分阶段、分步骤推进的实质性、全方位谋划与评估的新阶段。

如何分领域和任务、分阶段和步骤建设体育强国，已经成为摆在我们前面的一项具体而切实的使命。

北京体育大学出版社"迈向体育强国之路：中国体育改革与创新发展研究文丛"（以下简称"文丛"）就是在这样的背景下出版的，这是体育文化人对体育强国建设的战略审视、策略思考，更是对中国体育改革和发展实践的理论观照、现实把握。在中国竞技体育，特别是奥运会成绩已经稳定在世界前三名的背景下，我们的文丛首先聚焦在体育强国建设的基础领域：全民健身和青少年体育。这是一次对中国体育基础性、根本性、前提性问题的全面关注，也是一次对体育强国建设奠基性和战略性工程的系统观照。

《使命在肩——我国青少年体育活动促进制度体系研究》的主编肖林鹏教授，目前是北京体育大学管理学院教授、博士生导师，多年来致力于体育管理实践领域的研究和探索，是我国体育公共服务、青少年体育研究学术影响力较大的几位学者之一。他二十多年来深得国家体育总局等相关部门的信任，主持了一系列关于青少年体育领域的重要研究项目和政策文本的研制，如他先后承接了体育总局青少年体育司"青少年体育活动促进计划"等多项工作性研究项目，主编了《中国青少年体育活动促进发展报告》《中国青少年体育俱乐部发展报告》年度系列等，在我国的青少年体育研究中属于领军型学者。该书着力于我国青少年体育活动促进制度体系的研究，全方位探索社会制度、体育制度和青少年制度的有机整合，力求提炼出支撑我国青少年体育的完整制度元素及其有机互动，为青少年体育活动的全面、深入、普遍开展提供坚实的制度保障。体育强国的根基在青少年，青少年体育是体育强国建设的基础性工程和标志性体现。

《薪火相传——科学计量学视角下我国体育科学学科史研究》一书的作者是王琪教授，现任北京师范大学体育与运动学院副院长、博士生导师，中国高等教育学会体育专业委员会副秘书长、理事，中国教育学会体育与卫生分会理事，教育部普通高校师范类专业认证专家等职。王琪教授长期主要从事体育科学史、学校体育教育、体育教师教育等方面的教学与研究工作，发表了一系列学术界公认的研究成果。该书以科学计量学为研究方法，对1949年以来的体育学科知识流动进行了系统性梳理，从史学视角回顾和归纳了其发展概况、演进阶段、知识特征、流动规模与机制，旨在为中国式现代化建设背景下有序地推进中国特色体育学科体系建设添砖加瓦。习近平总书记曾指出："了解历史、尊重历史才能更好把握当下，以史为鉴、与时俱进才能更好走向未来。"体育强国建设不能缺少对中国体育学科史的探赜，这是由体育学科史自身价值所证明的。当下追溯与挖掘中国体育学科史，总结中国体育学科的历史根源和发展规律，反思中国体育学科在知识流入和知识流出层面上的知识生产模式，可以为未来一段时间内如何围绕中国体育学科基本议题加快构建体育学科体系提供理论参照，也可以为新时代中国体育改革事业持续走向纵深提供历史性支撑。

《培根铸魂——体育教师核心素养的内涵与培养》的作者尹志华教授，现任华东师范大学体育与健康学院教授、博士生导师、博士后合作导师，曾先后担任教育部体育与健康课程标准修订专家组成员兼秘书、教育部体育教师培训课程标准研制组专家、教育部体育与健康教材审查指标研制组专家、教育部全国专业学位水平评估专家等。长期从事体育教师教育、体育课程与教学等方面的教学与研究工作，在体育教师素质与能力研究领域成果丰硕，受到学界的普遍认可，其学术成果具有广泛的社会影响和学术影响。该书基于当前我国核心素养导向体育课程改革的发展趋势，秉持"培养学生体育与健康核心素养的体育教师应该具备相应核心素养"的原则，在系统归纳国内外相关研究的基础上，立足体育教师的核心使命和主要任务，建构了顺应体育教育改革和教育理念更新的体育教师核心素养体系，在内涵阐释和要义明晰的基础上，提出了高水平体育教师核心素养培养的主要策略。学校体育和青少年体育所需要的关键资源之一是高水平的体育师资，这是中国体育强国建设必须补齐的短板。因此，该书的理论价值和现实意义毋庸置疑。

《强国有我——青少年体质健康的社会决定因素及政策应对研究》的作者郇昌店教授，现就职于山东体育学院体育管理学院，教授，教育学博士，硕士研究生导师，兼任中国体育科学学会体育社会科学分会委员、中国体育科学学会青年工作委员会委员。郇昌店教授多年来笔耕不辍，产出了大量高水平的体育学术成果，特别在青少年体育、公共体育服务、体育产业等领域，成果较多，影响较大。该书针对建设体育强国的关键问题，坚持理论与实践相结合，综合运用多学科理论方法，站在健康社会决定因素的视角，关注青少年体质健康的社会决定基础，并讨论了这些因素之间的内在关系，从理论系统性和现实完备性的角度讨论了促进青少年体质健康的公共政策应对问题。体育强国建设的使命之一是为建设健康和谐的社会作出贡献，并在国家经济和社会发展的基础上实现体育事业高质量的发展，该书阐明了青少年体质健康的社会决定因素，提出了政策建议，抓住了体育强国建设的核心问题和关键环节之一，为体育强国建设提供了理论参照与实践指引。

《凝心聚力——全民健身志愿服务心理契约治理研究》的作者夏树花副教

授,现为河南师范大学体育学院副院长、硕士研究生导师。在全民健身、志愿服务等研究领域取得了众多优秀成果,出版专著《城市社区体育志愿者服务模式研究》,参编国家级规划教材《体育科学研究方法》第三版和第四版、参编群众体育蓝皮书《中国社会体育指导员发展报告(2016—2020)》等。该书从心理契约的研究视角,结合经济学、心理学、管理学等研究理论,讨论了我国全民健身志愿服务的治理问题。要想做好体育强国建设的广泛深入的持续推进工作,必须做好全民健身事业的一个重要群体——全民健身志愿者的工作,一个关键环节|—志愿服务治理的工作,把握好心理特质和契约治理就是有力的抓手。本研究从以往鲜受关注的领域深入开展,探讨我国全民健身公共服务体系建设必须面对的现代化治理长效化的核心问题,具有重要的理论价值和切实的决策价值。

毋庸讳言,此次的五部著作之间的逻辑关系并不严密,也无法覆盖体育强国建设的五个领域。然而,这五部著作分别基于作者团队扎实的研究基础、独特的研究视角、深入的研究方法,既提出了助力体育强国建设的全民健身、青少年体育、体育教育、体育学科方面的重要问题、理论框架、政策建议或思考,也都从自身视角提出了我国体育改革和发展的思路、策略和改革建议,从而推动我国体育强国建设走向深入、理性和持续。

在后续的竞技体育、体育产业、体育文化、体育对外交往等领域,我们将竞争性地选择优秀作品,针对性地遴选优秀学者,聚焦改革和发展的核心问题,推出更多高水平著作,为推动我国的体育强国建设如期完满地实现战略目标和完成主要任务,为建设现代化强国作出新的更大贡献。

巴黎奥运会将于当地时间7月26日19:30(北京时间7月27日凌晨1:30)开幕,成绩已经稳定在世界前三名的中国体育代表团将毫无疑问占据奥运会金牌榜的前列。然而,对于致力于2035年建成体育强国的我国来说,通过巴黎奥运会检视我们在国际体育秩序和格局盘整中的战略、国际体育组织决策和管理权力的争取、国际体育事务规则制定和调整中的智慧输出等,将是更加艰难、更加重要的工作。

冀望我们的"文丛"汇入这一潮流,有助于推进我国体育事业的高质量发展和体育治理体系和能力的现代化。

易剑东

2024年6月于瑞士洛桑

# 前言

　　青少年体育工程是我国迈向体育强国之路的基础工程。党的十八大以来，党和国家对青少年体质健康高度重视，并在多项政策中反复强调"实施青少年体育活动促进计划"。以 2017 年国家体育总局、国家发展改革委、共青团中央等七部门联合制订的《青少年体育活动促进计划》为标志，青少年体育活动促进正式成为一项政府推动的国家行动。2022 年 6 月，第十三届全国人民代表大会常务委员会第三十五次会议修订的《中华人民共和国体育法》，首次将"实行青少年和学校体育活动促进计划"纳入法律条文。至此，我国青少年体育活动促进计划已经达到了一个新的里程碑。

　　当前，我国青少年体育活动促进工作，无论是以过程论的经验模式，还是以结果论的发展成效，均获得了一定的进展。但仍需注意中国特色的青少年体育活动促进工作模式尚处于探索和解读阶段。我国青少年体育活动促进工作的发展面临以下困境：政府推动青少年体育活动普及推广的力度待加强，多元协同促进青少年体育活动的机制待完善，支持青少年体育活动的保障条件待提高，激发青少年体育活动参与的方式待改进，支撑青少年体育活动促进的法规政策体系待完善，吸引青少年主动参与体育活动的体系待丰富……因此，解决这些问题，推动新时期青少年体育的高质量发展，势在必行。

　　基于此，本书致力于系统分析我国青少年体育活动促进工作的现状，并结合制度设计的相关理论基础进行深入探讨。同时，以相关政策设计作为青少年体育活动促进制度的具体体现，针对性地提出未来发展策略，旨在为完善我国公共体育服务制度、构建公共体育服务的制度框架提供理论支持。

本书是在国家社会科学基金项目（项目号：18BTY077）成果的基础上编写而成的。北京体育大学肖林鹏负责纲目制定、审稿与定稿，各章著者分工情况如下：肖林鹏、武旗红负责第一章、第八章；胡庆负责第二章；王超负责第三章；李凌晨负责第四章、第六章；石鹏飞、马枢佳负责第五章；章美怡、袁兰负责第七章；肖林鹏、靳厚忠、武旗红负责第九章。此外，李冠南、阎隽豪、彭显明为本书图表制作、结构编排等付出了辛勤劳动，在此深表感谢！

本书得以顺利出版，承蒙北京体育大学出版社及赵海宁老师的大力支持，在此深表感谢！

肖林鹏

2023 年 4 月

# 目录

第一章

# 我国青少年体育活动促进的工作理路、发展成效与面临的困境

我国青少年体育活动促进工作始终是政府发展青少年体育的重要内容，其现实发展状况既代表了过去的阶段性成果，也代表了未来发展的现实根基。本章将全面介绍我国青少年体育活动促进的现实逻辑，包括工作理路、发展成效与面临的困境3个部分。其中工作理路代表了当前我国青少年体育活动促进工作的现实情况，是政府系统推进的一项重要建设与发展内容；发展成效集中于展现在体育活动促进工作影响下，我国青少年体育工作的整体进展情况；面临的困境以过去经验与未来目标为双重导向，探寻已经陷入的或即将面临的一系列问题。

## 第一节　我国青少年体育活动促进的工作理路

### 一、完善青少年体育活动促进的组织机构建设

以各省体育局为代表的体育行政部门均设置了青少年体育板块，工作内容涵盖培训开展、竞赛活动、政策规范、机构设置等方面。大多数省份均设置青少年体育处，专门负责青少年体育发展的各类事项。行政机构和直属机构两部分组成了省级层面青少年体育活动促进的组织机构（图1-1）。行政机构主要

是指各省（区、市）的青少年体育处，其职责包括拟定全省（区、市）青少年体育发展规划、青少年业余训练管理制度等。直属机构主要指的是各省（区、市）运动技术学校、青少年体育训练中心、青少年体育服务中心等，主要负责青少年的体育竞赛、日常训练、技能培养等。

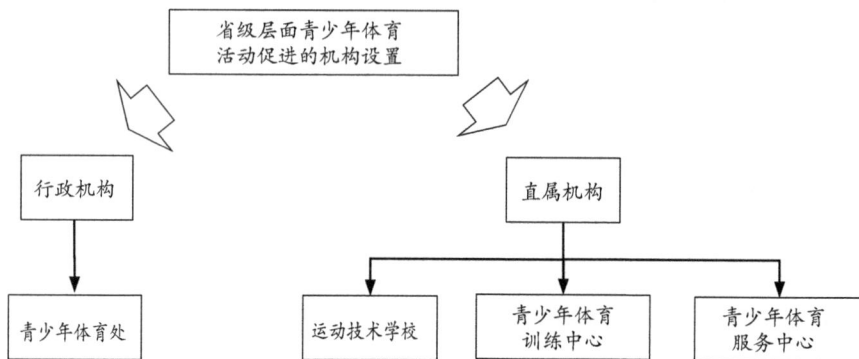

图 1-1　省级层面青少年体育活动促进的组织机构

截至 2020 年，我国大部分省（区、市）已经设立了专门的青少年体育行政机构，但仍有少数省（区、市）尚未设立。其中，浙江、湖北、西藏自治区、青海的省级体育行政部门尚未设立独立的青少年体育行政机构。同时，也有极少数省（区、市）未设置与青少年体育相关的直属机构（表 1-1）。

表 1-1　省级体育行政部门青少年体育行政机构设置情况

| 省级体育行政部门 | 青少年体育行政机构 | 直属机构 |
| --- | --- | --- |
| 北京市体育局 | 青少年体育处 | 北京市什刹海体育运动学校（北京市第 100 中学）、北京市芦城体育运动技术学校（北京市第三体育运动学校、北京市第 207 中学）、北京市木樨园体育运动技术学校、北京市先农坛体育运动技术学校、北京市射击运动技术学校、北京市游泳运动学校、北京体育职业学院 |
| 天津市体育局 | 训练竞赛处（青少年体育处） | 天津市体育运动学校、天津体育职业学院 |

| 省级体育行政部门 | 青少年体育行政机构 | 直属机构 |
|---|---|---|
| 河北省体育局 | 青少年体育处 | 河北省体育局运动技术学校（河北省体育局训练服务中心）、河北省体育局青少年业余训练中心 |
| 山西省体育局 | 青少年体育处 | 山西体育职业学院 |
| 内蒙古自治区体育局 | 青少年体育处 | 内蒙古体育职业学院 |
| 辽宁省体育局 | 青少年体育处 | 未设置 |
| 吉林省体育局 | 青少年体育处 | 吉林体育学院 |
| 黑龙江省体育局 | 竞技体育与青少年体育处 | 黑龙江省体育运动学校 |
| 上海市体育局 | 青少年体育处（科教处） | 上海市第二体育运动学校（上海田径运动中心）、上海市体育运动学校 |
| 江苏省体育局 | 青少年体育处 | 江苏省体育局青少年训练与反兴奋剂管理中心 |
| 浙江省体育局 | 未设置 | 浙江体育职业技术学院 |
| 安徽省体育局 | 青少年体育处 | 安徽体育运动职业技术学院 |
| 福建省体育局 | 竞技体育处、青少年体育处 | 福建省青少年体育学校 |
| 江西省体育局 | 青少年体育处 | 未设置 |
| 山东省体育局 | 青少年体育处 | 未设置 |
| 河南省体育局 | 青少年体育处 | 河南省体育中学（河南省体育运动学校）、郑州大学体育学院 |
| 湖北省体育局 | 未设置 | 湖北体育职业学院、湖北省体育运动学校 |
| 湖南省体育局 | 青少年体育处 | 湖南体育职业学院 |
| 广东省体育局 | 青少年体育处 | 广东省青少年竞技体育学校 |
| 广西壮族自治区体育局 | 青少年体育处 | 广西体育高等专科学校、广西体育运动学校（广西青少年业余体校） |

| 省级体育行政部门 | 青少年体育行政机构 | 直属机构 |
|---|---|---|
| 海南省旅游和文化广电体育厅 | 科教和青少年体育处 | 海南体育职业技术学院 |
| 重庆市体育局 | 青少年体育处 | 重庆市运动技术学院、重庆市体育运动学校 |
| 四川省体育局 | 青少年体育处 | 四川体育职业学院、四川省体育运动学校、四川省青少年体育活动中心 |
| 贵州省体育局 | 青少年体育处 | 贵州省体育运动学校 |
| 云南省体育局 | 竞赛管理和青少年体育处 | 未设置 |
| 西藏自治区体育局 | 未设置 | 未设置 |
| 陕西省体育局 | 青少年体育处 | 陕西省青少年体育运动学校、西安体育学院 |
| 甘肃省体育局 | 青少年体育处 | 甘肃省体育运动学校 |
| 青海省体育局 | 未设置 | 青海省体育运动学校 |
| 宁夏回族自治区体育局 | 青少年体育处 | 未设置 |
| 新疆维吾尔自治区体育局 | 青少年体育处 | 未设置 |

"十三五"时期，我国国家级、省级、市县级青少年体育俱乐部数量及规模均有所发展。截至2020年，我国共有各类青少年体育组织12 319个，其中青少年体育俱乐部4 667个，青少年校外体育活动中心169个，青少年户外体育活动营地221个，体育传统项目学校5 574个，青少年体育后备人才培育基地1 688个（表1-2）。

表1-2　截至2020年我国各类青少年体育组织建设情况

| 青少年体育组织 | 国家级数量 / 个 | 省级数量 / 个 | 总计 / 个 |
|---|---|---|---|
| 青少年体育俱乐部 | 1 592 | 3 075 | 4 667 |

续表

| 青少年体育组织 | 国家级数量/个 | 省级数量/个 | 总计/个 |
|---|---|---|---|
| 青少年校外体育活动中心 | 2 | 167 | 169 |
| 青少年户外体育活动营地 | 32 | 189 | 221 |
| 体育传统项目学校 | 157 | 5 417 | 5 574 |
| 青少年体育后备人才培育基地 | 240 | 1 448 | 1 688 |

数据来源：根据国家体育总局青少年体育司专题调研数据整理。

## 二、注重发挥青少年体育组织的载体作用

我国各类青少年体育组织数量呈逐年上升趋势，在开展青少年体育活动和承接政府职能转移方面发挥着积极作用。其中，青少年体育俱乐部和体育传统项目学校数量多、规模大，在各类体育组织中居于领先地位，青少年体育后备人才培育基地次之，而青少年校外体育活动中心和青少年户外体育活动营地在青少年体育组织中占比较小，总体呈现不均衡的分布态势（图1-2）。当前，我国体育组织层级鲜明、衔接有序，已形成以传统体校为代表，国家级体育传统项目学校为龙头，省级体育传统项目学校为骨干，地市级体育传统项目学校为基础的多级发展体系。此外，各地还积极探索"一校一品"的校园发展模式，力争每所学校都有一个优势项目。截至2020年，北京市拥有25所国家级体育

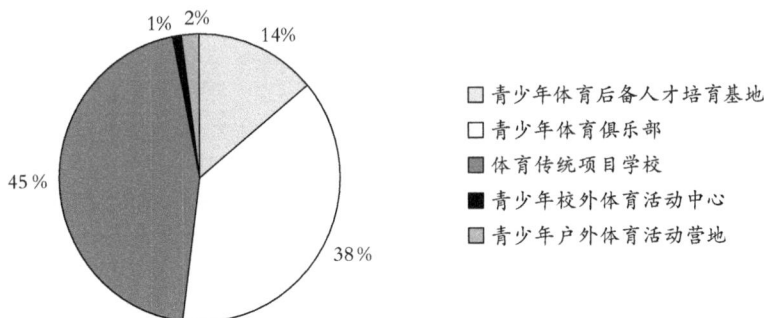

图1-2　各类青少年体育组织数量占比情况

传统项目学校、225 所市级体育传统项目学校以及 262 所区级体育传统项目学校。目前，北京市已经建立起一个包含篮球、乒乓球等 13 个项目的体育传统项目学校系列赛事体系。每年，都有超过 600 所学校、近 2 万名运动员参与到这个赛事体系中，使得它成为北京市参与人数最多的青少年体育赛事。

国家体育总局《青少年体育"十三五"规划》提出：支持"全国体育运动学校联合会"等全国性体育社团在促进青少年发展中发挥作用，倡导各地发起成立青少年体育联合会。在国家层面，全国体育运动学校联合会作为全国性非营利性青少年体育社会组织，承担着服务青少年体育行业发展的重要职能。在地方层面，部分省级单位逐步组建起青少年体育联合会或青少年体育协会，以适应青少年体育工作社会化、实体化的需要，整合地方青少年体育资源，推动青少年体育工作发展。例如，北京市青少年体育联合会在 2018 年经北京市民政局批准成立，首批会员单位达 31 家，承担着政策宣传、赛事举办、技术培训等多项发展任务；广东省青少年体育联合会自 2015 年成立后 3 年内，共主办 43 项次赛事、论坛、培训等活动，协办各种赛事活动达 160 多项次，不断引领广大青少年积极参与到体育活动中来。虽然不同省市对负责青少年体育职能的社团组织的称呼不尽相同，并且还有一些省市尚未建立起地方性的青少年体育协会或联合会，但无可置疑的是，这些社会组织已成为我国青少年体育活动开展和青少年体育发展的重要支柱并且越来越受到地方体育行政部门的关注。例如，河北省在《河北省青少年体育发展"十四五"规划》中就明确指出，到 2025 年省级、市级全部成立青少年体育协会，引导县区成立青少年体育协会[1]。

### 三、探索形成多部门协同的工作体系

（一）以体教融合为引领的组织工作体系

"十三五"期间，我国青少年体育活动促进工作得到党和国家的高度关注。

---

[1] 河北省体育局.《河北省青少年体育发展"十四五"规划》发布 [EB/OL].（2022-01-30）[2023-09-05]. http://sport.hebei.gov.cn/tongzhigonggao/2022/0130/17635.html.

《关于深化体教融合　促进青少年健康发展的意见》《深化新时代教育评价改革总体方案》《关于全面加强和改进新时代学校体育工作的意见》3个重磅文件连续发布，标志着在国家体教融合政策指引下，我国体育活动促进工作再次被赋予新的发展要义。2021年，国家体育总局发布《"十四五"体育发展规划》，首次将"加强体教融合，促进青少年体育健康发展"单列为体育发展规划大项，提出国家体育总局、教育部、共青团中央等中央、地方各部门要加强交流合作，保障体育赛事品牌、运动项目推广、青少年体质健康促进等重大体育工程的落实发展。

我国政府部门间存在多样化的横向协同模式，在实践中比较普遍的是"部际联席会议"[1]。2019年，国务院办公厅在《体育强国建设纲要》中指出，"充分发挥国务院全民健身工作部际联席会议作用，地方各级政府建立全民健身工作联席会议机制"。2020年，中共中央办公厅、国务院办公厅发布了《关于全面加强和改进新时代学校体育工作的意见》，再次强调"要建立加强学校体育工作部门联席会议制度，健全统筹协调机制"。联席会议是促进部门间协同配合、传达和贯彻工作精神、相互学习借鉴、研讨共促发展的重要形式，尤其是省级的部际联席会议，其不仅是政策制定的主体，而且是政策实施的主体，对资源的整合以及政策目标的实现具有至关重要的作用。近年来，国家体育总局逐渐与教育部、共青团中央、国家发展改革委等部门建立了部际联席会议体制机制，地方各省，如青海省、江苏省分别开展了"全民健身工作联席会议"和"青少年体育工作联席会议"，青少年体育的协同优化工作在探索中逐步推进。

"十三五"期间，在协同工作机制的牵引下，教育部、国家体育总局、共青团中央已成为社会组织积极参与青少年体育治理的重要桥梁和纽带，逐步形成了体育行政部门牵头、教育行政部门组织、共青团中央宣传引导的工作模式。通过这一模式，多方共同策划并实施了全国青少年"未来之星"阳光体育大会（以下简称"阳光体育大会"）、"奔跑吧·少年"等诸多青少年体育活动，形成了综合广泛的青少年体育竞赛体系。在这些活动的推动下，我国青少年体育活动取得了丰富而显著的成果。

---

[1] 周志忍，蒋敏娟. 中国政府跨部门协同机制探析——一个叙事与诊断框架 [J]. 公共行政评论，2013，6（1）：91-117.

目前，体育行政部门、教育行政部门及共青团中央的工作职责日趋明确，各地方也在积极落实协同机制建设，探寻青少年体育治理的边界与外延（表1-3）。山东省、上海市、北京市等省市在体教联合办公的基础上，进一步加强协同制度建设和平台搭建，将共青团中央、民政局、财政局等多个部门纳入体教融合促进青少年体育的工作，加强信息互通和制度建设交流，提高了工作效率，并根据"十四五"体育发展等制度要求和新时代体育工作需要，积极寻求组织结构的优化。2022年，新修订的《中华人民共和国体育法》（以下简称《体育法》）更是明确指出教育行政部门、体育行政部门等各部门在青少年和学校体育工作方面的职责分工与协同内容。青少年体质健康工作的组织体系愈加健全。

表1-3 我国体育行政部门、教育行政部门与共青团中央基本组织架构和主要职责

| 部门 | 组织架构 | 主要职责 |
|---|---|---|
| 体育行政部门 | 在我国体育系统中，国家体育总局青少年体育司主导全国青少年体育工作，与此同时，中华全国体育总会委员会等多家体育系统内的机构也积极参与其中。此外，体育系统外的组织也逐步融入，形成了紧密联结的青少年体育发展组织格局 | 体育行政部门主管体育知识传授、体育场地设施管理、青少年体育训练、全国各类青少年体校、青少年体育赛事及青少年社会体育组织建设指导工作 |
| 教育行政部门 | 青少年体质健康工作的上级主管部门，国家一级为教育部体育卫生与艺术教育司，在省（区、市）一级，则是教育厅（教委）体育卫生与艺术教育处。省（区、市）教育行政部门负责青少年体质健康工作的科室，尽管名称可能存在一些细微的差异，但它们的职能却是大致相同的 | 教育行政部门主管学校体育工作，并与体育行政部门、共青团中央建立协同工作机制，推进青少年体育活动开展 |
| 共青团中央 | 从纵向来看，共青团组织是一个由团的中央组织、团的地方和军队组织逐级展开的金字塔结构；从横向来看，共青团组织涵盖了团员青年的学习、工作、生活等各个领域 | 在新时代的背景下，共青团中央的体育职能主要体现在协助政府、教育系统和体育机构共同参与到青少年的体育活动中。特别是在青少年体育服务方面，共青团中央需要不断开发和拓展内容，以丰富多样的青少年体育公共服务满足青少年需求，并运用其强大的动员能力和组织能力，通过与各大高校和社会的紧密合作，为青少年参与体育活动提供更多、更丰富的资源，同时也为青少年提供更加宽广的学习实践平台，使青少年在实践过程中能够学以致用，更好地服务社会 |

资料来源：国家体育总局、教育部、共青团中央官网，2022年新修订的《体育法》法条。

### （二）体育活动促进体质健康的协同机制

《体育强国建设纲要》要求"把学生体质健康水平纳入政府、教育行政部门、学校的考核体系，全面实施青少年体育活动促进计划"；《健康中国行动（2019—2030年）》要求"政府、社会、个人协同推进"；《关于全面加强和改进新时代学校体育工作的意见》要求"凝心聚力，协同育人"。我国青少年体育工作的开展需要协同机制的建立，尤其是需要各政府部门的密切合作，全方位、多层次保障体育工作的开展。国家体育总局发布的政策中也多次提到"协同"一词，应该看到，"协同"既包括信息共享、平等协商的横向协同，也包括垂直权威、能动自主的纵向协同。现阶段，我国体制建设中明确划分了政府部门的工作职责。青少年体育活动主要由国家体育总局负责，教育部、共青团中央重点参与，其他相关部门提供必要的协助，共同推动青少年体质健康的发展。然而，要想有效地推进青少年体育活动的开展，政府部门仅仅完成体制规定的管理工作是远远不够的。部门间的合作共治并非简单的"1+1=2"的叠加，非正式制度的协同治理在政府部门的青少年体质健康工作中占据着十分重要的地位。因此，实现"1+1＞2"的效果，应成为政府部门协同治理工作的重要目标。

## 四、开展丰富多样的青少年体育活动

### （一）"品牌性"青少年体育活动不断增多

自2017年《青少年体育活动促进计划》颁布实施以来，国家体育总局青少年体育司借助体育彩票公益金的资助，积极开展了一系列具有品牌效应的青少年体育赛事活动。全国各地也纷纷积极响应，承办各项体育竞赛和活动，使得参与人数连续3年呈现上升趋势。这一系列举措有效地发挥了政府的主导作用，并逐步形成了一个以阳光体育大会为引领、以青少年体育冬（夏）令营为核心、以青少年体育俱乐部联赛和体育传统项目学校联赛为纽带的青少年体育活动竞赛体系（图1-3）。此体系将体育与文化、健康、教育、娱乐深度融合，进一步拓宽了青少年参与体育活动的渠道，加强了青少年在运动技能方面的掌握与应用能力。

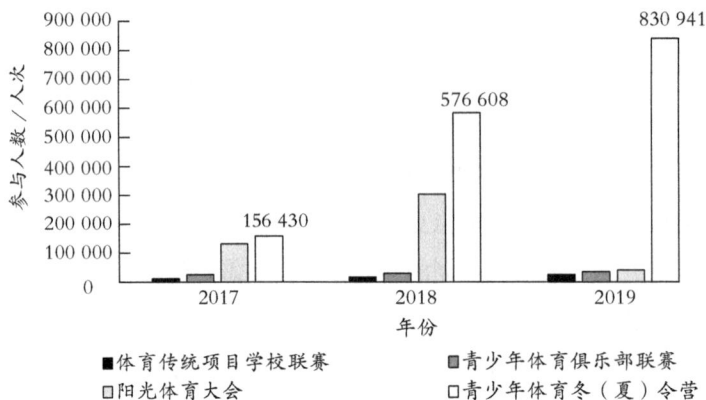

图1-3 青少年体育活动参与情况

阳光体育大会是由国家体育总局、教育部和共青团中央三部委联合主办的一项青少年体育赛事活动。阳光体育大会作为最早响应加强青少年体育要求的活动项目，自2011年首次开展以来，随着历届大会的成功举办，有力推进了全国青少年体育活动的开展和体育产业的繁荣发展。自2017年起，阳光体育大会成为青少年体育参与的重要载体，在全国范围和较长时间内起到了示范和引领作用，如宁夏回族自治区举办的2019年中国小篮球联赛（宁夏赛区），在3个月的时间里开展了1 754场比赛，共有684支球队5 730名运动员参与；广东省在2019年举办了第四届青少年体育嘉年华暨粤港澳青少年体育交流活动，参赛报名人数约达4 000人。自2018年起，青少年体育冬（夏）令营的参赛人数迅猛增长，规模不断扩大，成为继阳光体育大会之后青少年参与体育活动的又一大品牌，在贯彻全民健身战略、促进青少年运动技能普及、培养后备人才方面凸显了积极价值。截至2019年，我国共有2 262 276人次参与到各项青少年体育活动中来；2020年受到新冠病毒感染疫情的影响，各地积极开拓青少年体育活动思路，创新开展以家庭为核心的线上亲子体育活动，进一步营造出青少年家庭参与体育活动的良好氛围。例如，2020年湖南省线上亲子体育活动覆盖了14个市州，吸引了16.3万个家庭参与，直接参与人数48.9万，借助体育技能的培养比拼、体育创新意识的发掘、科学健身知识的普及等多种带动模式的推广，形成了空前的线上亲子运动热潮。

此外，全国青少年体育传统项目学校联赛、全国青少年体育俱乐部联赛、全国青少年国防科技体育专项赛、斯巴达勇士儿童赛等品牌赛事也在逐步发展。这一方面丰富了我国体育后备人才选拔培养体系，另一方面推动了更多社会资本介入体育活动促进青少年体质健康的工作。2019 年，国家体育总局对全国青少年体育传统项目学校联赛、全国青少年体育俱乐部联赛做出赛事规划，在田径、游泳、篮球、排球、乒乓球、武术、跆拳道、垒球、羽毛球、登山、轮滑、摔跤等 12 个大项中开展 15 项青少年赛事活动，推动了全国青少年体育传统项目学校和青少年体育俱乐部的发展。

### （二）青少年体育赛事体系不断完善

《"十四五"体育发展规划》将"完善青少年体育竞赛活动体系"列为青少年体育健康发展的重要任务之一，要求体育行政部门"配合教育部门共同组织筹办好全国学生（青年）运动会，扩大赛事规模，提高赛事质量"。2017—2019 年，各级体育行政部门每年会同教育行政部门联合印发青少年体育竞赛计划，推进青少年赛事资源整合，共发布青少年体育竞赛计划 5 094 项次。现阶段，我国已经基本构建起了一个完善的青少年体育赛事体系。这个体系以全国青年运动会为检验，通过全国少年、青少年和青年锦标赛进行选拔，同时辅以儿童青少年赛事、全国青少年 U 系列赛事以及全国青少年体育联赛，实现了以比赛带动训练的综合性发展模式。

全国青年运动会是由国家体育总局主办的，为促进青少年体育发展、发掘奥运后备人才而开展的全国综合性体育盛会。2019 年第二届全国青年运动会首次将冬季项目纳入项目设置，同时，在 43 个大项上增设了"社会俱乐部组"这一新兴组别，在积极引导各类体育行政部门改革发展的背景下，为推动青少年体育政社协同、打造举国体制与市场机制相结合的青少年体育发展模式提供了机遇和条件。2022 年，新修订的《体育法》将"国家定期举办全国学生（青年）运动会"纳入法律强制保障内容，全国青年运动会以及各地级、校级学生运动会成为当前我国青少年体育赛事的核心组成部分。

全国少年、青少年与青年锦标赛以及各省（区、市）少年、青少年与青年锦标赛的开展，为体育后备人才的选拔培养提供了优质平台。在实际开展过程中，部分运动项目，如水上项目、"三小球"、铁人三项、现代五项等，通过青少年体育锦标赛的形式选拔青少年运动员，为全国青年运动会与世界青年奥林匹克运动会取得优异成绩打下了坚实基础。全国青少年 U 系列赛事则大部分由国家体育总局或全国体育运动协会主办、各体育运动学校或青少年社会体育俱乐部承办。经过近十年的快速发展，我国全国青少年 U 系列赛事在奥运会项目的开展基础上，逐步拓展到中国传统体育项目和非奥运项目，青少年参与人数不断增加，与全国青年运动会、青少年体育运动锦标赛齐头并进，成为奥运后备人才选拔体系的重要组成部分。同时，借助全国青少年 U 系列赛事的迅猛发展，社会资本得以更广泛地参与到青少年体育人才的培育工作中，有效提升了青少年体育俱乐部运动员的培养水平与竞赛成绩。

（三）青少年足球、冰雪项目运动持续开展

在青少年足球运动项目方面，《青少年体育活动促进计划》充分贯彻了 2015 年《中国足球改革发展总体方案》的政策要求，将"大力发展足球运动"作为主要任务，推动青少年足球迈向新台阶。体育行政部门开展了一系列青少年足球冬（夏）令营活动，开展场次和参与人数逐年上涨，有力推动了校园足球的普及和发展（图1-4）。同时，为了选拔和培养优秀足球运动后备人才，各省（区、市）每年都会建立一批足球青训基地，用于青少年足球训练和比赛，并对青训管理模

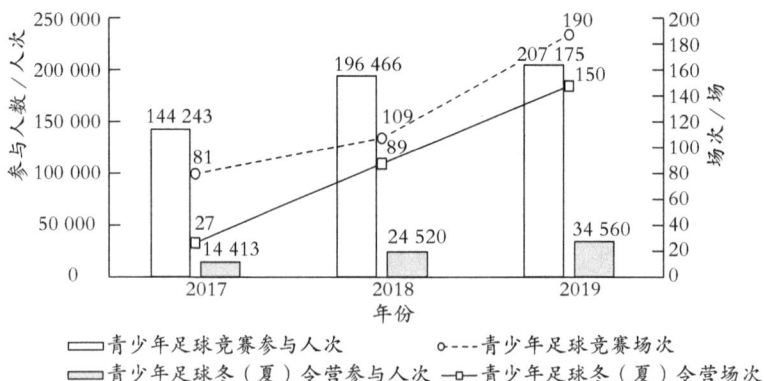

图1-4　青少年足球竞赛和青少年足球冬（夏）令营的开展情况

式进行积极尝试和探索。截至 2019 年，我国共有 1 255 个青训基地可用于青少年足球培训，2017—2019 年共培训 1 258 986 人次，使上百万青少年受益（图 1-5）。

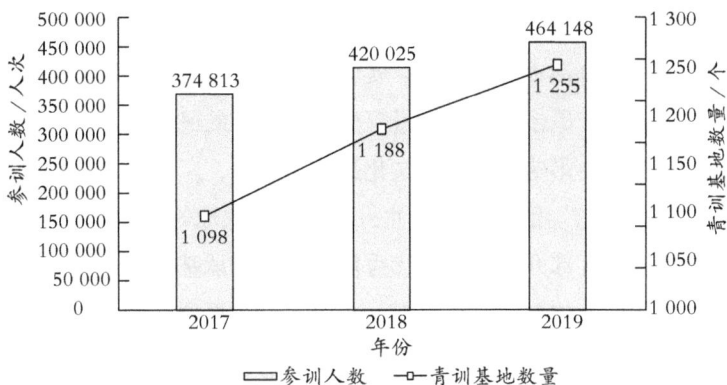

图 1-5　青少年足球青训基地建设及参训情况

在青少年冰雪运动项目方面，各地以筹备 2022 年冬奥会为契机，广泛开展"冬季阳光体育大会""百万青少年上冰雪"等冰雪活动，传播冬奥知识和冰雪文化，厚植冰雪人才，培养青少年的冰雪运动兴趣。2017—2019 年，全国各省（区、市）参与冰雪活动的人数累计达到 992 934 人次，共开展冰雪活动 190 场，带动冰雪活动千余场，其中 2019 年两项指标均为 3 年最高（图 1-6）。可

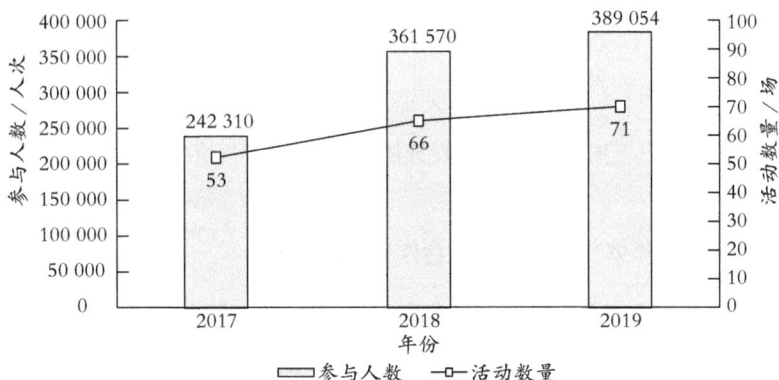

图 1-6　青少年冰雪活动开展情况

见，随着冬奥会的日益临近，各省（区、市）都在不断加大冰雪活动的举办力度，以实际行动为 2022 年冬奥会助力。

（四）青少年民族传统体育活动进一步拓展

自《青少年体育活动促进计划》实施以来，各地充分利用地缘优势和区域特色，结合当地传统风俗推出了大量深受群众喜爱的民族传统体育赛事活动，形成了具有较大社会影响力的体育文化品牌。例如，广西壮族自治区的"壮族三月三·民族体育炫"活动包含了龙舟、舞狮、键球等 12 项具有地方特色的传统体育项目。教育部开展了中华优秀传统文化传承基地的建设工作，推进中华优秀传统文化全方位融入高校教育，开展基于传承项目的中华优秀传统文化普及教育活动。据统计，2017—2019 年，全国共开展青少年民族传统体育活动111 场，累计吸引 161 391 人次参与，且参与人数逐年递增，其中 2019 年共有78 714 人次参与，为 3 年最高（图 1-7）。

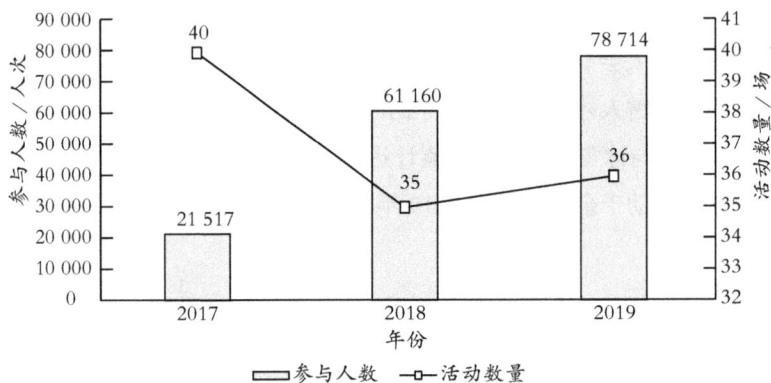

图 1-7 青少年民族传统体育活动开展情况

（五）青少年体育国际交流与合作日益丰富

习近平在出席青奥会相关场合，及出访俄罗斯、德国等国家时表示，希望我国青少年运动员通过国际赛事、友谊赛等方式加强体育对外交流，提高竞技体育水平。2017—2019 年，全国共有 21 个省（区、市）开展了青少年体育国际交流活动，覆盖率达 70%，参与人数从 2 563 人次提升至 3 526 人次，青少年体育国际交流活动涉及日本、韩国等亚洲国家，以及美国、西班牙等欧美国家，其中，受地理因素影响，与日韩等亚洲国家的交流活动最多。各地普遍将青少年体育国际交流纳入年度外事计划，开展了具有地方特色和国际视野的青少年体育活动及赛事，建立起青少年体育国际交流合作的长效机制。青少年体育国际交流，不仅加深了我国青少年的民族认同与民族自豪感，还进一步促进了国家间的友好互动和情感交流，有利于推动我国青少年体育走向世界。

## 五、补齐青少年体育活动促进短板

### （一）开放青少年体育场地设施

体育场地设施是开展青少年体育活动的基础条件，也是实施健康中国战略的重要保障。《青少年体育活动促进计划》将青少年校外体育活动中心及青少年户外体育活动营地的建设、管理和使用作为青少年体育活动促进工作的重要环节，通过政府财政拨款，新建、改建了各类体育场馆，极大地改善了青少年体育的物质条件。2017 年，《教育部　国家体育总局关于推进学校体育场馆向社会开放的实施意见》指出，"学校应当在课余时间和节假日向学生开放体育场馆"。各级政府部门正在不断加大体育场馆的开放力度，截至 2020 年，我国共有 26 122 个体育场地设施向社会开放，推动着我国青少年体育场地设施迈向新高度，逐步解决了青少年体育场地设施开放不足的问题（图 1-8）。

尽管青少年体育场地设施的开放数量在 2020 年有所下降，但整体上规模在不断扩大，2019 年体育场地设施的开放数量较 2017 年翻了一倍多，涨幅较为明显。此外，为保证体育设施的使用安全，各级体育行政部门还加强了对体育设施建设管理的指导、规范、监督和检查，促进了体育设施建设管理的规范化和标准化，有效提升了体育设施的管理服务水平。2022 年，国家体育总局办公厅、教育部办公厅、国家发展改革委办公厅三部门联合发布《关于提升学校体育课后服务水平　促进中小学生健康成长的通知》，从社会体育场馆规划、学校体育设施共享、安全管理 3 个角度着重强调了"扩大场地供给，为学生课余锻炼创造良好条件"。

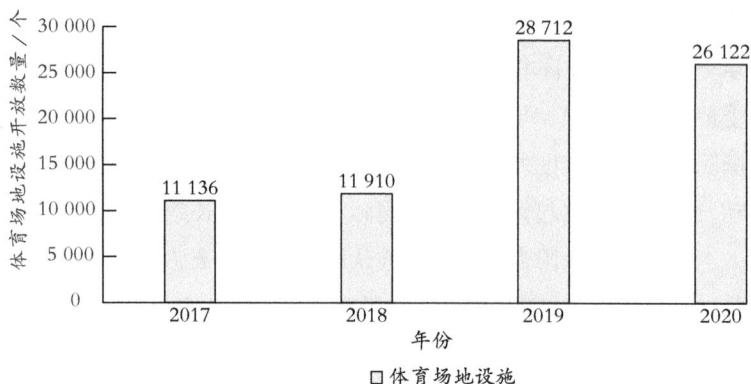

图 1-8　青少年体育场地设施开放情况

### （二）完善青少年体育活动配套政策

《青少年体育活动促进计划》实施后，各地体育行政部门和教育行政部门围绕《青少年体育活动促进计划》形成了一系列顶层设计性质的配套政策，为我国青少年体育的发展建立了坚实的制度保障。2017 年以来，各地依托当地体育发展规划和《青少年体育活动促进计划》制定了体教结合、校园足球、冰雪活动及青少年体育竞赛管理等系列政策共 245 个，其中福建省出台的政策文件数量最多，黑龙江省次之，其余各省（区、市）发布的政策文件数量平均为 4.05 个（图 1-9）。

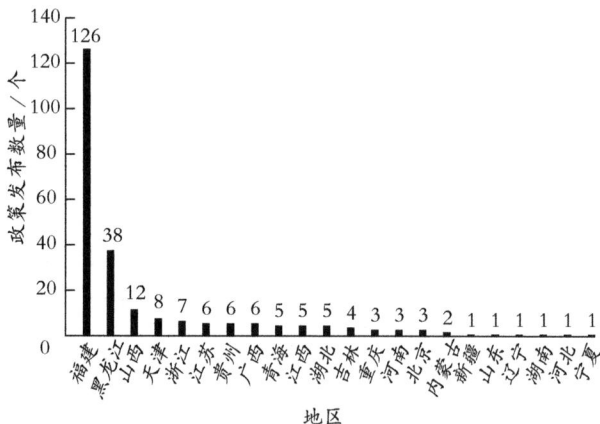

图 1-9　各地《青少年体育活动促进计划》配套政策发布情况

　　调研显示，2017—2020 年的配套政策总量呈现下降趋势（图 1-10），但青少年体育政策的层次、效力均有不同程度的改进。2017 年各地发布的政策文件数量最多，可见各地在《青少年体育活动促进计划》的实施初期对其高度重视，通过不断出台相关配套政策推动政策落实。2018 年和 2019 年虽有所回落，但总体相对平稳，各地正处于实施和跟进阶段。2020 年由于受到新冠病毒感染疫情的冲击，各地的政策发文数量明显下降，青少年体育活动促进工作面临较大挑战。

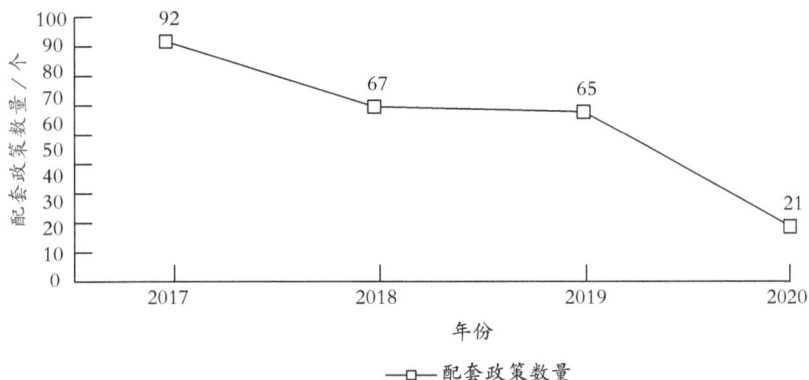

图 1-10　青少年体育活动配套政策年度变化情况

### （三）加大青少年体育经费投入力度

　　截至 2020 年，各地省、市（地）两级年度财政资金预算数共计 739 652 万元，其中 2019 年达到 220 820 万元，较 2017 年（183 727 万元）提高了 20.2%（图 1-11）。截至 2020 年，省、市（地）两级年度体育彩票公益金预算数共计 388 680 万元，有力保障了青少年体育公共服务的健康运行。2020 年经费预算总额有所下降的原因主要有两个：一是新冠病毒感染疫情的影响，多地将大额经费投入至医疗和防疫领域；二是 2020 年相关数据信息的时间节点在 8 月，只占全年的多半部分，因此直观体现为一定程度的下降。然而，总体来说，各地区青少年体育经费的投入力度是在不断加大的，体现出各地对于青少年体育活动的重视。

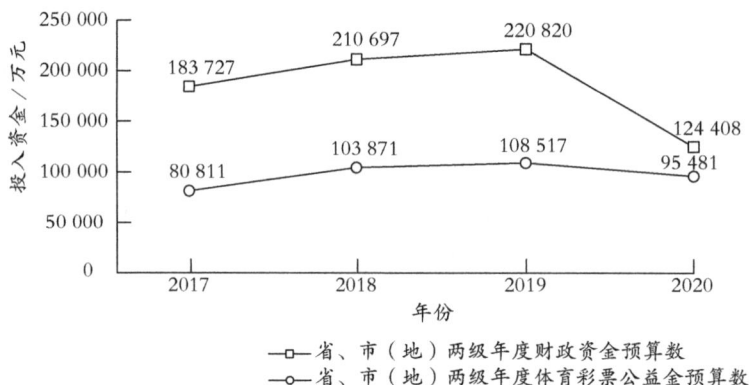

图 1-11 青少年体育资金投入情况

**（四）进行青少年体育人才队伍建设**

青少年体育人才队伍质量影响着青少年运动训练、人才选拔、活动开展的整个过程。人员配备与人才培养相互配合，共同促进青少年体育运动技能水平的提高，保证活动顺利有序开展。省级体育行政部门通过指导人员队伍配备和青少年体育人才培养加强人才队伍建设。

我国青少年体育指导人员主要由基层教练员、体育传统项目学校师资、普通中学体育教师、社会体育指导员和体育管理人员组成。教练员传授运动技能知识，提高青少年运动竞技水平；体育教师提升学校体育质量，更好地促进学校体育竞赛开展；社会体育指导员指导青少年更有序地参加体育活动，营造良好的全民健身氛围；体育管理人员统筹规划、立足全局，让更多的青少年参与到体育活动当中。

"十三五"时期，随着高校体育人才培养、退役运动员保障、青少年体育指导人员培训工作的开展，基层青少年体育指导人员队伍也在不断扩大。2017年以来，我国各级体育行政部门官方渠道共培训青少年体育指导人员 62 076 人次，开展青少年体育指导人员培训 861 场，青少年体育人才队伍力量进一步壮大。同时，青少年体育指导人员的培训人数和培训场次呈逐年递增趋势，其中 2019年共培训各类青少年体育指导人员 22 032 人次，开展培训 371 场，较 2017 年分别提升了 16.3% 和 50.2%（图 1-12）。

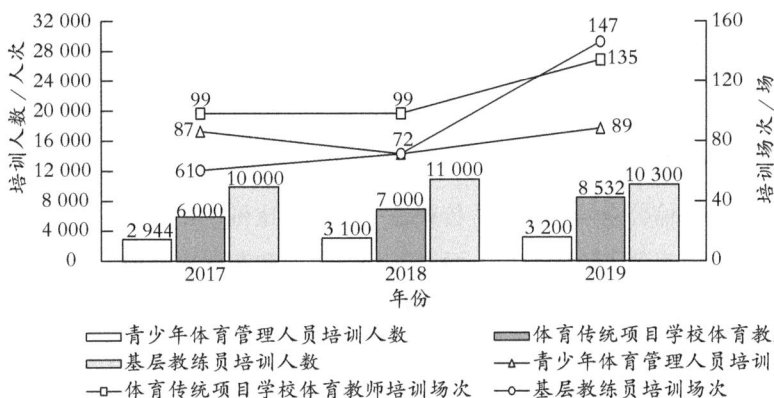

图 1-12　青少年体育指导人员培训人数及场次情况

2020 年，受到新冠病毒感染疫情的影响，国家体育总局适时开展线上全国管理人员培训班，甘肃、吉林、宁夏、上海、山东、广东等省（区、市）参与其中，持续推动着青少年体育管理人员综合水平的提高。现阶段，我国青少年体育指导人员培训形成了省内选拔参加国家级培训与省内自组织培训的模式，部分青少年体育指导人员获得了培训机会。但目前对"政—校—社"青少年体育骨干人员的培训依旧不足，青少年体育指导标准化、青少年体育人才培训标准化建设工作有待开展，以高校与社会组织为培训主体的普适性青少年体育指导人员与管理人员培训将是未来体育教育人才培养的重点。

## 六、重视青少年体育文化宣传

我国青少年体育文化多与社会体育氛围相关，《体育强国建设纲要》《"健康中国 2030"规划纲要》《全民健身计划（2021—2025 年）》等重大政策文件始终要求重视体育文化的繁荣促进，要求营造良好的社会氛围。《青少年体育活动促进计划》的实施及目标实现需要广大青少年的积极主动参与，也需要全社会的共同努力，让青少年群体全面深入地了解体育锻炼的意义和价值，以文化氛围激发青少年主动参与体育运动的自主性。当前，各地对青少年体育活动促进的文化宣传方式有两种：一是科普宣传，通过讲座、专题栏目、科普资料和书籍等提倡健康的体育锻炼方式；二是媒体宣传，即充分利用官方网站、电视台、报纸、微博、微信公众号、视频网站等渠道，为青少年体育活动宣传造势，提高青少年参与体育活动的兴趣。

官方网站及微信公众号在众多宣传渠道中占较大比例，在对青少年体育进行的宣传和推广中起到了引领作用，而微视频、微博和客户端这种以休闲娱乐为主的宣传载体占比较少（图1-13）。2017—2019年，各媒体平台共发布青少年体育信息8296条，其中，2019年发布青少年体育信息3129条（图1-14），为3年最高，极大地提升了青少年体育赛事活动的影响力，营造出全社会关心、支持、参与青少年体育发展的良好社会舆论氛围。

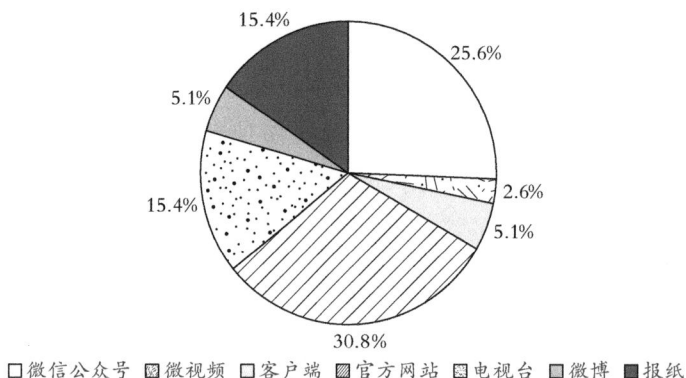

图1-13　各类青少年体育宣传渠道占比情况

自《青少年体育活动促进计划》实施以来，全国各地在青少年中大力弘扬以爱国主义为核心的中华体育精神，开展奥林匹克文化教育，传承和推广民族传统体育，推进运动项目文化建设，支持青少年运动员积极参与不同层次和形式的体育文化交流活动。2017年以来，我国共有76.7%的省（区、市）开展了相关文化教育体育活动，总体呈现良好态势。

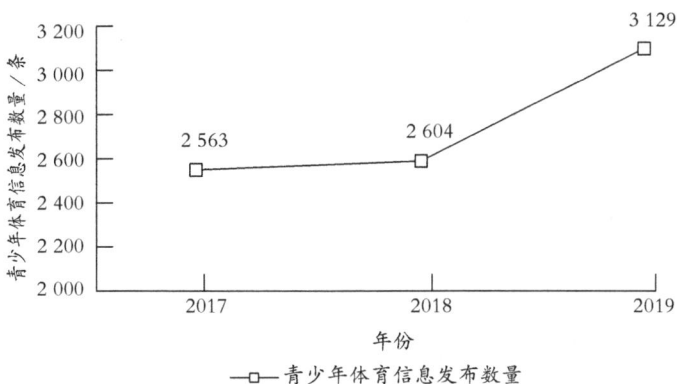

图 1-14　青少年体育信息发布年度变化情况

## 第二节　我国青少年体育活动促进的发展成效

### 一、政府主导下的青少年体育工作统筹管理机制初步建立

青少年体育活动的主体类型多元、发展需求多样、资源依赖较强、管理工作繁杂，只有在政府主导下，诸多要素有机集合才能使青少年体育活动促进取得良好效果。《青少年体育活动促进计划》以转变政府职能为切入点，以构建以促进青少年体质健康为目的的多元责任主体制度体系为突破口，初步形成政府主导下的青少年体育工作统筹管理机制，使青少年体育活动的开展符合各地体育发展总体规划，形成统一目标引领下的多元能动发展态势。自《青少年体育活动促进计划》实施以来，各省（区、市）体育行政部门立足实际，通过委托购买、招投标等形式购买青少年体育活动赛事服务，借此简政放权、转变职能，将举办青少年体育活动的职能转移给体育社会组织、体育公司等，极大地激发了体育社会组织的活力。2017—2019 年，各省（区、市）购买青少年体育活动赛事服务的经费从 11 890.505 4 万元增至 19 588.558 2 万元，涨幅高达 64.74%。部分省（区、市）细化了购买服务内容，制定出了较

为完备的服务购买合同，如吉林省四平市体育局与吉林师范大学体育学院签订了四平市政府向社会力量购买服务合同，开展田径运动会；安徽省出台了《安徽省体育赛事活动管理细则》，向社会主体购买青少年体育活动赛事服务，逐渐形成了多元参与、多元投入、广大青少年受益的良好局面。此外，截至2020年，全国共有47%的省（区、市）成立了青少年体育行业协会，促使青少年体育活动管理工作逐渐走向规范化。

### 二、青少年体育治理体系现代化建设有序推进，治理能力逐步提高

青少年体育活动促进工作的开展具有丰富而清晰的逻辑脉络，实施《青少年体育活动促进计划》，对破解青少年体质健康问题、实现体育强国国家战略、全面深化体教融合、促进青少年全面发展、贯彻落实《体育法》等具有极大的时代价值。与青少年体育的快速发展状况相比，青少年体育资源的投入、条件的创设及体制机制的创新等相对迟缓，许多地方体育行政部门存在人手少、体育经费缺口较大的问题，这在一定程度上制约着青少年体育工作的开展，凸显了进一步完善青少年体育治理体系和提高治理能力的迫切性。同时，在当下青少年体育需求不断上涨的时期，特别需要加强治理体系的建设，提高治理能力，增强主动性、积极性以及创新意识和创新能力。"十三五"时期，部分省（区、市）沿用继承的阳光体育大会办赛模式、湖南省的"互联网＋体育"工作机制、黑龙江省将冰雪项目融入足球联赛的活动方案、青少年体育工作部际联席会议制度、上海市"你点我送"的青少年体育服务供给方案等，这些都是青少年体育活动管理工作的优秀创新。以党的十八大以来的重要思想为指导，围绕"青少年体育活动"这个中心环节，强化青少年体育工作的制度设计与创新，从全局角度强化改革的系统性、全面性与协同性，将极大地促进我国青少年体育治理体系的现代化和治理能力的提高，有利于推动我国青少年体育活动健康顺畅开展，符合体育强国建设的要求，符合国家治理体系和治理能力现代化发展的要求。

### 三、青少年体育行政部门协同联动工作机制初见成效

　　《青少年体育活动促进计划》将青少年体育活动视为全社会的公益事业，科学定位政府、市场、社会、家庭的职责，调动学校、家庭、社区开展青少年体育活动的积极性，促使全社会予以全方位支持，最终形成科学的青少年体育行政部门协同联动工作机制，为青少年营造更好的社会体育环境。体育环境对青少年体育活动参与具有强烈影响。研究表明，良好的学校环境更易使青少年参加体育锻炼，使体育锻炼更积极、活跃、持久[1]。《青少年体育活动促进计划》实施以来，全国各地积极开展奥林匹克文化教育，弘扬奥运文化和中华体育精神，如上海市充分挖掘体育立德树人的育人功能，组织"我的冠军老师——优秀运动员进校园"等活动，通过邀请著名运动员走进校园讲述体育故事，与学生进行趣味互动，增强青少年参与体育活动的兴趣，推动青少年体育项目的普及与发展，加强青少年的价值引领。此外，各地充分利用体育组织与互联网资源，多渠道、多举措宣传青少年体育信息。截至 2020 年，全国共发布青少年体育信息 10 679 条，极大地提升了青少年体育赛事活动的影响力，营造出全社会关心、支持、参与青少年体育发展的良好社会舆论氛围。

### 四、以问题为导向的青少年体育活动促进思路日趋明确

　　当前，我国青少年体育工作仍面临着青少年体质健康问题的考验。我们必须将青少年体育活动的促进作为主要任务，并建立相应的青少年体育活动促进机制。那么，如何应对青少年身体素质不佳的问题呢？《青少年体育活动促进计划》提出保障每天 1 小时学校体育锻炼、广泛开展课外体育活动。通过阳光体育大会、青少年体育冬（夏）令营、各类体育赛事等的广泛开展，2019 年全国学生体质健康达标优良率为 23.8%。如何应对青少年体育活动场地设施不足

---

[1] 董宝林，毛丽娟. 学校自然环境、人际环境和青少年体育锻炼的关系 [J]. 体育学刊，2021，28（2）：111-117.

的问题呢?《青少年体育活动促进计划》提出建设青少年校外体育活动中心和户外体育活动营地,要求公共体育场地场馆向青少年开放。截至 2019 年,全国共有 28 338 片公共体育场地和 374 个体育场馆面向青少年开放,总体开放率达到 93% 以上,为青少年各类体育活动的开展提供了重要的依托条件。综上可见,《青少年体育活动促进计划》立足于发现青少年体育以及促进工作开展过程中的主要问题,为解决青少年体育核心困境、谋求青少年体育不断进步指明了方向。

### 五、"大体育观"下的青少年体育活动促进工作局面初步形成

"大体育观"是将体育与全社会的发展联系起来,使各领域相关力量共同带动体育发展,有利于激发社会体育活力,系统性、整体性、科学规范地发展具有中国特色的体育[1]。"大体育观"从宏观上、整体上把握体育事业同社会、经济、科技、文化、教育等方方面面的发展关系,把体育看成社会文明、科技进步和民族素质提高的综合产物,是人们追求健康、幸福、长寿、自我完善的文化现象,具有系统化、科学化、社会化的特点[2]。《青少年体育活动促进计划》明确了不同责任主体(社会单位、系统、行业以及家庭、社区、学校等)的职责与任务,进而形成多元责任主体的新型中国青少年体育发展格局,最终促使我国青少年体育"大体育观"的系统思想不断形成。

## 第三节　我国青少年体育活动促进面临的困境

### 一、政府推动青少年体育活动普及推广的力度待加强

青少年体育活动的主体和对象是广大青少年,大力普及推广青少年体育活

---

[1] 苏阳. 习近平"以人民为中心""大体育观"的内涵研究 [J]. 南京体育学院学报,2020,19(12):30-33.
[2] 杨扬. 以"大体育观"构建高水平全民健身服务体系 [N]. 人民政协报,2021-04-28(6).

动一直是我国体育工作的重要方针。2015 年《关于加快构建现代公共文化服务体系的意见》首次将"实施青少年体育活动促进计划"写入国家政策文件。2016 年 10 月，中共中央、国务院印发《"健康中国 2030"规划纲要》，要求制订实施青少年、妇女、老年人、职业群体及残疾人等特殊群体的体质健康干预计划，"实施青少年体育活动促进计划"被明确提出。2017 年 11 月，国家体育总局等多部门联合发布《青少年体育活动促进计划》，"青少年体育活动促进"被国家以政策文件形式正式推动进行。2019 年以来，《体育强国建设纲要》《关于深化体教融合　促进青少年健康发展的意见》等一系列文件接连发布，均对青少年体育活动的开展提出明确要求。2022 年新修订的《体育法》将"国家实行青少年和学校体育活动促进计划"列为法律条文予以明示，彰显了党和政府对青少年体育活动普及推广工作的终极关怀。

各级政府是青少年体育活动普及推广的重要推力。调研发现，当前，我国政府推动青少年体育活动广泛开展的力度仍有待加强，这主要表现在 4 个层面：首先，基层单位对《青少年体育活动促进计划》的落实不完全到位。许多地区没有将青少年体育工作摆在应有地位，部分地区体育行政部门与教育、文化、旅游等部门合并，使原本就被弱化的青少年体育工作进展更加艰难，在体教融合上也多为表面结合，缺乏深度融合，进一步影响了青少年体育活动的开展。其次，许多地方对青少年体育工作的重心没有聚焦，只根据上级要求将所有工作广泛铺开，缺乏针对当地情况和重点工作的聚焦发展。再次，学校体育教学流于形式，受场地、资金、师资及传统应试教育的影响，难以真正满足青少年基础能力提升和项目技能学习的要求，更难以塑造青少年健康积极的生活习惯。最后，学生课外锻炼形同虚设，由于青少年体育服务的提供和信息获取能力有限，且受到升学指挥棒等因素影响，青少年，尤其是初中年级以上的青少年课余时间严重不足，难以积极主动参与课外锻炼，甚至在体育活动中敷衍了事。

## 二、多元协同促进青少年体育活动的机制待完善

长久以来，我国青少年体育活动促进工作始终以国家体育总局青少年体育司和教育行政部门为主导，各级体育行政部门与教育行政部门采取自上而下的方式

开展青少年体育工作。但青少年体育活动促进是一项复杂的工程，需要久久为功，单靠体育行政部门与教育行政部门无法应对青少年群体复杂多变的形势，需要政府主导、其他部门协同、全社会共同参与。当前，青少年体育活动促进体制机制还存在一定程度的不完善、不顺畅，主要体现在各级体育行政部门、教育行政部门、其他部门及市场和社会组织之间在青少年体育活动促进中的协同合作关系，以及由此延伸出的纵向管理、横向管理和跨部门、跨系统的协同管理等方面。

首先，从政府内部工作来讲，自《青少年体育活动促进计划》实施以来，虽然体育行政部门和教育行政部门在推动青少年体育工作方面发挥了主导作用，共青团中央偶尔也会参与其中，但中央文明办、国家发展改革委、民政部、财政部等部门的参与度不高，这使得政策的执行和监督面临较大困境。目前，各部门的职责分工尚不够明确，预算不足导致工作难以开展的问题较为普遍；同时，政府内部的问责机制和评价指标体系尚不完善，这使得难以准确评估政府关于青少年体育活动促进的工作效果，进一步影响了工作进展和成效。

其次，从多元主体协作来讲，目前市场和社会在参与和支持青少年体育活动的广度和深度上仍有待提升。一方面，由于活动开展机制不健全，政府购买服务的模式构建进展缓慢，其他青少年体育活动的开展也缺少有效的范本，导致多元主体的主动性和活动规范性难以有效结合。另一方面，政府在监督管理社会组织及各类体育活动方面存在不足，社会力量提供服务的标准、服务体系的内容构建、监督和评价机制，以及青少年及其家庭的问题反馈平台等均不完善。

### 三、支持青少年体育活动的保障条件待提高

青少年体育活动促进工作的顺利开展离不开充分的保障条件予以支持，师资队伍、经费投入、基础设施、信息整合、组织建设等都是必不可少的保障措施。第一，青少年体育活动的师资队伍数量有限、专业性有待提升，这直接影响到青少年体育活动的普遍开展和质量水平，同时，对教练员和社会体育指导员的综合管理制度也缺乏明确的规范。第二，经费投入不足且方式单一，主要表现在各地方政府的扶持资金有限，尤其是偏远、经济不够发达的省市和乡村，更

难以保障青少年体育活动的基础需求。青少年体育活动的资金投入主要依赖政府，缺乏成熟的经费筹集机制，这使得社会各界的力量难以有效地参与到青少年体育活动中来。第三，体育活动与传统文化课程的显著不同之处，在于对体育活动场地的核心需求。当前，我国青少年体育基础设施建设，无论在数量上还是适配性上，都存在明显的不足。第四，我国在青少年体育活动的信息整合能力上存在缺陷，缺少一个完善的体育网络信息服务平台，无法有效整合体育场馆活动、赛事信息发布、经营服务统计等多方面信息，无法为青少年体育活动提供更多元化的选择。第五，我国大部分地区都面临着青少年体育组织数量少、规模小、服务效益差的问题，同时，青少年体育社会组织的活力不足，体育产业的发展势头也相对较弱。调研发现，截至 2020 年，我国青少年体育组织已发展至 4 667 个体育俱乐部、169 所校外活动中心以及 221 个户外体育活动营地，然而这一规模尚难以满足青少年体育市场的庞大需求。这些组织在提供体育培训和人才培养方面的服务能力显得相对不足。

## 四、激发青少年体育活动参与的方式待改进

现阶段，我国青少年体育活动促进工作的开展仍处于探索阶段，多由政府以行政手段推动实施，在激发青少年参与体育活动的兴趣和热情方面存有较大提升空间。一方面，青少年体育文化的氛围营造不深入。家长及学生普遍存在重智育、轻体育的传统错误认知，青少年参与体育活动也以应对体质测试、体育高考居多；社会层面对日常体育活动、专项体育发展的舆论氛围不足，在非奥运举办时期，对体育的宣传和重视明显不如奥运期间；市场与社会力量在青少年体育发展中较为萎靡，缺乏蓬勃开展的活力和积极性。另一方面，青少年个体兴趣的开发没有得到足够重视。研究表明，影响中国青少年体育参与动机的主要因素是外在因素而非内在因素 [1]。个体兴趣作为体育参与的重要约束因素，其开发和引导应

[1]　孙晓强. 体育参与的约束因素、参与动机与参与行为之关系研究——中国青年一代的实证分析 [J].
体育科学，2006（7）：55–59.

当成为政府促进工作的重要内容。

## 五、支撑青少年体育活动促进的法规政策体系待完善

法治建设是青少年体育活动的根本保障，但我国有关青少年体育活动的立法工作刚刚开始，法治体系有待进一步完善。一方面，2022 年新修订的《体育法》作为总法，使青少年体育活动在学生体育素质评价、校园体育课程保障、全国性运动会的开展及各行政部门职能分配等方面得到了法律层面的强制力支持，但如何将总法中的各项条款予以相关政策落实和详细规范，仍是当前我国青少年体育活动法治建设的重要内容。另一方面，各级政府和相关部门缺少法治思维指导相关工作[1]。具体来说，当前有些地方政府在开展青少年体育活动促进工作时，重人治、轻法治，对青少年群体需求和基本诉求关注不足，缺少配套政策予以约束，缺少相应标准和模式予以规范。

《青少年体育活动促进计划》的实施离不开相关配套政策的保障支持。2017—2020 年，各地依托当地体育发展规划和《青少年体育活动促进计划》制定了体教结合、校园足球、冰雪活动及青少年体育竞赛管理等系列政策共 246 个，如《青海省青少年体育"十三五"计划》《湖北体育发展"十三五"规划》《北京市"十三五"时期体育发展规划》等。各地对"十三五"时期的青少年体育总体发展具有较为明确的方向、计划，体校改革与后备人才培养成为各省（区、市）的重点关注内容，但对于相关保障条件的政策设计仍有待健全，配套政策普遍不足成为各地推进青少年体育活动促进工作所面临的一大障碍。

## 六、吸引青少年主动参与的体育活动体系待丰富

《青少年体育活动促进计划》秉持着"以建设青少年体育活动体系为着力点，促进青少年体质健康水平不断提升"的指导思路。青少年体育活动体系是

---

[1] 向立，朱俊. 论地方政府的法治思维——以法治地方建设纲要为中心 [J]. 理论与改革，2015（1）：136–140.

以青少年体育活动内容、形式为核心的一系列制度设计的体系，青少年体育活动体系不仅直接决定青少年体育活动的开展程度和工作效果，还可以从供给侧角度吸引更多青少年参与到体育活动中来。当前，部分项目的活动体系日益健全，如 2022 年 7 月，教育部、国家体育总局、中国足协三位一体联办的第一届中国青少年足球联赛正式启动，联赛覆盖了小学、初中、高中、大学全部学年段，全国共设 45 个赛区，设男、女各 9 个竞赛组别，学校、体校、俱乐部青训梯队、社会青训机构的球队均可参赛，进一步丰富了青少年足球活动体系[1]。然而，总体来看，我国的青少年体育活动体系尚不够健全，活动内容和形式还相对单一。对于基础性、个性化、项目发展、社会变化以及竞技专业性等方面的需求，尚未做到合理调整和有效应对。这导致我们无法形成一套科学、合理且具备前瞻性和适应性的规划，从而难以满足广大青少年日益增长的多元化、个性化体育活动需求。

---

[1]　国家体育总局. 首届中国青少年足球联赛启动 [EB/OL].（2022–07–13）[2023–09–05].https://www.sport.gov.cn/n20001280/n20067626/n20067766/c24467993/content.html

# 第二章

# 我国青少年体育活动促进制度需求研究

本章明确了青少年体育活动促进制度需求的概念，并将这一需求视为政府、社会、学校、家庭和青少年个体等制度主体，旨在降低交易边际成本，推进青少年体育促进活动实现经济效益的帕累托改进（经济学概念，指在资源配置或政策变更中，使至少一个个体的福利水平提高，而其他个体的福利水平不下降的变动）。在此基础上，本章立足于各主体的期望效用，探讨了制定或引导建立相关正式制度和非正式制度的意愿。本章通过使用文献分析软件 CiteSpace 构建知识图谱，进一步阐述制度需求研究的学术框架，同时利用文献资料分析和政策文件逻辑演绎来构建制度需求研究的主体层次。

## 第一节 我国青少年体育活动促进制度需求概述

由于社会利益本质上可能存在冲突，不同个人和社会群体对不同制度的需求可能有所不同。人们之所以对制度产生需求，是因为制度能够给人们提供便利，减少生活的风险和选择的不确定性；制度可以降低社会主体的试错成本，提高参与效率；制度还可以让人们形成对未来的稳定预期，方便人们在生产和生活中进行合作，增进人们的利益和效用。制度需求的动因可以是获取货币化衡量的利益，也可以是兴趣爱好滋养、文化氛围营造和心理预期实现等理性人非货币化效用的实现，因此，在进入制度需求分析之前有必要简要阐述制度相关问题，以便明确各主体制度需求的层次和主要类型。

## 一、青少年体育活动促进制度需求的含义

按照不同标准，制度可划分为不同类型。按照存在形式，制度可分为正式制度、非正式制度和执行机制。正式制度主要指各级政府发布的法律法规性文件以及由这些文件构成的社会等级结构，是人们行为的激励和约束规范；非正式制度是人们在长期实践中无意识形成的与正式制度相对应的社会文化氛围，包括价值观念、意识形态和道德观念等；执行机制是确保正式制度得以执行或者非正式政府文化氛围得以塑造的相关制度安排，是制度内涵中不可分割的一个部分[1][2]。按照结构层次，制度可分为宏观和微观两类，即制度环境和制度安排。制度环境是一系列用来建立生产、交换和分配基础的基本的政治、社会和法律基础规则，是一个社会中正式和非正式制度安排的综合；制度安排是某项特定的制度（或称子制度），可能是正式的或不正式的，可能是长期的或短期的。2017 年 11 月，国家体育总局、教育部、国家发展改革委等七部门联合制订的《青少年体育活动促进计划》即属于制度安排，而本书所需构建的青少年体育活动促进制度体系则属于制度环境。各分类标准划分角度虽有所不同，但不同划分视角下的制度分类可能存在交互关系，如制度环境和制度安排均可包含正式制度、非正式制度和执行机制。因此，要优化青少年体育活动促进制度生态环境，必须"构建一个不同层次环环相扣，不同领域横向协调，不同层级纵向一致，正式制度和非正式制度相互支撑、相互补充的动态开放的制度体系"[3]。

[1] 王振涛，王利娜. 诺斯制度变迁理论及其对中国改革的启示 [J]. 前沿，2007（1）：45–47.
[2] 韦森. 再评诺斯的制度变迁理论 [J]. 经济学（季刊），2009，8（2）：743–768.
[3] 王春福. 论社会转型期公共政策的制度生态及其优化 [J]. 学术交流，2011（8）：26–30.

政府、社会组织和个人都希望通过制度创新，获取在旧制度安排下不可能得到的利润，使自己的利益或效用最大化。制度变迁的主体可以是政府、企业或者别的组织，也可以是一个人，只要是有意识地推动制度变迁或者对制度变迁施加影响的单位都是制度变迁的主体。诺斯认为，在制度创新方面，个人、企业、政府都可以成为"广义的企业家"，在现有的制度环境下，他们能够洞察并挖掘潜在的利润空间，同时对现有制度进行创新和优化。斯蒂格勒等建立了 S–P–B 模型，即以政府为制度供给主体，社会公众和企业等社会组织为需求主体，从供求角度开创性地提出了研究制度均衡的方法。姜辉、许如宝[1]在其研究中明确阐述若从需求角度审视，制度需求的主体包括政府、社会公众和社会组织（社会团体、协会等）3 类。

从制度经济学演变的脉络来看，有关学者对于需求主体界定的认识相对明确且一以贯之，因而沿用制度经济学需求主体的通用界定。我们可以将青少年体育活动促进制度需求的一级主体界定为政府（国家）、社会和个人。政府（国家）、社会从主体涵盖的范畴还可进一步分离出中观主体层次和微观主体层次。就制度主体的分析而言，谭庆刚认为，"社会经济主体是具有多重属性的复合体，角度的选取决定了内容的划分，且我们既难也无须面面俱到地考察所有角度，而应力求抓住最为典型和本质的属性"。因而在对政府（国家）、社会两类一级主体进一步开展制度需求剖析的过程中，要抓住典型的次级中观主体，分解厘清作为主要矛盾的次级中观主体参与青少年体育活动促进的制度需求。

## 二、青少年体育活动促进制度需求研究图谱

我国青少年体质健康问题和体育活动参与状况引起了广泛关注。学者的研究对青少年参与体育运动的意愿及其影响因素进行了探讨，为抓取次级主体提供了依据；随着体育产业的蓬勃发展，青少年体育发展问题被提升至国家层面，

---

[1] 姜辉，许如宝. 制度均衡及其有效性分析——基于制度供需理论的视角 [J]. 经济论坛，2018（10）：34–41.

政府对其给予了极高的重视。2017年，国家体育总局等七部门联合发布了首份专门针对青少年体育活动促进的政策文件，这一政策文件填补了学术研究中尚未涉及但在实践中同样重要的其他次级主体内容。结合这两部分研究，我们可以梳理出促进青少年体育活动的需求主体，并进一步分析这些主体的潜在制度需求，从而为构建青少年体育活动促进制度体系提供理论支撑。

检索2000年以来中国知网（CNKI）所收录的关于"青少年体育活动促进"和"青少年体育制度"的相关文献，利用CiteSpace文献分析软件，生成研究关键词知识图谱（图2-1）。图中节点表示文献中的关键词共现，节点越大，表示该节点出现频率越高；右侧标签是通过CiteSpace算法对关键词进行聚类分析得到的聚类标签；标签之间的连线表示关键词之间的共现关系，不同色调深浅的线条与图片顶部的相应色条相呼应；不同深浅差异的色条代表时间，色条的左端为初始时间。

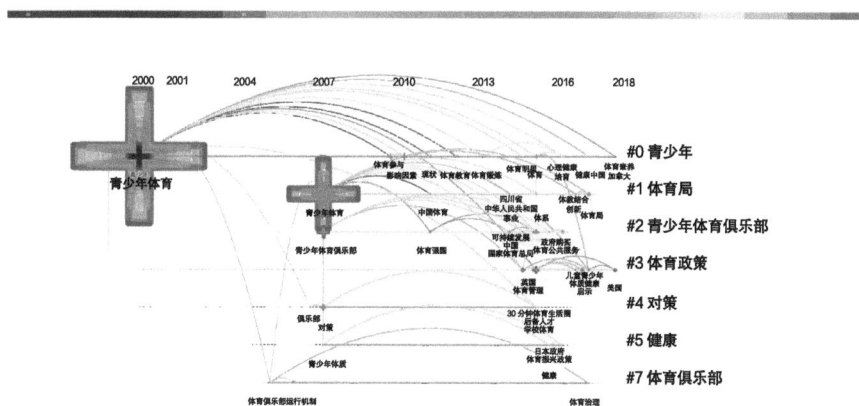

图2-1　基于CiteSpace文献分析软件的青少年体育活动促进研究关键词知识图谱
资料来源：中国知网。

通过分析图谱中节点在时间线上的分布，我们可以明显观察到，在2007年发布《中共中央　国务院关于加强青少年体育增强青少年体质的意见》之后，学者们关于青少年体育活动促进领域的研究开始迅速增长，呈现出一种爆发性的趋势。在此阶段，研究关键词多集中于"青少年体育参与情况""影响青少年体育发展的因素""青少年体质""应对对策"等。2014 年，发布的《国务院关于加快发展体育产业促进体育消费的若干意见》，让整个体育领域都成为社会关注的重心。在这样的大环境下，青少年体育的相关研究也更加丰富，关于"青少年体育发展体系化""青少年体育俱乐部""学校体育""竞技体育后备人才"等问题受到广泛关注。近几年，青少年体育领域又出现了新的研究热点，如"体教结合""体育公共服务""心理健康""体育素养"等，国外青少年体育发展对我国青少年体育活动促进的启示也受到越来越多学者的关注。纵观青少年体育活动促进的研究历程，青少年体质健康、青少年体育俱乐部的管理发展以及体育教育、体育后备人才等问题是贯穿青少年体育活动促进研究的重点问题。青少年是祖国的未来、民族的希望，因而青少年体质健康问题是国家体育工作重点关注的问题之一。此外，青少年的体质不仅与家庭环境和个体状况紧密相关，而且体育教育和青少年体育俱乐部分别在校园内外对青少年的体育活动参与起到重要作用。在校外，体育活动的参与主要由市场和企业提供。因此，我们可以将青少年体育活动的主体归纳为学校体育和市场企业。另外，关于体育后备人才的培养，在青少年体育活动促进研究中更多涉及的是为竞技体育和职业体育输送人才的青少年训练体系。由于竞技体育和职业体育存在一定差异，因此，我们可以将它们视为两个主体进行讨论。

2017 年 11 月 28 日，国家体育总局、教育部等七部门联合制订的《青少年体育活动促进计划》强调"家庭、学校、社区的联动效应持续增强，开展体育活动的保障条件更为完善，形成政府主导有力、部门协作顺畅，社会活力进一步增强的青少年体育工作新局面"，具体要求各级党委和政府高度重视，需要全社会的关心和支持，要形成推进青少年体育活动开展的合力。学校是加强青少年体育的基础和重点，必须高度重视青少年体育活动开展，促使青少年成长为中国特色社会主义事业的合格建设者和接班人；家长应转变教育观和成才观，注重从小培养青少年良好的体育锻炼习惯；社区要创造有利于青少年参与体育活动的环境，增加体育设施，组织开展多种形式的体育活动，从而形成家庭、学校、社区共同促进青少年体育活动开展的良好局面。

## 三、青少年体育活动促进制度需求主体的构建

在遵循制度经济学的基本框架下，结合学者对青少年体育活动促进的研究成果，以及制度需求主体实施强制性制度供给的能力，我们可以将青少年体育活动促进制度的需求主体具体划分为政府、社会与个人3个层面。进一步地，考虑到我国体育工作的实际开展情况，《青少年体育活动促进计划》所强调的各主体之间的协同作用，以及《国务院关于实施健康中国行动的意见》等体育工作战略文件中关于主体的具体分类，我们可以在政府、社会、个人这三大主体基础上，将青少年体育活动促进制度的需求主体更为精细化地划分为政府、社会、学校、家庭以及青少年个人这5个主要方面。政府层面的制度需求基于政府体育工作的操作角度，又可进一步细分为群众体育工作中的青少年体育活动促进制度需求、竞技体育发展中的青少年体育活动促进制度需求以及体育产业发展中的青少年体育活动促进制度需求等。社会层面的制度需求重点在于推动能够满足青少年体育活动需求的市场组织的发展，这不仅关系到体育产业和社会经济的繁荣，也关乎社会文化建设和精神风貌的提升，以及促进就业和国防事业的发展。学校作为青少年体育活动的重要场所，是执行国家教育方针的关键环节，因此，对学校体育中的制度需求进行深入分析显得尤为重要。家庭层面的制度需求主要反映了家长的期望和对家庭幸福的追求。家长希望孩子们能够健康快乐地成长，体育活动无疑是实现这一目标的有效途径。而对于青少年个人来说，体育活动促进制度的需求则更多地关注于培养他们的个人兴趣、增强自信、提高体质，以及促进全面发展。从这5个方面的内涵和外延来看，政府和社会是制度需求的宏观层次，学校是制度需求的中观层次，家庭和青少年个人则是制度需求的微观层次（图2-2）。

政府关于青少年体育工作的内容是政府制度需求的核心，除政府直接关于群众体育工作和体育产业发展等领域有关安排中的制度需求外，由于我国多年竞技体育实践道路中对政府权力治理的路径依赖，竞技体育发展中涉及青少年体育活动促进的制度需求、项目协会托管的"准公共产品"治理模式中涉及青少年体育活动促进的制度需求等也应当归属于政府主体层次。学校体育作为推

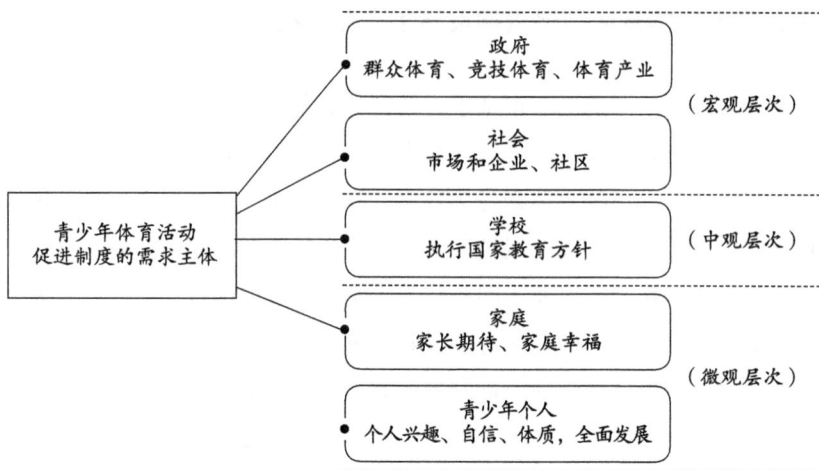

图 2-2　青少年体育活动促进制度的需求主体

动青少年体育活动发展的关键领域，其制度需求尤为重要。与此同时，市场和企业所提供的青少年体育活动，虽然在一定程度上弥补了学校体育活动的不足，但仍然需要一个完善的制度环境来支持其健康发展。为了更好地探讨这一问题，我们可以从课内（学校体育）和课外（市场和企业）两个方面的制度需求进行讨论。

## 第二节　政府的制度需求

从操作角度看，长期以来，我国政府体育工作主要划分为群众体育、竞技体育和体育产业 3 个方面，其中竞技体育既包含"专业竞技体育（指举国体制下的竞技体育），又包含职业竞技体育（如中国足球协会超级联赛、中国男子篮球职业联赛等）"。因此，政府的制度需求相应地包括 3 个方面：群众体育工作中的青少年体育活动促进制度需求、竞技体育发展中的青少年体育活动促进制度需求以及体育产业发展中的青少年体育活动促进制度需求。

## 一、群众体育工作中的青少年体育活动促进制度需求

从年龄结构层次看，青少年是我国人口的重要组成部分。对于实现健康中国战略方针来说，青少年体育是倡导健康文明生活方式、动员全社会实施健康中国行动、提高全民健康水平的重要基石。因此，促进青少年体育活动开展是有效组织群众参与体育活动和大力实施全民健身计划的重要方面。在群众体育工作方面亟待出台针对不同结构层次、不同目标需要的促进制度。

政府既是制度需求的主体，也是制度供给的主体，其制度需求由自身的制度供给满足[1]，因而可从政府已有政策供给方面展开论述，通过探寻政府制度供需是否均衡来挖掘政府制度需求尚未得到满足的方面和内容。早在1999年，国家体育总局就提出了创建青少年体育俱乐部，以培养青少年体育兴趣和爱好，养成终身体育锻炼的良好习惯的工作思路。从严格意义上来说，这是青少年体育活动促进的开端[2]。遗憾的是，青少年体育活动促进并未引起国家和社会的广泛关注，直至2015年，政策内容层面才首次出现"青少年体育活动促进计划"的提法。

自改革开放以来，我国政府在青少年体育工作方面的正式制度安排始于2007年，以《中共中央　国务院关于加强青少年体育增强青少年体质的意见》的发布为重要标志。从此，国家层面开始专门对青少年体育工作进行部署。本文对2007—2019年政府体育工作层面关于青少年体育活动促进的已有制度安排进行了整理（表2-1）。通过表2-1可以看到，政府的青少年体育活动促进制度供给存在以下几个明显特征：①政府对青少年体育活动促进的正式制度安排相对起步较晚，分别在2007年和2015年提出了"前两个首次"及"第三个首次"的相关内容。2007年，政府首次从国家层面对青少年体育工作作出部署，并在

[1] 姜辉，许如宝. 制度均衡及其有效性分析——基于制度供需理论的视角 [J]. 经济论坛，2018（10）：34-41.
[2] 何静. 学校体育与青少年体育俱乐部融合发展研究 [J]. 青少年体育，2019（5）：122-124.

落实层面制定了促进青少年体育参与的安排。到了 2015 年，政府又首次正式提出了"青少年体育活动促进计划"，从国家层面对青少年体育工作进行全面部署。②已有制度多为国家顶层战略类制度安排设计，制度颁布部门大多为国务院，缺乏下属部门的具体落实工作计划，缺乏针对性强、指向性强、分类明确的制度安排（如针对学校体育、体育社会组织等的制度安排）。③从政策的内容来看，已有政策看起来更像是政策最终要实现的目标愿景（如"强化体育课和课外锻炼，促进青少年身心健康、体魄强健""青少年体育素养普遍提高，参加体育活动意识普遍增强，普遍学会一项以上终身受益的体育锻炼项目，普遍养成良好体育锻炼习惯和健康生活方式"等描述），缺乏具体的方案、举措。④ 2017 年首次从国家层面正式提出专门针对青少年体育活动促进的政策安排，政策安排后续需要建立一套可确保促进计划有效实施的制度环境体系。

表 2-1　政府关于青少年体育活动促进的制度安排

| 颁布时间 | 政府部门 | 政策名称 | 主要内容 |
|---|---|---|---|
| 2007 年 | 中共中央、国务院 | 《中共中央　国务院关于加强青少年体育增强青少年体质的意见》[1] | 首次从国家层面专门对青少年体育工作作出部署 |
| 2007 年 | 教育部、国家体育总局、共青团中央 | 启动"全国亿万学生阳光体育运动"[2] | 首次从落实层面制定促进青少年体育参与的安排 |
| 2011 年 | 国务院 | 《全民健身计划（2011—2015 年）》[3] | 加强青少年体育俱乐部、青少年校外体育活动中心和营地建设 |

[1]　中共中央，国务院. 中共中央　国务院关于加强青少年体育增强青少年体质的意见 [EB/OL].（2007–05–07）[2023–09–05].https://www.gov.cn/gongbao/content/2007/content_663655.htm.
[2]　教育部，国家体育总局，共青团中央. 教育部等将于 29 日启动全国亿万学生阳光体育运动 [EB/OL].（2007–04–28）[2023–09–05].https://www.gov.cn/gzdt/2007–04/28/content_599724.htm.
[3]　国务院. 国务院关于印发全民健身计划（2011–2015 年）的通知 [EB/OL].（2011–02–15）[2023–09–05].https://www.gov.cn/gongbao/content/2011/content_1816012.htm.

续表

| 颁布时间 | 政府部门 | 政策名称 | 主要内容 |
|---|---|---|---|
| 2011 年 | 国家体育总局 | 《青少年体育"十二五"规划》[1] | 明确提出要实施"青少年体育活动促进计划",探索建设青少年体育活动中心 |
| 2012 年 | 国务院办公厅 | 转发教育部、国家发展改革委、财政部和国家体育总局四部门《关于进一步加强学校体育工作的若干意见》[2] | 要求全面加强学校体育,力争到"十二五"期末,建立起学校体育评价机制、学校体育推进机制和学校体育持续健康发展的保障机制 |
| 2013 年 | 中共中央 | 《中国共产党第十八届中央委员会第三次全体会议公报》[3] | 明确提出"强化体育课和课外锻炼,促进青少年身心健康、体魄强健"的要求,进一步突出了青少年体育活动的重要地位及价值 |
| 2014 年 | 国务院 | 《国务院关于加快发展体育产业促进体育消费的若干意见》[4] | 明确指出"鼓励实施学生课外体育活动计划" |
| 2015 年 | 中共中央办公厅、国务院办公厅 | 《关于加快构建现代公共文化服务体系的意见》[5] | 首次正式出现"青少年体育活动促进计划" |
| 2016 年 | 国务院 | 《全民健身计划(2016—2020 年)》[6] | 将青少年作为实施全民健身计划的重点人群,大力普及青少年体育活动,全面实施青少年体育活动促进计划 |

[1] 国家体育总局. 青少年体育"十二五"规划 [EB/OL].(2011-08-25)[2023-09-05].https://tyj.ln.gov.cn/tyj/zfxxgk/fdzdgknr/ghxx/xggh/2512EED747F346F5B6A990CC7B21ED1D/index.shtml.

[2] 教育部,国家发展改革委,财政部,国家体育总局. 国务院办公厅转发教育部等部门关于进一步加强学校体育工作若干意见的通知 [EB/OL].(2012-10-22)[2023-09-05].https://www.gov.cn/gongbao/content/2012/content_2256572.htm.

[3] 中国政府网. 中国共产党第十八届中央委员会第三次全体会议公报 [EB/OL].(2013-11-12)[2023-09-05].https://www.gov.cn/ducha/2015-06/09/content_2877546.htm.

[4] 国务院. 国务院关于加快发展体育产业促进体育消费的若干意见 [EB/OL].(2014-10-20)[2023-09-05].https://www.gov.cn/zhengce/content/2014-10/20/content_9152.htm.

[5] 中共中央办公厅,国务院办公厅. 中共中央办公厅、国务院办公厅印发《关于加快构建现代公共文化服务体系的意见》[EB/OL].(2015-01-14)[2019-09-05].https://www.gov.cn/xinwen/2015-01/14/content_2804250.htm.

[6] 国务院. 国务院关于印发全民健身计划(2016—2020 年)的通知 [EB/OL].(2016-06-15)[2023-09-05].https://www.gov.cn/gongbao/content/2016/content_5088765.htm.

续表

| 颁布时间 | 政府部门 | 政策名称 | 主要内容 |
|---|---|---|---|
| 2016 年 | 国家体育总局 | 《青少年体育"十三五"规划》[1] | 以增强青少年体质为根本目标，到 2020 年青少年体育活动更加广泛，青少年体育素养普遍提高，参加体育活动意识普遍增强，普遍学会一项以上终身受益的体育锻炼项目，普遍养成良好体育锻炼习惯和健康生活方式 |
| 2016 年 | 国务院办公厅 | 《国务院办公厅关于强化学校体育促进学生身心健康全面发展的意见》[2] | 强化学校体育是实施素质教育、促进学生全面发展的重要途径，对于促进教育现代化、建设健康中国和人力资源强国，实现中华民族伟大复兴的中国梦具有重要意义 |
| 2016 年 | 中共中央、国务院 | 《"健康中国 2030"规划纲要》[3] | 明确提出"实施青少年体育活动促进计划"的要求，进一步凸显了党中央、国务院对新时期开展青少年体育活动促进工作的重视和决心 |
| 2017 年 | 国家体育总局、教育部、中央文明办等七部门 | 《青少年体育活动促进计划》[4] | 首次出台针对青少年体育活动促进的政策规划，以提高青少年体质健康水平和综合素质为根本目标，明确要实现青少年体育活动蓬勃开展、青少年身体素质不断提高、青少年体育组织发展壮大、青少年体育场地设施明显改善、青少年体育指导人员培训广泛开展以及青少年科学健身研究和普及成效显著等 6 个具体目标 |

[1] 国家体育总局.体育总局关于印发《青少年体育"十三五"规划》的通知 [EB/OL].（2016–09–08）[2023–09–05].https://www.sport.gov.cn/n315/n330/c750112/content.html.

[2] 国务院办公厅.国务院办公厅关于强化学校体育促进学生身心健康全面发展的意见 [EB/OL].（2016–05–06）[2023–09–05].https://www.gov.cn/zhengce/zhengceku/2016/05/06/content_5070778.htm.

[3] 中共中央，国务院.中共中央　国务院印发《"健康中国 2030"规划纲要》[EB/OL].（2016–10–25）[2023–09–05].https://www.gov.cn/zhengce/2016/10/25/content_5124174.htm?eqid=9d4da6bb000833c0000000046496f297.

[4] 国家体育总局，教育部，中央文明办，国家发展改革委，民政部，财政部，共青团中央.国家体育总局、教育部、中央文明办、发展改革委、民政部、财政部、共青团中央关于印发《青少年体育活动促进计划》的通知 [EB/OL].（2017–11–28）[2023–09–05].https://www.sport.gov.cn/qss/n5015/c844024/content.html.

续表

| 颁布时间 | 政府部门 | 政策名称 | 主要内容 |
|---|---|---|---|
| 2019 年 | 国务院 | 《国务院关于实施健康中国行动的意见》[1] | 强调坚持预防为主，倡导健康文明生活方式，动员全社会落实预防为主方针，实施健康中国行动，提高全民健康水平 |

在政府体育工作的层面上，顶层战略规划制度的构建是关键，同时，执行落实制度的强化也是迫切需要的，具体体现在以下几个方面：①政策规章制度的完善。政策规章制度的完善需要在《青少年体育活动促进计划》的基础上，明确并制定相关规章制度的实施细节。②分级管理体制的规划。在国家层面，《青少年体育活动促进计划》已经发布，接下来需要各地区和各部门跟随其后，进行相应的规划与完善。③政策支持因素的普及。青少年参与体育活动受多种因素影响，其中之一是对政策支持因素的了解不足[2]。因此，在制度体系的构建过程中，还应加大对青少年体育活动的宣传力度，确保正确的舆论导向。④政策执行与监督。将政策执行纳入项目管理，建立健全的监督机制和评价体系。同时，建立青少年体育活动的诉求渠道和平台，接受社会各界的意见和建议，制定青少年体育活动的评价指标，并实行问责制。以上分析的政府体育工作中的制度需求并不全面，这只是对纯政府层面制度需求的描述。当其他主体，如企业和青少年个体与政府的供给交互时，可能还需要进一步补充和研讨制度需求。

## 二、竞技体育发展中的青少年体育活动促进制度需求

由于我国多年竞技体育实践道路中对政府权力治理的路径依赖，以及在我

[1] 国务院. 国务院关于实施健康中国行动的意见 [EB/OL].（2019–07–15）[2023–09–05].https://www.gov.cn/zhengce/zhengceku/2019–07/15/content_5409492.htm.

[2] 马妮. 沈阳市城区小学生校外体育锻炼情况调查研究 [J]. 青少年体育，2019（5）：132–133.

国金字塔式的"三级训练"体制下，我国各级各类职业体育院校向竞技体育领域培养和输送了大量体育人才，但是"从事竞技体育的青少年用于训练比赛的时间远大于文化学习和职业教育的时间，这些没有得到全面发展的青少年运动员的文化学习和综合素质普遍较低，大多数不能进入更高一级的训练形式，面临着继续读书或退役就业等问题，因没有较高的学历学位和较好的职业技能致其转型难度加大。青少年运动员较低的成才率和输送率，较为单一的人才培养模式、输送渠道和就业前景等问题导致家长不愿让有天赋、有发展潜力的孩子从事竞技体育，以致高水平体育后备人才的选材面变窄，基层体校向更高的训练单位输送优秀运动员受到极大影响"[1]。为此，新时代体育工作应有更高的要求，建立健全后备人才培养和国家基地建设的系统管理和质量保障机制尤为重要。竞技体育的长远发展，需要完善后备人才的结构，构建青少年体育交流平台，推动青少年体育活动的开展，提升青少年的身体素质，以及培养青少年的体育技能。从促进青少年体育活动的制度角度出发，应当建立和完善"文化教育"与"体育特长"相互协调、统一发展的制度体系，为我国竞技体育后备人才的培养提供持续的有力支持和保障。

表2-2所示是我国政府关于加强竞技体育后备人才培养的制度安排。基于我国三级运动训练体系的管理模式，青少年高水平体育后备人才的培养是我国竞技体育人才培养的主渠道。2017年国家体育总局发布了《关于加强竞技体育后备人才培养工作的指导意见》，强调要强化青少年三级训练网络建设，稳步提升竞技体育后备人才输送数量和质量；推动社会力量参与，积极培育青少年体育社会组织，研究制定相关优惠政策，以全国体育运动学校联合会建设和改革为引领，推动有条件的地方组建区域性青少年体育联盟，发展基层青少年体育训练组织。然而，国家体育总局发布的指导意见需在地方层面得以落实。在此之前，山西省、辽宁省、湖北省、海南省已各自制定并发布了加强竞技体育人才培养的地方性意见和管理办法（表2-2），内容侧重点各有差异。尽管如此，对于如何全面确保

[1] 张健，熊焰，陈立. 国家高水平体育后备人才培养和基地建设研究[J]. 四川体育科学，2019，38（3）：1-4.

竞技体育后备人才培养工作的具体实施，仍缺少有效的制度性安排。

表2-2　政府关于加强竞技体育后备人才培养的制度安排

| 颁布时间 | 政府部门 | 政策名称 | 主要内容 |
|---|---|---|---|
| 2008年 | 山西省人民政府 | 《山西省竞技体育人才培养和退役安置办法》[1] | 体育后备人才培养实行政府主导和社会参与相结合的原则，县（区）少年儿童体育学校应当从实际出发，采取独立办校、依附体育场馆、与普通中小学校联办等形式，开展体育后备人才培养工作。鼓励中小学校和其他组织、个人向体育后备人才培养机构推荐、输送具有一定体育潜质的青少年和儿童。县级以上人民政府应当每年举办儿童和青少年体育竞赛活动，促进体育后备人才培养 |
| 2009年 | 辽宁省人民政府 | 《辽宁省竞技体育人才培养办法》[2] | 针对竞技体育后备人才培养机构设置、经费投入和使用、培训基地建立、接受义务教育条件等具体环节制定管理办法 |
| 2012年 | 湖北省人民政府 | 《湖北省激励和保障竞技体育拔尖人才的政策规定》[3] | 落实人才强体战略，加快推进体育强省建设，营造有利于竞技体育拔尖人才勇当跨越先锋的良好环境，包括保障安置就业、生活补贴政策等 |
| 2017年 | 国家体育总局、教育部 | 《关于加强竞技体育后备人才培养工作的指导意见》[4] | 夯实学校体育基础，稳步提升竞技体育后备人才输送数量和质量；强化青少年三级训练网络建设；推动社会力量参与，积极培育青少年体育社会组织，研究制定相关优惠政策，以全国体育运动学校联合会建设和改革为引领，推动有条件的地方组建区域性青少年体育联盟，发展基层青少年体育训练组织 |

[1]　山西省人民政府. 山西省竞技体育人才培养和退役安置办法 [EB/OL].（2008−07−11）[2023−09−05]. https://www.sport.gov.cn/gdnps/html/zhengce/content.jsp?id=25525480.

[2]　辽宁省人民政府. 辽宁省竞技体育人才培养办法 [EB/OL].（2009−08−20）[2023−09−05].https://www.sport. gov.cn/gdnps/html/zhengce/content.jsp?id=25525940.

[3]　湖北省人民政府. 湖北省人民政府关于印发《湖北省激励和保障竞技体育拔尖人才的政策规定》的通知 [EB/OL].（2012−01−04）[2023−09−05].https://www.sport.gov.cn/gdnps/html/zhengce/content.jsp?id=25524005.

[4]　国家体育总局，教育部. 关于加强竞技体育后备人才培养工作的指导意见 [EB/OL].（2017−11−10）[2023−09−05].https://www.sport.gov.cn/gdnps/html/zhengce/content.jsp?id=25529814.

续表

| 颁布时间 | 政府部门 | 政策名称 | 主要内容 |
|---|---|---|---|
| 2017年 | 海南省人民政府办公厅 | 《加快海南竞技体育发展的指导意见》[1] | 确保训练场地设施和器材设备齐全，根据业余训练的需要，明确项目设置，合理配备专职教练员。加强高水平后备人才基地、体育传统项目学校和市县业余体校建设，积极培养输送高水平体育后备人才 |

与竞技体育直接归属于国家统一领导、组织和管理不同，职业体育虽具有一定的商业化属性，但中国职业体育在管理属性上仍表现出一定的政府主导属性。自1994年以来，中国足球联赛作为中国职业体育改革的代表，经历了多年的实践与路径探索。在政府主导下，中国足球联赛被定位为"准公共产品"，这一产权属性导致了职业化运作中出现了"诺斯悖论现象"。若职业体育等体育社会组织遵循"自下而上"的演变路径，则职业体育更接近于"准私人产品"，在这种情况下，俱乐部投资人将更多地考虑成本与收益。然而，中国特色社会主义体育事业的改革道路遵循的是自上而下的演变路径。从经济学的角度，采用逻辑演绎的方法分析青少年体育活动促进制度需求的动因，从产品竞争性、排他性和外部性3个方面对其进行界定。以中国足球联赛为代表的职业体育属于"准公共产品"[2][3]。在准公共产品属性定位的情况下，联赛的目标函数主要是提高国家队的竞技成绩，并培育繁荣的市场环境[4]，发现、锻炼和输送人才的政治功能，以及弘扬体育爱国精神和增强民族自信心的精神内涵[5]。公共产

---

[1] 海南省人民政府办公厅. 海南省人民政府办公厅关于印发加快海南竞技体育发展的指导意见的通知 [EB/OL].（2017-04-25）[2023-09-05].https://www.sport.gov.cn/gdnps/html/zhengce/content.jsp?id=25524632.

[2] 黄璐, 杨磊. 中超联赛是公共产品？——对《足球联赛产权与公共产品供给》一文中支撑基本观点的决定性理论的质疑 [J]. 首都体育学院学报, 2007（1）：18-20.

[3] 谭刚, 易剑东. 中国职业足球联赛的产品属性研究 [J]. 体育科学, 2013, 33（9）：29-35.

[4] 郑志强. 中国职业足球联赛的产权分析及其利益分配 [J]. 天津体育学院学报, 2008（6）：483-486.

[5] 梁伟. 中国足球职业联赛"政府产权"的界定及其边界约束研究——基于产权由物权关系向行为权利关系演化的理论视角 [J]. 体育科学, 2015, 35（7）：10-17.

品具有更多的外部性。基于理性人假设，俱乐部投资人更愿意生产内部效应大而外部效应小的商品。因此，在职业体育发展中出现了明显的人才供给二元市场分割现象。俱乐部投资人不愿意投入巨额资金培养青少年体育运动员，而是通过高额引入外援或购买球员等快速完成俱乐部人才队伍的构建。这在一定程度上导致了职业体育市场失灵的问题，因此，对于职业体育组织中青少年人才培养（可以算作青少年体育活动促进的一个方面）的制度需求亟待完善。政府关于加强职业体育后备人才培养的政策文件相对较少，山西省2017年颁布的《山西省人民政府办公厅关于扶持职业体育发展的意见》仅用了较少的篇幅阐述职业体育后备人才培养的管理办法，这进一步证明了对于职业体育组织中青少年人才培养的制度需求亟待完善。

　　事实上，欧美发达国家职业体育发展启示我们，职业体育中青少年体育人才培养的根基在于兴趣的培养。美国"以学校为中心"的体育人才培养模式是美国职业体育人才的重要来源。"美国学校模式"在基础教育阶段重视青少年的体育教育和体育技能的提高；在中学体育教育阶段注重培养青少年在体育比赛中的责任感和良好的个人体育行为等，以充分发挥青少年的体育潜质；在高等教育阶段，体教融合已经成为美国大学办学的基本宗旨。参加相关的体育运动项目不仅是大学生的兴趣和爱好，而且是美国职业篮球联赛（NBA）等体育人才脱颖而出的主要方式。因而，青少年体育兴趣的塑造培养和有效引导对我国职业体育发展具有重要意义，除借鉴美国体教融合的基本培养模式外，我们还需从制度层面配套完善职业体育场馆建设、职业体育税收制度、青少年选秀制度等，提供从青少年兴趣培养到职业体育人才有效供给路径的演变保障。

### 三、体育产业发展中的青少年体育活动促进制度需求

　　2010年，我国颁布了《国务院办公厅关于加快发展体育产业的指导意见》（以下简称《指导意见》），为体育产业的发展指明了方向。随后，在2012年前后，包括北京市在内的8个省（区、市）人民政府纷纷出台了地方性的实施

政策，以贯彻《指导意见》。2014 年，国家又颁布了《国务院关于加快发展体育产业促进体育消费的若干意见》（国发〔2014〕46 号），进一步推动了体育产业的发展。在此政策引导下，30 个省（区、市）人民政府发布了相应的实施意见，加快体育产业的蓬勃发展。近年来，体育产业逐渐受到资本市场的关注，呈现出明显的产业井喷态势。各地方政府也日益重视体育产业的发展，纷纷出台地方性的实施制度，以确保国务院顶层设计制度的有效执行。这一系列的政策举措，为青少年体育活动促进制度体系的建设提供了宝贵的思路。因此，青少年体育活动促进制度需要地方政府结合地方特色，制定出切实可行的实施办法（表 2-3）。

表 2-3　政府关于促进体育产业发展的制度安排 [1]

| 颁布时间 | 政府部门 | 政策名称 | 主要内容 |
|---|---|---|---|
| 2010 年 | 国务院办公厅 | 《国务院办公厅关于加快发展体育产业的指导意见》 | 加快发展体育产业，拓展体育发展空间，丰富群众体育生活，培养体育人才，提高全民族身体素质、生活质量和竞技体育水平，促进我国由体育大国向体育强国的转变，促进经济社会协调发展 |
| 2012 年 | 北京市人民政府、河北省人民政府办公厅、山西省人民政府办公厅、安徽省人民政府办公厅、福建省人民政府、河南省人民政府办公厅、湖南省人民政府办公厅、云南省人民政府 | 关于贯彻《国务院办公厅关于加快发展体育产业的指导意见》的实施意见 | 培育产业主体，构建产业体系，拉动体育消费，完善政策支持体系 |

---

[1]　国家体育总局. 现行有效的体育法律、法规、规章、规范性文件和制度性文件目录（截至 2023 年 6 月 30 日）[EB/OL].（2023-06-30）[2023-09-05].https://www.sport.gov.cn/gdnps/html/zhengce/contentlist. jsp?id=26023463.

续表

| 颁布时间 | 政府部门 | 政策名称 | 主要内容 |
|---|---|---|---|
| 2012 年 | 国家体育总局 | 关于贯彻《国务院办公厅关于加快发展体育产业的指导意见》的实施意见 | 鼓励体育资本建设各类体育场馆及健身设施，从事体育健身、竞赛表演等 |
| 2014 年 | 国务院 | 《国务院关于加快发展体育产业促进体育消费的若干意见》 | 满足人民群众多样化的体育需求、保障和改善民生，有利于扩大内需、增加就业、培育新的经济增长点，有利于弘扬民族精神、增强国家凝聚力和文化竞争力 |
| 2015 年 | 北京市、天津市、河北省、山西省、内蒙古自治区、辽宁省、吉林省、黑龙江省、上海市、浙江省、安徽省、福建省、江西省、山东省、河南省、湖北省、湖南省、广东省、海南省、重庆市、四川省、云南省、西藏自治区、陕西省、甘肃省、青海省、宁夏回族自治区、新疆维吾尔自治区等地方省（区、市）的人民政府和贵州省人民政府办公厅 | 关于贯彻《国务院关于加快发展体育产业促进体育消费的若干意见》的实施意见 | 进一步优化全民健身、公共体育、体育社会组织等发展环境，激活社会力量，完善扶持政策，强化保障措施 |
| 2016 年 | 国家体育总局 | 《国家体育总局关于进一步加强国家体育产业基地建设工作的通知》 | 明确提出要"打造一批符合市场规律、具有市场竞争力的国家体育产业基地" |
| 2017 年 | 上海市人民政府办公厅 | 《上海市体育产业发展实施方案（2016—2020年）》 | 解决体育产业规模较小；产业主体不够丰富；体育场馆的利用率总体不高；体育赛事的社会组织、运行机构仍需健全；健身休闲有效供给不足，大众消费激发不够；有利于体育产业发展的各项制度环境有待进一步完善等有关问题 |

续表

| 颁布时间 | 政府部门 | 政策名称 | 主要内容 |
|---|---|---|---|
| 2018 年 | 上海市人民政府 | 《关于加快本市体育产业创新发展的若干意见》 | 以竞赛表演业和健身休闲业为引领的产业体系更加合理，以国际竞争力和带动性强的体育企业为主体的市场体系更加发达，以重大体育场馆设施和产业集聚区为载体的空间体系更加优化，以产业政策和营商服务为重点的支撑体系更加完善 |

此外，国家体育总局结合发展体育产业的目标，进一步细化加强国家体育产业基地建设工作的制度安排，为实现国发〔2014〕46 号文中"打造一批符合市场规律、具有市场竞争力的体育产业基地"的目标，出台了具体执行措施。上海市除针对国发〔2014〕46 号文出台实施办法以外，还陆续出台了《上海市体育产业发展实施方案（2016—2020 年）》和《关于加快本市体育产业创新发展的若干意见》，进一步完成地方政府体育发展的规划方案设计和进一步细化体育产业发展的管理办法。因此，按照当前体育产业发展的节奏，需要将体育产业发展和体育消费的有关内容进行细分，并提供相应的制度保障支持。青少年作为未来社会的栋梁，是重要的潜在消费群体。同时，青少年体育锻炼习惯的养成，有助于完成体育产业消费者市场的培育，为体育产业的蓬勃发展奠定基础。因而，发展体育产业同样需要搭建青少年体育活动促进制度体系，为培育体育产业市场、壮大体育产业规模提供直接刺激和潜在动力。

## 第三节　社会的制度需求

大数据、人工智能等不断发展，数据痕迹记录囊括了人们生活中的方方面面，因而一个可行的方法是利用大数据文本，从互联网资讯搜索视角探查社会需求现状。我们可以以"学校体育"为关键词分析学校体育的制度需求，以"青少年训练""体质健康测试＋体质指数"为关键词或关键词组分析市场和企业的制度需求，具体以公众在百度搜索引擎中的搜索量为数据样本，利用百度大数据对关键词搜索关注程度和关注持续变化的情况进行数据统计，并利用百度搜索用户行为数据，对搜索该关键词的人群进行画像，查看其在全网搜索内容跨期趋势分布的情况，进而阐述社会总体体育文化氛围或对青少年体育活动参与的文化态度等。

微观制度安排相较于制度环境而言，更聚焦于某一具体政策的运行机制，是基本制度的进一步落实、细化。2017 年制订的《青少年体育活动促进计划》明确了发展目标：到 2020 年，青少年体育活动蓬勃开展，青少年身体素质不断提高，青少年体育组织发展壮大，青少年体育场地设施明显改善，青少年体育指导人员培训广泛开展，青少年科学健身研究与普及成效显著。目标的实现离不开运行制度机制的保障，因而针对每一个具体目标需构建问题导向型运行制度机制的保障。为进一步深入分析《青少年体育活动促进计划》中 7 条分解任务的制度需求情况，提取出 7 个代表分解任务的关键词："学校体育""阳光体育大会""体育赛事""青少年足球运动""冰雪运动""民族传统体育项目""体育留学"，利用微信指数[1]分别构建 7 个关键词与"青少年体育"这一关键词的关注热度对比图，用比较分析法对青少年体育活动促进的具体内容与青少年体育本身进行比较分析。通过百度指数的跨期趋势分析和微信指数的比较分析得出：在青少年体育活动促进中，哪些领域存在较大的促进空间，为制度需求提供分析依据。

"青少年训练"作为青少年体育活动促进的核心关键词，体现了整体决定局部的原则。青少年体育活动的促进，离不开社会整体体育文化环境的支撑。因此，我们有必要对此进行深入的分析和阐述。体质健康测试作为我国推广最

---

[1]　根据微信官方公众号发布的 2018 年微信数据报告，2018 年微信月活用户达到了 10.82 亿，平均每天有 450 亿次的信息发送，微信指数显示的热度情况来源于对微信搜索、公众号文章以及朋友圈公开发表的文章形成的综合分析，相较于百度热力指数而言，用户更广，信息兼具被动接收和主动获取的特征，收录的关键词更全面，更适宜进行关键词比较分析。

广泛、参与人数最多的体育活动，其关注指数和人群画像特征等方面都能见微知著，反映出社会的整体体育文化环境。在关于体质健康测试的核心关键词中，我们选取了"体质健康测试"（测试行为）和"体质指数"（测试结果）进行数据聚类分析（图2-3~图2-5）。

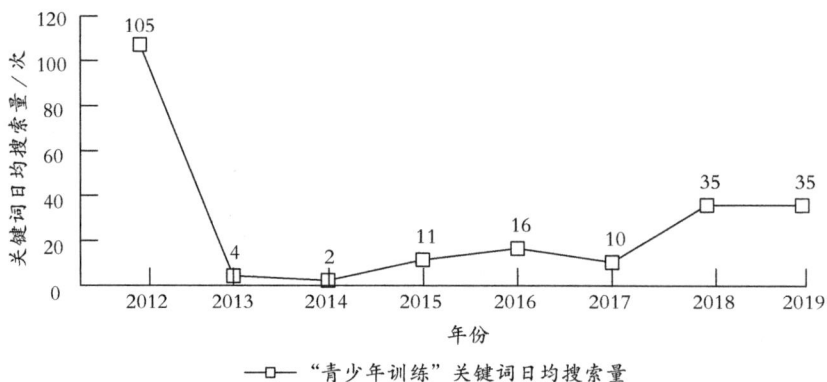

图 2-3　关键词"青少年训练"搜索关注情况（全国）

数据来源：微信指数。

从搜索关注趋势图（图2-3）中可以观察到：2012年，公众对"青少年训练"的关注持续了近一年的时间，整体保持在较高水平。然而，在此之后，关注度逐渐下降，并维持在较低水平，没有明显波动，直到2018年，关注度再次呈现出上升的趋势。结合同年青少年体育相关的时事热点，我们推测造成这一现象的一个可能是2012年国务院办公厅转发了教育部、国家发展改革委、财政部和国家体育总局四部门联合发布的《关于进一步加强学校体育工作的若干意见》。该政策对青少年训练的关注起到了提振作用。但是，政策的热度消退之后，由于缺乏持续的落实保障机制，关注度急剧下降，并一直保持在较低水平，直至2018年，将体育纳入中高考总分核算的讨论再次引发关注度的上升。为了进一步验证这一推测，我们通过行为数据对搜索关注"青少年训练"的人群进行了特征画像。如图2-4所示，关注"青少年训练"的用户人群几乎同时全部关注了"教育培训"的相关内容。进一步对教育培训的细项特征进行画像，

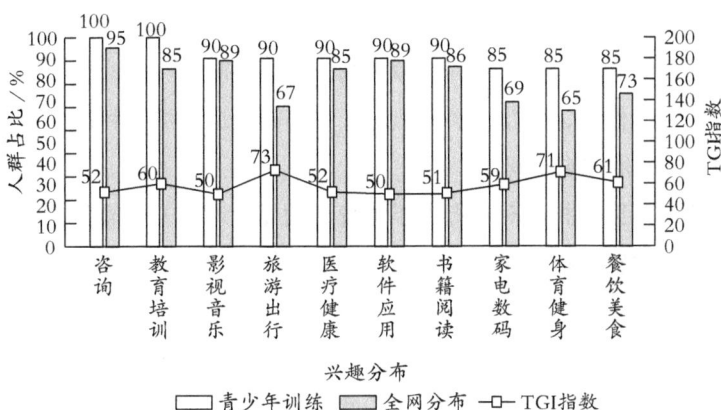

图 2-4　关键词"青少年训练"关注人群特征画像（全国）

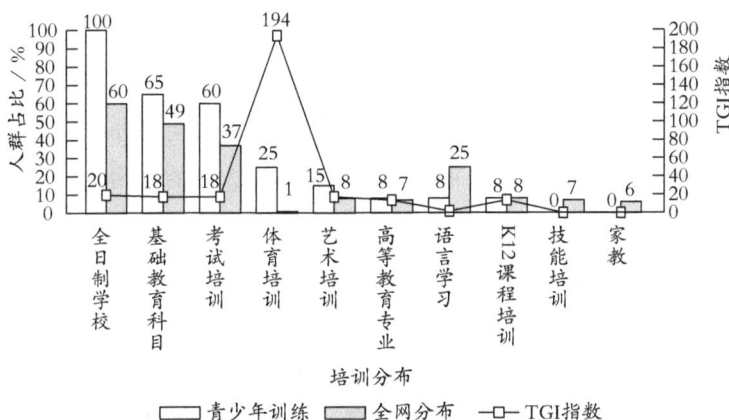

图 2-5　关注"青少年训练"关键词人群对于"教育培训"关注特征画像（全国）

如图 2-5 所示（各项特征为非互斥项），我们可以看到，这个人群完全覆盖了对全日制学校相关话题关注的用户。同时，关注"青少年训练"的公众对"体育培训"特征的 TGI 指数值为 194，远高于平均水平，这表明如果体育培训将青少年训练作为目标定位，那么目标群体的契合度会较高。这些数据说明，当政府出台关于青少年体育活动的纲领性政策时，会引起民众，尤其是关注学校教育的群体对青少年体育活动参与的关注。通过人群特征画像，我们可以知道，体育培训中关于青少年训练内容定位的目标群体契合度很高。然而，由于纲领性文件缺乏持续落实传导制度和保障机制，纲领性政策在讨论热度过去后就难以发挥政策指导作用，因此，实际上对于完善制度运行机制和执行实效考查机制存在很大的制度需求空间。

进一步利用微信指数对《青少年体育活动促进计划》中的关键词与"青少年体育"进行比较分析。在《青少年体育活动促进计划》中的 7 个任务中，不同任务与"青少年体育"的交互情况各有差异。其中，"阳光体育大会""民族传统体育项目""冰雪运动""体育留学"4 个关键词的关注指数在青少年体育中相对较低，"学校体育""青少年足球运动""体育赛事"3 个关键词的关注指数与"青少年体育"相近。针对图例分析并结合实际分析可知：①阳光体育大会虽然在宁夏、黑龙江等省（区、市）顺利举办，构建了一定的实施制度，但其对青少年体育活动促进的示范影响作用仍然有限。因此，我们需要进一步挖掘和完善青少年"未来之星"阳光体育大会与青少年体育活动促进的长期影响关系，避免青少年"未来之星"阳光体育大会举办"一期一会"的困境，进一步激发青少年"未来之星"阳光体育大会的作用。②"冰雪运动校园计划"的实施战略对青少年体育活动的促进影响有限。为了更好地落实"冰雪运动校园计划"，我们需要加强社会冰雪文化氛围的营造。③由于正式制度安排的缺失，民族传统体育在促进青少年体育活动参与方面有一定的局限性。从中共中央、国务院到各省市地区体育局，都缺乏相关的制度安排。制度安排一方面要兼顾推进民族传统体育文化的挖掘普及和氛围营造，另一方面要加快完善民族传统体育项目运动规则的普及化、通用化和适应化构建。④在体育国际交流合作方面，目前更多地局限于青少年运动会赛事参与层次的临时交流，缺乏体育留学文化、专项运动项目交流互鉴等有关实际操作层面的制度安排。因此，在新时代互联互通、共享共建，继续深化改革开放合作领域的时代背景下，我们需要明确青少年体育留学与合作重点交流的领域，完善交流项目申请流程、交流过程中的保障机制以及交流结束后的效果评价。⑤学校体育、青少年足球和体育赛事是青少年体育活动促进中发挥作用较为明显的 3 个板块，其中学校体育的作用力最强。⑥青少年足球和体育赛事的微信关注指数与青少年体育相近，这主要得益于有关青少年足球和青少年体育赛事自上而下的制度安排。因此，在运行机制中有必要继续加强、完善、总结该专项任务的成功经验，并将该经验做法借鉴落实到其他专项任务（如冰雪运动和民族传统体育项目）的贯彻中去。同时，对于这两类专项任务要逐步完成从制度设计到制度优化的转化（图2-6~图2-11）。

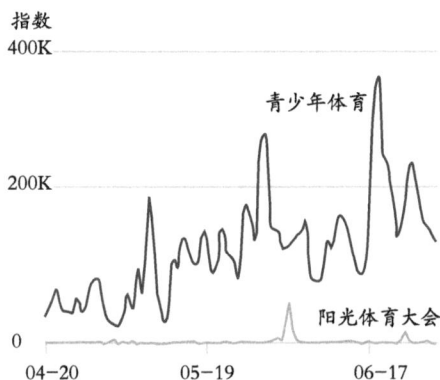

图2-6　"阳光体育大会"与"青少年体育"（数据采集时间：2022年4月20日—6月17日）

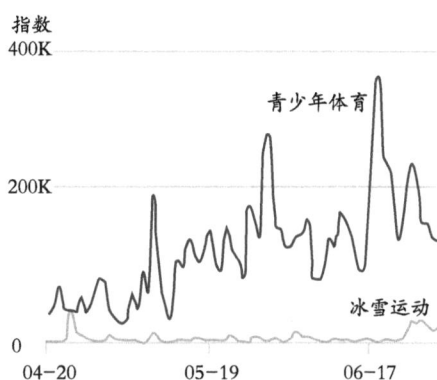

图2-7　"冰雪运动"与"青少年体育"（数据采集时间：2022年4月20日—6月17日）

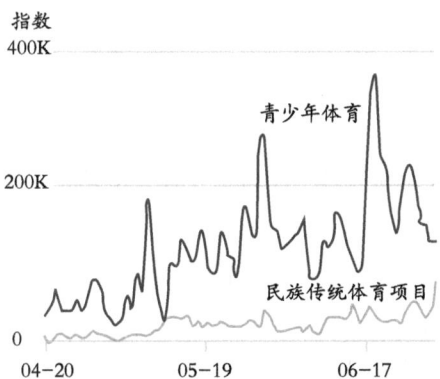

图2-8　"民族传统体育项目"与"青少年体育"（数据采集时间：2022年4月20日—6月17日）

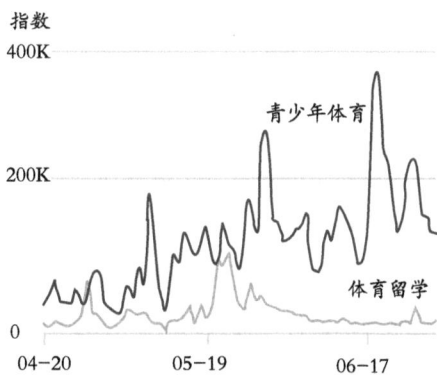

图2-9　"体育留学"与"青少年体育"（数据采集时间：2022年4月20日—6月17日）

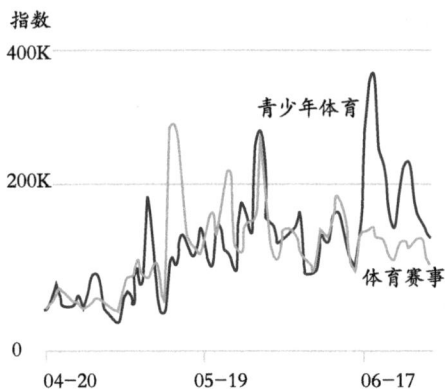

图 2-10 "体育赛事"与"青少年体育"（数据采集时间：2022 年 4 月 20 日—6 月 17 日）

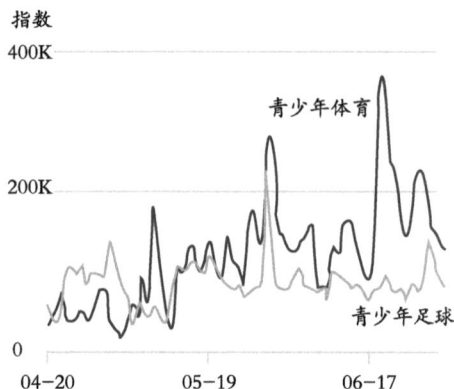

图 2-11 "青少年足球"与"青少年体育"（数据采集时间：2022 年 4 月 20 日—6 月 17 日）

数据来源：微信指数。

当前，青少年体育社会关注度有所降低，政府需要出台相关制度，引起社会各界对于青少年体育活动促进的关注。"政府购买中小学生课外锻炼服务状况问卷调查"对于承接主体的调查结果也证明了这一结论。

该调查于 2019 年进行，调查显示，有 70% 以上的承接主体对青少年体育活动制度了解程度不高，在这些人中，了解程度为"一般了解"的占到全部接受调查人数的 38.2%（图 2-12）。青少年体育活动促进工作的承接主体是青少年体育活动促进产业化的关键，也是青少年体育活动促进工作的核心环节，该主体应当在青少年体育活动促进工作中占有中心地位并起到重要作用。然而，作为核心主体的青少年体育活动促进工作承接主体对于青少年体育活动相关政策了解程度不高，侧面反映了社会对于青少年体育宣传方面相关保障制度的高度需求。如何从广大主体出发，真正做到吸引社会力量，让青少年体育活动促进成为社会行为是我国未来的政策制定方向。

在讨论制度需求时，我们发现承接主体希望建立更多的青少年体育组织，并开展多样化的校园体育活动（图 2-13）。这一现象间接指出了目前青少年体育政策的宣传力度不足。对于承接主体而言，他们最迫切的需求和建议也揭示了青少年体育活动产业化过程中所面临的问题。体育文化的不足导致政策实施后缺乏持续动力，这不仅影响了青少年体育市场的有效需求，还引发了对培养青少年体育文化的制度需求。

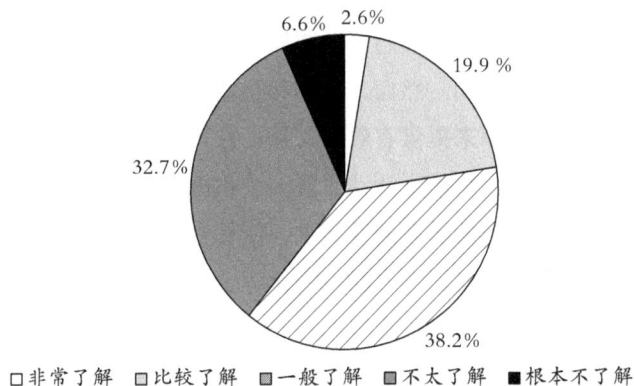

图 2-12　承接主体对我国政府制定的青少年体育活动制度的了解程度

数据来源：微信指数。

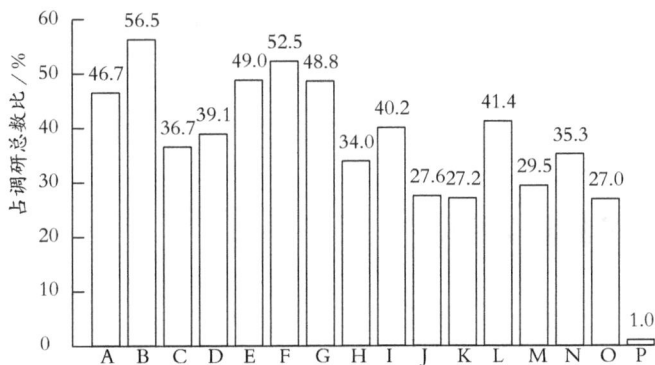

图 2-13　承接主体对开展青少年体育活动的需求

数据来源：微信指数。

注：承接主体对开展青少年体育活动的需求是：A.青少年熟练掌握2项以上运动技能；B.组建更多的青少年体育组织（如俱乐部、协会、兴趣组等）；C.青少年参加高水平的比赛、交流；D.青少年参加专门的运动技能培训；E.青少年节假日参加更多的户外体育活动；F.学校体育课更加丰富多彩；G.家长、教师都支持青少年参加体育活动；H.学校组建校队开展训练、比赛等活动；I.建设更多适合开展青少年体育活动的场地设施；J.全社会支持青少年体育活动；K.电视、媒体等加强青少年体育活动的宣传；L.政府对社会力量参与青少年体育活动有更多的鼓励政策；M.学校支持社会力量进校园开展青少年体育活动；N.家长鼓励青少年参与体育活动；O.建立健全国家青少年体育活动促进制度；P.其他。

市场和企业的本质是追求利润最大化，其根本目的是对货币化利益的获取以及有效市场的营造。索洛模型（新古典增长理论）是经济增长的基本模型，其明确表示：制度是经济增长的唯一源泉，有效的制度从本质上引导了市场和企业的发展。根据上述分析，我们可以明显地看出，在青少年体育活动促进领域存在较为广阔的发展空间。然而，市场和企业尚难以将其内在化，因此，必须依靠强制性的制度保障来提供有效的支持。首先，我们需要采取措施来吸引社会各界的关注，为青少年体育活动营造一个积极向上的社会体育文化氛围，从而激发青少年体育活动的潜在消费需求，使其直接转化为有效的消费需求。其次，对于那些具有巨大发展潜力的市场化青少年体育领域，例如冰雪运动、青少年足球、体育留学和体育赛事等，我们应从政策层面鼓励企业家开展相关营业业务，组织营利性的青少年活动，发挥市场的引导作用，为广大青少年提供更大规模、更优质的体育服务，包括便捷、高质量的面对面体育知识传播、技能培训和健身活动等。最后，对于那些待开发的领域和传统项目，我们应该举办更多形式多样、活动丰富的公益性体育活动，让全民都能参与其中，以此培育大众对青少年体育参与的认知。我们可以借鉴李斯特保护幼稚产业的思想，通过政府购买公共服务或赞助企业的方式吸引投资，培育市场。

## 第四节　学校的制度需求

根据百度公众搜索量数据，对关键词"学校体育"的搜索频数进行加权，绘制出图2-14所示的关注度和变化情况。2012年，公众对"学校体育"的关注度达到顶峰，之后总体呈现下降趋势，但在2018年出现了较大幅度的回升，关注度快速上升。这一变化再次验证了前文关于"青少年训练"关注特征的诱因猜想。通过对关注"学校体育"的人群进行数据挖掘与地域属性聚类分析，我们发现，全国范围内对"学校体育"的关注度普遍较高，但各地城市之间存在差异。传统意义上认为，北京市、广东省、江苏省、浙江省等省（区、市）对学校体育的关注度位于前列。令人瞩目的是，河南省作为一匹黑马，跃升至关注人群地域分布的榜首。实际上，河南省位于榜首并不令人意外。早在2013年，河南省教育厅发布了《河南省普通高等学校体育工作十项规定》，通过明确学校的主体责任、保证体育课程质量、开展阳光体育运动、建立新生出早操制度、全面实施《国家学生体质健康标准》、加强体育教师队伍建设、健全配套场地设施和运动器材、严格执行体育达标标准并与毕业结业挂钩等措施，将政策落实落细。在推进学校体育工作方面，河南省几乎是《国务院办公厅转发教育部等部门关于进一步加强学校体育工作若干意见的通知》出台后，率先开展地区落实政策的排头兵。排名第二的北京市和第三的广东省在近几年里分别出台了《北京市推进中小学校体育工作三年行动计划（2013—2015年）》和《广东省学校体育三年行动计划（2015—2017年）》，以深化地区学校体育改革。然而，许多省份对学校体育的关注度仍然不高，这些省份在地区层面上关于进一步切实加强学校体育工作的相关落实方案和行动计划也存在缺位情况。

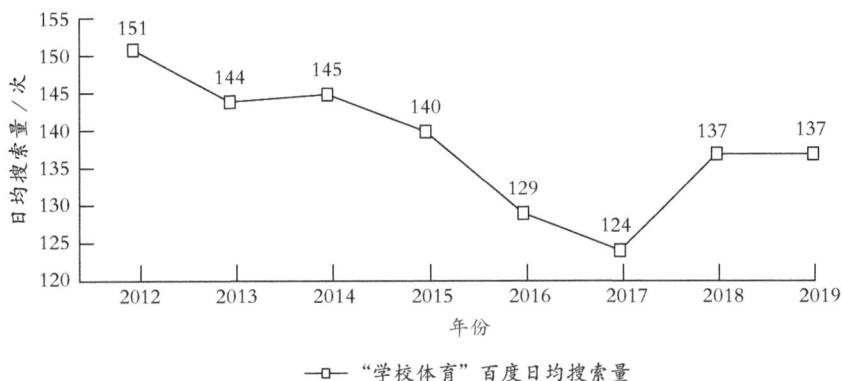

图 2-14　关键词"学校体育"搜索关注情况（全国）

对关注人群的年龄特征和性别特征进行数据挖掘的聚类分析，结果显示，在关注人群中，30~39岁年龄段的人数最多，40~49岁年龄段的人数次之，而且关注"学校体育"和"青少年训练"的人群的年龄分布趋势基本一致。但关注人群中存在性别差异，男性对"学校体育"的关注度超过 50%，对"青少年训练"的关注度甚至超过了对"学校体育"的关注度。这一年龄段的人群大多是为了关注子女的体质和健康，因此有深层次的动机和意愿去关注青少年的体育活动参与。在家庭因素中，父亲的动机更强（图 2–15）。事实上，对于青少年体育活动促进的关键因素——家庭而言，父母的需求意愿是有效的、主动的，因此家庭在现行青少年教育制度下对于青少年体育活动促进是有刚性需求的。但是，正如许多研究所指出的，家庭关于青少年体育活动参与需求实现的"拦路虎"可能是青少年的升学压力[1][2]。

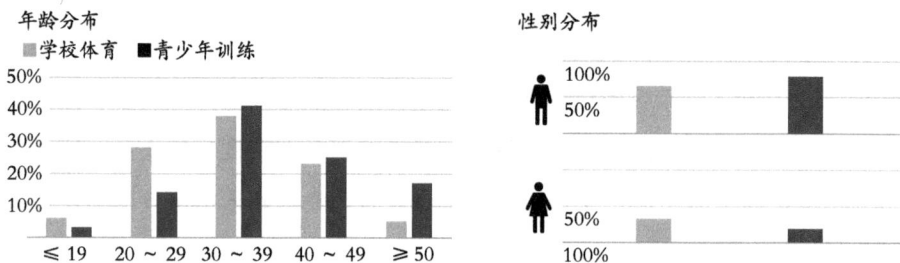

图 2–15　"学校体育"与"青少年训练"关注人群的年龄分布与性别分布（全国）

　　调研结果显示，对"学校体育"的关注度与对"青少年体育"的关注度相近（图 2–16）。在某些特殊时点，"学校体育"的微信关注度甚至明显超过"青少年体育"。例如，在 2022 年 6 月上中旬，"学校体育"这一关键词的微信关注度出现了显著的峰值，第一次峰值的微信指数为 1.54M[3]，第二次峰值的微信指数为 2.32M，与此同时，"青少年体育"的微信指数分别为 0.16M 和 0.31M，明显低于"学校体育"。这种"学校体育"的峰值并非异常现象，与通过百度

[1]　慈鑫. 新加坡家长送孩子上体校热情高 [J]. 教育，2010（28）：62.
[2]　高岩，王先亮. 父母支持、同伴友谊质量对青少年运动动机与投入影响 [J]. 天津体育学院学报，2015，30（6）：480–486，519.
[3]　M 为 millons 的缩写，意思为百万。

指数获得的"学校体育"搜索热力趋势图相吻合,即在每年的寒暑假前夕,百度搜索关注度会出现显著的峰值,这是年度波动的一个典型特征。利用相对短期的数据,可以直观地显示出这些峰值与其他关键词的对比情况,"学校体育"在波动时的微信关注度是"青少年体育"的 7.6~9.5 倍。对于这种特殊时点的显著波动,我们需要深入分析其背后的原因,以便更有效地制定具有针对性、有效性和指导性的政策制度安排。

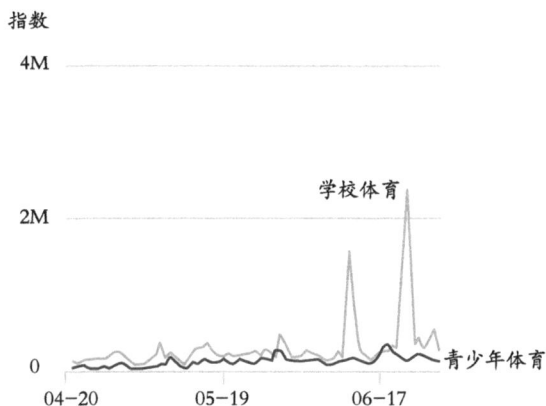

图 2-16  "学校体育"与"青少年体育"微信关注指数对比趋势图
(数据采集时间:2022 年 4 月 20 日—6 月 17 日)

"政府购买中小学生课外锻炼服务状况问卷调查"的结果显示,大部分中小学校相关人员对青少年体育活动促进相关制度的了解程度不够充分,超过半数的相关人员了解程度不足,而一般了解程度的人员比例较高(图 2-17)。在体育文化建设和青少年体育活动促进相关产业建设尚在起步阶段的当下,青少年学校体育是青少年体育活动促进工作的主战场。由此看来,中小学校相关人员是青少年体育活动促进工作的中坚力量。然而,该类人员存在上行下效的工作特点,一线工作者并不参与决策,因此对政府购买服务状况的了解程度较低。这种现象虽然可以理解,但后续仍需对校长、教育相关部门的人员进行更深入的调查,以核实制度需求的具体内容。就目前而言,通过该项调查可以看出青少年体育活动促进制度的宣传力度还需进一步加强。

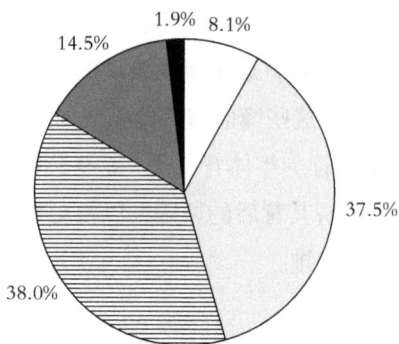

□非常了解 □比较了解 ▤一般了解 ▨不太了解 ■根本不了解

图 2-17 学校相关人员对青少年体育活动促进相关制度的了解程度

在进行制度需求的表达时，有 56.7% 的中小学校相关人员提出各级政府应该更多地了解青少年体育活动的诉求。这表明，当前在青少年体育活动促进制度体系构建过程中，产生了青少年体育活动促进反馈制度的相关需求。同时，有 48.4% 的中小学校相关人员指出，应该完善青少年体育组织管理相关的制度（图 2–18）。对于中小学校相关人员而言，青少年体育活动促进制度与其所负责的学校体育领域有非常密切的联系，中小学校相关人员提出的需求，实则是侧面反映了在青少年体育文化宣传方面学校的制度需求。组织形成是青少年社会体育文化形成的基础，而诉求了解是青少年社会体育文化形成的关键步骤。学校体育是青少年体育文化形成的重要阵地，而不应是唯一阵地。调查问卷的结果显示了学校建设青少年体育文化的乏力问题，也提出了社会各界进行体育文化建设的相关制度诉求。

范卉颖等[1] 在其研究中得到影响青少年运动意愿的因子由强到弱分别是学校体育（其中课余社团竞赛因子最大，体育课堂次之，课余体育锻炼最后）、朋友参与体育运动的情况、社区开展体育运动的情况及家庭开展体育运动的情况。其中，学校体育中课余社团竞赛因子和体育课堂实际上是青少年身体素质

---

[1] 范卉颖，唐炎，张加林，等. 我国青少年运动意愿及影响因素研究 [J]. 中国体育科技，2019，55（6）：35–45.

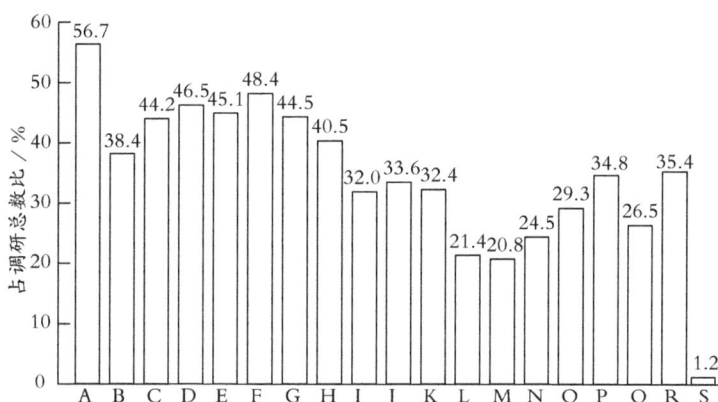

图 2-18 受调研中小学校相关人员对我国政府工作改进方向的看法

注：A.了解青少年体育活动的诉求；B.青少年体育活动舆情监测；C.青少年体育活动趋势预测；D.青少年体育活动沟通；E.青少年体育活动供给；F.青少年体育活动组织管理；G.青少年体育活动激励；H.青少年体育活动方式方法的创新；I.青少年体育活动督导；J.青少年体育活动评估考核；K.青少年体育活动绩效评价；L.青少年体育活动问责；M.青少年体育活动干预；N.青少年体育活动标准研制；O.青少年体育活动项目研发；P.青少年体育场地设施研发；Q.青少年体育文化塑造；R.青少年体育活动指导与培训；S.其他。

提高的两个重要参与环节和参与过程。《青少年体育活动促进计划》关于身体素质不断提高的目标中包含了提高的举措方案和实现标准，基于全过程管理的理论与实践，实现这一目标有两个方面的制度需求：一方面是确保课堂内外体育活动得以开展的具体执行规章制度。例如，在正式制度层面，中共中央、国务院明确规定中小学开展学校体育的必须内容和禁止内容，杜绝体育课堂被挪为他用的现象，同时给予学生课外参与活动的充足时间；在基本制度层面，国家体育总局和教育部需结合青少年成长实际，调和学生智力教育和体育教育成绩考核的矛盾，制定保障学生德智体美劳全面发展的政策措施，同时，各地教育局和体育局理应结合各地区学生校外体育活动开展现状等制定符合本地区体育文化氛围的开展学校体育的具体规定等；落实到各个高校及中小学，则应将切实保障体育课、每天锻炼 1 小时、开展与学生人数和兴趣爱好大致匹配的运动项目课程等有关内容添加到学校体育教学管理制度章程中。另一方面是完善《国家学生体质健康标准》的考核机制，明确考核的具体内容、项目标准和考核执行等。此外，还应加强学校体育设施、器材的供给，为学生体育锻炼创造条件；要保证体育课上课质量，从制度层面避免体育课"空壳化"，如落实活动责任主体、推行学校体育问责制度、督促学校认真执行国家规定的体育课时数、加强对中小学体育教师的培养、开展形式多样的体育教学活动等；调和与学校体育执行紧密相关的"文化"与"体育"之间的资源挤占矛盾，从制度上明确规定"文化"与"体育"的资源分配，如借鉴河南经验，制定学生体育达标标准与毕业结业挂钩等更加具体的政策。

## 第五节　家庭的制度需求

近年来，我国关于青少年体育活动促进的研究集中于剖析青少年体育运动参与的动机和影响因素，以及有关青少年体育活动促进模型的构建。汪晓赞、郭强等[1] 提出构建我国青少年体质健康促进体系应该率先搭建多维发展格局（包含身体干预、心理调适和营养膳食等），制定多维发展策略（学校、家庭、社区联动），完善多维监管机制（基于现代信息技术的监测、评价、管理）。杜建军、罗琳[2] 通过构建青少年体育活动促进模型分离提取出影响青少年体育活动促进中 3 个外生变量（学校体育、家庭支持和社会环境）和 10 个潜变量（体育教学、学校保障、制度安排、运动认知、家长影响、家庭支持、生活方式、社区体育、体育文化和社会舆论），通过对 878 名学生进行抽样调查得到学校体育、家庭支持和社会环境对青少年体育锻炼有正向直接影响和中介效应（通过体质健康信念和自我效能产生），并且建议对青少年体育活动的促进

[1]　汪晓赞，郭强，金燕，等. 中国青少年体育健康促进的理论溯源与框架构建 [J]. 体育科学，2014，34（3）：3-14.
[2]　杜建军，罗琳. 青少年锻炼行为促进模型建构与干预策略研究 [J]. 武汉体育学院学报，2017，51（3）：61-69.

从宏观、微观两个方面入手，以营造社会环境为基础，引导家庭支持，创新学校体育干预，同时关注对青少年个体的中介效应的激发。王先亮[1]则提出应建立全域化系统观念对青少年体育活动促进进行引导干预，从微观层面激发青少年运动锻炼的动机，发挥学校体育教育的主渠道作用，强化家庭支持（包括家长陪同和家长示范），加强体育社会组织建设以及强化体育设施供给等。根据学者所构建的青少年体育活动促进模型，构建青少年体育活动促进制度体系需立足全域化系统观念，将学校体育、家庭支持和社会环境 3 个核心外生变量作为政策抓手，激发动力、营造环境、创造干预、提供支持，同时将运动认知、生活方式、体育文化、社会舆论等潜变量作为制度体系设计中的考核监测变量。

除前述分析的学校体育是影响青少年体育活动参与动机和参与意愿的关键变量，家庭也是重要的环境因素之一。以一、二线城市"70 后""80 后"高学历家长为目标对象，覆盖 32 个省（区、市）近 1.5 万个家庭的《2017 中国家庭素质教育消费报告》指出，"家长首先倾向于为孩子选择艺术类培训项目，艺术培训之外越来越多的家长希望孩子在幼儿阶段接受体能、体育锻炼，新一代家长更倾向于为孩子选择集体互动性更高的球类和体能类以及益智棋类运动等"。2019 年，《中国家庭孩子身体素质培养洞察篇》基于 2 104 名家长的调研结果，全面分析了孩子运动培养现状、需求和消费趋势等，显示出家长对孩子运动的认知和实践存在偏差。

在认知上，调研报告显示，在不同成长阶段，孩子的运动能力均是家长普遍看重的能力诉求（图 2-19）。家长普遍认可孩子保持运动的重要性，但对不同成长阶段的重视程度不同，从幼儿园到高中支持程度呈现递减趋势，支持比例依次为 75.9%、64.2%、57.6% 和 53.2%；同时，家庭对孩子运动能力培养的需求更综合，除增强体质外，70% 的家长希望通过运动锻炼提高孩子的应变能力、锻炼孩子的意志品质、使孩子养成健康的生活方式和提升孩子的智力水平。

[1] 王先亮. 全域视角下青少年体育锻炼行为促进模型的构建 [J]. 体育成人教育学刊, 2019, 35（3）：62-69.

代际文化、家庭运动氛围是影响孩子运动能力的关键因素，家长对孩子运动能力的培养具有引导示范作用。然而调研的实际情况显示，家长平均每周运动时长不足 3 个小时，超过 1/3 的家长几乎不参与亲子运动，70% 的家长"宽松"对待孩子的体育运动，这从一定程度上造成孩子缺乏运动习惯和身体素质下降。此外，62% 的受访者认为自己缺乏相关运动专业知识，难以指导或参与孩子的体育运动锻炼。

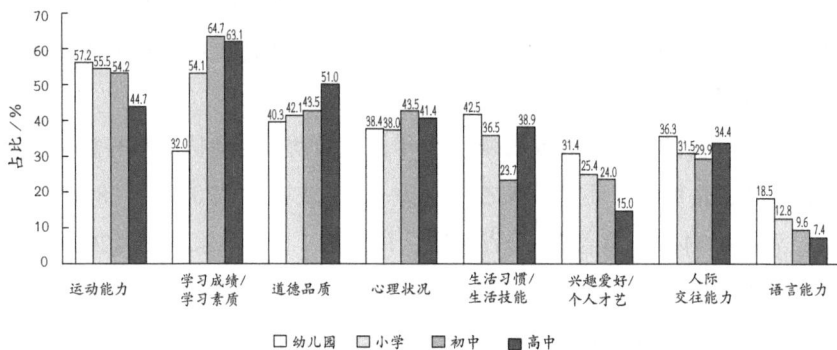

图 2-19　不同成长阶段家长最关注的孩子培养方面

体育培训在一定程度上弥补了家长运动技能不足的问题。在家庭年均消费支出中，体育培训每年花费均值为 6 510 元，约占课外培训每年花费均值的 1/3（图 2-20）。家长在选择体育培训项目时更多考虑孩子的兴趣爱好，40% 的家长还注重体育运动对孩子社会交往、升学、留学、职业发展等的作用，对体育培训项目的选择也因时段而异。

家庭在青少年体育活动的参与上面临双重限制。首先，不同经济水平的地区在家庭对体育的关注和参与度上存在差异，这主要受到家庭可支配收入的制约。其次，青少年体育参与度的不足与文化惯习、代际传递紧密相关[1]，这反映了家

---

[1]　高鹏飞，梁勤超，李磊. 青少年体育参与不足的文化惯习、代际传递与现代重构 [J]. 体育与科学，2019，40（3）：48-53.

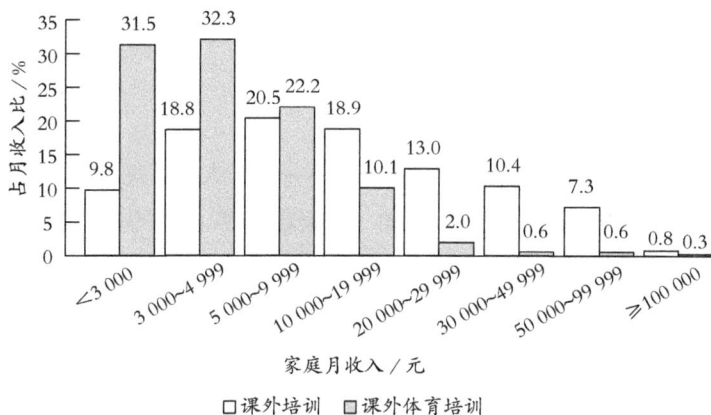

图 2-20　家庭年均体育运动消费

数据来源："家长帮·大数据系列报告"《中国家庭孩子身体素质培养洞察篇》。

注：课外培训每年花费均值为 19 157 元；课外体育培训每年花费均值为 6 510 元；课外培训花费包含课外体育培训花费。

庭在体育文化传承上的限制。基于此现状，对于收入约束的问题，我们可以通过制度安排来缓解，比如制定相关政策，促进社区体育设施的建设，以及通过政府购买服务，激励企业在社区提供便捷的青少年体育活动服务。对于体育文化传承的约束，正如百度指数分析所示，尽管家庭有意愿关注青少年的体质健康，但现实的限制往往归因于我国的高考制度和应试教育的模式，这一现象在不同地区对体育关注度的差异中得以体现，经济较为发达的地区往往更重视素质教育，对体育的关注也相对较高。因此，家庭对于平衡"文化"与"体育"的制度安排有着一定的需求。此外，为了打破代际影响，还需通过制度安排，如学校可以组织"亲子体育运动会"，鼓励家长和家庭成员参与到青少年的体育活动中来，推广家庭体育教育计划，多渠道支持和促进家庭体育活动的开展，引导家长形成正确的体育价值观。同时，在行业层面，我们也应推动创新，提供多样化的产品，为家庭和青少年提供丰富的体育体验。

## 第六节 青少年个体的制度需求

青少年个体是青少年体育活动促进的第一责任人。范卉颖等 [1] 在其研究中发现,我国青少年整体持有较高的运动—健康意识观,内生的运动意愿较为积极,但运动意愿存在不均衡现象,集中表现为男女有别(男性高于女性)、教育不同阶段有别(低年级高于高年级)、不同经济发展水平的省份有别(国内生产总值高的省份高于国内生产总值低的省份)。除学校体育、家庭支持和社会环境因素外,同伴运动友谊也是影响青少年体育参与的重要因素 [2]。从运动心理学的角度看,同伴参与有助于提高青少年体育活动参与的质量。虽然青少年具有内生的运动—健康意识观,但与家庭约束一脉相承的是文化课业存在的压力对青少年体育活动参与的束缚。学习(包括家庭作业、参加学习辅导班等)占据青少年周末、节假日等课余时间分配的比例逐渐上升;与此同时,体育运动(包括户外运动、参加课外体育培训等)占据青少年周末、节假日等课余时间分配的比例逐渐下降。

在"政府购买中小学生课外锻炼服务状况问卷调查"的中小学生部分中,上述结论得到了印证。调研结果显示,当前有 75.9% 的中小学生在接受调查时表示自己的课余时间用来完成作业。关于日常娱乐项目,有 69.1% 的中小学生表示将看电视,玩电子游戏、电脑、iPad、手机等作为自己的主要娱乐项目(图2-21)。内生的运动—健康意识观在青少年群体中受到了课业压力的冲击。不可否认,电子游戏相较于体育运动更能吸引青少年,这主要归因于电子游戏具有较强的娱乐性。因此,提升青少年体育活动的趣味性,加强体育活动的文化宣传,以及实施减轻学生负担、注重体育与文化艺术相结合的教育模式,这些

[1] 范卉颖,唐炎,张加林,等. 我国青少年运动意愿及影响因素研究 [J]. 中国体育科技, 2019, 55(6): 35-45.

[2] 高岩,王先亮. 父母支持、同伴友谊质量对青少年运动动机与投入影响 [J]. 天津体育学院学报, 2015, 30(6): 480-486.

做法应当得到推广。同时，调查显示，青少年还面临体育活动场地有限和家长的体育支持不足等问题，这表明体育场地建设和提高家长对体育文化的认识已成为迫切需要解决的政策需求。

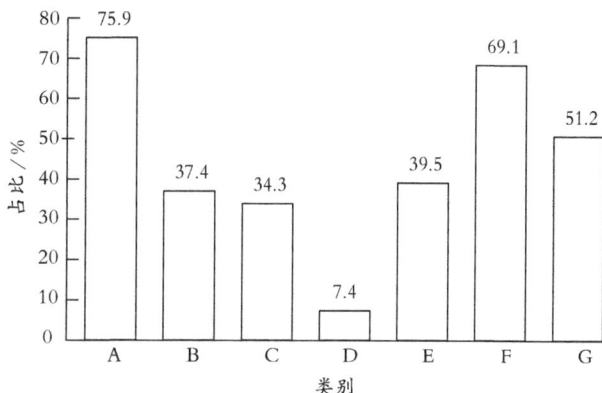

图 2-21　中小学生课余时间（包含周末以及节假日等）的分配情况

注：A.做作业；B.参加课外辅导班（主要指英语、数学等课程学习辅导班）；C.自主参与户外体育活动；D.参加体育培训班；E.培养其他兴趣才艺（如画画、练琴、街舞，参与其他兴趣才艺培训班等）；F.看电视，玩电子游戏、电脑、iPad、手机等；G.其他娱乐活动（如逛街、唱歌、聚会等）。

因此，在调和"文化"与"体育"之间的矛盾的同时，我们需要激发青少年内生的运动—健康意识观。政策的制定需要多方面配合，确保减轻学生课业负担得以落实，让学生能够体验到阳光体育带来的快乐。对于不同性别、年龄、经济发展水平的地区，应制定不同的青少年体育活动参与的最低标准。对于那些缺乏体育活动兴趣的青少年，我们应开发更具趣味性和参与性的新兴活动形式，鼓励他们积极参与，乐在其中，同时锻炼他们的意志和运动能力。

综上，无论是从政府、社会还是个人角度来看，青少年体育活动促进制度的强制性制度供给意愿与制度变迁主体的制度需求是保持一致的，青少年体育活动促进制度几乎在不损害任何主体福利的情况下，使得大部分主体的福利得到提升，即青少年体育活动促进的制度变迁是一种帕累托改进。因此，从理论层面上讲，只要青少年体育活动促进制度的体系设计能够紧跟制度主体需求，其变革和实施就极有可能顺利进行。这将进一步推动家庭、学校和社区的联动，实现社会、市场和政府间的良性合作，形成新的青少年体育工作局面。最终，这将有助于提升青少年的体质，培养他们参与体育活动的兴趣，营造体育文化氛围，为实现健康中国的长远目标奠定坚实的基础。

第三章

# 我国青少年体育活动促进制度供给研究

本章对国内青少年体育活动促进制度的供给情况进行探讨。第一，在我国青少年体育发展的现状和新制度经济学背景下，以青少年体育的双重属性为视角，探讨了青少年体育活动促进制度供给的必要性和现实意义。第二，从青少年体育活动促进制度供给的各个主体出发，分析不同主体在其中扮演的具体角色，剖析主体的内涵与职责。第三，将青少年体育活动制度分为政策性制度和操作性制度，回顾近年来为支持青少年体育活动发展而出台的一系列政策措施，并对政府、企业、社会团体及学校在操作性制度上的供给情况进行了梳理。第四，根据国内制度经济研究的相关文献，从政府供给、服务购买、市场自发、引进吸收4个方面阐述了青少年体育活动促进制度的供给方式。第五，对青少年体育活动促进制度的整体情况进行了评价。

## 第一节　我国青少年体育活动促进制度供给概述

体育作为一项群众广泛参与的社会活动，不仅可以增强人民体质，而且是促进友谊、增强团结的重要手段。在中华人民共和国成立之初，党和国家在带领全国人民恢复社会生产、发展经济的同时，将体育工作作为事关国计民生的重要任务。

早在 1952 年，国家就成立了中华全国体育总会，引领全国的体育工作。1954年成立国家体育运动委员会，并由开国元勋贺龙同志担任首任主任。1952 年，毛泽东同志向广大青年发出"身体好、学习好、工作好"的号召，欣然题词"发展体育运动，增强人民体质"，这一指示成为我国体育工作的指导方针。1955 年，国家提出要在"厂矿、学校、部队和机关青年中，广泛地开展体育运动"。在宪法层面，《中华人民共和国宪法》（以下简称《宪法》）第一章"总纲"第二十一条规定，"国家发展体育事业，开展群众性的体育活动，增强人民体质"。这表明，体育工作被国家视为一项基本国策，在宪法中具有重要地位。党中央、国务院历来重视青少年的健康发展。《宪法》第四十六条中规定，"中华人民共和国公民有受教育的权利和义务。国家培养青年、少年、儿童在品德、智力、体质等方面全面发展"。这一规定被视为青少年体育活动促进制度的法律依据。

2007 年，《中共中央　国务院关于加强青少年体育增强青少年体质的意见》明确指出广大青少年身心健康、体魄强健、意志坚强、充满活力，是一个民族旺盛生命力的体现，是社会文明进步的标志，是国家综合实力的重要方面。青少年时期是身心健康和各项身体素质发展的关键时期。青少年的体质健康水平不仅关系个人健康成长和幸福生活，而且关系整个民族健康素质及我国人才培养的质量。当前和今后一个时期，加强青少年体育工作的总体要求是：认真落实健康第一的指导思想，把增强学生体质作为学校教育的基本目标之一，建立健全学校体育工作机制，充分保证学校体育课和学生体育活动，广泛开展群众性青少年体育活动和竞赛，加强体育卫生设施和师资队伍建设，全面完善学校、社区、家庭相结合的青少年体育网络，培养青少年良好的体育锻炼习惯和健康的生活方式，形成青少年热爱体育、崇尚运动、健康向上的良好风尚和全社会珍视健康、重视体育的浓厚氛围。这一政策规定了青少年体育工作的主要任务，即学校体育、体育竞赛、体育师资队伍、体育文化。这些主要任务成为后来青少年体育促进制度构建的重要依据，它们规定了制定规则的基本原则，具有较为权威的行政法规地位。

近年来，随着经济社会发展和人民生活水平的日益提高，全社会对体育的需求不断增加，国家对青少年体育工作始终给予高度重视。2014 年后国家更是首次将青少年体育工作与体育的产业化发展结合起来，注重通过市场手段推动青少年体育的快速发展。2014年后，在国家层面，体育的"产业"性质逐渐被社会认可，政府也开始将体育视为拉动经济增长的一项重要工作。在国家现有的《体育产业统计分类（2019）》中，体育教育与培训一项涉及的体育培训、学校体育教育活动都是以青少年体育为主体的。2014年，《国务院关于加快发展体育产业促进体育消费的若干意见》明确提出："切实保障中小学体育课课时，鼓励实施学生课外体育活动计划，促进青少年培育体育爱好，掌握一项以上体育运动技能，确保学生校内每天体育活动时间不少于一小时。"青少年体育的发展不仅有助于提高青少年身体素质，而且能够发展体育培训行业，促进服务业的提质增量。同年出台的《国务院关于进一步加强新时期爱国卫生工作的意见》再次强调"加强青少年体育工作，着力提高青少年体质，在政策、措施上加大对青少年体质健康的扶持力度，学生在校期间每天至少参加1小时的体育锻炼活动"。

2015年，中共中央办公厅、国务院办公厅印发的《关于加快构建现代公共文化服务体系的意见》中首次提出要"实施青少年体育活动促进计划"，正式将促进青少年体育摆在政策层面（表3-1）。2016年，中共中央、国务院印发的《"健康中国2030"规划纲要》中再次强调，制订实施青少年等特殊群体的体质健康干预计划，实施青少年体育活动促进计划并且对学生每日锻炼时间和体育场地设施、体质健康水平提出要求，明确了青少年体育的发展方向。同年，国务院颁布的《全民健身计划（2016—2020年）》将青少年作为实施全民健身计划的重点人群，并提出大力普及青少年体育活动，提高青少年身体素质，要求"全面实施青少年体育活动促进计划"。2017年，国务院印发《"十三五"推进基本公共服务均等化规划》更进一步将发展青少年体育列为重点任务。从政策依据层面上看，国家对于青少年体育工作高度重视，分别从学校体育、全民健身、公共服务等多个角度提出了发展要求。

表3-1　"青少年体育活动促进计划"概念提出路径

| 政策文件 | 重要意义 | 印发时间 |
| --- | --- | --- |
| 《关于加快构建现代公共文化服务体系的意见》 | 首次提出实施 | 2015年 |

续表

| 政策文件 | 重要意义 | 印发时间 |
|---|---|---|
| 《"健康中国 2030" 规划纲要》 | 制定实施 | 2016 年 |
| 《全民健身计划（2016—2020 年）》 | 全面实施 | 2016 年 |
| 《"十三五" 推进基本公共服务均等化规划》 | 全面实施 | 2017 年 |
| 《青少年体育活动促进计划》 | 正式制订 | 2017 年 |

改革开放以来，我国青少年体育工作取得了一定成就，然而由于个别地方片面追求升学率和现有教育体制的影响，在相当长一段时期内，青少年的身体素质教育不被社会所重视。体育锻炼活动时间被其他课程学习所挤占，少年儿童身体素质连年下滑现象较为普遍。青少年是祖国的未来、民族的希望。人的青少年时期是奠定一生基础的关键，青少年时期的运动习惯和生活方式直接影响到未来的成长。党的十八届三中全会之后，市场在资源配置中发挥决定性作用的观念深入人心。在新的时代背景和当前中国经济发展的总体趋势下，如何激发各个主体的积极性参与青少年体育产品和服务的供给，成为一个重要命题。在经济学和管理学的理论中，发挥各个主体的积极性的重要手段，就是设计合理的具有激励—相容特征的制度，所以青少年体育促进制度的供给显得尤为重要。有效的制度设计是保障青少年体育高速发展的重要依托，关系到青少年体育整体工作的进行效率和最终效果。从理论层面上看，有关制度供给理论的探讨大致始于 20 世纪 30 年代科斯《企业的性质》一文的发表。在该篇文章中，作者提出了所谓的交易成本概念，打破了传统经济学中市场交易不存在摩擦的理想状态。新制度经济学将西方经济学的研究引入一个新的领域，从此大量有关制度理论的研究开始出现。这一理论认为，制度之所以出现是因为在现实的经济运行中存在很多不确定性，交易双方可能有着"道德风险"和"逆向选择"。早期的制度类似于交易契约，通过在事前将可能发生的情况固定下来，降低意外情况发生时的协商成本。在此基础上，新制度经济学派解释了为什么企业会出现：首先，市场交易存在成本，而企业的出现可以将交易成本内部化，通过

非市场的手段调配生产要素；其次，企业的出现保证了契约的连续性，即企业不必与多个个体签订契约，而是通过内部行政指令的方式替代。进一步而言，科斯等认为，制度的出现实际上也是为了明晰产权，并由此提出经典的科斯第一定理——"无论产权归属于谁，只要产权清晰，帕累托最优总可以达到"。尤其是在公共产品的供给中，如果不能够明晰产权，建立一系列与之相适应的制度安排，那么最终会造成"公地悲剧"。对于我国青少年体育的发展来说，制度的供给也显得尤为重要。

从青少年体育的属性来看，首先，它是一种公共产品。政府和社会组织为了推动青少年健康成长和增强国民身体素质，制定了一系列促进青少年体育发展的政策，这本身意味着青少年体育是一种公共产品。在这一基础上，青少年体育自然具备一般公共产品的特点，即非排他性和非竞争性。传统理论认为，由于公共产品的外部性，其社会收益大于个人收益。在市场经济环境下，个体供给公共产品的可能性极低。因此，如果政府不供给这一产品和服务，那么青少年体育的发展就会呈现出不足状态。从这一点上看，青少年体育促进制度的供给是必要的。此外，由于青少年体育的非排他性和非竞争性，在现实的消费和利用过程中，个体出于自身利益最大化考虑，往往会过度消费这一产品。如果政府不对其产权等一系列制度安排做出设计，那么就很有可能发生哈丁所说的"公地悲剧"。其次，它是一种商品。在市场经济发展的今天，人们对于健康的需求日益增加。正如古斯曼所言，健康资本和闲暇活动本身也是人力资本和家庭生产函数的一部分。由于社会上存在着对于青少年体育的消费需求，那么就会自然而然地产生市场供给。对于这些参与供给的企业来说，为了降低交易成本，必然要签订一系列契约，设计企业的制度安排，这本身也是一种制度供给。此外，政府为了加强对这类企业的管理，推动它们积极参加青少年体育建设，必然要制定相关的激励机制，将企业或个人的利益与公共利益捆绑在一起，这同样需要制度安排。综上所述，无论是将青少年体育作为一种公共产品还是商品，相关的制度安排都是非常必要的。

根据新制度经济学关于制度供给的基本理论，本章给出青少年体育活动促进制度的定义：青少年体育活动促进制度是指具有外部强制性的正式行为规则，包括宪法、法律、规定、条例、章程、政策等，其中《宪法》是根本大法，提供基本秩序环境，其余可以称为制度安排。青少年体育活动促进制度供给是制度供给者在给定的主观偏好、利益结构、理性水平、制度环境、技术条件等的约束下，出于自身或社会利益考虑，为了推动青少年体育发展而通过特定的程序和渠道进行正式规则的创新和设立的过程。从前文对青少年体育属性的分析可以发现，青少年体育公共产品与商品的双重属性实际上决定了不同供给者的供给目的和供给内容。青少年体育作为公共产品来说，其供给主体应当以丰富青少年体育活动的基础设施、制度保障为目标；青少年体育作为商品来说，其供给主体应当以丰富市场的青少年体育产品为目标。在这种情况下，不同供给主体的供给方式自然也是不同的。同时，从青少年体育作为公共产品的供给来看，不同类型的供给主体侧重点也是不同的。在政府层面，体育行政部门占据制度供给的主要位置，负责一般性促进制度和具体制度的供给，而教育行政部门则分管青少年在学校内的体育促进制度供给；在社会组织层面，单项体育协会负责具体的体育活动促进制度和竞技规则制定，青少年体育协会、体育俱乐部及公益性组织负责青少年体育活动的实际促进和执行。另外，随着政府部门的"放管服"（简政放权、放管结合、优化服务）改革深入推进，原本属于政府部门管理的活动组织等操作性制度从其中剥离出来，委托给社会组织或企业进行供给。

综上，本章从新制度经济学对于制度的讨论提出制度供给的必要性和重要意义，在此基础上分析了青少年体育的双重属性。随后，由于青少年体育具有双重属性，无论是在公共产品的供给还是在商品的供给中，都需要一系列制度安排，以此来降低"不确定性"和"公地悲剧"发生的可能性。也就是说，青少年体育活动的双重属性决定了其进行制度供给的必要性，以及供给主体、供给内容和供给方式的差异。基于这样的考虑，本章将就青少年体育活动促进中的制度供给进行分析。这一部分着力解决3个问题："谁在供给？""供给什么？""怎么供给？"分别对青少年体育制度的供给主体、供给内容、供给方式进行介绍，最后对这些制度目前的供给情况进行总体评价，提出下一步改进的建议，为政策制定提供参考。

## 第二节 供给主体

在制度经济学研究中，制度经常被分为正式制度和非正式制度。一般来说，正式制度比非正式制度更加稳定，且更具强制性，由政府部门、社会组织制定；非正式制度相对松散、易于改变，但直接影响人们的实际生活。

### 一、政府

政府是指行使行政权力的中央和地方管理部门，在青少年体育活动促进制度的供给中，政府扮演着重要的角色。一般来说，在青少年体育活动促进制度的供给中，政府的供给主体可分为体育行政部门、教育行政部门、其他部门（表3-2）。其中，体育行政部门指主管体育事务的中央和地方机构，如国家体育总局、地方体育局。具体到国家体育总局内部，是由青少年体育司负责的。按照国家体育总局的分工安排，青少年体育司主要有10项职责，其中第1项职责就是"指导和推进青少年体育工作，拟订青少年体育工作的有关政策、规章、制度和发展规划草案"。

表3-2 政府的供给主体分类

| 政府机关 | 具体机关 | 职能部门 |
|---|---|---|
| 体育行政部门 | 国家体育总局、地方体育局 | 青少年体育部门 |
| 教育行政部门 | 教育部、地方教育局 | 体教卫艺部门 |
| 其他部门 | 财政部、人力资源和社会保障部、民政部 | 一般性职能行使部门 |

教育行政部门指分管教育事务的中央和地方机构，主要负责青少年体育中的学校体育部分。具体而言，中央层面教育行政部门分管青少年体育工作的机构是体育卫生与艺术教育司，其主要职责之一就是"指导大中小学体育、卫生与健康教育、艺术教育、国防教育工作"。此外，根据教育部体育卫生与艺术教育司2021年工作要点，在2021年该司制定的20条主要工作重点中，过半涉

及青少年体育工作；同时，该司确定了以学校体育、校园足球、学校卫生与健康教育工作、学校美育工作为代表的四大工作要点，在学校体育部分提出要推进学校体育教学改革，强化体育中考评价改革，加强学校体育场地和师资建设，加强高校高水平运动队管理，办好全国学生运动会等大型赛事，完善学生综合保险机制。在校园足球工作部分，具体提出举办首届中国青少年足球联赛、推进足球传统特色学校建设、健全"一条龙"人才培养体系、研制《中国青少年足球联赛纪律准则和处罚规定》、研制新型足球学校和高校足球学院建设方案等几大具体任务，可见其在青少年体育活动促进制度中的重要供给角色。

其他部门指与青少年体育工作相关的部门，包括国家发展改革委、民政部、财政部、人力资源和社会保障部等。

按照供给主体的效力，体育行政部门在供给中占据主导，其次是教育行政部门，最后是其他部门。图3-1所示为青少年体育相关法律法规的印发单位统计。从中可以看出，国家体育总局青少年体育司制定了大部分的微观层次促进制度，是毫无疑问的供给主要机构；另外，国家体育总局办公厅也是青少年

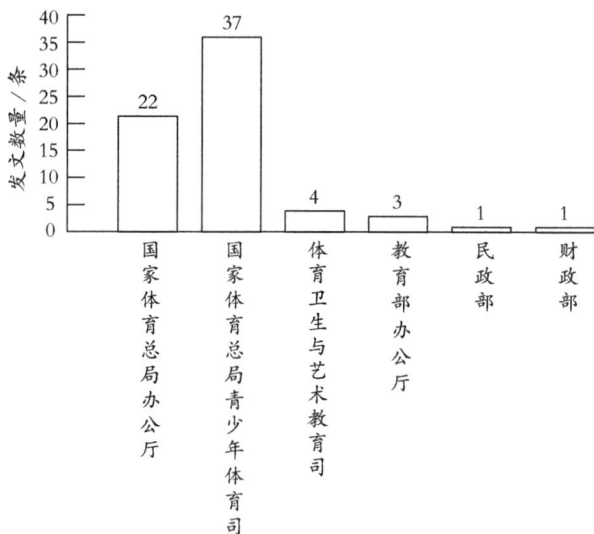

图3-1　青少年体育相关法律法规印发单位统计

数据来源：北大法宝法律数据库。

体育活动促进制度制定的主要机构之一。具体来看，国务院在青少年体育活动促进制度的供给中起到统筹协调的作用。国务院负责出台促进青少年体育发展的总体方案，对青少年体育的发展目标、各部门职责提出要求。财政部则具体负责从资金上对青少年体育活动加以支持等。表 3-3 是财政部专门颁布的关于青少年体育扶持的政策，从中可以看出，财政部主要负责青少年体育促进中的金融保障工作。例如，针对青少年在体育运动中可能出现的问题，财政部专门同保险部门建立校方责任险制度，以此来保障青少年的身体安全；在青少年体育活动的社会组织发展中，财政部还通过减免税收的方式支持这些社会团体发展；财政部还拨出专项彩票基金用于支持青少年体育事业。可见，财政部在整个青少年体育活动促进制度的供给中发挥了金融体系支持作用。

表 3-3　财政部官网显示的青少年体育扶持政策

| 文件名称 | 颁布时间 | 主要内容 |
| --- | --- | --- |
| 《教育部、财政部、中国保险监督管理委员会关于推行校方责任保险完善校园伤害事故风险管理机制的通知》 | 2008 年 | 推进校方责任保险制度建设 |
| 财政部、国家税务总局、民政部《关于公布 2008 年度 2009 年度第一批获得公益性捐赠税前扣除资格的公益性社会团体名单的通知》z | 2009 年 | 对包括"中国青少年发展基金会、中国青少年社会教育基金会"在内的社会团体进行税收扣除 |
| 文化部、财政部《关于推进全国美术馆公共图书馆文化馆（站）免费开放工作的意见》 | 2011 年 | 实行美术馆、公共图书馆、文化馆（站）免费开放，体育健身、青少年校外活动等服务项目健全并免费提供 |
| 《中央专项彩票公益金支持未成年人校外活动保障和能力提升项目资金管理办法》 | 2011 年 | 对青少年校外活动（包括体育活动）给予必要资金保障 |
| 《青少年体育活动促进计划》 | 2017 年 | 建立青少年体育多元化资金筹集机制，鼓励引导社会资金进入青少年体育活动领域 |

资料来源：财政部官网。

民政部主要负责青少年体育发展过程中体育社会组织的管理工作，这属于其一般性的事务。其他有关部门在各自职责范围内负责青少年体育的相关事务管理，此处不再赘述。

## 二、企业

企业是指以盈利为目的的市场组织，在青少年体育活动的促进制度供给中肩负着微观制度的设计和供给任务，是传统领域政府购买服务的延伸。作为市场上的盈利主体，企业也从事青少年体育产品和服务的生产销售活动。传统的政府理论认为，尽管政府不是企业，但是其同企业一样不可能无限地扩大，面临着种种约束。一方面，如果一项服务在政府内执行的成本高于市场执行成本，那么向市场进行购买是最佳选择；另一方面，由于社会分工理论的存在，市场上的主体在某一行业或领域长期从事业务，其熟练程度和内部信息掌握远比非专业化的政府部门要高。所以，在实际的活动推行和组织过程中，政府一般会将其委托给企业，由其负责微观制度的供给。以江苏省青少年校园足球联赛笼式五人制足球比赛为例，该项赛事是由江苏省青少年校园足球领导小组办公室推出的覆盖全省的比赛，属于江苏省青少年校园足球竞赛体系的一部分。由于每年在江苏省举办的县级以上青少年足球比赛达 1 万余场，仅凭借政府的力量很难承办。因此，在实际的组织过程中，江苏省校足办负责顶层设计，制定比赛规则，然后采用政府购买公共服务的形式吸引社会力量参与。这一方式既让政府部门摆脱了赛事运作等具体事务，也让社会机构、企业参与到青少年校园足球中来，达到了双赢的结果。2015 年，江苏省体育局与某公司签订战略合作，该公司每年提供 500 万元赞助江苏省青少年校园足球联赛、青少年足球精英训练营、校园足球教练培训、明星校园行活动和青少年足球嘉年华活动等。除了赞助，也有一些企业主动要求承办青少年体育活动和赛事，如 2017 年 10 月启动的青少年羽毛球校园推广行动就是由政府部门主办、某体育公司承办的。另外，从青少年体育的商品属性看，企业作为市场主体也负责提供青少年体育的产品和服务。具体而言，从事青少年体育业务的企业可以分为 3 类：体育赛事运营、体育培训、体育用品。体育赛事运营和体育用品业务大多由体育企业兼营，属于体育业务中的一部分。体育培训业务则是在公司中青少年体育占比大、专业化分工强的代表。根据 2016 年中国教育产业报告，我国每年参加各类培训的青少年超过 1 亿人次，在大中城市中这个比例超过了 75%。在教育培训中，艺术、体育和学科培训"三分天下"，其中体育培训市场规模超过 1 000 亿元。国家体育总局数据显示，青少年每周参加 1 次及以上体育锻炼的人数占比为 94.6%，在校外参加体育锻炼中接受专业指导的比例达到 84.6%，可见体育培训市场潜力巨大。

据不完全统计，2021 年共有 12 家从事青少年体育培训的创业公司获得融资，涉资近 5 亿元，融资轮次从天使轮到 B 轮不等（表 3-4）。尤其是有 7 笔交易发生于"双减"政策实施后。此外，可以注意到被投资机构所在领域呈现多元化特点。除少儿体适能外，资本对于冰雪运动、网球、棋类、棒球等项目均有涉猎。

表 3-4　2021 年度获得融资的青少年体育培训机构

| 机构 | 经营领域 | 融资金额 | 融资轮次 | 融资时间 |
| --- | --- | --- | --- | --- |
| 雪乐山 | 滑雪 | 1 亿元 | B 轮 | 2021 年 12 月 |
| Ocean | 体适能 | — | 小马快跑集团并购 | 2021 年 12 月 |
| 猩猩橙 | 体适能 | — | NYC 教育集团并购 | 2021 年 12 月 |
| 探马 | 数字服务 | 3 000 万美元 | B+ 轮 | 2021 年 11 月 |
| 翔动数科 | 综合服务 | 百万级 | 天使轮 | 2021 年 9 月 |
| 种子新星 | 网球 | 1 400 万元 | A 轮 | 2021 年 9 月 |
| 普普文化 | 街舞 | — | 上市 | 2021 年 7 月 |
| 万域芳菲 | 滑冰 | 千万级 | A 轮 | 2021 年 6 月 |
| 弈小象 | 棋类 | — | Pre-A 轮 | 2021 年 6 月 |
| 香蕉攀岩 | 攀岩 | 150 万元 | 天使轮 | 2021 年 6 月 |
| Snow 51 | 滑雪 | 亿元级 | A 轮 | 2021 年 4 月 |
| 帕星体育 | 棒球 | 千万级 | — | 2021 年 2 月 |

资料来源：体育大生意。

### 三、社会团体

正如前文所言，在专业化的市场分工中，各主体都因长期从事某项事务而具有自己的独特优势。除了企业，社会团体也是专业化分工的主体之一，但其运作的目的不在于盈利。在青少年体育促进活动的制度供给中，社会团体一般包括单项体育协会、综合性体育协会、志愿组织、公益组织等。单项体育协会供给的往往是公共产品，如体育竞赛规则。规则也是正式制度中的一种，且必须为多数体育运动参与者所认同，否则就无法开展比赛。在青少年体育活动的组织过程中，赛事的规则往往由单项体育协会进行供给。除此之外，良好的文化氛围也是促进青少年体育活动的重要保障。文化氛围的营造需要社会团体的努力，如志愿组织、体育俱乐部、社区组织的宣传推广。以英国的青少年体育为例，为了解决青少年在课堂之外以及离开学校之后不能继续坚持运动的问题，英国政府在《青少年体育新战略》中提出加强体育俱乐部与学校之间的联系，通过资助相关俱乐部的方式推动青少年参与体育的积极性，丰富学校之外青少年体育产品和服务的供给。此外，英国体育部门与街道休闲组织展开合作，新创建 1 000 个街道体育俱乐部，把青少年体育带到社区。更为重要的是，英国体育部门将青少年体育战略以合同形式交付给英格兰体育理事会和 46 个单项体育治理组织，并提出战略实施的具体量化目标 [1]。

当前，国内不少省（区、市）相继成立各自区域的青少年体育协会（表3-5）。不同省（区、市）的青少年体育协会在促进青少年体育活动中的任务和分工既存在一致性，又有差异性。一些地方，如重庆的青少年体育运动协会负责组织参赛、运动员训练等；而另一些地方，如恩施土家族苗族自治州青少年体育协会则明确提出，"受政府职能部门的委托，研究制定全州中小学体育发展规划以及全州中小学体育竞赛计划和规程，审核、修订各项竞赛规程和制定运动员、教练员、裁判员的管理制度"，这说明其在当地的青少年体育活动促进制度供

---

[1] 杨运涛, 刘红建, 陈茜茜. 让运动成为生活习惯——英国新青少年体育战略：内容、特征及启示 [J]. 南京体育学院学报（社会科学版），2016, 30（6）：79-83.

给中，还肩负着人员管理制度与竞赛组织制度的供给职能。

表3-5　全国登记注册的青少年体育协会

| 协会名称 | 地点 | 成立时间 | 业务范围 |
|---|---|---|---|
| 深圳市大鹏新区阳光青少年体育协会 | 深圳市大鹏新区 | 2019年 | 协助教育行政部门开展学校体育工作，开展青少年体育活动策划、比赛、训练活动及青少年体育研究工作，开展体育教师培训交流活动，协助或承接与青少年体育有关的符合本协会宗旨和业务范围的活动项目 |
| 金寨县青少年体育协会 | 安徽省六安市金寨县 | 2019年 | 为会员提供各类体育相关项目的技术指导和技能培训，如田径、球类、跆拳道、体育舞蹈等；在体育主管部门同意下，组织承办各级各类青少年体育赛事；在体育主管部门支持下，组织会员参加各级各类体育比赛；针对青少年开展体能测试和体育运动健康知识普及；承接政府、企事业单位、社会机构、个人的服务项目委托 |
| 都昌县启梦青少年体育协会 | 江西省九江市都昌县 | 2018年 | 宣传、动员、组织广大青少年参加体育活动 |
| 德惠市青少年体育协会 | 吉林省德惠市 | 2017年 | 组织青少年开展多种形式的体育活动和各种项目的训练活动；指导和推动本市青少年篮球、足球、排球、羽毛球、田径、体操、武术、跆拳道、速滑、民族传统体育等体育运动的开展和普及；配合体育业务部门举办各种球类、田径、体操、武术、跆拳道等体育运动的训练和竞赛活动；组织和举行各种球类、田径、体操、跆拳道、速滑等体育运动业务培训、学术研讨、经验交流，不断提高教练员、教师的业务水平；组队参加上级组织的各项赛事活动 |
| 鹤壁市青少年体育协会 | 河南省鹤壁市 | 2017年 | 组织青少年教练员、裁判员、体育运动员的学习、培训、训练工作 |
| 蚌埠市青少年体育协会 | 安徽省蚌埠市 | 2017年 | 比赛、健身、交流、组织参加培训，承接政府项目 |
| 长春市二道区青少年体育协会 | 吉林省长春市二道区 | 2017年 | 承办赛事、体育表演、交流合作，组织相关培训 |

续表

| 协会名称 | 地点 | 成立时间 | 业务范围 |
|---|---|---|---|
| 北京市丰台区青少年体育协会 | 北京市丰台区 | 2017 年 | 专业研究、专业指导、人才培训、专业服务、引进资金、技术交流、编辑专业刊物 |
| 福建省青少年体育协会 | 福建省福州市 | 2017 年 | 组织业务培训，竞赛交流 |
| 恩施土家族苗族自治州青少年体育协会 | 湖北省恩施土家族苗族自治州 | 2016 年 | 宣传贯彻、执行《体育法》、国务院《全民健身计划(2016—2020 年)》，以及关于体育教育、体育训练、各种竞赛、冬夏令营等的各种计划和安排、组织青少年参加全省运动会。受政府职能部门的委托，研究制定全州中小学体育发展规划以及全州中小学体育竞赛计划和规程，审核、修订各项竞赛规程和制定运动员、教练员、裁判员的管理制度。利用学校开设的体育项目作为本团体的开展活动项目，其场地设施提供给本社团使用，本社团教练员由本团体指派最优秀的教练员担任，有组织、有目的、有计划地利用学生课余时间，特别是利用节假日时间开展体育培训和各种体育竞赛活动。组织和举办各俱乐部的体育竞赛、检查指导培训、辅导考核，促进全州青少年运动技术水平的提高。制订全年工作计划，做好培训、竞赛、交流等活动的安排，不断总结经验、改进工作、有目的地组织多边的竞赛和经验交流，努力学习州内外及全国同类社团组织的先进经验。积极主动联络恩施地区各界体育社团同行，相互支持、相互配合，共同促进中小学体育向更高层次发展，调动社会有关力量，扩大社会效益，使青少年体育持续健康向前发展。积极开展中小学体育科学技术研究和技术攻关，加强学术交流，提高科学训练和管理水平 |
| 沈阳市青少年体育协会 | 辽宁省沈阳市 | 2016 年 | 开展青少年体育活动，组织交流与合作，提供咨询、培训等服务 |
| 长治市青少年体育协会 | 山西省长治市 | 2016 年 | 组织青少年体育比赛，进行学术交流与培训 |
| 禹州市青少年体育协会 | 河南省禹州市 | 2016 年 | 研究制定并组织实施全市体育项目的竞赛活动，负责全市体育项目竞赛管理，审定竞赛规程和成绩 |
| 睢阳区青少年体育协会 | 河南省商丘市睢阳区 | 2015 年 | 开展适合青少年学生的田径、乒乓球、篮球、足球、跳绳等项目 |

续表

| 协会名称 | 地点 | 成立时间 | 业务范围 |
|---|---|---|---|
| 邯山区亚盛青少年体育协会 | 河北省邯郸市邯山区 | 2014 年 | 开展青少年体育、文化、教育、科技、艺术等活动，组织和举办俱乐部的体育、文化、艺术竞赛 |
| 成都市双流区青少年体育协会 | 四川省成都市双流区 | 2023 年 | 协调、组织、训练、竞赛、交流、服务、青少年拓展活动、制定规划及青少年体育服务 |
| 朔州市朔城区青少年体育协会 | 山西省朔州市朔城区 | 2012 年 | 开展运动队伍建设和人才培养；开展学术研究，建立全区体育人才信息库；组织实施全区运动员、裁判员、教练员的业务培训 |
| 昆山市青少年体育协会 | 江苏省昆山市 | 2009 年 | 组织体育运动宣传、交流、培训、竞赛等活动 |
| 天津市青少年体育协会 | 天津市和平区 | 2008 年 | 组织青少年体育培训、比赛、沙龙、经验交流、学术研讨，参加国内外青少年体育比赛 |
| 上海市青少年体育协会 | 上海市杨浦区 | 2005 年 | 开展青少年体育普及活动、训练竞赛、技术咨询、学术研究、会展服务、对外交流，以及承接相关部门委托的青少年体育评估业务 |
| 渠县国家级青少年体育协会 | 四川省达州市渠县 | 2003 年 | 传授体育运动技术，培养输送青少年体育人才 |
| 重庆市青少年体育协会 | 重庆市渝北区 | 2001 年 | 举办竞赛、开展活动、培训人员、交流信息 |
| 新余市青少年体育协会 | 江西省新余市 | 2010 年 | 交流、咨询、培训、竞赛 |

资料来源：中国社会组织政府服务平台（https://xxgs.chinanpo.mca.gov.cn/gsxt/newList）。

除了上述提到的青少年体育协会，各类青少年相关的非营利性组织，如中国青少年发展基金会（以下简称"中国青基会"）也是重要的供给主体。中国青基会成立于 1989 年 3 月，是由共青团中央主管、在民政部登记注册的全国性 5A 级公募基金会。中国青基会面向公众募捐的地域是中国以及许可中国青基会募捐的国家和地区。共青团中央、中国青基会于 1989 年 10 月发起实施希望工程，这是我国社会参与最广泛、最具影响力的民间公益事业，其开展的青少年体育项目见表 3-6。截至 2018 年，希望工程累计接受捐款 150.23 亿元，资助困难学生 594.9 万名，援建希望小学 20 110 所、希望厨房 6 236 个、希望工程图书室 31 109 套，培训教师 114 306 名，还资助建设希望工程体育教室、美术教室、音乐教室，开展远程支教、科学文体、夏令营等各种活动，积极进行教育扶贫，促进贫困地区基础教育全面发展。

表 3-6　中国青少年发展基金会开展的青少年体育项目

| 活动名称 | 活动时间 |
| --- | --- |
| 2019 姚基金希望小学篮球季 | 2019 年 7—8 月 |
| 2018 NBA 关怀行动·校园体育天地 | 2018 年 10 月 |
| 中国大地保险·希望工程快乐体育基金 | 2016 年 10 月 |
| 中国平安支教行动 | 2016 年 12 月 |
| 运动点燃希望——2016 乔丹快乐体育基金捐赠活动 | 2016 年 6 月 |

资料来源：中国青少年发展基金会官网（https://www.cydf.org.cn）。

从表 3-6 中可以发现，中国青基会在联络和协调各大基金组织，开展青少年体育活动、体育支教及资金支持方面发挥了重要作用。此外，姚基金、希望工程、乔丹快乐体育基金等组织，也都在促进青少年体育活动的制度供给中扮演了重要角色。

## 四、学校

青少年体育活动的主要场所是学校，因为青少年大部分的时间都在校园中度过。当前，大部分青少年 18 岁之前的时间都是在校园中度过的（图 3-2）。所以，学校和其他教育机构就成为青少年体育活动促进制度的重要供给主体之一。

具体来看，学校和其他教育机构对于青少年体育活动促进制度的供给主要是通过课程设计、学生评价以及运动氛围培养和条件配备几个方面完成的，涉及青少年体育发展的正式和非正式制度供给。无论是校园阳光体育的开展还是校园体育俱乐部、冰雪进校园及校园足球政策的实施，在具体的青少年体育活动促进上，学校和其他教育单位都发挥着重要作用。

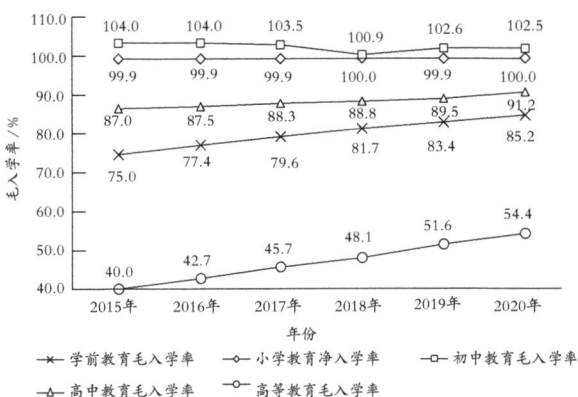

图 3-2 我国青少年各级学校毛入学率

数据来源：根据国家统计局官网数据整理。

注：初中升高中包含升入技工学校，高中毛入学率为普通高校招生数（含电大普通班）与普通高中毕业生数之比。

## 第三节 供给内容

在青少年体育活动促进制度供给中，不同供给主体的供给内容存在差异。因此，本部分将分别介绍不同主体的制度供给内容，以梳理青少年体育活动促进制度的体系。按照政策的主要服务对象和应用层次，青少年体育相关制度的供给可以分为两类：一类是政策性制度，这类制度从宏观层面指出青少年体育工作的要点、目标及相关制度的供给需求，发挥总领全局的作用。政策性制度施行范围广、统领作用强，一般多由政府部门（如国家体育总局、教育部等）制定。另一类是操作性制度，这类制度从中观和微观层面提出青少年体育发展和促进更为具体的目标，是对政策性制度在宏观层面要求上的进一步落实。青少年体育相关制度的供给按照其不同的供给主体和作用，又可细分为 3 类：核心制度、执行方案和配套体系。核心制度属于中观层次，规定了青少年体育促进的计划和具体目标，一般由政府部门中负责青少年体育工作的下属机构制定，如国家体育总局青少年体育司、教育部体育卫生与艺术教育司；执行方案和配套体系属于微观层面，给出单个青少年体育活动促进计划和活动的开展方案，一般多由政府委托的企业、社会组织和学校部门供给，如在青少年体育赛事中，体育赛事组织公司对于执行方案的供给等。

## 一、政策性制度供给

政策性制度是指从宏观层面对青少年体育活动促进的主要任务、目标和计划作出规定，而又不涉及具体制度操作和执行方案的制度。从已有的政策性制度来看，大致可以将其划分为 3 个方面：体育活动促进的总体性制度设计、青少年体育活动促进的制度设计、其他相关制度的设计。总体性制度一般是从体育事业和产业发展的综观出发，其中涉及青少年体育活动。因此，可将其视为青少年体育活动促进的政策依据。

表 3-7 列出了政策依据层面的青少年体育活动促进制度的供给情况：首先，从中可以发现青少年体育活动的促进有助于推动全社会的体育消费，发展青少年体育培训行业；其次，体育活动也属于社会公共产品的一种，是社会文化的重要构成，有助于构建现代公共文化体系；再次，青少年是全民健身战略实施的重点人群，发展青少年体育有利于"健康中国 2030"战略的落实（图 3-3）；最后，在"十三五"规划中，青少年体育也被列为重要任务。

表 3-7　政策依据层面的青少年体育活动促进制度

| 制度名称 | 颁布时间 | 颁布部门 |
|---|---|---|
| 《关于加快发展体育产业促进体育消费的若干意见》 | 2014 年 | 国务院 |
| 《关于进一步加强新时期爱国卫生工作的意见》 | 2014 年 | 国务院 |
| 《关于加快构建现代公共文化服务体系的意见》 | 2015 年 | 中共中央办公厅、国务院办公厅 |
| 《全民健身计划（2016—2020 年）》 | 2016 年 | 国务院 |
| 《"健康中国 2030"规划纲要》 | 2016 年 | 中共中央、国务院 |

续表

| 制度名称 | 颁布时间 | 颁布部门 |
|---|---|---|
| 《中华人民共和国国民经济和社会发展<br>第十三个五年规划纲要》 | 2016 年 | 国务院 |
| 《"十三五"推进基本公共服务均等化规划》 | 2017 年 | 国务院 |
| 《关于深化体教融合　促进青少年健康发展的意见》 | 2020 年 | 国家体育总局、教育部 |
| 《关于构建更高水平的全民健身公共服务<br>体系的意见》 | 2022 年 | 中共中央办公厅、国务院办公厅 |

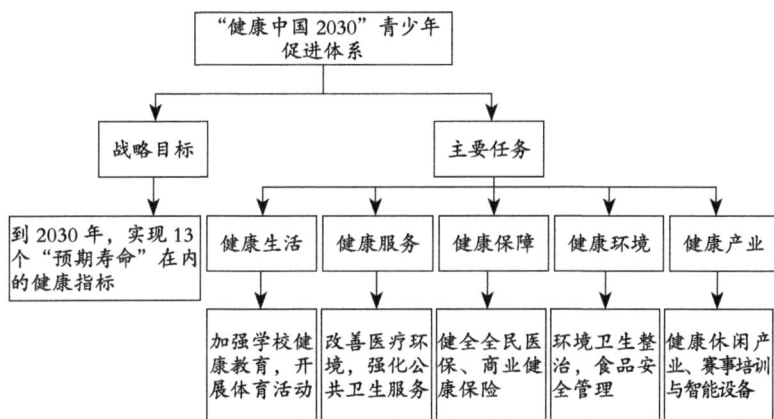

图 3-3　"健康中国 2030"中的青少年促进体系

此外，政府部门还对青少年体育活动促进的专门性制度进行了设计。经过前期的研究，主要有两大政策文件建立了青少年体育发展的专门性制度。首先，2016 年国家体育总局颁布了《青少年体育"十三五"规划》，提出了发展目标：第一，青少年体育素养普遍提高，参加体育活动意识普遍增强，普遍学会 1 项以上终身受益的体育锻炼项目，普遍养成良好体育锻炼习惯和健康生活方式。第二，各级各类体校总体达到国家规定的办学标准，文化教育及训练竞赛体系较为完备，运动项目布局及结构更加优化。

《青少年体育"十三五"规划》确定了 11 项任务：努力提升青少年体育素养，

广泛深入开展青少年体育活动，完善青少年体育组织网络，积极改善青少年体育
场地设施条件，努力提升青少年体育公共服务水平，完善青少年训练竞赛体系，
落实《奥运项目竞技体育后备人才培养中长期规划（2014—2024）》，积极推进
科训结合和科学选材，进一步加强运动员文化教育，促进青少年体育协调发展，
健全青少年体育政策制度体系。2017年，国家体育总局、教育部、中央文明办、
国家发展改革委、民政部、财政部、共青团中央联合发布的《青少年体育活动促
进计划》则是对《青少年体育"十三五"规划》的进一步补充，将之前制定的11
项主要任务再次细分为七大任务（图3-4），共24个分解任务。其相比之前的规
划更加具体和明确，真正将青少年体育工作的目标和任务落到了可操作层面。

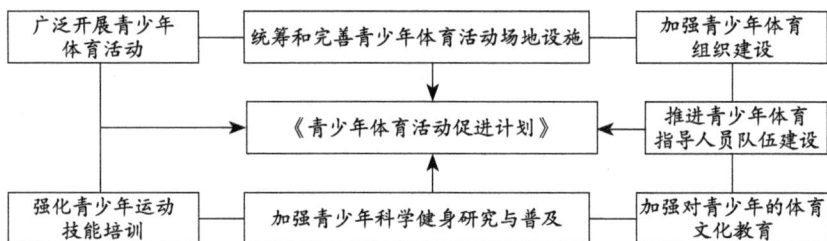

图3-4　《青少年体育活动促进计划》的七大任务

## 二、操作性制度供给

操作性制度是指相比于政策性制度更加具体，涉及青少年体育活动促进的
具体方案和行动计划的制度供给。

### （一）核心制度供给

按照《青少年体育活动促进计划》的内容，青少年体育活动促进制度可以
被划分为八大核心制度体系，即体育活动促进、体育组织促进、体育场地与设
施促进、运动技能培训、指导人员队伍建设、科学健身研究与普及、组织与管
理制度、经费保障和资金支持。

第一，青少年体育活动相关促进制度。2017年颁布的《青少年体育活动促
进计划》一文，将广泛开展青少年体育活动列为首要任务。具体来看，这一任

务又可被分解为 7 个小任务，即充分发挥阳光体育大会示范带动作用，广泛开展青少年体育活动和竞赛，提高学校体育活动质量，大力发展青少年足球运动，推动青少年冰雪运动的普及与提高，促进民族传统体育项目在青少年中的推广与普及，开展青少年体育国际交流与合作。

第二，青少年体育组织相关促进制度。体育组织的数量、质量是影响青少年体育发展的重要因素之一。2017 年制订的《青少年体育活动促进计划》一文，将加强青少年体育组织建设分解为 4 个小任务：促进青少年体育组织发展，推进青少年体育社会组织能力建设，推动各级青少年体育行业协会建设，加强各级体育传统项目学校建设。从各项任务的落实情况来看，在促进青少年体育组织发展上，目前实行了"国家示范性青少年体育俱乐部（2016—2018）"命名和资助制度。2016 年，国家体育总局办公厅已经确认命名"北京市东城区一七一中学青少年体育俱乐部"等 150 家俱乐部为"国家示范性青少年体育俱乐部（2016—2018）"（以下简称"示范俱乐部"）并给予资助。国家每年资助每个示范俱乐部 10 万元，资助周期 3 年。

总体来看，国家体育总局命名的示范俱乐部在全国分布较为均匀（图 3-5）。这一方面可能是国家体育总局为了平衡各地青少年体育俱乐部发展，另一方面

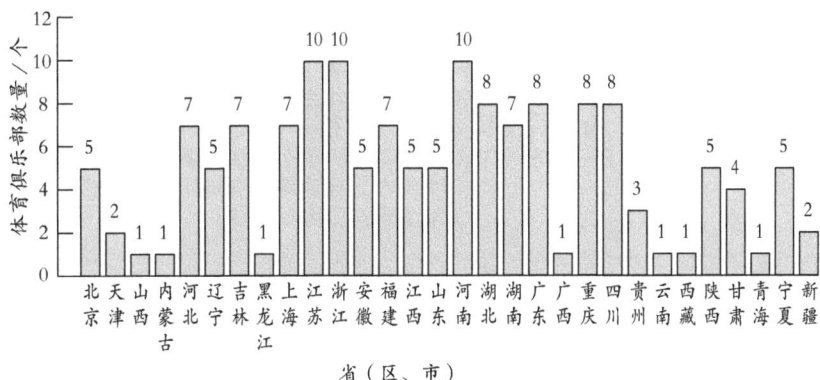

图 3-5　国家示范性青少年体育俱乐部（2016—2018）地域分布

数据来源：根据国家体育总局官网（https://www.sport.gov.cn/n20001280/n20067626/n20067732/c202 01932/content.html）数据整理。

说明了目前各地青少年体育俱乐部发展仍处于萌生阶段、差异还较小的现状。在推进青少年体育社会组织能力建设上，目前已经实行了青少年体育俱乐部管理人员培训制度。青少年体育俱乐部培训班每年定期举行，并邀请体育管理领域和研究专家、管理人员传授相关经验（表3-8）。

表3-8 青少年体育俱乐部培训班情况统计

| 项目 | 地点 | 培训时间 | 培训内容 |
|------|------|----------|----------|
| 2016年第一期 | 上海市 | 2016年4月18—22日 | 社会治理背景下青少年体育俱乐部运作模式的转变；"十三五"期间青少年体育俱乐部规范化管理与运营的若干思考；体育助力梦想，健康成就未来——北京史家青少年体育俱乐部管理与运作模式探讨；青少年体育俱乐部创办经验——以北京国奥越野足球俱乐部为例 |
| 2016年第二期 | 九江市 | 2016年9月5—9日 | 《民办非企业单位登记管理暂行条例》的解读，我国青少年体育俱乐部组织体系之国际借鉴，"十三五"期间青少年体育俱乐部发展思路 |
| 2017年第一期 | 武汉市 | 2017年3月20—24日 | 解读《社会服务机构登记管理条例》和青少年体育俱乐部自身建设的4个着力点，健康中国背景下青少年体育俱乐部团队治理与活动开展，"十三五"青少年体育俱乐部规范化建设若干问题探讨，探究青少年体育俱乐部运营操作策略和模式 |
| 2017年第二期 | 衢州市 | 2017年6月26—30日 | "十三五"青少年体育俱乐部规范化建设若干问题探讨，青少年体育俱乐部规范化管理的国际借鉴，体育与商业——中西方青少年体育俱乐部的比较与启示，青少年体育俱乐部经营中的问题与对策分析，国家级青少年体育俱乐部运营管理信息化实现与应用 |
| 2017年第三期 | 丹东市 | 2017年10月30日—11月3日 | 社会化青少年体育俱乐部办训的实践之路，体育与商业——中西方青少年体育发展的比较与启示，健康中国背景下青少年体育俱乐部团队治理与活动组织，以大健康的思维做好青少年体育培训 |

续表

| 项目 | 地点 | 培训时间 | 培训内容 |
|------|------|---------|---------|
| 2018 年第一期 | 万宁市 | 2018 年 4 月 9—13 日 | 新时代我国青少年体育俱乐部培育发展与治理，青少年体育俱乐部运动员选材与培养，社会化青少年体育俱乐部办训的实践之路，以大健康的思维做好青少年体育培训 |
| 2018 年第二期 | 银川市 | 2018 年 6 月 11—15 日 | 青少年体育俱乐部经营管理与市场推广，人才培养视域下青少年体育俱乐部的功能定位和价值创造，青少年体育俱乐部运动员科学化训练，青少年体育俱乐部市场营销创新研究，以青少年俱乐部为核心打通体育产业链条 |
| 2018 年第三期 | 仙桃市 | 2018 年 9 月 17—21 日 | 新时代青少年体育俱乐部创新治理、科学训练、质量提升；以党的十九大精神为指引，规范发展体育社会组织；青少年体育俱乐部的运营与发展；青少年运动员选材与培养；青少年体育俱乐部市场融合与业务拓展；至实强基础，至善树人生 |
| 2019 年第一期 | 六安市 | 2019 年 4 月 8—11 日 | 青少年体育俱乐部课程设置理念与开发，青少年品牌赛事打造与运营，青少年科学训练与营养支撑，青少年运动员选材与培养 |
| 2019 年第二期 | 九江市 | 2019 年 5 月 20—23 日 | 青少年体育俱乐部运营困境与破解之策，中西方青少年体育俱乐部对比及经营启示，青少年体育俱乐部运营操作策略和模式探究，社会体育俱乐部运营和发展，新时代青少年体育俱乐部组织模式与活动开展，冬夏令营政策解读 |
| 2019 年第三期 | 重庆市 | 2019 年 6 月 12—14 日 | 加强青少年体育俱乐部建设的 4 个着力点，新时代青少年体育俱乐部能力与活动开展，中英青少年体育俱乐部治理比较与启示，青少年体育俱乐部运营管理信息化实现与应用，青少年体育俱乐部精细化运营创造品牌价值 |

资料来源：根据各培训班新闻公告资料整理。

在推动各级青少年体育行业协会建设上，虽然在《体育总局办公厅关于资助命名"国家示范性青少年体育俱乐部（2016—2018）"的通知》中明确提到"各地体育部门要积极培育成立青少年体育俱乐部行业协会",但是目前仍无针对性的政策文件对行业协会的建设作出规定,这方面的制度仍然需要完善。在加强各级体育传统项目学校的建设过程中,逐步形成了体育传统项目学校竞赛制度、体育运动学校管理办法、体育后备人才培养制度管理体系。学校建设和管理、人才培养管理、培养体系等都有系统的管理办法,制度供给较为充分(表3-9)。

表3-9 体育传统项目学校建设政策文件

| 文件名称 | 颁布时间 | 颁布机构 |
|---|---|---|
| 《中等体育运动学校设置标准》 | 2011年 | 国家体育总局、教育部 |
| 《关于进一步加强运动员文化教育和运动员保障工作的指导意见》 | 2010年 | 国家体育总局、教育部、财政部、人力资源和社会保障部 |
| 《体育传统项目学校管理办法》 | 2013年 | 国家体育总局、教育部 |
| 《2016全国传统校游泳项目比赛通知》 | 2016年 | 国家体育总局 |
| 《关于加强竞技体育后备人才培养工作的指导意见》 | 2017年 | 国家体育总局、教育部 |
| 《国家体育总局关于命名"国家高水平体育后备人才基地(2017—2020)"的决定》 | 2017年 | 国家体育总局青少年体育司 |

资料来源:根据国家体育总局官网资料整理。

第三,青少年体育活动场地和设施相关促进制度。场地问题一直是影响我国群众体育发展的重要因素,在青少年体育的发展过程中也不例外。2017年制订的《青少年体育活动促进计划》中明确提出通过"加快青少年体育场地设施建设""加大体育场地设施对青少年的开放力度"两种渠道确保青少年体育场地的供给。然而,从目前发布的政策文件来看,对于体育场地设施建设的关注已有所体现,但体育场地的开放使用尚缺乏专门的政策规定。在此方面,可以提及的是,2014年国家体育总局自行车击剑运动管理中心命名了"中国击剑协会训练基地"和"青少年训练基地";2015年,国家体育总局小球运动管理中心制定了《中国高尔夫球协会青少年训练基地/中心认定标准（试行）》，规范了高尔夫基地的建设标准。另外，值得注意的是，针对近年来青少年户外营地活动的增加，国家体育总局办公厅于 2018 年印发了《全国青少年户外体育活动营地建设规范及器材目录》，将目前的户外运动分为户外运动、野外生存类，拓展体验类，水上活动类，特色活动类四大类（表 3-10），并对细分项目的建造要求、建议年龄段提出了针对性要求。另外，在营地建设规范上，《全国青少年户外体育活动营地建设规范》从规划、营地基础设施、营地公共服务设施、营地专项设施、营地服务、营地安全、营地卫生、营地医疗救护、资源和环境保护、综合管理等多个方面提出了非常详细的要求。

表 3-10　青少年户外体育活动分类情况

| 项目分类 | 项目内容 |
| --- | --- |
| 户外运动、野外生存类 | 攀石、攀岩、攀树、溜索、走扁带、绳索攀登、绳索下降、登山、徒步穿越、溯溪、野外生存、野战定向、定向越野、探洞、绳结、山地自行车、营地露营、搭建庇护所、野外过滤水 |
| 拓展体验类 | 爬软梯、丛林探索、模拟电网、走软桥、独木桥、绳索通道、蹦极体验、梅花桩、翻山越岭、爬绳网、空中抓杠、空中断桥、巨人天梯、攀峰越险、高空相依、缅甸桥 |
| 水上活动类 | 皮划艇、扎筏泅渡、垂钓、水上城堡、捕鱼、潜水 |
| 特色活动类 | 滑草、蹦极、漂流、射箭、骑马、乘热气球、山地四驱越野车、水上帆船 |

资料来源：根据《全国青少年户外体育活动营地器材目录》整理。

第四，青少年运动技能培训相关促进制度。青少年运动技能培训主要通过两个方面促进：一是开展青少年运动技能培训，二是研究建立青少年运动技能等级评定标准。

第五，青少年体育指导人员队伍建设相关促进制度。青少年体育指导人员队伍的建设主要通过实施全国体育传统项目学校体育师资培训计划（如 2018 年 6 月 20 日在西安体育学院举办的 2018 全国体育传统项目学校体育师资培训班和 2017 年 3 月在江苏镇江举办的 2017 年第一期全国体育传统项目学校校长培训班）；另外，国家体育总局还实行了基层教练员培训计划和体育管理人员培训制度（表 3-11），以此来提高基层指导人员和管理人员的技能和水平。

表 3-11　基层教练员培训的相关通知

| 通知 | 颁布时间 | 颁布机构 |
|---|---|---|
| 《体育总局青少司关于举办 2016 年〈全国青少年帆船帆板训练教学大纲〉培训班的通知》 | 2016 年 | 国家体育总局青少年体育司 |
| 《体育总局青少司关于举办 2016 年〈中国青少年射箭训练教学大纲〉培训班的通知》 | 2016 年 | 国家体育总局青少年体育司 |
| 《中国高尔夫球协会关于举办 2016 年青少年高尔夫球训练教学大纲实践教学活动的通知》 | 2016 年 | 中国高尔夫球协会 |
| 《体育总局青少司关于举办 2016 年〈中国青少年自由式滑雪训练教学大纲〉培训班的通知》 | 2016 年 | 国家体育总局青少年体育司 |
| 《体育总局青少司关于举办 2016 年〈中国青少年皮划艇静水训练教学大纲〉培训班的通知》 | 2016 年 | 国家体育总局青少年体育司 |
| 《体育总局青少司关于举办 2016 年〈中国青少年铁人三项训练教学大纲〉培训班的通知》 | 2016 年 | 国家体育总局青少年体育司 |
| 《体育总局青少司关于举办 2017 年〈中国青少年跆拳道训练教学大纲〉培训班的通知》 | 2017 年 | 国家体育总局青少年体育司 |
| 《体育总局青少司关于举办 2017 年〈中国青少年沙滩排球训练教学大纲〉培训班的通知》 | 2017 年 | 国家体育总局青少年体育司 |
| 《体育总局青少司关于举办 2017 年精英教练员双百培养计划业余训练教练员赴澳大利亚培训班的通知》 | 2017 年 | 国家体育总局青少年体育司 |
| 《体育总局青少司关于对国家体育总局精英教练员双百培养计划 2018—2020 年度业余训练拟资助对象进行公示的通知》 | 2018 年 | 国家体育总局青少年体育司 |

资料来源：根据国家体育总局官网资料整理。

第六，青少年科学健身研究与普及相关促进制度。这一任务的落实主要是通过开展青少年科学健身研究和推广青少年科学健身普及活动。国家体育总局青少年体育司在 2016 年组织学者专家撰写的《中国青少年体育发展报告（2016）》概括了近几年青少年体育工作的进展情况和存在的问题，受到社会广泛关注。另外，国家体育总局办公厅于 2016 年发布的《关于开展 2016 年儿童青少年体育健身活动状况调查的通知》显示这次调查涵盖北京、山西、吉林、江苏、江西、河南、广东、四川、云南、甘肃共 10 个省（区、市），每个省（区、市）采用 PPS 抽样（按规模大小成比例的概率抽样）调查法抽取 15 个市（县、区）进行调查。对 6~19 周岁的中国籍在校学生（不含大专及以上学生）个体体育健身活动状况的调查采用入校访问的方式，每个省（区、市）总计样本量 4 500 人，全国约 4.5 万人。相信这一调查的进行有助于了解青少年体育活动现状，推动相关研究，达到科学管理的效果。而在青少年科学健身普及上，国家体育总局青少年体育司 2016 年就颁布了《2016 年全国青少年科学健身普及活动方案》，决定 2016 年全国青少年科学健身普及活动在北京、江苏、湖南、安徽、陕西、黑龙江、宁夏、广东、新疆、四川 10 个省（区、市）开展，每个省（区、市）各组织不少于 10 所中小学参加。其中，北京、江苏、湖南、安徽 4 省市将从参与活动的学校中选择 1 或 2 所中小学作为深入开展科学健身普及活动的试点学校，对体育文化教育、科学健身指导等方面进行系统干预，并进行长期的跟踪调查。另外，青少年体育文化教育主要是借助科普和体育活动展开的，此处不再单独介绍。

第七，青少年体育的组织和管理制度。青少年体育的组织和管理制度主要由经费管理制度、信息化管理制度、风险防范制度、组织领导制度构成。在经费管理制度方面，国家体育总局办公厅 2018 年颁布了《全国青少年体育冬夏令营专项经费管理办法（暂行）》，对经费的使用原则、支持范围和方式、经费管理、监督检查作出详细规定。在信息化管理制度方面实行了青少年体育工作信息和基础数据报送制度，用于分析当前这一工作的进展状况。风险防范制度则以国家体育总局青少年体育司 2017 年发布的《关于在青少年体育赛事活动培训中加强安全管理的通知》为代表。组织领导制度则以每年定期召开全国青少年体育工作会议，印发青少年体育工作要点为代表，加强对青少年体育管理状况的监督。

第八，青少年体育的经费保障和资金支持制度。在青少年体育活动的促进过程中，资金保障是重要一环。在政府层面上，财政部对于青少年体育这种公共产品，在经费支持上发挥着重要作用。比如，在 2018 年 3 月 30 日召开的全国青少年体育工作电视电话会上，国家体育总局有关领导介绍，财政部将设立青少年体育发展基金，以此来支持青少年体育事业的发展。另外，青少年体育活动开展的另一个重要资金来源就是彩票资金。国家体育总局在彩票公益金的支持下，于2018年11月印发《全国青少年体育冬夏令营专项经费管理办法（暂行）》，专门设立青少年体育冬夏令营来支持青少年体育活动开展。当前，依据《彩票管理条例》《彩票管理条例实施细则（2018修订）》《彩票公益金管理办法》规定，我国各省级行政区已逐步确立起体彩公益金扶持体育事业发展的预算制度。

另外，在制度的供给上，不同政府部门也体现出不同特点。例如，教育部体育卫生与艺术教育司2019年工作要点中提到，该司将制订全国青少年校园足球"八大体系"行动计划，出台关于设立学校体育运动伤害保障专项资金的指导意见，研究制定冰雪运动进校园工作指导意见、普通高校足球专业学院建设方案等。我们从中可以发现，教育行政部门对于青少年体育活动促进制度的供给呈现出"校园特征"；而国家体育总局青少年体育司则更偏向于学校范围之外的体育活动促进制度供给，具有"社会特征"。

（二）"制度—方案"转化

正如前文提到的那样，政府在实际组织和落实政策中提出的青少年体育活动促进计划可以借助购买公共服务的方式完成。实际上，在阳光体育大会的组织过程中，购买公共服务被广泛使用。阳光体育大会是目前国内最大规模的青少年体育活动，最初为阳光体育节，并于2011年和2012年分别在青岛和赤峰举办。于2013年更名为阳光体育大会，已连续举办了7届。2015年，在华北五省市冬季阳光体育大会的基础上，组委会正式将冬季大会纳入阳光体育大会，确定每年分别在寒假和暑假举办冬季和夏季阳光体育大会，并在31个省（区、市）及新疆生产建设兵团设立分会场。从供给主体来看，目前主要是由国家体育总局、教育部、共青团中央出台相关文件，从宏观层面上对阳光体育大会的举办作出管理，而国家体育总局青少年体育司、体育科学研究所、单项运动管理中心负责竞赛规程的制定，地方政府和体育局承办，负责阳光体育大会的具体落实（图3-6）。

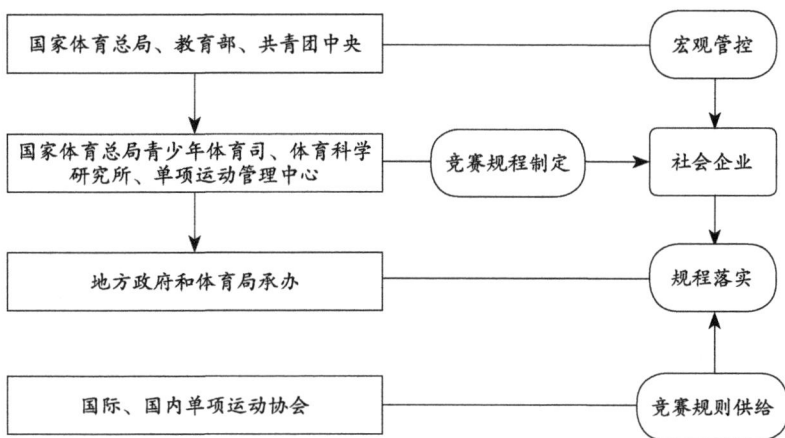

图 3-6　阳光体育大会的制度供给

国家体育总局青少年体育司、体育科学研究所、单项运动管理中心则负责总体方案的制定。每年在阳光体育大会举办之前，国家体育总局官网都会发布阳光体育大会总规程（内容包含主办单位、承办单位、活动时间地点、参加单位、活动内容、参加办法、组队规定、参赛条件、资格审查、表彰奖励、仲裁、经费的具体规定）、活动日程、分会场活动方案、单项竞赛规程。然而，阳光体育大会举办的方案在事实上属于一种"公共产品"，具有正的外部效应，因此在市场经济下可能供给不足或无人愿意供给。所以，政府自然担负起阳光体育大会方案的制定。由于政府作为一个机构，其委托代理关系会导致代理人的道德风险行为、引发贪污腐败问题，从而影响公共产品的供给数量和质量。在这种情况下，如果能够引入市场力量，利用市场的低成本特点完成公共产品供给，就会产生一举两得的效果[1]。目前，国家体育总局正式采取这一方式，实现了制度供给。

从表 3-12 可知，公共服务的购买具体包括 4 个方面：会务执行、新闻宣传、分会场联动、运动乐园。在招标之前，国家体育总局体育科学研究所会成立评

---

[1] 吕洪良. 蒂伯特模型：经济内涵与政治外延 [J]. 学理论，2012（29）：104-105.

审组，提出具体工作任务，发布项目竞争性磋商公告。通过自由竞争的方式，最终确定中标结果并由中标公司具体负责执行。具体而言，会务执行方面的工作任务包括：制定工作总体规划与实施细则，建立沟通机制，管理人员信息协调与交通接待，制订活动草案，组织召开工作会议，撰写工作总结等（图3-7）。

表3-12 2016年阳光体育大会政府购买内容

| 供应商 | 购买内容 |
|---|---|
| 北京九州健讯科技有限责任公司 | 会务执行 |
| 北京华奥星空科技发展有限公司 | 新闻宣传 |
| 北京美亚联合体育文化发展有限公司 | 分会场联动 |
| 北京中奥金苗文化体育有限公司 | 运动乐园 |

资料来源：根据国家体育总局体育科学研究所网站（http://www.ciss.cn/zy/tzgg/201606/t20160621_339369.html）的资料进行整理。

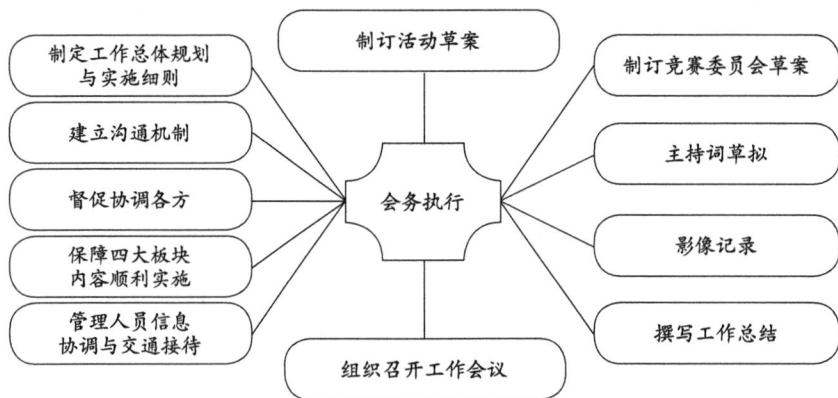

图3-7 阳光体育大会会务执行主要工作任务

在新闻宣传方面，工作任务主要包括设计阳光体育大会标识体系、制定联动方案、制订宣传计划、搜集整理新闻报道等。可以发现，通过实行购买服务，政府极大地减轻了负担，值得其他活动予以借鉴。

正如前文所言，在国家层面，体育行政部门通过购买服务的方式，借助社会企业的力量来举办大会。地方政府在其中发挥的作用就是与这些企业对接，为其工作开展提供方便。以黑龙江省牡丹江市承办的 2017 年冬季阳光体育大会为例，地方政府通过体育彩票公益金对阳光体育大会补助约 3.21 万元。另外，阳光体育大会的举办实际上是一揽子青少年体育活动的集成，如 2018 年的阳光体育大会就包括了青少年体育比赛、阳光体育活动展示、青少年科学健身普及、冬季奥林匹克文化交流四大板块。为了提高青少年的参赛积极性、扩大比赛规模，阳光体育大会首次允许地级市体育行政部门和青少年体育社会组织参加，吸引更多的青少年。同时，阳光体育大会进一步改革比赛项目，为了适应跨界选材的要求，新增了速度滑冰、短道速滑、高山滑雪、越野滑雪、单板滑雪等冰雪运动项目，极大地丰富了阳光体育活动的展示内容。为普及冰雪运动，让更多的青少年体验和掌握冰雪运动技能，阳光体育大会还设置了以体验为主的冰壶、双人冰刀、高山滑雪、越野滑雪、冰滑梯、雪滑梯、冰尜等冬季奥运项目和具有地方特色的冬季项目，组织参加"赏冰乐雪"活动，参观冰灯冰雕制作，并专门安排了青少年亲手制作冰灯冰雕等活动，以激发青少年的好奇心和创造力。

（三）执行方案供给

近年来，随着我国社会组织的快速发展，青少年体育协会、青少年体育基金会等社会团体在执行方案层次上供给的内容越来越丰富。在青少年体育活动的促进过程中，各单项运动协会通过比赛规则的制定实现对青少年体育活动促进制度的供给。例如，在阳光体育大会举办的过程中，诸多赛事借鉴了已有的单项运动协会的竞赛规则，能够最大程度地节省制度设计成本。表 3-13 列出了2017 年冬季阳光体育大会的竞赛规则来源。

表 3-13　2017 年冬季阳光体育大会的竞赛规则来源

| 比赛名称 | 规则来源 |
| --- | --- |
| 五人制雪地足球比赛 | 执行国际足联最新审定的《五人制足球竞赛规则》 |
| 冰球比赛 | 执行《国际冰球联合会竞赛规则》《国际冰球联合会运动规则》等规则 |

续表

| 比赛名称 | 规则来源 |
|---|---|
| 花样滑冰比赛 | 执行国际滑联公报第 2024 号关于少年比赛进阶少年组的规定 |
| 雪地徒步穿越比赛 | 自拟 |
| 冰上龙舟比赛 | 按中国龙舟协会 2012 制定的《中国龙舟竞赛规则和裁判法》执行 |
| 雪地障碍比赛 | 自拟 |

资料来源：2017 年冬季阳光体育大会单项竞赛规程（一）至（六）。

此外，青少年公益组织在推动青少年体育活动的过程中发挥了很大作用。其中，最具代表性的就是中国青基会、姚基金。表 3-14 列出了目前国内部分青少年体育慈善基金组织。

表 3-14 国内部分青少年体育慈善基金组织

| 基金组织名称 | 成立时间 | 主要项目或愿景 |
|---|---|---|
| 中国宋庆龄基金会 | 1982 年 | 普蕾儿童及青少年体育教育与健康发展专项基金、中超爱心球场、捷豹路虎中国青少年梦想基金、科比中国基金 |
| 中国青少年发展基金会 | 1989 年 | 青少年体育培训、教师培训、体育设施捐赠、赛事举办、资金支持 |
| 中华全国体育基金会 | 1994 年 | 西部地区青少年体育助训、革命老区体校助训资助、少数民族网球选手培养、奔跑吧·少年、红军小学阳光体育工程 |
| 陈伯滔体育基金会 | 1995 年 | 童行伙伴计划、益启童行 |
| 姚基金 | 2008 年 | 希望小学篮球季、慈善赛、圆梦之旅、乡村体育师资培养"星空计划" |
| 奕动体育慈善专项基金 | 2009 年 | 支持社区篮球事业发展 |
| 中华少年儿童慈善救助基金会 | 2010 年 | 青少年体育专项基金 |
| 冠军基金 | 2011 年 | 快乐运动 |
| 福建省鑫圣鑫体育基金会 | 2017 年 | 致力于我国青少年体质健康与励志教育及协助退役运动员就业 |

　　以中国青少年发展基金会为例，通过协调各个慈善组织，该基金会开展了青少年体育培训、教师培训、体育设施捐赠、赛事举办、资金支持等诸多活动，有力地支持了青少年体育活动的开展。具体而言，每年该基金会坚持与姚基金合作开展希望小学篮球季活动。2019 年是姚基金希望小学篮球季项目开展的第 8 个年头。参与该项目的学校总计达到 455 所，受益乡村学生达到 22.75 万人次；通过与武汉体育学院、长治学院、集宁师范学院、湖南师范大学等 16 所高校的合作，该基金会派出支教志愿者 451 人次，总支教时长超过 216 480 小时，有力地支持了落后地区学校体育的发展。此外，该基金会还与中国平安保险集团合作开展"圆梦冬训营"足球支教活动，安排近 1 000 名志愿者走进校园，包括专业体育院校的师生和爱好体育的志愿者，共在全国 34 所平安希望小学开设了足球、篮球、羽毛球等体育课程，全方位提升偏远地区学校的体育教学水平，培养孩子们的体育热情，帮助他们更好地进行体育锻炼。同时，该基金会还与友邦中国合作推出友邦中国青少年足球发展项目。该项目致力于提升中国青少年足球基础，助青少年圆足球梦。友邦中国青少年足球发展项目由志愿者培训、足球支教、器材捐赠及足球联赛 4 部分组成。在青少年体育的师资培训方面，该基金会与 NBA 中国合作，联合开展 NBA 关怀行动，邀请来自美国的特邀 NBA 精英训练中心的教练员对贫困地区学校的教师进行专业篮球技能培训，关心支持农村贫困地区体育教育的发展。

　　姚基金则是由中国篮球运动员姚明发起，在中国青少年发展基金会架构下设立的专项慈善公益基金。姚基金致力于助学兴教，促进青少年健康与福利等各种社会公益慈善活动。姚基金主要项目包括希望小学建设、希望小学篮球季、慈善赛以及乡村体育师资培养"星空计划"。2012 年，希望小学篮球季公益项目正式启动，姚基金将工作重心转向体育教育。希望小学篮球季通过专业的志愿者支教、体育课教授、篮球训练、集训及联赛等形式，进一步缓解乡村小学体育师资不足、体育课程和体育活动缺失的问题，让更多的乡村学生因体育而获得成长。目前，姚基金主要有四大代表性项目：希望小学篮球季、慈善赛、圆梦之旅、乡村体育师资培养"星空计划"。

　　第一，希望小学篮球季。2012 年，姚基金正式启动拳头项目——希望小学篮球季。截至 2018 年，姚基金捐建的希望小学已达 23 所，希望小学篮球季活动已连续举办 7 届，与全国 10 余所高等院校合作，累计派出 1 789 人次的支教志愿者，在全国 25 个省（区、市）500 余所学校开展体育支教、篮球培训、集训及联赛等活动，同时提供了篮球器材、运动装备等硬件支持，近 92 万人次的贫困地区青少年从中获益。2019 年，姚基金对这一活动的运行模式进行了创新。为响应国家精准扶贫、体育强国的号召，姚基金和中国人寿携手启动了"中国人寿·姚基金百校体育帮扶计划"。

第二，慈善赛。慈善赛是由姚基金发起的中国影响力最大的体育慈善品牌。自 2007 年姚明携手前 NBA 球星纳什创办首届慈善赛以来，该项活动先后在北京、台北、上海、东莞、福州、香港、大连等地成功举办 8 届。除正赛外，慈善赛同期举办学校探访、篮球嘉年华、公益论坛、慈善晚宴等活动，联动当地政府、社区、企业和学校，取得了巨大的社会影响力和公益效应。截至 2018 年，慈善赛吸引了包括帕克、卡特、乐福、易建联、王哲林在内 150 多名中美篮球职业运动员的参与，此外，还有 300 余名体育、娱乐、财经等各界精英人士给予了大力支持。

第三，圆梦之旅。2019 年 8 月 31 日至 9 月 15 日，2019 国际篮联篮球世界杯在北京、广州、南京、上海、武汉、深圳、佛山和东莞 8 座城市举行。作为 2019 国际篮联篮球世界杯的公益合作伙伴，姚基金开启了"圆梦之旅"公益项目。姚基金支持过的乡村学校可以通过报名申请参加"圆梦之旅"行动，通过首轮海选，评委会筛选出 100 所学校进入下一轮。随后通过投票、众筹、书画世界杯、团长认领 4 个维度评选出 30 所学校，加上通过知识竞赛与篮球季全国赛选拔出的 2 所学校，最终产生 32 支乡村小学球队，前往 8 座主办城市观赛。32 所乡村学校的孩子均可以前往世界杯比赛现场观赛，与球员互动，在这个世界顶级的篮球舞台上让自己的梦想绽放。

第四，乡村体育师资培养"星空计划"。2019 年，姚基金发起乡村体育师资培养"星空计划"，项目着眼于乡村学校兼职代课体育教师和校长的能力提升，第一期已有 100 位校长与教师参与，通过理论教学，结合现场示范，帮助兼职代课体育教师提升体育教学水平，改善乡村学校体育师资不足的现状。2019年1月，乡村体育师资培养"星空计划"第1期在四川举办。这次乡村体育师资培养"星空计划"共有来自四川省49所希望小学篮球季活动金牌示范校的47名校长、48名兼职代课体育教师接受培训。培训课程充分考虑到体育教育的特性，结合乡村的实际情况，将理论课程与实践教学相结合，深入浅出，注重实操。这次乡村体育师资培养"星空计划"先后邀请了16位国内体育教育领域的顶尖专家、知名学者和教授，以及众多在教育一线岗位深耕多年的名师和特级教师，他们莅临现场，为学员带来了精彩的教学指导和丰富的讲座内容。这次乡村体育师资培养"星空计划"成功举办了32场讲座、实践教学活动，并开展了16次深入的小组讨论，还举办了1次富有活力的趣味运动会，1次教师展示课和校长评价活动。全体学员进行早锻炼4次，校长班学员进行晚锻炼5次。除此之外，还组织了1次集体外出活动，前往国家篮球四川金强体育训练基地进行观摩学习，并在四川省体育馆现场观看了四川五粮金樽与浙江广厦的CBA精彩比赛。

（四）"方案—制度"升级

青少年体育工作是青少年工作的重要组成部分。如何协调青少年体育工作与其他工作的关系，实现相互促进，已成为构建青少年体育活动促进制度体系的关键任务。观察目前的情况，青少年体育工作在成绩评价体系、学校课程教学设计、社区体育、扶贫工作等方面已有相应的政策支持。

为了深入了解中小学校目前提供的青少年体育活动情况，本书对全国1 063所学校的主要负责人进行了一项问卷调查（总调研人数为1 063人）。调查中询问了这些学校在过去一年内是否开展过与青少年相关的14种体育活动（图3-8）。

在1 063所中小学校中，"举办校际青少年体育比赛"的供给最多，有633所学校；其次是"举办青少年运动技能培训"，有525所学校；"创建青少年体育活动杂志、期刊、网站""组织国际青少年体育活动交流""组织国内青少年体育活动交流"上的供给最少，分别仅有121所、181所和187所学校。

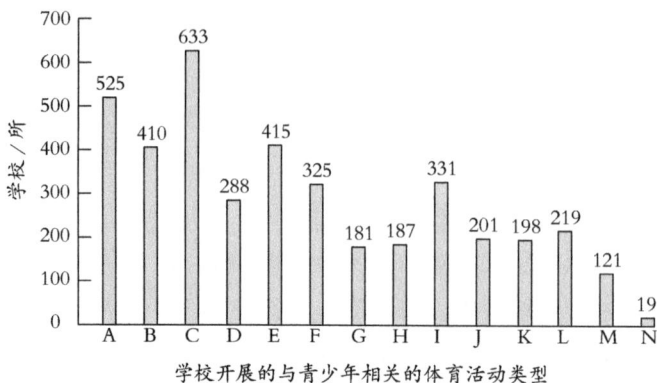

图 3-8　1 063 所中小学校在青少年体育活动上的供给情况

注：学校开展的与青少年相关的体育活动类型：A.举办青少年运动技能培训；B.举办社会青少年体育比赛；C.举办校际青少年体育比赛；D.举办青少年运动技能等级评定；E.举办青少年体育冬夏令营；F.组建青少年体育组织，如协会、俱乐部等；G.组织国际青少年体育活动交流；H.组织国内青少年体育活动交流；I.举办社区青少年体育活动、比赛；J.承接政府购买青少年体育活动服务；K.参与制定青少年体育政策；L.拍摄青少年体育活动专题片；M.创建青少年体育活动杂志、期刊、网站；N.其他。

考试制度与体育活动对接。我国是一个发展中国家，社会的各个领域都处于快速变化阶段。随着社会需求的不断提升，社会对于人才提出了各种各样的要求，因此通过接受教育获得社会认可就成为阶层流动的主要渠道。在这种情况下，全社会非常重视儿童青少年的教育，投入了大量精力。然而，在社会追求教育的氛围日益浓厚的情况下，体育活动逐渐被人们抛在脑后，被认为是耽误时间和前程的事情。造成这一现状的一个重要原因就是体育并未纳入各级升学考试的考查范围。2016 年 9 月教育部印发的《关于进一步推进高中阶段学校考试招生制度改革的指导意见》将体育列入"必考"的计分科目，充分展示了国家遏制学生体质下降的决心。然而，如果仅仅凭借中考将很难有效地改变这一局面，在高考的指挥棒下，众多家庭仍然不得不选择放弃体育锻炼，让孩子接受更多文化教育来提高升学概率。幸运的是，2019 年 7 月 15 日，《国务院关于实施健康中国行动的意见》首次提出将高中体育科目纳入高中学业水平测试，把学校体育工作和学生体质健康状况纳入对地方政府、教育行政部门和学校的考核评价体系，与学校负责人奖惩挂钩，鼓励高校探索在特殊类型招生中增设体育科目测试。这意味着今后体育成绩在升学考试中的重要性将进一步提升，从而激励更多的青少年参加体育活动。

调整学校课程安排制度。学校应从以下4个方面为学生参与体育活动提供便利：第一，降低学生课业压力，小学一、二年级不得布置书面作业，其他年级作业不得超过60分钟；初中不超过90分钟；高中要合理安排作业。第二，控制每学期考试次数，减少学生考试压力。第三，强化体育课和课外锻炼，确保中小学生每天1小时以上课外活动，确保小学一、二年级每周4课时，三至六年级和初中每周3课时，高中阶段每周2课时。中小学校每天安排30分钟大课间体育活动。第四，严格控制学生电子产品的使用。

建立学校体育工作的激励制度。正如张维迎、邓峰[1]所述，由于在经济学的假设下，人是理性的，一个人是否采取某项行动取决于其机会成本与行动收益的相对大小，如果个体能够从某项行动中获得比不采取这项行动更多的收益，那么该行动就能达成。在这层意义上，现代法律抑或是制度，都必然具备激励机制。一个合理的制度设计，其博弈结果必然是纳什均衡。因此，在学校体育发展过程中要想使各级学校的负责人有认真开展这一工作的积极性，就必须建立有效的激励机制。从目前的制度来看，国家主要从课程设计和考核体系两个方面进行了努力。第一，深化学校体育、健康教育教学改革，全国中小学普遍开设体育与健康教育课程。根据学生的成长规律和特点，分阶段确定健康教育内容并将其纳入评价范围，做到教学计划、教学材料、课时、师资"四到位"，逐步覆盖所有学生。第二，完善学生健康体检制度和学生体质健康监测制度。把学校体育工作和学生体质健康状况纳入对地方政府、教育行政部门和学校的考核评价体系，与学校负责人奖惩挂钩。

学生课外夏令营活动定期开展计划的确立。青少年在学校之外也有大量的课余时间，因此如果能够利用这些时间开展一些有益的体育活动，无疑会促进青少年体育的发展。在广泛开展青少年体育活动和竞赛方面，已经形成全国青

---

[1] 张维迎，邓峰. 信息、激励与连带责任——对中国古代连坐、保甲制度的法和经济学解释 [J]. 中国社会科学，2003（3）：99-112.

少年车辆模型锦标赛、全国铁人三项青少年夏令营和铁人三项校园赛、全国少儿游泳"海豚之星"锦标赛、"我爱祖国海疆"等教育竞赛、全国青少年阳光体育系列活动、全国体校 U 系列锦标赛、全国青少年体育冬夏令营、全国青少年户外营地夏令营，并且制订实施了全国青少年体育活动计划（表 3-15）。全国青少年体育活动计划对全年的青少年体育活动作出安排，涵盖全国青少年体育传统项目学校联赛、全国青少年体育俱乐部联赛、全国青少年科学健身指导普及、全国青少年户外营地大会等青少年体育活动。

表 3-15　青少年体育活动和竞赛政策文件

| 文件名称 | 颁布时间 | 颁布机构 |
|---|---|---|
| 《关于举办 2016 年全国青少年车辆模型锦标赛的通知》 | 2016 年 | 国家体育总局航空无线电模型运动管理中心 |
| 《2016 年全国铁人三项青少年夏令营和铁人三项校园赛等系列活动安排》 | 2016 年 | 中国铁人三项运动协会 |
| 《中国游泳协会关于举办 2016 年全国少儿游泳"海豚之星"锦标赛的通知》 | 2016 年 | 中国游泳协会 |
| 《关于举办第十七届"我爱祖国海疆"等教育竞赛活动的通知》 | 2016 年 | 国家体育总局航空无线电模型运动管理中心 |
| 《体育总局办公厅关于开展 2017 年全国青少年阳光体育系列活动有关事宜的通知》 | 2016 年 | 国家体育总局办公厅 |
| 《体育总局青少司关于印发 2018 年全国体校 U 系列锦标赛竞赛计划表的通知》 | 2018 年 | 国家体育总局青少年体育司 |
| 《体育总局办公厅关于做好 2018 年全国青少年体育冬夏令营实施工作的通知》 | 2018 年 | 国家体育总局办公厅 |
| 《2019 年全国青少年户外营地夏令营·北京站（公益收费营）活动方案》 | 2019 年 | 国家体育总局青少年体育司 |
| 《中国登山协会关于印发 2019 年"营动中国"全国青少年户外营地大会活动方案的通知》 | 2019 年 | 中国登山协会 |
| 《2019 年全国青少年体育活动计划》 | 2019 年 | 国家体育总局办公厅、教育部办公厅 |

资料来源：根据国家体育总局官网资料整理。

从表 3-15 可以看出，在青少年体育活动和竞赛工作的开展上，目前已经做得比较充分，有大量赛事成为定期举办的活动。可见，这方面的制度实施的效果比较好。

校园足球与冰雪运动促进制度的建立。在推动青少年冰雪运动的普及与提高上，目前主要由 2019 年《教育部等四部门关于加快推进全国青少年冰雪运动进校园的指导意见》和《教育部办公厅关于做好全国青少年校园冰雪运动特色学校及北京 2022 年冬奥会和冬残奥会奥林匹克教育示范学校遴选工作的通知》两部政策文件构成。前一篇文件提出校园冰雪运动工作的十大主要任务：扶持特色带动校园冰雪运动普及发展、积极开展冰雪项目教学活动、加强冰雪运动教学指导、丰富课外冰雪项目体育活动、加强校园冰雪课余训练和竞赛体系建设、切实加强冰雪师资队伍建设、加大青少年冰雪运动场地建设和经费投入、做好冰雪进校园资源统筹工作、切实加强青少年冰雪运动安全教育工作、推进人才培养体系改革（图 3-9）。

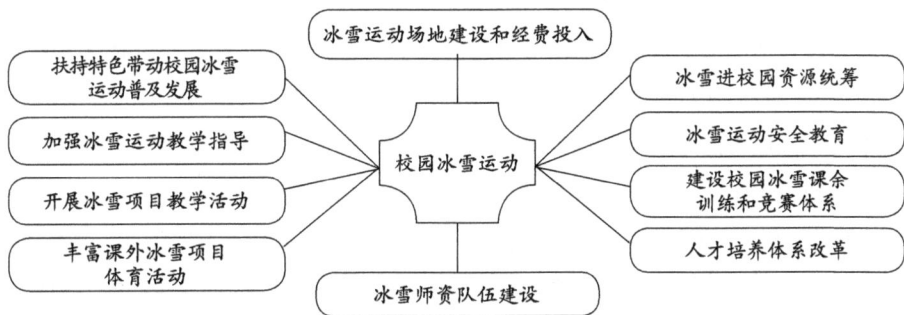

图 3-9　校园冰雪运动促进体系的构建

注：根据《教育部等四部门关于加快推进全国青少年冰雪运动进校园的指导意见》整理。

后一篇文件则是针对冰雪运动特色学校这一任务的专门性文件，提出通过特色学校和示范学校遴选，树立一批校园冰雪运动教育教学工作的先进典型，推动广大青少年普及校园冰雪运动，促进青少年对冬奥会和冬残奥会项目知识的了解和兴趣的培养，不断丰富体育教学活动内容，构建具有中国特色的冰雪运动教学、训练、竞赛和条件保障体系，传播积极健康的生活方式和包容性发展理念，夯实冬季运动青少年基础，增强青少年体质。到 2020 年，计划遴选出 1 000 所特色学校，到 2025 年计划遴选出 5 000 所特色学校和 700 余所示范学校。这两部政策的推出使得校园冰雪运动的发展有了明确目标、发展路径。另外，2018 年，教育部、国家体育总局、北京冬奥组委联合颁布的《北京 2022 年冬奥会和冬残奥会中小学生奥林匹克教育计划》在全国中小学生范围内开展了冰雪运动相关教育和推广活动，并确定了七大主要任务：将奥林匹克教育纳入学校常规教育教学工作，开展冬季奥林匹克教育文化活动，积极开展冬季运动项目系列比赛活动，建设北京 2022 年冬奥会和冬残奥会奥林匹克教育示范学校、特色学校，开展冬季奥林匹克交流活动，组织冬季奥林匹克教育课程资源研发，加强冬季奥林匹克教育研究。

　　青少年作为不具有完全行为能力的个体，其是否参与体育活动很大程度上取决于周围环境。而周围环境主要包括家庭环境和社会环境，前文所述的校园体育属于社会环境中的一种。家庭环境主要是指父母，社会环境主要是指全社会参与体育活动的积极性。朱家岩[1] 的研究表明家庭结构、家庭经济状况、父母的文化程度、居住环境等都会对青少年的运动参与情况产生影响。那些高收入的家庭，父母可能有更多的时间和金钱用于孩子的体育活动，而较为拮据的家庭则勉强应付生活，无力再支持孩子参与体育活动。因此，在实施《"健康中国 2030"规划纲要》时要注意其覆盖面向贫困地区的家庭倾斜。例如，在精准扶贫的过程中，贫困地区的学校由于师资不足，体育活动很难开展。地方政府可以将扶贫工作与体育教育结合起来，推动体育在贫困地区的发展。例如，安徽省体育局选派精干力量组成扶贫工作队，发挥体育优势，助推"健康脱贫"，帮助贫困地区群众摘掉精神和健康上的"穷帽子"。除了精心组织体育公益夏令营，扶贫工作队还针对暑期儿童溺水频发问题，组织专业游泳救生员为 300 多名儿童上了防溺水课。精准扶贫开展以来，安徽省体育局先后为前于村投资

---

[1] 朱家岩. 家庭因素对青少年体育锻炼的影响研究 [J]. 运动，2018（20）：79-80.

40多万元援建"扶贫车间"，协调200万元完善该村的全民健身设施；为插花镇建设社区全民健身中心，并多次组织体操队、武术队等专业运动队的运动员开展体育志愿服务，为村里的老年人进行国民体质测试等，走出了一条体育发展的新路径。此外，安徽省体育局在全国青少年体育夏令营举办过程中，还为贫困地区青年、留守儿童以及困难家庭儿童设立全额资助和差额资助，确保体育活动的公益性。

精准扶贫工作与青少年体育活动促进体系的对接如图3-10所示。在当代社会，公益事业日益发展，其中体育公益也逐渐受到各界的关注。以广州市乐动体育发展有限公司（以下简称"乐动体育"）为例，它们已连续3年致力于支持贫困地区的儿童体育发展，尤其是足球运动。2015年，乐动体育启动了"点亮贫困地区儿童的足球梦"公益项目，在云南、贵州、广西、四川等省份，共计筛选出100所贫困乡村中小学作为捐助对象，捐赠了足球装备等教学训练及比赛设备物资，关注青少年足球的发展。乐动体育对安徽和江苏两省的贫困地区和边远山区学校进行1对1的精准帮扶。通过对江苏、安徽两省共10所学校的全面支持，包括足球器材投入、校内训练支持、青少年外出参赛、夏令营交流活动等，带动部分足球基础设施较差和有足球运动发展意愿的农村学校或外来务工子弟学校开展校园足球交流活动，帮助更多的青少年参与足球运动。

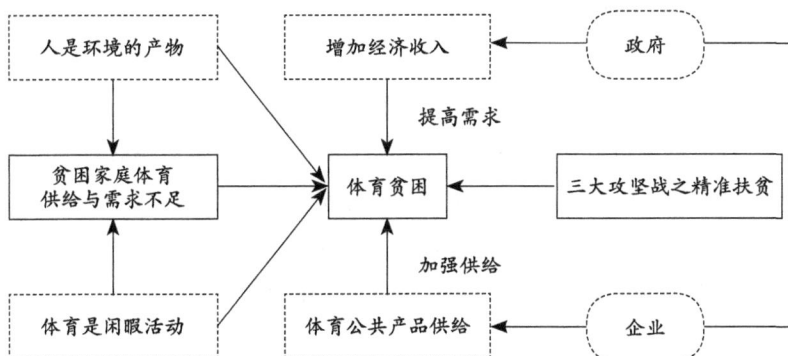

图3-10　精准扶贫工作与青少年体育活动促进体系的对接

在社区体育的发展过程中，实际上有 3 个供给主体：政府、社会、市场组织。政府在社区体育的发展过程中主要负责公共性纯度较高的社区体育设施供给，如建设体育设施、出台政策法规，为社区体育发展提供便利。而社会则主要是居委会和社区志愿者，负责具体体育活动的组织和开展，属于具体的制度安排。同时，学校可以与社区进行合作，或者与体育院校合作开展交流。另外，可以引进一些体育企业在社区举办体育比赛，带动社区体育氛围。例如，华熙国际文化体育（集团）有限公司（以下简称"华熙文体"）于 2016 年创办的华熙国际"ONE·HOOD"社区篮球联赛累计吸引近千人次篮球爱好者参与。2017 年，第二届华熙国际"ONE·HOOD"社区篮球联赛在北京市东城区、西城区、朝阳区、海淀区进行，共计有 32 支球队、480 名球员参赛，比赛规模相对于首届赛事大幅度提高。而 2018 年的第三届华熙国际"ONE·HOOD"社区篮球联赛，在规模上又有了进一步的提高。2018 年华熙国际"ONE·HOOD"社区篮球联赛总计有 40 支球队、720 名球员报名参赛，小组赛阶段分别在 4 个城区球场举办，将社区传承的理念融入其中。除前两届赛事举办的一对一、中场投篮、团队投篮和运球穿衣之外，在本次赛事的报名需求中还添加了女性球员、55 岁以上球员、"00 后"球员的规定，凸显社区篮球人的传承理念。

在今后的社区体育环境营造中，可以进一步借鉴企业与社区合作的模式，推动青少年体育环境的进一步发展（图 3-11）。

"一带一路"倡议与体育对外交流制度的配套。习近平总书记于 2013 年 9 月和 10 月分别提出建设"丝绸之路经济带"和"21 世纪海上丝绸之路"的合作倡议。随后，2015 年 3 月，国家发展改革委、外交部和商务部联合发布《推动共建丝绸之路经济带和 21 世纪海上丝绸之路的愿景与行动》。事实上，"一带一路"建设的重点就是要实现政策沟通、设施联通、贸易畅通、资金融通、民心相通。体育作为文化的一种，被视为民心相通的重要组成部分。"一带一路"倡议明确提出要积极开展体育交流活动、支持共建国家申办重大国际赛事。因此，"一带一路"倡议成为青少年体育对外交流与合作的一个重要平台。"一带一路"倡议与青少年体育活动促进制度供给体系的对接如图 3-12 所示。

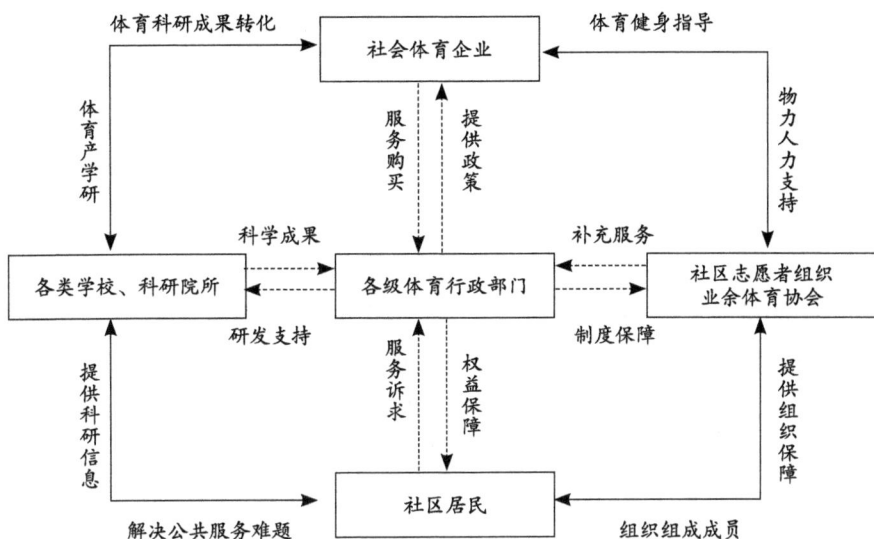

图 3-11　城市社区体育公共服务体系建设中不同供给主体模式间的功能互动关系

注：根据孔祥[1] 相关研究整理。

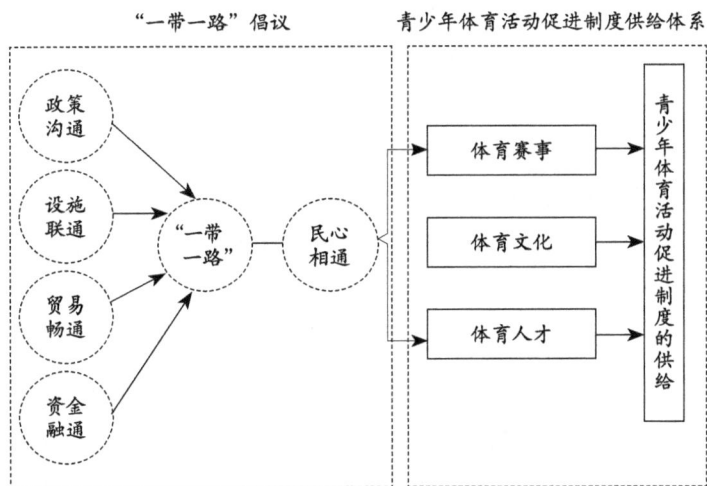

图 3-12　"一带一路"倡议与青少年体育活动促进制度供给体系的对接

[1]　孔祥. 城市社区体育公共服务体系建设的供给主体及实现路径 [J]. 体育与科学，2011，32（4）：66–71.

在"一带一路"倡议实施之前，我国已经有比较完善的青少年体育对外交流制度，如中日韩青少年运动会、中俄冬季青少年运动会。中日韩青少年运动会自 1993 年在日本福岛举办第一届以来，每年的 8 月 23 日至 29 日轮流在中、日、韩三国举行。截至 2020 年中国已举办过 9 届：1995 年在唐山市举办第三届，1998 年在石家庄市举办第六届，2001 年在沈阳市举办第九届，2004 年在长春市举办第十二届，2007 年在桂林市举办第十五届，2010 年在郑州市举办第十八届，2013 年在潍坊市举办第二十一届，2016 年在宁波市举办第二十四届，2019 年在长沙市举办第二十七届。中日韩青少年运动会共设田径、篮球、排球、足球、手球、橄榄球、乒乓球、羽毛球、网球、软式网球、举重 11 个项目，参赛选手为中国、日本、韩国 18 岁以下的青少年学生。

中俄冬季青少年运动会创办于 2016 年。第一届中俄冬季青少年运动会于 2016 年 12 月 6 日至 12 月 11 日在中国黑龙江省哈尔滨市举行，这是中俄举办的首届青少年冬季项目的运动会，共设花样滑冰、速度滑冰、冰球、短道速滑、高山滑雪 5 个项目，双方有 200 余名运动员参赛。第二届中俄冬季青少年运动会于 2018 年 12 月 14 日至 19 日在俄罗斯乌法举办，我国派出 125 人参加全部 5 个项目的比赛。可以看出，无论是在冬季项目还是夏季项目中，青少年体育对外交流都有针对性较强的交流活动。

"一带一路"倡议的推出，在体育赛事、体育文化、体育人才交流方面均有力地促进了青少年体育的发展。下面将就这些制度和案例进行分析和介绍。

（1）梦之星·世界青少年体育汇。首届梦之星·世界青少年体育汇由甘肃省临夏市文体广电和旅游局主办、鼎纶体育文化（北京）有限公司承办，于 2019 年 8 月 5 日至 10 日在甘肃省临夏市奥体中心举行。活动开展足球、篮球、排球、田径、网球、羽毛球、乒乓球 7 个大项（预设 31 个分项）的相关比赛，还设置开幕仪式、颁奖典礼、国际交流、文艺演出等相关活动，旨在为青少年搭建一个通向世界的体育文化交流的平台。为响应国家"一带一路"倡议，梦之星·世界青少年体育汇主要面向"一带一路"共建国家和地区的优质青少年体育俱乐部、国际学校、公立学校发出邀请。

（2）"一带一路"国际马拉松系列赛。2016 年 12 月 4 日，中国首个马拉松国际级 IP 赛事"一带一路"国际马拉松系列赛的首场赛事——华讯方舟·2016深圳宝安国际马拉松赛成功举办。来自国内外的约 1.6 万名参赛选手参加了这个中国首个马拉松国际级 IP 赛事的首场比赛，其中包括来自肯尼亚、埃塞俄比亚、蒙古国、智利、波兰、伊朗、德国、法国、摩洛哥 9 个国家的 27 名特邀选手。最终，肯尼亚选手拉扎努斯·图以 2 小时 14 分 31 秒的成绩获得男子组的冠军。"一带一路"国际马拉松系列赛是由中国田径协会和智美体育集团共同推出的中国首个马拉松国际级 IP 赛事，旨在深化中国与"一带一路"共建国家的体育合作，搭建中国与共建国家、城市交流的桥梁和纽带，扩大中国体育赛事的国际影响力，将"一带一路"国际马拉松系列赛打造成中国向国外展示体育产业发展的标杆项目。同时，主办方还希望通过体育外交的舞台，加强中外体育旅游交流与合作，用体育赛事所附着的全球共同的体育精神加强"一带一路"共建国家的民心交流，从而实现"一带一路"倡议所包含的"五通三同"内涵中的民心相通，以此助力"一带一路"的建设。"一带一路"国际马拉松系列赛今后将陆续登陆马来西亚、希腊、捷克、哈萨克斯坦、阿联酋、印度、新加坡、印度尼西亚、泰国、菲律宾、越南、马尔代夫等"一带一路"共建国家。

（3）国际青少年足球邀请赛。2018 年 7 月 18 日至 23 日，"体彩杯"2018年梦想成真"一带一路"（梧州）国际青少年足球邀请赛暨 2017—2018 年梦想成真海外留学选拔公益计划在广西梧州国家体育训练基地举行。来自印度尼西亚、马来西亚、越南、泰国等国家的 120 余支队伍的 3 000 余名选手参加了这次的邀请赛。此次邀请赛共设 U7 至 U16 年龄段 8 个组别，参赛球队数量创历史新高。

（4）"一带一路"国际青少年户外定向训练营。2018 年 10 月 27 日，"一带一路"国际青少年户外定向训练营在南京汤山温泉旅游度假区正式开幕。本次训练营由江苏省体育局、江苏省人民政府外事办公室主办，南京汤山温泉旅游度假区、镇江市体育局、宜兴市体育局联合承办。此次训练营共邀请来自挪威、瑞典、芬兰、英国、德国、爱尔兰、捷克、克罗地亚、匈牙利、韩国、柬埔寨等 15 个国家的 150 名选手参加，将进行为期一周的定向越野训练。在训练营，选手在感受定向越野魅力的同时，将欣赏"水韵江苏"的山水美景，体验中国家庭生活，认知中国传统文化。此次训练营以户外定向越野为主，着力突出青少年之间体育技能训练和文化教育交流活动，传播中国传统文化及江苏地域文化和自然人文知识，弘扬"一带一路"和平合作、开放包容、互学互鉴、互利共赢的丝路精神。

（5）"一带一路"体育人才奖学金。北京体育大学 2017 年 5 月 10 日宣布设立"一带一路"体育人才奖学金项目，拟每年投入 500 万元经费，吸引国外体育人才来校学习。奖学金将主要用于招收高端国际冰雪运动体育专业人才和长期招收学历生。据《北京体育大学 2024 年国际研究生学历项目招生简章》显示，奖学金主要有中国政府奖学金、国际中文教师奖学金、北京市政府奖学金和北京体育大学"一带一路"体育人才奖学金。"一带一路"体育人才奖学金的设立有助于吸引外国留学生前来中国就读体育专业，促进"一带一路"共建国家体育人才的交流（图 3-13）。

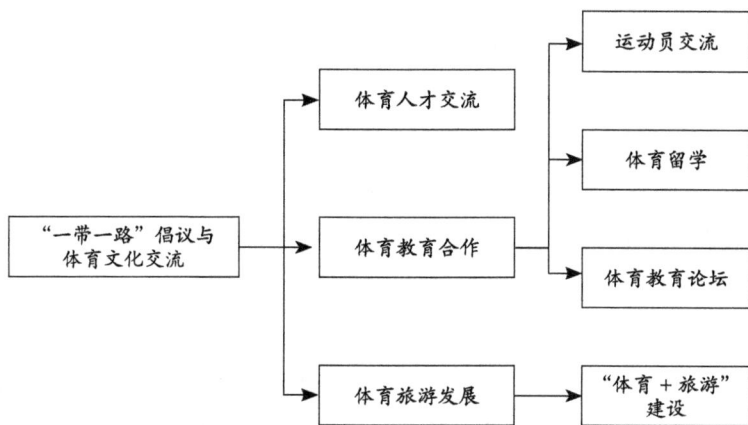

图 3-13 "一带一路"倡议与体育文化交流

（6）"一带一路"体育教育论坛。"一带一路"体育教育论坛是经北京体育大学、北京师范大学、首都体育学院、波兰格但斯克体育大学、克罗地亚萨格勒布大学等 10 所国内外高校达成共识，在北京体育大学举办的第六届中外大学校长体育论坛开幕仪式上共同发起成立的。首届论坛主题为"冬季运动，合作共赢"。来自中国、克罗地亚、美国、加拿大、英国、德国、俄罗斯、泰国和中东欧其他国家共计 20 余国、30 余所高校的代表参加了论坛，并签署了《首届"一带一路"体育教育论坛共识》。

（7）"一带一路"体育旅游。2017年6月29日，国家体育总局、国家旅游局联合印发了《"一带一路"体育旅游发展行动方案（2017—2020年）》。这一文件明确提出要培育体育旅游重点项目、加强体育旅游设施建设、促进体育旅游装备制造、推动体育旅游典型示范，促进体育旅游在"一带一路"共建国家的发展。

## 第四节　供给方式

在制度推行过程中，制度供给方式影响着制度供给效率，直接影响到制度落实的效果。制度供给方式的选择，实际上根植于社会意识形态与整体秩序构成。目前来看，青少年体育活动促进制度的供给方式主要有以下几种。

### 一、政府供给

政府供给是指由政府有关部门，如国家体育总局、教育部牵头来制定青少年体育活动促进制度。政府供给的优点在于发挥集体智慧，利用政府公信力确保青少年体育活动促进制度的实施，具有一定的优势。一般来说，政府供给具有两大特点：一是目标的先进性与管理的专业化；二是对于私有部门经济的抵制。政府部门在制定促进青少年体育活动的制度时，其目标是通过正式制度的推出降低不确定性，从而降低交易成本，实现社会产出的最大化。由于我国的政府管理采用分权管辖的体制，各个部门都拥有自己的管辖范围，政府部门在供给制度时不可避免地会最大化本部门的利益，正如经济学的理论——微观的加总并不等于宏观的总量。各个部门如果为了本部门的利益，作出的选择不一定是整体最优的。此外，政府供给的制度属于一种公共服务，只要政府具有制定规则的权力，就必然会造成对私有部门的挤压。通过梳理和总结我国青少年体育活动促进制度的供给情况可以发现，政府供给在其中占了很大比例。这反映了政府在青少年体育活动促进制度中的主导作用。

## 二、市场供给

青少年体育不仅是一项事业，而且是可以盈利的产业。因此，随着人们收入的提高和对青少年身体素质的日益重视，市场上对于青少年体育培训和赛事组织需求的产生就会激发一大批市场组织的出现。这些市场组织包括青少年体育俱乐部、体育培训机构等。这些市场组织为了自身的利润最大化或效用最大化，往往会开展广告宣传，努力营造青少年热爱体育的氛围。这些商业活动都会在无意间推动青少年体育活动促进的非正式制度建立——文化氛围的形成。另外，市场上一些企业为了获得利润而开展的各类赛事组织和运动技能培训，都有利于青少年体育活动的增加。同时，作为公共产品，社会非营利组织也是参与青少年体育活动促进制度供给的重要群体。包括中国青基会、姚基金、各青少年体育协会在内的社会组织越来越多地开始以自发的方式参与制度供给。在实际的青少年体育活动执行方面，这些公益性社会组织发挥了重要作用。

## 三、以购买服务方式联合供给

购买服务是指政府为了节省自身运行成本，通过向市场主体购买制度设计服务的方式提供促进青少年体育活动的制度。按照政府采购法的规定，政府采购包括公开招标、邀请招标、竞争性谈判、单一来源采购、询价及其他方式。服务采购有助于发挥政府与市场两个主体的积极性，推动市场主体参与社会治理。但是，服务采购的选择过程中容易滋生寻租行为，侵占服务购买节省的成本，从而影响这一供给方式的效果。在现有的青少年体育赛事和活动举办过程中，具体的执行方案往往是由专业的体育组织公司负责的，政府只发挥监督作用，由此实现对体育活动执行方案的一种政府购买。随着青少年体育赛事的不断增加和社会体育服务业的不断发展，这种政府购买方式的制度供给将逐渐增加。这种供给模式不仅有利于政府成本的降低，而且有助于推动体育服务业的发展壮大，改变我国体育用品制造业比重过高的现状，推动体育产业结构朝着更加合理的方向发展。

由于在现有的制度供给中，购买服务占据较大的比例，且能够发挥政府和社会的积极性，本书针对政府购买中小学生课外锻炼服务的状况进行了问卷调查。本书将这类受访者定义为"承接主体"，概述如下：

（1）承接主体的性质。本书将承接主体分为国有企业、私营企业、外资企业、社会组织、事业单位以及其他。具体而言，私营企业 691 家，占比 50.66%；国有企业，334 家，占比 24.49%；事业单位 135 家，占比 9.9%；外资企业 116 家，占比 8.5%；社会组织仅有 27 家，占比 1.98%；剩余为其他类型。可见，企业作为市场经济运行的微观主体，在青少年体育服务的供给中发挥着重要作用。3 种类型的企业合计占到总承接主体的 83.65%，这也正说明了市场经济在我国的活跃程度之高。

（2）兼营或主营体育业务。在调查问卷中，受访者对单位从事青少年体育业务的情况进行了回答。其中，专门从事青少年体育业务的单位有 134 家，兼营的有 171 家，其余组织均认为自身并非体育类组织。可以发现，尽管目前提供青少年体育服务的组织以企业为主，但真正专门从事青少年体育业务的企业少之又少。今后，青少年体育企业仍然有很大的发展空间。

（3）承接主体的业务范围。在调查问卷中，受访者对单位从事的业务范围进行了回答。图 3-14 表明，在所有的承接主体中，从事服务类（包括咨询、工程设计、科技等服务）的组织最多，有 710 家；然后是商贸类和体育类。

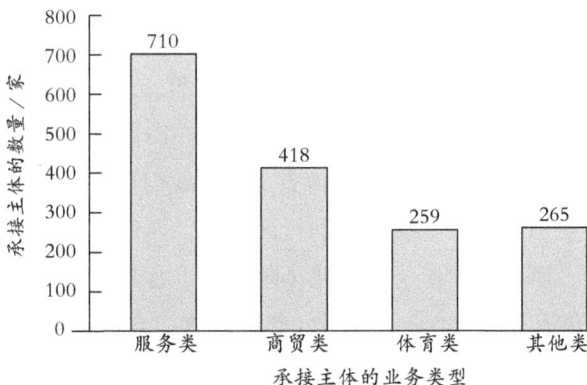

图 3-14　承接主体的业务范围情况

（4）承接主体的规模。作为反映企业规模的一个重要指标，本书向受访人询问了单位的注册资本情况。图 3-15 说明，注册资本在 501 万～< 1 亿元的单

位数量最多，占比20.97%；1亿元及以上的组织有184家，占比13.49%，这说明青少年体育服务的承接主体规模较大。

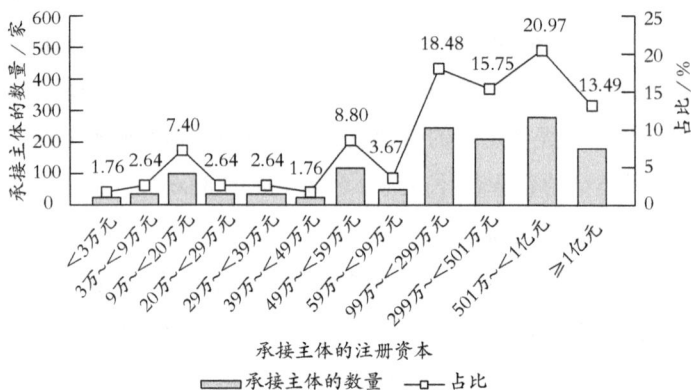

图3-15 承接主体的注册资本情况

（5）承接主体从事体育服务的频率。本书中，受访者对单位从事青少年体育服务的频率进行了回答，分为经常、偶尔、从不、不清楚4个选项。经过统计，经常从事的单位有249家，占比18.26%；偶尔从事的单位有590家，占比43.26%；从不从事的单位有367家，占比26.91%。

（6）承接主体的地理分布。按照研究需要和实际情况，此次调查将国内的地理区域分为华东（上海市、江苏省、浙江省、安徽省、福建省、江西省、山东省、台湾地区）、华北（北京市、天津市、山西省、河北省、内蒙古自治区）、华中（河南省、湖北省、湖南省）、华南（广东省、广西壮族自治区、海南省、香港特别行政区、澳门特别行政区）、西南（四川省、贵州省、云南省、重庆市、西藏自治区）、西北（陕西省、甘肃省、青海省、宁夏回族自治区、新疆维吾尔自治区）、东北（黑龙江省、吉林省、辽宁省）。同时，为了进一步获知调查中的具体城市分布，问卷还设计了省（区、市）和城市的分布情况一项。

调查发现，承接主体在广东、北京、上海以及长三角区域的分布最为集中，这也正是我国体育服务业较为发达的区域。具体到所在城市，广州占比最高，达到 95 家，占所有承接主体的 6.96%；其次是深圳，达到 48 家，占比 3.52%；之后分别为安徽合肥、北京东城区、江苏南京、北京朝阳区、黑龙江哈尔滨、河南郑州、湖北武汉、广西南宁。

图 3-16 说明，在区域分布上，承接主体在华东的分布最多，达到 443 家，占比 32.48%；其次是华北（312 家，占比 22.87%）和华南（222 家，占比 16.28%）。这一特征与表 3-16 的结论基本一致。

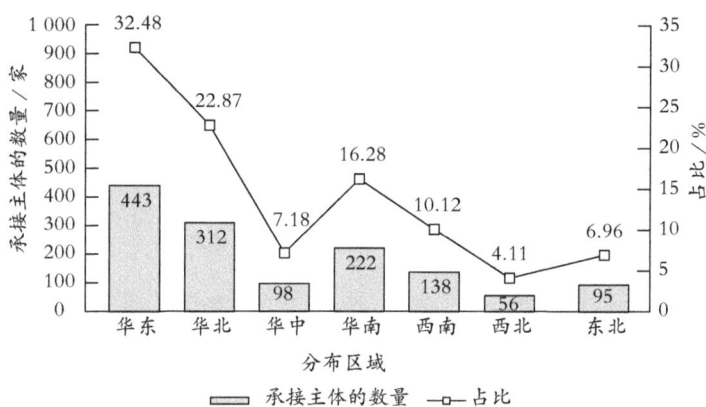

图 3-16　承接主体的区域分布

表 3-16　承接主体的城市分布

| 所在城市<br>（区、自治州） | 主体<br>数量/家 | 所占<br>比例/% | 所在城市<br>（区、自治州） | 主体<br>数量/家 | 所占<br>比例/% |
|---|---|---|---|---|---|
| 安徽—安庆 | 1 | 0.07 | 安徽—黄山 | 1 | 0.07 |
| 安徽—蚌埠 | 2 | 0.15 | 安徽—六安 | 3 | 0.22 |
| 安徽—池州 | 1 | 0.07 | 安徽—马鞍山 | 1 | 0.07 |
| 安徽—滁州 | 3 | 0.22 | 安徽—宿州 | 2 | 0.15 |
| 安徽—合肥 | 42 | 3.08 | 安徽—芜湖 | 4 | 0.29 |
| 安徽—淮北 | 1 | 0.07 | 安徽—宣城 | 1 | 0.07 |
| 安徽—淮南 | 2 | 0.15 | 安徽合计 | 64 | 4.68 |

续表

| 所在城市<br>（区、自治州） | 主体<br>数量/家 | 所占<br>比例/% | 所在城市<br>（区、自治州） | 主体<br>数量/家 | 所占<br>比例/% |
|---|---|---|---|---|---|
| 北京—昌平区 | 3 | 0.22 | 甘肃—金昌 | 1 | 0.07 |
| 北京—朝阳区 | 36 | 2.64 | 甘肃—兰州 | 14 | 1.03 |
| 北京—大兴区 | 3 | 0.22 | 甘肃—陇南 | 3 | 0.22 |
| 北京—东城区 | 41 | 3.01 | 甘肃—庆阳 | 1 | 0.07 |
| 北京—房山区 | 1 | 0.07 | 甘肃—天水 | 2 | 0.15 |
| 北京—丰台区 | 7 | 0.51 | 甘肃—武威 | 1 | 0.07 |
| 北京—海淀区 | 20 | 1.47 | 甘肃合计 | 23 | 1.68 |
| 北京—怀柔区 | 1 | 0.07 | 广东—东莞 | 5 | 0.37 |
| 北京—密云区 | 1 | 0.07 | 广东—佛山 | 12 | 0.88 |
| 北京—平谷区 | 1 | 0.07 | 广东—广州 | 95 | 6.96 |
| 北京—石景山区 | 3 | 0.22 | 广东—河源 | 1 | 0.07 |
| 北京—顺义区 | 2 | 0.15 | 广东—惠州 | 3 | 0.22 |
| 北京—西城区 | 15 | 1.1 | 广东—江门 | 2 | 0.15 |
| 北京—延庆区 | 1 | 0.07 | 广东—茂名 | 2 | 0.15 |
| 北京合计 | 135 | 9.89 | 广东—梅州 | 1 | 0.07 |
| 福建—福州 | 10 | 0.73 | 广东—汕头 | 3 | 0.22 |
| 福建—泉州 | 1 | 0.07 | 广东—韶关 | 4 | 0.29 |
| 福建—厦门 | 8 | 0.59 | 广东—深圳 | 48 | 3.52 |
| 福建合计 | 19 | 1.39 | 广东—湛江 | 4 | 0.29 |
| 甘肃—定西 | 1 | 0.07 | 广东—肇庆 | 1 | 0.07 |

续表

| 所在城市（区、自治州） | 主体数量/家 | 所占比例/% | 所在城市（区、自治州） | 主体数量/家 | 所占比例/% |
|---|---|---|---|---|---|
| 广东—珠海 | 3 | 0.22 | 海南合计 | 5 | 0.36 |
| 广东合计 | 184 | 13.48 | 河北—保定 | 1 | 0.07 |
| 广西—北海 | 1 | 0.07 | 河北—邯郸 | 4 | 0.29 |
| 广西—桂林 | 2 | 0.15 | 河北—廊坊 | 2 | 0.15 |
| 广西—河池 | 2 | 0.15 | 河北—秦皇岛 | 1 | 0.07 |
| 广西—贺州 | 1 | 0.07 | 河北—石家庄 | 20 | 1.47 |
| 广西—柳州 | 4 | 0.29 | 河北—唐山 | 6 | 0.44 |
| 广西—南宁 | 21 | 1.54 | 河北—邢台 | 3 | 0.22 |
| 广西—钦州 | 1 | 0.07 | 河北合计 | 37 | 2.71 |
| 广西—梧州 | 1 | 0.07 | 河南—焦作 | 2 | 0.15 |
| 广西—玉林 | 3 | 0.22 | 河南—洛阳 | 1 | 0.07 |
| 广西合计 | 36 | 2.63 | 河南—南阳 | 1 | 0.07 |
| 贵州—贵阳 | 13 | 0.95 | 河南—信阳 | 1 | 0.07 |
| 贵州—黔东南 | 1 | 0.07 | 河南—许昌 | 1 | 0.07 |
| 贵州—黔南 | 1 | 0.07 | 河南—郑州 | 23 | 1.69 |
| 贵州—铜仁 | 3 | 0.22 | 河南合计 | 29 | 2.12 |
| 贵州—遵义 | 2 | 0.15 | 黑龙江—大庆 | 4 | 0.29 |
| 贵州合计 | 20 | 1.46 | 黑龙江—大兴安岭 | 1 | 0.07 |
| 海南—海口 | 4 | 0.29 | 黑龙江—哈尔滨 | 32 | 2.35 |
| 海南—三亚 | 1 | 0.07 | 黑龙江—黑河 | 2 | 0.15 |

续表

| 所在城市<br>（区、自治州） | 主体<br>数量/家 | 所占<br>比例/% | 所在城市<br>（区、自治州） | 主体<br>数量/家 | 所占<br>比例/% |
|---|---|---|---|---|---|
| 黑龙江—鸡西 | 1 | 0.07 | 吉林—白城 | 1 | 0.07 |
| 黑龙江—佳木斯 | 1 | 0.07 | 吉林—长春 | 19 | 1.39 |
| 黑龙江—牡丹江 | 1 | 0.07 | 吉林—吉林 | 2 | 0.15 |
| 黑龙江—双鸭山 | 2 | 0.15 | 吉林合计 | 22 | 1.61 |
| 黑龙江—绥化 | 1 | 0.07 | 江苏—常州 | 3 | 0.22 |
| 黑龙江合计 | 45 | 3.29 | 江苏—连云港 | 2 | 0.15 |
| 湖北—黄冈 | 1 | 0.07 | 江苏—南京 | 41 | 3.01 |
| 湖北—荆门 | 1 | 0.07 | 江苏—南通 | 4 | 0.29 |
| 湖北—武汉 | 23 | 1.69 | 江苏—苏州 | 11 | 0.81 |
| 湖北—咸宁 | 1 | 0.07 | 江苏—宿迁 | 1 | 0.07 |
| 湖北—宜昌 | 1 | 0.07 | 江苏—无锡 | 7 | 0.51 |
| 湖北合计 | 27 | 1.97 | 江苏—盐城 | 2 | 0.15 |
| 湖南—常德 | 1 | 0.07 | 江苏—扬州 | 1 | 0.07 |
| 湖南—长沙 | 20 | 1.47 | 江苏—镇江 | 3 | 0.22 |
| 湖南—郴州 | 1 | 0.07 | 江苏合计 | 75 | 5.5 |
| 湖南—衡阳 | 2 | 0.15 | 内蒙古—包头 | 6 | 0.44 |
| 湖南—怀化 | 2 | 0.15 | 内蒙古—赤峰 | 1 | 0.07 |
| 湖南—娄底 | 1 | 0.07 | 内蒙古—鄂尔多斯 | 2 | 0.15 |
| 湖南—株洲 | 1 | 0.07 | 内蒙古—呼和浩特 | 17 | 1.25 |
| 湖南合计 | 28 | 2.05 | 内蒙古—呼伦贝尔 | 2 | 0.15 |

续表

| 所在城市<br>（区、自治州） | 主体<br>数量/家 | 所占<br>比例/% | 所在城市<br>（区、自治州） | 主体<br>数量/家 | 所占<br>比例/% |
|---|---|---|---|---|---|
| 内蒙古—通辽 | 1 | 0.07 | 山西—太原 | 26 | 1.91 |
| 内蒙古—乌兰察布 | 2 | 0.15 | 山西—忻州 | 1 | 0.07 |
| 内蒙古合计 | 31 | 2.28 | 山西—阳泉 | 1 | 0.07 |
| 宁夏—银川 | 7 | 0.51 | 山西—运城 | 11 | 0.81 |
| 青海—西宁 | 1 | 0.07 | 山西合计 | 55 | 4.03 |
| 山东—德州 | 1 | 0.07 | 陕西—渭南 | 1 | 0.07 |
| 山东—菏泽 | 1 | 0.07 | 陕西—西安 | 18 | 1.32 |
| 山东—济南 | 14 | 1.03 | 陕西—延安 | 1 | 0.07 |
| 山东—济宁 | 1 | 0.07 | 陕西合计 | 20 | 1.46 |
| 山东—青岛 | 10 | 0.73 | 上海—宝山区 | 5 | 0.37 |
| 山东—威海 | 4 | 0.29 | 上海—长宁区 | 5 | 0.37 |
| 山东—烟台 | 5 | 0.37 | 上海—奉贤区 | 3 | 0.22 |
| 山东—淄博 | 2 | 0.15 | 上海—虹口区 | 4 | 0.29 |
| 山东合计 | 38 | 2.78 | 上海—黄浦区 | 37 | 2.71 |
| 山西—长治 | 1 | 0.07 | 上海—嘉定区 | 7 | 0.51 |
| 山西—大同 | 3 | 0.22 | 上海—静安区 | 10 | 0.73 |
| 山西—晋城 | 3 | 0.22 | 上海—普陀区 | 10 | 0.73 |
| 山西—晋中 | 3 | 0.22 | 上海—浦东新区 | 19 | 1.39 |
| 山西—临汾 | 5 | 0.37 | 上海—松江区 | 1 | 0.07 |
| 山西—吕梁 | 1 | 0.07 | 上海—徐汇区 | 22 | 1.61 |

| 所在城市<br>（区、自治州） | 主体<br>数量/家 | 所占<br>比例/% | 所在城市<br>（区、自治州） | 主体<br>数量/家 | 所占<br>比例/% |
|---|---|---|---|---|---|
| 上海—杨浦区 | 8 | 0.59 | 天津—津南区 | 1 | 0.07 |
| 上海—闵行区 | 7 | 0.51 | 天津—南开区 | 11 | 0.81 |
| 上海合计 | 138 | 10.1 | 天津—武清区 | 1 | 0.07 |
| 四川—成都 | 47 | 3.45 | 天津—西青区 | 4 | 0.29 |
| 四川—广元 | 1 | 0.07 | 天津合计 | 70 | 5.12 |
| 四川—南充 | 1 | 0.07 | 西藏—拉萨 | 1 | 0.07 |
| 四川—攀枝花 | 1 | 0.07 | 新疆—阿克苏 | 1 | 0.07 |
| 四川—遂宁 | 1 | 0.07 | 新疆—巴音郭楞 | 1 | 0.07 |
| 四川—自贡 | 1 | 0.07 | 新疆—昌吉 | 1 | 0.07 |
| 四川—泸州 | 1 | 0.07 | 新疆—克拉玛依 | 1 | 0.07 |
| 四川合计 | 53 | 3.87 | 新疆—乌鲁木齐 | 8 | 0.59 |
| 天津—北辰区 | 1 | 0.07 | 新疆合计 | 12 | 0.87 |
| 天津—滨海新区 | 10 | 0.73 | 云南—保山 | 1 | 0.07 |
| 天津—东丽区 | 2 | 0.15 | 云南—楚雄 | 1 | 0.07 |
| 天津—和平区 | 18 | 1.32 | 云南—红河 | 2 | 0.15 |
| 天津—河北区 | 6 | 0.44 | 云南—昆明 | 29 | 2.13 |
| 天津—河东区 | 1 | 0.07 | 云南—丽江 | 1 | 0.07 |
| 天津—河西区 | 8 | 0.59 | 云南—临沧 | 1 | 0.07 |
| 天津—红桥区 | 6 | 0.44 | 云南—怒江 | 1 | 0.07 |
| 天津—蓟州区 | 1 | 0.07 | 云南—曲靖 | 3 | 0.22 |

续表

| 所在城市<br>（区、自治州） | 主体<br>数量/家 | 所占<br>比例/% | 所在城市<br>（区、自治州） | 主体<br>数量/家 | 所占<br>比例/% |
|---|---|---|---|---|---|
| 云南—玉溪 | 1 | 0.07 | 重庆—渝中区 | 4 | 0.29 |
| 云南合计 | 40 | 2.92 | 重庆合计 | 22 | 1.6 |
| 浙江—杭州 | 43 | 3.15 | 江西—抚州 | 2 | 0.15 |
| 浙江—湖州 | 1 | 0.07 | 江西—赣州 | 4 | 0.29 |
| 浙江—嘉兴 | 2 | 0.15 | 江西—吉安 | 2 | 0.15 |
| 浙江—金华 | 2 | 0.15 | 江西—景德镇 | 1 | 0.07 |
| 浙江—丽水 | 1 | 0.07 | 江西—九江 | 3 | 0.22 |
| 浙江—宁波 | 9 | 0.66 | 江西—南昌 | 22 | 1.61 |
| 浙江—绍兴 | 2 | 0.15 | 江西—萍乡 | 1 | 0.07 |
| 浙江—温州 | 3 | 0.22 | 江西—上饶 | 2 | 0.15 |
| 浙江合计 | 63 | 4.62 | 江西—新余 | 1 | 0.07 |
| 重庆—巴南区 | 1 | 0.07 | 江西—宜春 | 3 | 0.22 |
| 重庆—大渡口区 | 1 | 0.07 | 江西合计 | 41 | 3 |
| 重庆—江北区 | 3 | 0.22 | 辽宁—本溪 | 1 | 0.07 |
| 重庆—江津区 | 1 | 0.07 | 辽宁—大连 | 7 | 0.51 |
| 重庆—南岸区 | 2 | 0.15 | 辽宁—丹东 | 1 | 0.07 |
| 重庆—荣昌区 | 1 | 0.07 | 辽宁—锦州 | 2 | 0.15 |
| 重庆—沙坪坝区 | 2 | 0.15 | 辽宁—沈阳 | 10 | 0.73 |
| 重庆—万州区 | 4 | 0.29 | 辽宁—铁岭 | 2 | 0.15 |
| 重庆—渝北区 | 3 | 0.22 | 辽宁合计 | 23 | 1.68 |

　　青少年体育活动供给类型。在问卷的第二部分，受访人对单位的青少年体育活动供给类型进行了回答。根据研究需要和实际情况，青少年体育活动供给类型分为 14 种（图 3-17）。从图中可以看出，除了"其他"这一类型，"举办社会青少年体育比赛"供给最多，达到 335 家；此外，"举办社区青少年体育活动、比赛"的有 321 家；"举办青少年运动技能培训"的有 303 家。相比而言，"组织国际青少年体育活动交流"的最少，仅有 103 家；"参与制定青少年体育政策"的也较少，仅有 111 家。这在一定程度上说明了目前青少年体育活动的供给状况。

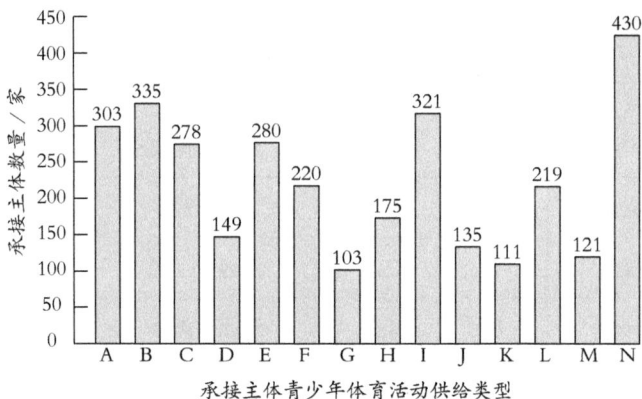

图 3-17　承接主体青少年体育活动供给类型

　　注：承接主体的青少年体育活动供给类型：A.举办青少年运动技能培训；B.举办社会青少年体育比赛；C.举办校际青少年体育比赛；D.举办青少年运动技能等级评定；E.举办青少年体育冬夏令营；F.组建青少年体育组织，如协会、俱乐部等；G.组织国际青少年体育活动交流；H.组织国内青少年体育活动交流；I.举办社区青少年体育活动、比赛；J.承接政府购买青少年体育活动服务；K.参与制定青少年体育政策；L.拍摄青少年体育活动专题片；M.创建青少年体育活动杂志、期刊、网站；N.其他。

　　承接主体对政府促进青少年体育活动开展的政策建议。在了解承接主体自身的情况之后，受访者也对目前政府促进青少年体育活动的工作提出了一些建议（图 3-18）。

　　从图 3-18 中可以看出，承接主体对于"了解青少年体育活动诉求"的建议是最多的，有 851 家单位认同了这一建议；另外，对于"青少年体育活动组织管理"的建议也较多，有693家。相比之下，对于"青少年体育活动问责""青少年体育活动干预"的建议则较少，分别仅有256家和239家。这说明，市场上的供给主体更多希望政府能够依托市场的力量，通过发挥市场的作用来促进青少年体育活动。

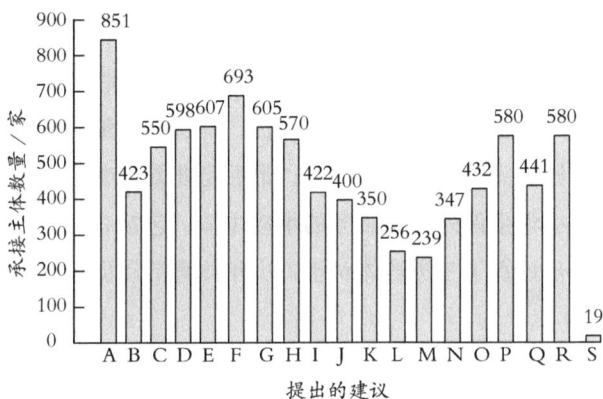

图3-18　承接主体对政府促进青少年体育活动开展的政策建议

注：提出的建议有：A.了解青少年体育活动诉求；B.青少年体育活动舆情监测；C.青少年体育活动趋势预测；D.青少年体育活动沟通；E.青少年体育活动供给；F.青少年体育活动组织管理；G.青少年体育活动激励；H.青少年体育活动方式方法创新；I.青少年体育活动督导；J.青少年体育活动评估考核；K.青少年体育活动绩效评价；L.青少年体育活动问责；M.青少年体育活动干预；N.青少年体育活动标准研制；O.青少年体育活动项目研发；P.青少年体育场地设施研发；Q.青少年体育文化塑造；R.青少年体育活动指导与培训；S.其他。

## 第五节　供给评价

总体来看，政府已多次强调青少年体育工作的重要性。在国家战略的各项重要文件中，政府政策对于青少年体育工作均有提及，以往青少年体育不被重视的局面已经得到改善。但是从政府供给的制度来看，仍存在一些问题。

## 一、总体评价

在研究中，本书针对青少年体育活动的不同参与主体进行了问卷调查，设计了"您认为当前我国政府制定的青少年体育活动促进制度如何？"这一选项，采用李克特五级量表，具体为"非常完善、比较完善、一般完善、不太完善、根本不完善"。在此，本书将其作为"青少年体育活动促进制度的供给评价"的指标，并分别赋值1~5分，分值越高，制度越完善。在五级指标的选择上，不同的主体之间呈现出相似性，即选择一般完善的群体最多，其次是不太完善、比较完善、根本不完善，最后是非常完善。其中，承接主体指的是政府购买中小学生课外锻炼服务的承接主体，包括企业、事业单位、社会组织。本书进一步计算了3类群体对于青少年体育活动促进制度供给的平均评价得分（图3-19）。

可以发现，总体上看不同的主体对于目前制度供给的状况给出了中等偏上的评价，平均得分为2.77分。中小学校对于目前我国制度供给状况的评价较高，接近于一般完善，其余两类主体评价较低。

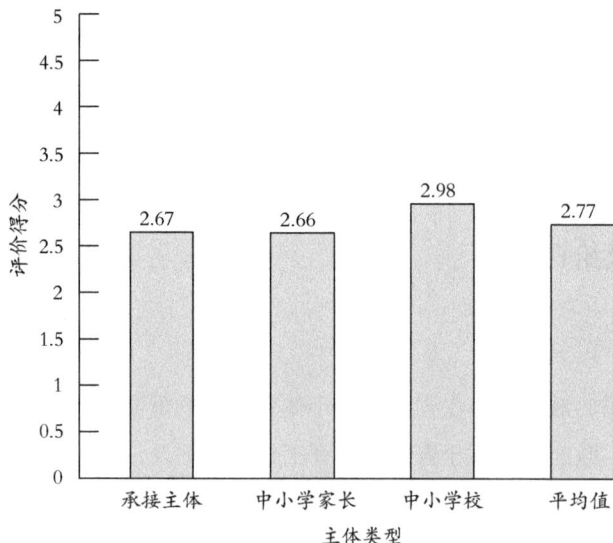

图 3-19　不同主体对青少年体育活动促进制度供给的评价得分

这启示我们，在今后的制度建设过程中既要加强制度本身的建设，又要加强宣传。这样各个主体才能够有效地利用现有促进制度，开展青少年体育活动，提高制度的运行效率。

## 二、具体评价

第一，在政府供给制度下，各个管理部门虽然职责分工较为明确，但是容易造成"公地悲剧"，各政府部门出台的促进青少年体育活动的制度不能够有效协调，存在重复建设的情况。例如，在学校体育与社会体育促进青少年体育活动的建设上，由于教育行政部门和体育行政部门分工的差异，二者并未实现有机结合。虽然学生在校园内有更多的时间用于运动，但他们在走出校园后，面临着场地稀少、赛事缺乏、升学压力等诸多问题。如何实现政府供给制度下学校与社会青少年体育活动促进制度的对接和融合是一个重要命题。

第二，学校体育方面，国家学生体质评价这种"连坐性"的制度安排，使学生主体转化为学校、政府主体，这导致各种以"市场"机制来规避学校、政府所承担风险的现象出现，学生体质数据的功利化和形式化成为一种"暗流"，不断冲击青少年的健康教育。目前，对于学校在青少年体育活动促进制度的供给评价仍然主要局限于对体质测试成绩的考查，体系比较单一，而且测试项目与学校日常体育活动存在脱节现象。例如，学生在日常活动中主要接触足球、篮球、乒乓球等项目，而体质测试却考查跑步、跳远、引体向上等平常学生不接触的项目，二者的脱节不仅不利于学生体育素质的提高，而且使体质测试的工作流于形式，对学生日常的体育活动促进和激励作用小。在今后的体质测试中应当考虑学生自选或者拓展测试项目，去除一些学生不接触的、过时的项目，增加学生喜闻乐见的运动项目，以提高学生参与体质测试的积极性。另外，从本书对中小学生开展的问卷调查来看，中小学生对于学校体育活动的供给也进行了评价。

对于学校体育课的评价，本书通过设计"您对学校体育课的看法"这一问题，并运用了"非常满意、比较满意、一般满意、不太满意、根本不满意"的五级量表（表3-17）进行了调查，并将这五个级别分别赋予1~5分的权重，评分越高意味着满意度越高。根据调查结果，中小学生对学校体育课的平均评价得分为 3.65，这个分数处于中等偏上的水平，接近于"比较满意"。进一步分析发现，从性别上看，男生对学校体育课的平均评价为 3.72 分，略高于女生的 3.59 分。

表 3-17　分性别和学习阶段的学校体育课评价分布　　单位：人

| 满意度 | 男 | 女 | 小学 | 初中 | 高中 | 职高 | 中专 |
|---|---|---|---|---|---|---|---|
| 非常满意（5分） | 108 | 79 | 4 | 13 | 75 | 42 | 53 |
| 比较满意（4分） | 179 | 258 | 5 | 25 | 237 | 51 | 119 |
| 一般满意（3分） | 118 | 178 | 2 | 18 | 181 | 22 | 73 |
| 不太满意（2分） | 31 | 47 | 2 | 4 | 56 | 6 | 10 |
| 根本不满意（1分） | 18 | 14 | 0 | 4 | 17 | 2 | 9 |
| 合计 | 454 | 576 | 13 | 64 | 566 | 123 | 264 |

从学校是否为重点学校上看，重点学校的体育课平均评价为 3.61 分，非重点学校的得分为 3.67 分。在重点学校的群体中，省（区、市）重点的平均评价为 3.79 分，市（区）重点的平均评价为 3.55 分，区（县）重点的平均评价为 3.46 分，呈现递减趋势。从学校办学性质上看，公办学校的体育课平均评价为 3.64 分，私立学校的体育课平均评价为 3.74 分，私立学校的体育课要好于公办学校。此外，城镇学校的体育课平均评价为 3.65 分，乡镇学校的体育课平均评价为 3.64 分，二者差异不大。

从区域上看，华东区域的学校体育课平均评价为 3.72 分，华北区域为 3.72 分，华中区域为 3.55 分，华南区域为 3.68 分，西南区域为 3.62 分，西北区域为 3.74 分，东北区域为 3.39 分。相比之下，东北区域的学校体育课平均评价较低，值得关注（表 3-18）。

表3-18　不同区域中小学生对学校体育课的评价分布　　　单位：人

| 满意度 | 华东 | 华北 | 华中 | 华南 | 西南 | 西北 | 东北 | 总体 |
|---|---|---|---|---|---|---|---|---|
| 非常满意（5分） | 58 | 20 | 35 | 30 | 18 | 16 | 10 | 187 |
| 比较满意（4分） | 126 | 50 | 75 | 76 | 66 | 28 | 16 | 437 |
| 一般满意（3分） | 75 | 26 | 59 | 58 | 41 | 17 | 20 | 296 |
| 不太满意（2分） | 20 | 9 | 17 | 10 | 12 | 4 | 6 | 78 |
| 根本不满意（1分） | 8 | 2 | 10 | 3 | 2 | 3 | 4 | 32 |
| 合计 | 287 | 107 | 196 | 177 | 139 | 68 | 56 | 1 030 |

第三，体育中考造就了"考什么，学什么，练什么"的体育课，这就带来了与其他"文化课"无差异的考试压力，学生的体育兴趣被弱化。比如，在一些地方的体育中考测试项目中，仍然是跳绳、握力器、跳远等传统项目，不符合当今青少年的运动特点。另外，体育中考的一考定成绩，不利于综合评价学生的运动水平和情况。这一制度也容易造成学生在中考前夕突击训练的现象，违背了设计初衷。在今后的升学制度改革中，首先应当丰富体育加分的内容，做到因材施教，激发学生参与的积极性；其次要改革体育成绩计算方法，可取几次的成绩和长期的体育锻炼次数和时间等指标，以此更好地发挥督促作用。

第四，校园足球的行政挂帅使学校体育出现了"唯足球"的体育课，且在实施过程中出现了足球项目师资缺乏、资源缺乏等困境，也增加了政府的寻租风险。在总体发展校园足球的大前提下，要进一步推进青少年体育爱好的个性化培养，在青少年入学之初为其提供多种接触体育活动的机会，让其自由发展。待青少年对一个运动项目形成兴趣之后，再将具有不同爱好的青少年进行小组划分，组建校园体育俱乐部，有针对性地促进青少年的运动参与和兴趣。

第五，现有青少年体育活动促进体系下购买服务的供给方式应当进一步推广，这种供给方式能够降低政府成本，发挥市场主体活力，但是要注意规范政府采购行为，减少寻租行为的发生，提高政府购买的效率。在青少年体育活动促进的文化氛围这一非正式制度的供给中，社区环境是短板。社区环境主要包括体育设施和体育活动氛围。体育设施作为公共服务的一种，目前已经与城市规划和建设紧密地结合起来。例如，河南省实行的百城建设提质工程中明确提出要"加强城镇公共服务配套设施建设。推进街道、社区多功能运动场（园）建设，打造城市社区15分钟健身圈。新建、改建、扩建居民住宅区要按照国家标准同步规划和建设相应的体育场所及设施"。政策的对接无疑有利于降低重复建设的成本，发挥统筹规划的作用。然而，根据2018年8月13日发布的《中国儿童青少年体育健身指数评估报告（2017）》，目前在体育健身环境一项中，社区环境的得分仅为43.4分，远低于其他指标。具体来看，社区体育组织与社区体育活动是短板，在今后的青少年体育活动促进制度建设中要予以加强。

第四章

# 我国青少年体育活动促进制度制约因素研究

我国青少年体育活动促进受到法律法规、体制机制、发展现状等的制约，存在从举国体制迁移到目前格局的路径依赖效应。厘清青少年体育活动促进过程中各方面的薄弱点，针对薄弱点进行突破是青少年体育活动促进制度体系构建的思路。供给作为青少年体育活动促进制度的现在，是组成青少年体育活动促进制度的零件；需求作为青少年体育活动促进制度的未来，是零件的黏合剂；而制约因素则更像是一幅设计图，充分考虑制约因素影响，才能设计完善的青少年体育活动促进制度体系。

## 第一节　制度制约因素概述

制度制约因素分析，即分析在制度制定过程中能够对制度产生影响的因素及其影响。根据公共政策学的观点，公共政策的制定过程可以被界定为在制度环境下，制度主体根据客体需求，供给相关制度达到制度平衡的过程。在这一过程中，对制度制约因素进行研究，首先要对制度的制定过程进行拆分，其次对制度制定过程中的主体、客体和环境3个部分制约因素进行研究。

关于制度主体，当前学术界还没有统一的概念界定。相对地，产生了两种截然不同的界定。袁银枝 [1] 提出制度主体是直接参与制度设计并发挥重要作用的社会群体，在一种具体的社会条件下，制度主体就是社会的统治阶级。而王汝皓 [2] 提出制度主体是一种资格，他认为制度主体概念更接近于制度的实施对象。两者的区别在于对主体的界定不同，前者将制度主体界定为制度制定的主体，而后者将制度主体界定为制度实施过程中涉及的主体部门。但是对于制度客体，当前学术界有较为统一的观点。吴钢 [3] 关于数字出版物法定呈缴制度的论述中将制度客体界定为制度的实施对象。麻锐 [4] 关于民法典诉讼时效制度客体的论述中将制度客体界定为民法典实施过程中涉及的客体单位。由于本书主要探讨制度制定过程中受到的相应制约因素，且为避免与制度客体产生概念重合，本书提及的制度主体皆指参与制度设计并发挥重要作用的社会群体。

制度环境是指一系列制度建设、实施和运行的场域和空间，包括一系列正式制度和非正式制度的集合体。制度环境包含制度实行时间空间区域内的以各种已有政策为代表的正式制度和以社会风俗习惯、文化为代表的非正式制度。本书研究的制度环境是指包含政治、法律、社会环境在内的制度创设及实施环境的总体描绘。正式制度与非正式制度共同作用形成了制度环境。制度环境对制度主体决策过程产生影响，特别是对决策主体的决策权力大小产生影响，对制度的实现过程也产生影响。以社会环境为代表的非正式制度能够影响制度被受众所接受的方式。对制度受体而言，制度环境产生直接制约。可以看出，制度环境对制度制定的全过程都会产生重要的作用和影响。

制度主体行为容易受到路径依赖的影响。路径依赖是一种发展的状态，即事物在发展整体上呈现非遍历性的随机动态过程。简而言之，就是政策制定者出于个体利益和群体利益的权衡在制定制度的过程中会产生某种一成不变的制定特征。当前学术界对于路径依赖已经形成了一定的讨论，尹贻梅、刘志高、

[1] 袁银枝. 浅谈制度主客体分析 [J]. 阿坝师范高等专科学校学报，2003（3）：22-25.

[2] 王汝皓. 反垄断法宽恕制度主体资格问题研究 [D]. 上海：华东政法大学，2018.

[3] 吴钢. 数字出版物法定呈缴制度客体研究 [J]. 中国图书馆学报，2014，40（1）：93-102.

[4] 麻锐. 民法典诉讼时效制度客体的立法设计 [J]. 法学杂志，2016，37（11）：51-59.

刘卫东[1]提出，路径依赖是对特定时间空间下制度成因的讨论，是对新古典经济学理性人假说进行的合理批判，是以有限理性为起点的论述过程。之所以认为我国青少年体育活动促进制度的制定主体很可能受到路径依赖的影响，是因为我国体育立法存在特殊的历史背景。我国体育政策的变迁历史是政府办体育到社会办体育的变迁历史。青少年体育活动促进也经历了从以学校体育为主到学校与社会结合办体育的变革过程。在这样的过程中，政策的激励方式、社会规则的运行逻辑都缺乏相应的先例，政策制定者和执行者发布和执行政策的内在逻辑都以先前的制度主体行为为参照，在这样的基础上，制度变迁会陷入前人的路径，产生路径依赖。

依照路径依赖理论，制度制定主体的行为特征长期呈现稳定性，制度制定变化仅发生在对客体的作用方式和与环境互动的具体模式中。在当前学术界，关于中国决策过程的研究已经形成基本共识，我国政策制定过程是一种制定主体间通过意见的交换达成共识的"折中"模式[2]。在这样的模式下，政策制定过程被拆分为两个互动过程：一是正式组织之间的互动过程；二是政策制定参与者之间的互动过程。这样的互动过程是在路径依赖的影响下制度制定过程的客观结果，对青少年体育活动促进制度主体制约因素的研究则要建立在这样的互动及体育制度制定发展路径的研究基础上进行分析。

决策机制在制度体系的发展过程中逐渐达到稳定状态，与此同时，制度客体与制度环境也在不断演化。新的制度在一定程度上是为了适应客体的变化。对制度制定过程的分析就是要明晰制度制定决策机制适应客体变化的及时性和准确性，其前提是对客体的辨析，也就是解决制度制定客体"是什么"的问题。当前学术界对这一思路有着较为统一的看法。戴菲菲[3]认为客体范围的划定对

[1] 尹贻梅，刘志高，刘卫东. 路径依赖理论及其地方经济发展隐喻 [J]. 地理研究，2012，31（5）：782-791.

[2] 吕芳. 公共服务政策制定过程中的主体间互动机制——以公共文化服务政策为例 [J]. 政治学研究，2019（3）：108-120.

[3] 戴菲菲. 反假冒制度客体的多维分析 [D]. 武汉：中南民族大学，2016.

法律制度实行的效力有较大影响；姚旭 [1] 也提出物权这一制度客体的认同对于制度是否合乎法理有一定影响。与这两位学者相同，当前我国学者针对制度客体进行的分析都要首先辨析制度客体的范围。具体到本书中，就是对青少年体育活动促进体系中包含家庭、学校、青少年本身等在内的客体范围的界定。在明晰"是什么"后，就要进一步了解"怎么样"，即范围内客体的变动过程。制度制定的根本目的是解决现有问题，制度创新是制度主体对新问题的反映，制度需求是制度客体客观情况变动下所自然产生的。因而，研究制度制约因素的根本就是研究制度客体的客观变动过程，继而解决"好不好"的问题，也就是通过对比当前制度导向和制度客体变动趋势，来评价制度对当前社会问题解决的合理性。

## 第二节　制度主体制约因素分析

### 一、青少年体育活动促进制度直接主体

青少年体育活动促进制度作为一个制度体系，包括正式制度和非正式制度。制度制定过程通常表述的是正式制度和保障制度实行的配套政策的制定过程。参与制度制定的主体包括直接主体和间接主体两个部分。直接主体是指政府有关部门等直接进行制度研制出台的制度制定部门，而间接主体是包括学术界、企业、公众、社会组织在内，社会各界在政策制定过程中产生干预作用的个人或组织。

路径依赖指人类社会中的技术演进或制度变迁均有类似于物理学中的惯性，即一旦进入某一路径（无论是"好"还是"坏"）就可能对这种路径产生依赖。我国青少年体育活动促进是同体育发展伴生的，体育发展经历了从计划经济时期的体育政策到市场经济时期的体育政策的变革过程，这一变革过程中存在的

[1]　姚旭. 物权作为诉讼时效制度客体之可能性探讨 [J]. 法学杂志，2007（2）：154-156.

路径依赖现象也存在于青少年体育活动促进过程当中。

以我国公共体育场馆建设为例，在早期，社会主义市场经济体制尚未被提出时，我们国家经历了计划经济时期。在这一时期，公共体育场馆治理自然采取国家"统一包办"的模式。从建设融资上看，就是由国家财政全额负担公共体育场地设施的建设；而从管理模式上看，就是国家通过建立事业单位的形式，对各公共体育场馆进行管理。这种由上至下的管理模式决定了功能性体育的发展方向。这样的情况一直持续到改革开放时期。1978年，全国体育工作会议提出大力发展体育运动，把我国建设为世界上体育发达的国家之一的目标。这样的改革目标也造成了竞技体育"举国体制"的诞生，在这样的体制下，竞技体育的发展需要大量的资金投入，而作为发展竞技体育基础的公共体育场馆建设自然就成为资金的主要流入方向。"社会办体育"的发展思路在这一时期也应运而生。"社会办体育"要求的就是公共体育场馆能够自负盈亏。在原有的"国家办体育"的背景下，成本问题一直依靠财政补贴解决，成本在现在的模式下如何控制，又如何通过多渠道创收是体育场馆当下面临的重大问题，这就是路径依赖的现实体现。

虽然经历了从国家包办到社会共办的过程，但政策的实行模式没有变，对体育进行干预的管理模式没有变。政策的实行过程可以简单地归纳为中央出台规范性文件督促各部委，各部委又出台文件督促各地方部委，再由各地方部委切实解决问题的形式。场馆基建采用这样的形式可以使得政策上行下效，有执行效力。这样的政策制定过程本身就是青少年体育活动促进过程中的路径依赖。这样的政策制定过程并非无可取之处，但也并非可以在任何方面一以贯之，尤其在青少年体育组织的治理上就有不合适之处。

这样的路径依赖导致了青少年体育组织和赛事的治理过程经常出现"一批人马、多块牌子"的问题，政府有关部门不得不同时承担社会组织应当承担的责任。即便是在信息高速流通的今天，政策制定者对于底层基础和计划的执行情况的了解度也不高，对于已经制定的计划、已经提出的意见，往往难以找到适合的方式准确衡量执行效力。因为"船大难掉头"的问题，政策的临时调整完全取决于地方有关部门，这就导致政策的制定和执行在一定程度上割裂开来。考虑到财政负担、人口基数等，这样的制度设计是我国所最应采取的，而这种割裂是实行我国社会制度的必然选择，这只是制度的一种弊端。没有不存在弊端的制度，但没有不可以减缓的弊端。在体育组织管理的问题上，我们需要跳出路径依赖，向自下而上的体育制度转型，从而进一步促进青少年体育发展。

在未来，我国发展不应完全抛弃原有路径，走改旗易帜的邪路，也不能墨守成规，走封建僵化的老路，要在路径中有缺陷的地方求新求变。而这种变革也要尽量不搞大飞跃，直接跳脱固有路径，更应当先自上而下完善立法，健全监督机制，不断鼓励自下而上建立有发言权的青少年社会体育协会，走自下而上的发展道路。在改革中，对各个集团利益进行制约，坚持走社会主义市场经济道路。最终完善立法、创新制度，填补组织空白，使我国青少年体育活动促进的新动力发光发热。

## 二、青少年体育活动促进制度间接主体

在进行政策制定时，必须广纳意见，充分考虑体育科研领域的专业影响与社会体育文化的深层次作用。关于社会体育文化的作用，将在制度环境部分进行深入讨论。本节重点分析体育科研在政策制定过程中的专业影响。体育科研在推动青少年体育活动方面发挥着重要作用。目前，我国体育科研正处于快速发展期。青少年体育研究数量持续增加，涉及体育场馆管理、体育组织管理、运动训练等多个领域，科学技术和人文管理技术取得了显著进步。根据中国知网各年份发表论文数量统计（图4-1），青少年体育研究呈现逐年上升趋势，2017年达到顶峰。目前，青少年体育研究的热点领域包括青少年体育俱乐部和青少年体育活动，研究内容涉及运动训练、基础设施、经营管理等多个方面，引起了体育领域学者的广泛关注。

与此同时，体育领域的相关研究亦取得了显著进展。在体育场馆管理方面，研究重点已经从治理层面转向了更为微观的运营管理，这一转变不仅反映了时代特征，也展现了我国社会主义市场经济体制下的发展轨迹，标志着体育场馆研究领域正向良性方向发展。在体育组织管理层面，研究正越来越多地关注组织的价值、经营目标以及绩效评估方法。展望未来，在这一研究体系

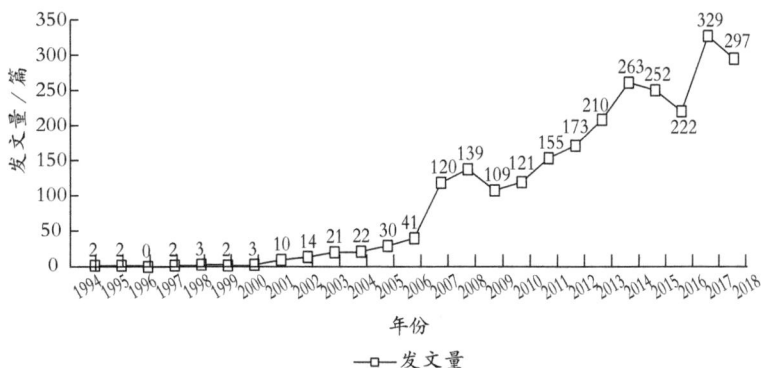

图4-1　中国知网上的青少年体育相关研究论文发表统计

的指导下，建立的青少年体育组织评价机制将被有效地应用于推动青少年体育活动计划的实施。同时，我国前沿的运动训练理念和技术，以及更为高效的训练设备，已经在一些体育院校得到实施，为青少年的运动训练提供了坚实的技术支持。

《青少年体育活动促进计划》明确提出，"系统开展青少年科学健身理论与方法、场地设施和运动器材等方面的研究。普遍开展青少年科学健身普及与推广活动，青少年科学健身水平切实提高"。这作为未来青少年体育科学创新的重要目标，青少年科学健身、场地设施和运动器材等方面的研究在青少年体育活动促进中都起到重要的作用。

一方面，科技创新为制度的实施提供了坚实的保障。特别是体育教学和训练方法的研究，对青少年体质健康良性发展起到重要的直接保障作用。以考核标准（青少年身体素质）为导向的教学训练机制，形成了青少年体育活动促进的科研创新传导链条。科研创新作为制度的重要保障机制，本身也具有制度的属性，因此应当将其作为广义的制度体系来进一步认识。此外，场地设施与人员培训相关的科研创新也为青少年体育活动促进制度保障机制的建立提供了助力，成为青少年体质健康发展的间接保障。场地设施的进一步完备、健身方法的进一步升级都与青少年体育活动促进息息相关。

另一方面，科技创新能够提升我国体育综合实力。关键技术是国家的重要资产，体育领域的关键技术也不例外。青少年体育除保障青少年体质健康的主要职能外，也承担着为我国竞技体育事业输送人才的重要任务。运动技术的持续研究、运动器材科技的不断发展对我国竞技体育实力起到重要的推动作用，青少年体育的培养体系对竞技体育起到了人员保障的重要作用。因此，青少年体育领域的科研直接制约了人才输送的质量，这一输送链条同样对制度的建立产生重要影响。在进行制度设计时，必须考虑到竞技体育人才的需求和缺口，这自然包括青少年体育活动促进制度。

青少年体育活动促进制度和青少年体育相关的科技创新是相互联系、相互制约的关系，青少年体育活动促进制度以科研创新为前提和保障，科研创新又依赖青少年体育活动促进制度的支持。在未来，应当加强政企合作，建立体育产业创新创业教育平台及奖励机制，通过多种途径不断增强青少年体育活动促进领域的创新科研。在相互联系、相互制约的关系中探索形成良性循环，以制度带科研，以科研立制度。

## 三、青少年体育活动促进制度主体关系

不同的社会文化会产生不同的制度制定体系，区别不同制度制定体系的标志是制度制定主体间的关系体系。制度制定主体间的关系体系包含直接主体间的关系、间接主体间的关系和直接主体与间接主体间的关系。当前我国青少年体育活动促进领域以学校体育政策为主体。政策制定中涉及的直接主体包括教育行政部门、体育行政部门、民政部门等。学者张文鹏等曾对1949—2013年学校体育政策制定的主体做了统计，发现教育部颁布的学校体育政策占政策总量的51.8%，国家体育总局颁布的学校体育政策占政策总量的16.1%，教育部、国家体育总局和共青团中央联合颁布的学校体育政策占政策总量的10.2%，多部门联合发布的学校体育政策占政策总量的9.4%，其他的占12.5%[1]。从这一数据可

---

[1] 张文鹏，王健. 新中国成立以来学校体育政策的演进：基于政策文本的研究 [J]. 体育科学，2015，35（2）：14—23.

以看出在学校体育促进领域中，青少年体育活动促进制度的制定直接主体为教育行政部门，体育行政部门出台政策较少，直接部门间呈现以体辅教的关系。

政策数量并不等同于政策效力，但从政策数量中可以看出政策出台部门中直接主体的比例，进而推定直接主体联系。当前我国青少年体育活动促进制度的制定直接主体形成了以教育行政部门为主的形势。在这样的形势下，青少年体育活动促进工作伴随青少年学校教育工作展开，学校体育方面由教育行政部门牵头。这样的直接主体关系在以学校体育为青少年体育活动促进制度执行主战场的我国有一定的优势，但也存在不足之处。刘斌、曹婧[1]认为，出台政策的有关部门中由于缺少掌握人力、物力资源配置的人力资源和社会保障部，财政部和综合性最强的国家发展改革委等部门参与或共同参与，这就造成了当前政策执行效力不强、法律地位低的问题，直接导致了当前青少年体育活动促进制度执行效力不高，特别是对青少年体育活动文化的养成性不强，青少年难以形成终身体育观。这在一定程度上制约了当前我国青少年体育活动促进工作的开展。在未来应当建立体育行政部门牵头、多部门协同，综合、资源部门介入的直接主体关系体系。体育行政部门牵头可以有效避免教育行政部门与促进工作利益相悖、政策失灵的问题，而多部门协同可以有效提升政策法律效力，综合、资源部门介入可以让政策落到实处。

由于历史原因和我国体育发展的必然需求，在过去的一段时间内，我国采用的是以正式制度为主体制度，通过制度影响力建立非正式制度的制度建立路径。在这样的路径下，青少年体育活动促进制度直接主体在制度制定过程中占据主体地位，起支配作用。这样的形式带来了制度制定和执行的高效性，避免了在文化环境尚未形成的社会环境下，间接主体构建非正式制度的失灵问题。在当前，我国社会经济高速发展，伴随而来的是人民对于体育产生了更深的认识，体育参与人口和健身人数都在逐年增加，这样的直接主体支配政策制定的直接主体与间接主体间的关系体系容易产生因政府失灵造成的效率低下问题。政府

---

[1]　刘斌，曹婧. 我国学校体育治理存在的问题及解决路径 [J]. 体育成人教育学刊，2019，35（2）：10-16.

作为制度制定主体，很难因地制宜地解决问题，下达的制度需要下级政府进行制度的本土化和具体施行方案的拟订，不同地方容易形成参差不齐的政策执行情况。反馈机制不明朗，容易形成高层政府信息获取偏差等问题。我国有关部门已经意识到了这样的状况，因而采取了放权社会组织的举措。体育行政部门正在通过购买青少年体育公共服务的形式进行职能转移、简政放权，并采取公共体育场馆免费或低费对外开放、大力鼓励青少年体育俱乐部等营利性质的青少年体育组织等措施，增强社会体育组织在全社会的认知程度。在未来，直接主体和间接主体间将逐步形成协同关系。作为直接主体的政府将从家长的角色进一步向守夜人的角色靠拢，最大化利用社会和市场的力量，进行青少年体育活动促进的自主化、市场化。

当前，我国青少年体育活动促进间接主体关系呈现了与直接主体关系体系相适应的情况。学校在青少年体育活动促进制度间接主体中占主要地位。陈雁飞、胡峰光、代浩然对北京市市区和郊区的学生及家长进行了调查，并得出了父母、同学、学校的体育态度对青少年体育态度的影响较大，而社会对其不存在明显的影响[1]。在北京这座首都城市，社会体育活动的发展较为兴盛。在这样的背景下进行调查，得出了我国青少年体育活动促进主战场仍然停留在学校体育的结论，存在一定的推广性。间接主体呈现以学校为中心、以家庭为中转站，作用于学生的关系体系，而社会体育在这一关系体系中并没有占据主导地位。其实这是由我国一直以来实行的文体互促的政策体系所决定的。学校体育在承担激励机制的同时，也使体育成了选拔机制的一部分。在这样的机制下，体育教育需要配合学校的人才培养方向，而家长需要配合学校人才培养的大方向，因此对体育的干预并不广泛。另外，受到"高考至上"的教育观念影响，能够让孩子参与社会体育的家庭本就不多，参加家庭里家长的影响作用又大于社会组织。这就导致了当前社会组织在体育活动促进过程中的作用相对较小。这样的体系容易导致体育工具论的出现，而不利于培养青少年终身参

[1] 陈雁飞，胡峰光，代浩然. 中小学生的体育态度、行为与家长体育素养的调查与分析 [J]. 安徽体育科技，2005（2）：92-94.

与体育的观念，因此亟待改进。未来，随着直接主体关系及直接主体与间接主体之间关系的变革，社会体育组织将会逐渐进入人们的视野，真正的社会办体育的时代终将到来。

## 第三节　制度客体制约因素分析

### 一、青少年身体素质

身体素质是青少年体育活动促进制度设计的重要关注点，学生身体素质是青少年身体素质提升的重要一环，也是相对容易把控的一环。认清我国青少年身体素质情况仍待提升的基本国情，在此基础上，不断改善评价机制、因地制宜地开展适当的体育活动，并将学生体质健康作为青少年体育活动促进制度的出发点和落脚点，是当前我国青少年体育活动促进制度制定的重要考量。

我国青少年身体素质情况仍待提高的基本国情对青少年体育活动促进制度的监测机制、教学机制的构建产生了深远影响。以考核机制为例，当前学校的体育考核项目中，部分项目完成难度过大，导致在一些地区有超过半数的学生无法合格，甚至出现 0 分的情况；而另一些项目的难度又过小，导致学生的满分率极高，难以实现有效的区分。这样的考核项目制度的制定，未能充分考虑到我国青少年身体素质对制度制定的制约。在制定考评机制时，要了解参与考核的学生的身体素质情况、期望成绩，不断根据学生的实际表现情况对考核机制进行适当调整。

青少年身体素质情况不仅对考评制度产生制约，而且影响了青少年体育活动促进制度的制定方向。简言之，各地应当对青少年身体素质进行定期检测，并根据检测结果有的放矢、因地制宜地制定青少年体育活动促进制度。肥胖率较高的城市应当通过增加青少年日常体育活动强度解决肥胖问题，近视率较高的地方应当考虑减轻学生的学业负担或通过普及眼保健知识，严格把控眼保健操的执行。青少年身体素质是青少年体育活动促进制度的出发点，也是制定相关执行配套制度的指南针。各地还应出台严格的管理机制，落实《青少年体育活动促进计划》中对身体素质的相关要求，确保实现"体育课时切实保障，每天锻炼1小时严格落实，课外体育活动广泛开展，青少年体育技能培训质量与效益持续提升，基本实现青少年熟练掌握1项运动技能，学生体质健康标准优良率达到25%以上"的目标。

综上所述，青少年身体素质状况制约了青少年体育活动促进制度的制定和执行，因此需要出台相应的配套政策，并定期监测青少年身体素质，以评估制度的执行效果，从而确保制度能够满足"健康中国"战略对青少年身体素质强度方面的要求。作为政策制定者，要时刻坚持以"健康中国"战略为本，以《青少年体育活动促进计划》为要，以民族未来为己任。

## 二、社会体育文化

社会体育文化是《青少年体育活动促进计划》规定的重点工作内容之一，当前社会体育文化环境也是对青少年体育活动促进制度产生重要制约的因素之一。《青少年体育活动促进计划》针对社会体育文化提出了以下3点要求：第一，弘扬体育精神。在青少年中大力弘扬以爱国主义为核心的中华体育精神，开展奥林匹克文化教育，传承和推广民族传统体育，推进运动项目文化建设。第二，传播体育文化。各级体育、教育行政部门应鼓励青少年积极参与不同层次和形式的体育文化交流活动。鼓励优秀运动员、教练员等走进校园、社区，普及运动项目知识，讲解运动项目规则和标准，宣传运动项目文化、体育赛事文化和体育礼仪文化。第三，营造体育文化氛围。各地应充分利用报刊、电视和网络等渠道，加大青少年体育宣传力度，营造全社会关心、重视和支持青少年体育的良好舆论氛围；扶持青少年体育影视和体育文学作品创作；鼓励家长积极参与青少年体育文化活动，培养家庭体育文化，营造体育锻炼氛围。为进一步加大青少年体育宣传力度，通过体育促进德育、美育的培育养成，第一步就是要让青少年能够形成终身体育观念，让青少年能够爱上体育，形成体育是自身进行正常生活所需事物的思想，从而在这样的思想下自主自觉地参与体育活动，锻炼体魄，增强体能。第二步是通过体育进行引导，让青少年接触体育文化，感受体育文化中的拼搏精神，了解体育中的传统文化、体育历史等，促进青少年德智体美劳全面发展。

在政策层面上，有关部门对青少年体育发展给予了高度关注，但青少年体育活动促进需要社会各界的共同努力，特别是青少年的监护人对青少年体育观念的影响和青少年社群中对体育的认识，都对青少年体育活动促进产生着重要的影响。当前我国呈现人口老龄化趋势，为延缓老龄化带来的影响，我国从2016年开始实施全面两孩政策，14岁以下人口占总人口比重呈现逐年上升趋势（图4-2）。青少年，特别是低龄儿童人口呈现井喷式上升。在这样的背景下，下一代青少年的健康成长成为当前社会各界都应当关注的问题。社会各界也对青少年体质健康工作表现出了极大的热情。在这样的时代背景下，《"健康中国2030"规划纲要》出台，《青少年体育活动促进计划》制订，这足以体现青少年体育受到了足够的重视。

热力指数是对被搜索的热力词在指数对应的站点指定时间内的出现频次进行统计得出的指数。热力指数间的差别在于其选取的搜索库不同。例如，微信指数的计算范围只包含微信搜索、公众号文章及朋友圈公开转发的文章，而百

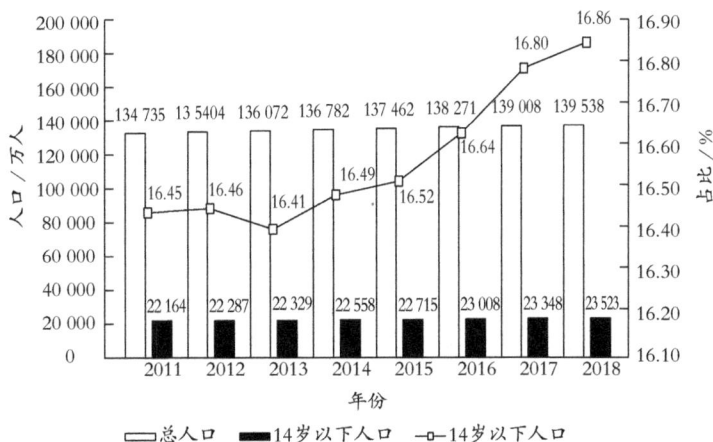

图4-2　我国14岁以下人口数量及占比

度指数则覆盖了百度搜索引擎的全部范围。热力指数是当前我国青少年体育社会关注情况的重要缩影，是衡量我国青少年体育活动受关注程度的一个重要指标。百度指数通过网页搜索频次来量化社会各界对青少年体育的关注程度，而微信指数则更深入地探究了网民对青少年体育活动的态度，提供了有力的参考信息。在选择热力指数类型时，考虑到影响力、数据量、推广度等诸多因素，本书主要采用百度指数的需求图谱进行深入分析。

通过百度指数官方网站提供的数据，我们可以设定关键词，对关键词之间的关联程度和热力指数进行分析。例如，设定关键词为"体育""青少年""体质"，我们可以观察和对比关键词之间的关联程度和热力指数，从而了解社会各界对青少年体育活动的整体态度和印象。在关键词选择上，本节从宏观角度出发，选取了较为宽泛的关键词，并观察这些关键词与青少年相关关键词的关联程度。

首先，学生体质健康是青少年体育活动促进的重要目标，也是《青少年体育活动促进计划》的主要目标。而"健康"作为政策目标本身，其受关注程度决定了青少年体育健康受关注程度的上限。这一理论有较强的内在逻辑，关注青少年健康的群众也势必会关注健康，关注健康的群众却未必对体育有所关心，也就更未必对青少年体育有所关心。政策的成因是"健康中国"战略，因而需要将健康与青少年进行关联分析。尽管这种比较分析缺乏绝对数据支持，但我们可以通过比较"健康"和"体质"这两个关键词的受关注程度来获取更多信息（图4-3、表4-1）。

表4-1 "体质"与"健康"百度指数对比

| 关键词 | 整体日均值/次 | 移动日均值/次 | 整体同比/% | 整体环比/% | 移动同比/% | 移动环比/% |
|---|---|---|---|---|---|---|
| 体质 | 476 | 334 | -7 | -15 | -14 | -18 |
| 健康 | 2 051 | 1 602 | -13 | -19 | -2 | -18 |

图4-3显示，与"体育"相比，"体质"和"健康"受关注程度较低，当前的整体日关注量仅为476次和2 051次。与"体育"相比，"体质"和"健康"

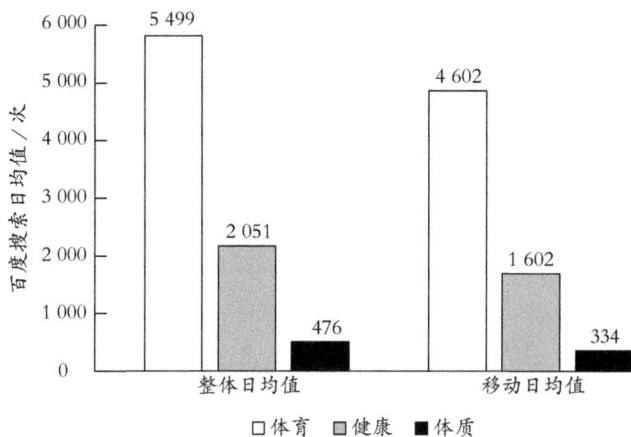

图 4-3　关键词对比图

的热力指数较低，说明当前"体质"和"健康"并非我国网民在体育领域关注的重点。因而，本书进行探讨的前提是健康的绝对受关注程度较低，在未来需要增强对健康的进一步关注。即便如此，由于关联性的强弱可以反映青少年体育随健康事业发展的动力强弱，可以认为研究青少年相关关键词与健康相关关键词的关联程度对研究社会对青少年体育的整体看法有较大的意义。

当关键词设定为"体育"时，可以观察到"网易体育""腾讯体育新闻""学校体育"等关键词关联程度较高（图 4-4）。学校体育作为当前我国青少年体育活动的重要组成部分，在"体育"这一关键词中处于强关联位置，与各大互联网公司的体育板块并列。2020 年 8 月《关于深化体教融合　促进青少年健康发展的意见》及 2021 年 7 月《关于进一步减轻义务教育阶段学生作业负担和校外培训负担的意见》两项政策性文件的出台使社会各界开始高度关注青少年体育教育，学校体育受到了高度重视。这种现象揭示了在政策的推动下，青少年体育活动已经成为社会关注的焦点。然而，这也反映出我国在推动青少年体育活动的过程中，存在一定程度的功利性。达成学校考核目标，助力学生群体升学成为青少年参与体育活动的首要动因。体教融合改革将体育划入升学考试的考核项目，在这样的文化环境下，青少年的体育活动目标得以实现，但并未从根本上改善我国青少年体育活动促进文化环境。在青少年体育活动促进文化的功利主义驱动下，家长和青少年群体的体育活动参与决策具有短视性，不利于青少年群体终身体育观的形成，甚至使部分青少年群体对体育活动产生抵触情绪，从而制约了我国青少年体育活动促进事业的发展。

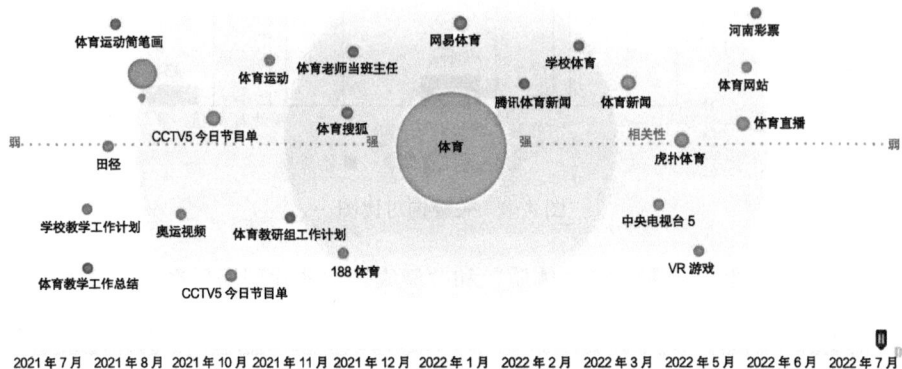

图 4-4  "体育"百度指数需求图谱

通过设定"体质"为关键词来观察需求状况，可以进一步印证上述观点（图4-5）。将关键词设定为"体质"来观察关联情况，可以看出，与"体质"关联程度较高的关键词为"学生体质健康网"等。这表明青少年体质健康受到了社会各界的关注。然而，从关键词的关联程度和热力指数大小的情况看，社会各界对青少年体质健康的关注有一定的功利主义色彩。在我国青少年教育体系中，青少年体质健康教育并非主流，相比智育，体育的关注程度较低。从需求图谱中学生体质健康网相关关键词的频频出现也可以看出这一点。相比青少年提升体质的途径，家长、学校及青少年本身更在意相关权威网站的评价。由此可以看出，青少年体育受到各界的广泛关注，但这样的关注并不利于青少年终身体育观的形成，对激发青少年参与体育活动的积极性、促进其长期体育习惯的养成，可能不会产生我们所期望的效果。

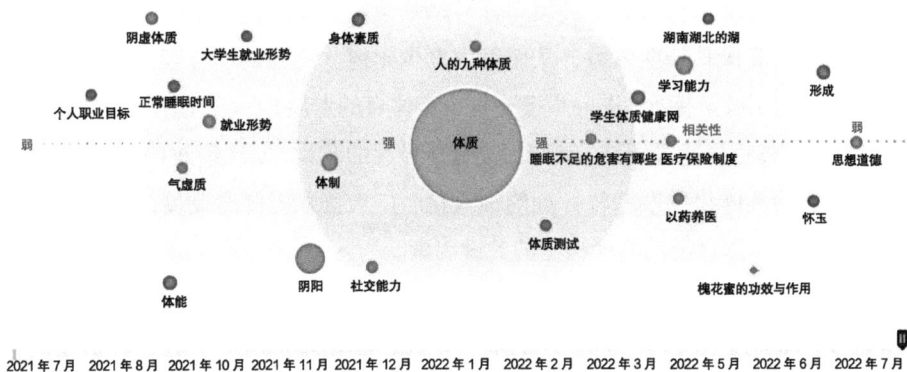

图 4-5 "体质"百度指数需求图谱

通过设定"健康"为关键词来观察需求状况，可以获得更多的结论。体质与健康是密不可分的，若以增强体质、促进健康为目的的搜索占多数，二者的相关性趋势应当相同或相似。然而，在以"健康"为关键词的百度指数需求图谱（图 4-6）中，"学生"等与青少年相关的关键词处于弱相关位置。从需求图谱的对比结果看，在青少年体育方面，因体质健康测试达标而产生的对青少年体育的关注度显著高于因学生体质健康而产生的对青少年体育的关注度。

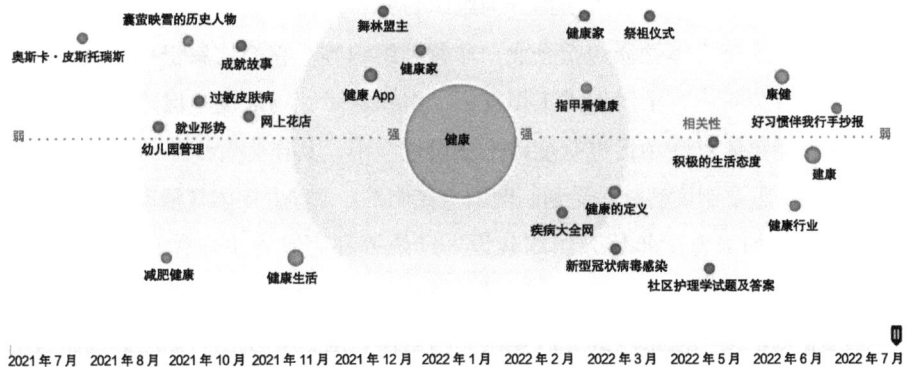

图 4-6 "健康"百度指数需求图谱

综上所述，我国网民对政策具有较高的敏感度，并且能够积极响应相关政策。因此，在制定政策时，必须充分考虑政策对民众的直接影响，深入研究政策制度，以确保其长期效益，从而助力青少年树立正确的体育观念。同时，我们应充分利用政策标准，进一步推动青少年体育的发展，在场馆建设、人才培养、组织建设、体育科研等领域，制定出具有指导性的政策，实现绩效评价的严格化、制度制定的具体化以及考核标准的细致化。广大群众对体育制度的积极响应，是推动青少年体育活动制度构建的关键因素。

从上述分析可以看出，我国的体育文化教育仍处于终身体育观念形成的关键阶段，即通过引导青少年参与体育活动，以成绩推动参与，以参与促进发展。在这一阶段，政策的制定必须考虑到其适宜性，考核指标和成绩评价机制的合理性，这些都将对政策的实施效果产生深远影响。然而，仅仅实现"两步走"战略的第一步是远远不够的。根据《青少年体育活动促进计划》中提出的未来发展目标，以体育推动全面发展的第二步才是我们未来工作的重点。因此，政策制定也应支持这一文化建设战略，加速第一步的实施，深入研究第二步的实施标准。

## 三、社会组织

青少年体育活动促进工作的承接主体，指承接青少年体育活动工作，以促进青少年身心健康及综合素质提升为组织目标、使命及愿景的社会组织。青少年体育活动承接主体性质包括企业、非营利组织等，它们均属于社会组织。这类组织为青少年体育活动促进工作提供了组织保障、场地设施保障和相应指导等。在青少年体育活动促进制度体系建设过程中，其作为青少年体育活动促进制度体系的重要制度客体，受到制度的直接制约。《青少年体育活动促进计划》中提出的"加强青少年体育组织建设""统筹和完善青少年体育活动场地设施""强化青少年运动技能培训"等任务都与承接青少年体育活动的社会组织密不可分，承接主体直接成为政策制约的客体。通过对承接主体的制约，有关部门能间接影响社会体育市场环境，从而对青少年体育活动参与者及家长产生影响。可以说，承接主体是青少年体育活动促进中的重要中转站。

为了解当前我国社会组织对青少年体育促进活动的参与情况，我们采取问卷调查法，对青少年的家长、企业及青少年进行了问卷调查。调查发现，接受调查的青少年体育活动促进工作承接主体以企业为主，其中私营企业占到受调查企业总数的50.7%，而国有企业占24.5%。在非营利组织中，事业单位占比最大，为9.9%。在青少年体育活动承接主体从事青少年体育活动方面，调查的企业中多数企业偶尔进行青少年体育服务工作，占到总体的43.26%。根据分区域调查的结果，华北地区有30.77%的受调查单位从不从事青少年体育服务，为全国最多的一个区域（表4-2）。承接主体从事青少年体育服务的情况代表了当地企业对青少年体育活动促进工作的认识。受调查单位中，以企业居多，在华北地区，存在地域经济两极化分布的状况。在经济较为发达的城市，企业考虑到投资回报率及预期收益，未能将资本投入青少年体育活动促进领域；而经济欠发达地区由于其经济发展较为落后，还未能完成产业结构转型，体育产业占大比例的第三产业经济体系还未形成，导致承接主体从事青少年体育服务的数量较少。虽然有其必然性，但各区域从事青少年体育服务的情况仍然说明了当前青少年体育活动促进工作中存在区域差距。从调查结果可以看出，东北、西北两地已经形成了量级较大的青少年体育服务市场缺口，将是未来青少年体育活动促进工作的主战场。

表4-2　承接主体从事青少年体育服务和承接主体所在地区交叉表　单位：%

| 承接主体所在区域 | 承接主体从事青少年体育服务情况 | | | | 区域合计总占比 |
|---|---|---|---|---|---|
| | 经常 | 偶尔 | 从不 | 不清楚 | |
| 华东 | 14.22 | 44.02 | 29.12 | 12.64 | 32.48 |
| 华北 | 19.23 | 36.22 | 30.77 | 13.78 | 22.87 |
| 华中 | 20.21 | 40.43 | 28.72 | 10.64 | 6.89 |
| 华南 | 19.37 | 46.40 | 24.77 | 9.46 | 16.28 |

| 承接主体所在区域 | 承接主体从事青少年体育服务情况 | | | | 区域合计总占比 |
|---|---|---|---|---|---|
| | 经常 | 偶尔 | 从不 | 不清楚 | |
| 西南 | 23.70 | 46.67 | 22.96 | 6.67 | 9.90 |
| 西北 | 18.18 | 48.48 | 22.73 | 10.61 | 4.84 |
| 东北 | 21.74 | 50.00 | 15.22 | 13.04 | 6.74 |
| 服务情况总占比 | 18.26 | 43.26 | 26.91 | 11.57 | 100 |

　　调查问卷还对承接主体组织过的青少年体育活动类型进行了调研（图4-7），根据调查，承接主体中有24.6%曾举办过社会青少年体育比赛，而组织过国际青少年体育活动交流的组织仅占7.6%。赛事已逐步成为推动青少年体育活动促进工作的重要载体，这是由于赛事独有的易于操作、影响力大的特

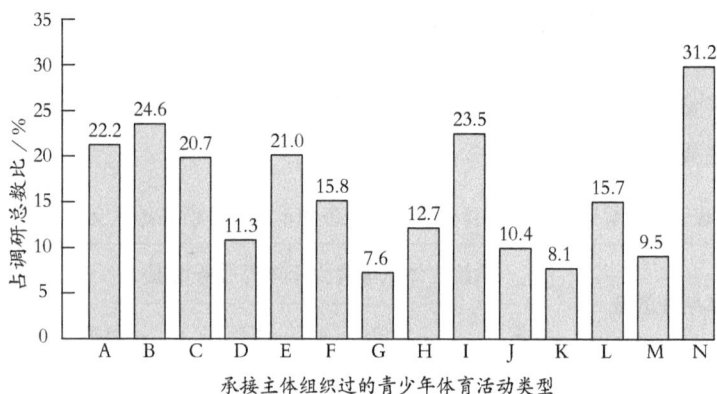

图4-7　承接主体组织过的青少年体育活动类型

　　注：A.举办青少年运动技能培训；B.举办社会青少年体育比赛；C.举办校际青少年体育比赛；D.举办青少年运动技能等级评定；E.举办青少年体育冬令营、夏令营；F.组建青少年体育组织（如协会、俱乐部等）；G.组织国际青少年体育活动交流；H.组织国内青少年体育活动交流；I.举办社区青少年体育活动、比赛；J.承接政府购买青少年体育活动服务；K.参与制定青少年体育政策；L.拍摄青少年体育活动专题片；M.创建青少年体育活动杂志、期刊、网站；N.其他。

征。在《体育法》正式实施之前，青少年体育活动促进已被反复提及。然而，直到《"健康中国 2030"规划纲要》的发布和《青少年体育活动促进计划》的推出，青少年体育活动促进才真正开始受到政府及社会各界的关注，并被正式提上议事日程。可以说，体育活动促进工作在我国仍处于起步阶段。在这一阶段，各类促进主体需要先获得外界的认可，通过组织相关活动来吸引社会各界的关注，以扩大自身体育活动促进工作的辐射范围并提高工作成效。除赛事类活动外，技能培训、夏令营和冬令营等也受到了众多承接主体的青睐。这是因为这类活动目前更能创造收益，同时具有显著的宣传效果。这类活动的举办反映出当前我国青少年体育活动促进工作承接主体正在逐步形成成本收益意识，不再局限于"等、靠、要"，而是开始通过自我维持来获取体育活动促进工作的资金。

### 四、家长

青少年家长是青少年体育活动促进制度体系的末端，是青少年体育活动促进制度体系的最终影响群体。青少年体质健康和综合素质的全面提升，是青少年体育活动促进制度的最终目标。家长作为与青少年联系最紧密的人群，能够构建青少年所处的家庭环境，并以此影响青少年的价值观，对青少年形成终身体育观有较为重大的作用。青少年家长对青少年体育活动的影响来源于需求端，是拉动青少年体育活动促进相关产业产出的重要环节，也是青少年体育活动促进工作的出发点和最终目的。

调查结果显示，目前在我国青少年家长群体中，有 38.29% 的家长每周能抽出 1~< 3 小时进行体育锻炼，而 29.71% 的家长运动时间能达到 3~< 5 小时（表 4-3）。这一数据从侧面反映出我国体育文化在家长这一特殊群体中的传播趋势，家长已经开始在高强度的工作和纷杂的家庭生活中，通过运动来健身和舒缓压力。另外，家长每周普遍有 1 或 2 次能够陪孩子进行体育活动，尤其是那些每周锻炼 1~< 3 小时的家长，有 66.10% 的家长愿意每周 1 或 2 次陪孩子进行体育活动。这说明我国的家长和青少年已经形成了青少年体育消费行为的

基础。这一需求端的表现，为我国青少年体育活动促进工作奠定了良好的基础。

表4-3　家长业余时间每周体育活动时长及每周和孩子一起进行体育活动的次数交叉表 单位：%

| 时间 | 没有 | 每周<br>1或2次 | 每周<br>3或4次 | 每天1次 | 每天2次及以上 | 时长总计 |
|---|---|---|---|---|---|---|
| ＜1小时 | 51.72 | 43.68 | 3.45 | 1.15 | 0.00 | 8.29 |
| 1～＜3小时 | 15.17 | 74.13 | 10.20 | 0.50 | 0.00 | 38.29 |
| 3～＜5小时 | 9.29 | 68.59 | 19.55 | 2.56 | 0.00 | 29.71 |
| 5～＜7小时 | 6.59 | 59.89 | 28.02 | 5.49 | 0.00 | 17.33 |
| ≥7小时 | 10.94 | 54.69 | 26.56 | 6.25 | 1.56 | 6.38 |
| 次数总计 | 14.95 | 66.10 | 16.48 | 2.37 | 0.10 | 100 |

　　家长对于陪伴孩子进行日常体育活动已经产生了一定的需求，有家长的陪伴，青少年参与体育活动的质量有了保障，开始逐步形成健康向上的体育观。对青少年参与体育活动的调查印证了这一观点。经调查，有86%以上的青少年认为参与校外体育锻炼比较重要或非常重要。然而，在提及对学校体育满意程度时，非常满意和比较满意的青少年约占60%（表4-4）。学校体育是青少年参与体育活动的重要组成部分，学校体育满意度不高说明当前青少年体育教育尚未完全形成以培养终身体育观为目标的教学理念，导致未能在学校阶段有效培养青少年对体育文化的理解和热爱。

表4-4　青少年对课外体育锻炼重要性和学校体育满意度交叉表　单位：%

| 满意度 | 非常重要 | 比较重要 | 一般重要 | 不太重要 | 根本不重要 | 满意度总计 |
|---|---|---|---|---|---|---|
| 非常满意 | 78.07 | 17.11 | 3.74 | 0.53 | 0.53 | 18.16 |
| 比较满意 | 40.05 | 50.11 | 9.15 | 0.69 | 0.00 | 42.43 |
| 一般满意 | 33.78 | 42.23 | 21.62 | 2.03 | 0.34 | 28.74 |
| 不太满意 | 41.03 | 42.31 | 14.10 | 2.56 | 0.00 | 7.56 |

续表

| 满意度 | 非常重要 | 比较重要 | 一般重要 | 不太重要 | 根本不重要 | 满意度总计 |
|---|---|---|---|---|---|---|
| 根本不满意 | 65.63 | 18.75 | 9.38 | 3.13 | 3.13 | 3.11 |
| 重要性总计 | 46.02 | 40.29 | 12.14 | 1.26 | 0.29 | 100.00 |

　　在参与体育活动时，青少年更加关注其对身体健康素质的提升作用，并且希望体育活动能够帮助他们掌握新的运动技能，增加生活趣味（图4-8）。但与此同时，青少年对体育的社交功能认识不足，这代表着体育在当前青少年的社

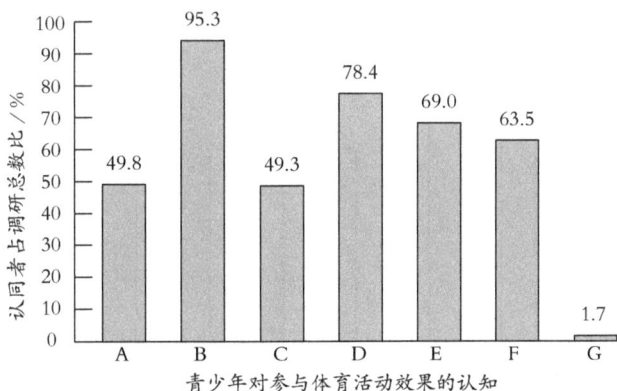

图 4-8　青少年对参与体育活动效果的认知

注：A.提高学习效率；B.提升身体素质；C.增强社交能力；D.掌握运动技能；E.增加生活趣味；F.提升心理健康；G.其他。

交生活中并未占据主导地位。青少年体育文化还未完全形成。实际上，青少年对体育活动效果的问卷调查结果并不能真实反映青少年潜意识中对体育功能的认知。受青少年的社会经验、阅历等因素的影响，结果也许会有偏差。但问卷结果表明，在多种因素的影响下，青少年显性地认为体质健康是体育锻炼的结果。在制度体系构建过程中，青少年的体育态度将产生较大的影响，在一定程度上直接决定政策实施的大方向。因此，各政府有关部门和企业应当尝试在体质健康和运动技能掌握等方面对青少年参与体育活动进行有效的促进。

至于家长，他们更加关注青少年意志品质的锻炼（图4-9）。根据调查，我国有93%的家长更关注青少年成长中意志品质的锻炼，而关注青少年体格强健的家长仅有81.4%。可以肯定的是，对于家长而言，对青少年意志品质培养的重要性要远高于对青少年身体素质的提升。当前学校对青少年的体育文化教育有所欠缺，这将成为政策制定的重要制约因素。一方面，作为消费主体的家长的诉求并未得到实现，这将导致家长这一群体改变其消费倾向，减少体育消费，降低青少年体育产业发展动力；另一方面，在作为制度落脚点的青少年中，并未形成浓厚的体育文化氛围，这有悖于使青少年形成终身体育观的方针和促进青少年全面发展与综合素质提升的最终目标。

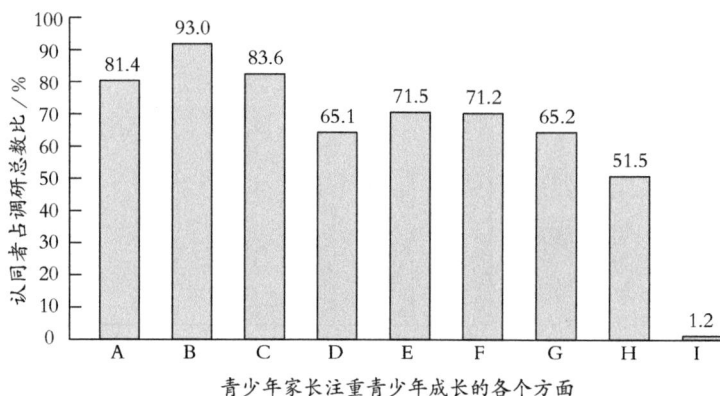

图4-9  青少年家长注重的青少年成长的情况

注：A.强身健体，预防疾病；B.锻炼意志品质（包括竞技精神、集体主义精神等）；C.养成健康的生活方式和生活习惯；D.提升智力水平和学习效率；E.增强孩子的生存和对抗能力、社交互动和适应能力；F.掌握一种运动技能；G.成为升学、留学、求职等的加分项；H.挖掘天赋，培养成职业运动员；I.其他。

## 第四节　制度环境制约因素分析

### 一、政策环境

青少年体育活动促进是我国青少年教育及国家体育发展的重要一环。与竞技体育、休闲体育等其他体育形式不同，青少年体育活动的促进不仅能够提升我国体育竞技水平，而且是对我国青少年体质健康的重要保障，对我国人民身体素质的整体提升具有重要作用。早在 2007 年，我国有关政策制定部门就发现了青少年体育活动时间不足，身体素质呈现下降趋势[1]。青少年体育活动意义深远，受到了有关部门的关注，自那时起，青少年体育活动促进成为我国体育、教育、卫生三大行业的重要课题。

青少年体育活动促进政策环境分析是青少年体育活动促进制度制约因素的重要分析点。青少年体育活动促进制度的出台必定受到已有政策的影响。而已有政策的出台思路，所执行的战略路径也是新制度的思路和战略路径，因此对青少年体育活动促进政策环境分析是对青少年体育活动促进制度制约因素分析的前提。

青少年体育活动促进在我国社会和谐发展过程中起到了重要的作用，它不仅为推进"健康中国"战略注入了源源不断的活力，更在深层次上为解决民生问题提供了坚实有力的支撑和保障。中国共产党第十九次全国代表大会上，习近平总书记的报告指出未来发展需要以"坚持在发展中保障和改善民生"为基本方略。而实施"健康中国"战略是"坚持在发展中保障和改善民生"的重要途径。"健康中国"战略是我国社会保障的重要战略，旨在为人民群众提供全方位全周期健康服务。2016 年，中共中央、国务院印发了《"健康中国 2030"规划纲要》，为"健康中国"战略规划了未来的发展路径和目标。《"健康中

---

[1]　李亚虎. 浅谈青少年学生身体素质的现状 [J]. 当代体育科技，2016，6（12）：91–92.

国 2030"规划纲要》第六章第四节提出应当促进重点人群体育活动，青少年也属于重点人群。《"健康中国 2030"规划纲要》还指出"实施青少年体育活动促进计划"，并对青少年体育活动促进的场地、组织、机关合作等各个方面的发展目标进行了规划。

《"健康中国 2030"规划纲要》提出的"青少年体育活动促进计划"已于 2017 年由国家体育总局、教育部、中央文明办、国家发展改革委、民政部、财政部、共青团中央七部门联合制订。《青少年体育活动促进计划》对青少年体育活动组织建设、人才培养、场馆设施建设维护、重点项目发展、教育培训增强、市场进一步完善给出了纲领性的推进方案。计划印发后,各地有关部门针对计划,因地制宜地出台了当地的配套实施性文件。

当前我国青少年体育活动促进政策有较强的导向性，青少年体育活动促进的中长期目标和宏观规划布局已经形成。党的十九大提出的纲领、《"健康中国 2030"规划纲要》提出的发展路线、《青少年体育活动促进计划》提出的短期发展规划形成了我国青少年体育活动促进政策链条。在链条以外，2007 年，《中共中央　国务院关于加强青少年体育增强青少年体质的意见》初步厘清各方责任，提出增强青少年体质健康、加强青少年体育工作的多项举措要求。2014 年《国务院关于加快发展体育产业促进体育消费的若干意见》提出了拓宽体育产业投融资渠道；加强创业孵化、校企合作，培养专业人才；社区需要为体育场地预留空间等发展目标，为青少年体育活动促进计划的成功实施提供了资金、人才、场地等多方保障。青少年体育活动促进在 2007 年后逐渐成为热点，出台政策较多，且政策影响力较大，当前青少年体育活动促进制度处于一个较热的政策环境当中。

在这样的政策环境下，青少年体育活动相关制度应当按照国家重要的发展战略——"健康中国"战略规定的主旨制定。在配合《青少年体育活动促进计划》的要求的同时，注重与其他政策的配套协同作用。利用各个部门对青少年体育工作的关注，体育行政部门应当与各个部门进行合作，共同出台相应政策，促进青少年体育活动促进制度的出台。此外，还应充分考虑政策的后续影响，在制定政策的同时，通过政策制定前的反复研究和思考决定政策制定的具体执行方案，并在政策制定后积极进行政策解读，制定配套政策，以使中央出台的政策精神成功传达给各地方，确保各地方能够因地制宜地执行政策。作为政策重点的青少年体育活动促进事业也是受政策制约很大的一个领域。在制定政策的过程中，对于社会各部门的福利要充分权衡，特别是对现有政策的优化方向要进行有意义且大胆的革新，而不是单纯地推翻重做。

### 二、社会环境

制度环境分析中的社会环境分析可以分为 3 个层面，分别为社会物理环境、社会组织环境和社会文化环境。具体到青少年体育活动促进的社会环境，即青少年体育场地设施建设、青少年参与体育活动的社会组织基础、青少年体育社会组织活动、青少年体育活动的培训人员。

（一）青少年体育场地设施建设

根据国家统计局给出的数据，我国体育场地数量呈现逐年上升的趋势（图4-10）。数据显示，截至 2017 年，我国体育场地数量已达 195.7 万个，且仍有继续上升的潜力。

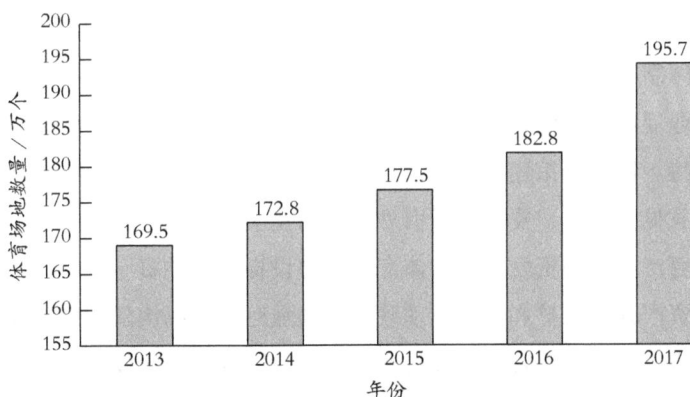

图 4-10　我国体育场地数量

同时，根据国家体育总局发布的最新数据，体育场馆产业规模也呈现逐年攀升的态势（图 4-11）。观察体育场馆服务行业与体育场馆建设行业的规模，均可见我国体育场馆产业规模正稳步扩大。但在产业结构方面，体育场馆服务行业与体育场馆建设行业之间的规模差距正逐年扩大，显示出体育场馆行业内部结构存在不协调问题，会影响其长远健康发展。

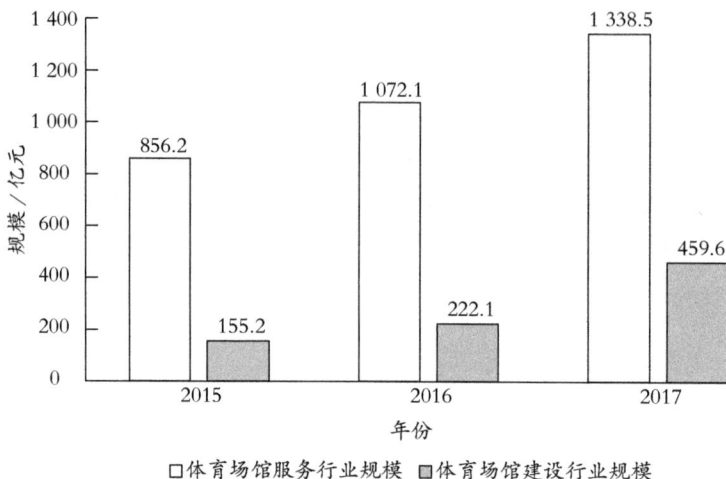

图 4-11　体育场馆产业规模

　　我国体育产业的发展经历了从计划经济下的体育事业到中国特色社会主义市场经济体制下的开放型体育产业的变革。2014 年出台的《国务院关于加快发展体育产业促进体育消费的若干意见》对体育场馆的建设和经营管理提供了政策上的支持。针对场馆建设方面，《国务院关于加快发展体育产业促进体育消费的若干意见》指出，要大力吸引外资，拓宽融资渠道，提倡采用多种融资形式拉动体育产业投融资发展，为体育场馆建设提供初始资金保障。同时，提出完善无形资产开发保护和创新驱动政策，加强对体育场馆的开发，校企联合成立科研机构，做好场馆管理相关科研工作，为体育场馆建设和运营的技术进步提供政策方面的支持。在用地方面，提出进行土地规划，将城市土地用于建设体育场馆，并提出在城镇土地使用税等有关税种的征收上对体育场馆进行优惠，拉动投资方建设体育场馆的热情，吸引资本，加快体育场馆建设和发展。
　　近年来，青少年体育场地设施的建设无论是在数量上还是在质量上都得到了巨大的提升。根据第六次全国体育场地普查办公室提供的数据，在我国现有的 169.46 万个体育场地中，中小学体育场地共有 58.49 万个，占全国体育场地总数的 34.51%；分布在广场、公园、居住小区（街道）、乡镇（村）和其他地点的体育场地约 84 万个，已经或可能在未来为青少年提供体育服务。

按场地所属单位性质分类，我国校外能够向青少年开放的场所主要有青少年专属体育场地（青少年校外体育活动中心、青少年户外体育活动营地、校外青少年体育俱乐部、少年宫、青少年校外活动中心），公共体育场馆，社区体育场地，公园、城市广场内的体育场地，社会单位对外开放的体育场地，等等。青少年体育活动场地设施数量呈现增加趋势，种类呈现多样化趋势，场地设施条件逐步完善，为青少年体育活动促进提供了重要的社会物理环境保障。

《青少年体育活动促进计划》中规定，"各市（地）建立 1 个以上青少年校外体育活动中心和青少年户外体育活动营地，各县（区）普遍设置专门的青少年校外体育场地设施。公共体育设施和有条件的学校体育设施向青少年开放"。这为未来我国青少年体育场地设施建设指明了发展方向。校外体育活动中心和青少年户外体育活动营地呈现逐年递增的态势。当前，体育场地设施能够承载青少年体育活动促进相关的职能需求，然而场地设施折旧费用和维护成本较高，当前场地设施营运情况不容乐观是青少年体育场地设施的基本状况。

在这样的物理环境保障条件下进行的青少年体育活动促进制度体系建立要充分考虑青少年体育场地设施的优势和不足，通过制度激发社会各界参与体育场馆经营的热情，吸引更多资金注入青少年体育场地设施行业，从而推动行业竞争格局的形成。借助竞争的力量，不断提升青少年体育场地设施服务规模和服务水平，以提高青少年体育场地设施社会效益。政策制定上要充分考虑私有场地的盈利模式，确保场地投资人能够获得稳定的经济收益。在追求社会效益的同时，也应兼顾经济效益的平衡。

（二）青少年参与体育活动的社会组织基础

青少年体育活动依托两种社会组织基础，分别是非正式的青少年体育组织和正式的青少年体育组织。非正式的青少年体育组织包括家庭、社群、班级等，这一类组织对我国青少年体育活动的促进作用在第二章和第九章予以论述，本章仅讨论正式的青少年体育组织。而正式的青少年体育组织为以青少年为服务对象，以开展青少年体育活动为基本内容，按照一定规则建立的体育活动实体。根据注册类型，正式的青少年体育组织可分为在工商部门登记注册的各类企业型青少年体育组织，如健身俱乐部、健身会所等；在民政部门登记注册的各类青少年体育社会组织，如基金会、体育社团和社会服务机构等。

青少年体育活动的社会组织为青少年体育活动促进提供了重要的组织基础。青少年参与体育活动需要团体的支持，青少年体育俱乐部作为我国主要的青少年体育组织类型，在我国青少年体育活动促进中起到重要的作用。截至2013年，国家共资助创建国家级、省级、地市级和县级青少年体育俱乐部5 360个，14年中年均资助青少年体育俱乐部382个。当前，青少年体育俱乐部投入及规模都属于较高水平，但是在发展的过程当中，有20个省（区、市）青少年体育俱乐部数量超过100个；有12个省（区、市）青少年体育俱乐部数量低于100，其中有6个省（区、市）属于西部地区。西部地区在青少年体育俱乐部的建设进程中，尚显滞后，与一些先进地区相比，存在较为明显的差距。当前，我国各级俱乐部占比为国家级69.4%、省级19.3%、地市级7.8%、县级3.5%，整体上呈现国家层面多、地方层面少的倒金字塔结构。鉴于国家级青少年体育俱乐部的大量增设对各级青少年体育俱乐部的发展引领作用尚显不足，因此，现阶段适宜构建一种以国家层面较少、地方层面较多的正金字塔结构。这一结构下，俱乐部各层级间的组织架构亟待进行优化调整。

在性质方面，根据调查，当前我国青少年体育俱乐部主要有民办非企业单位、社会团体、企业几个类型，其中以民办非企业单位为主（表4-5）。民办非企业单位是指企业、事业单位、社会团体和其他社会力量以及公民个人利用非国有资产举办的，从事非营利性社会服务活动的社会组织。判定一个组织是不是民办非企业单位的重要标准是该企业是否产生盈利及是否利用国有资产。

表 4-5 青少年体育俱乐部性质分析

| 序号 | 注册类型 | 俱乐部数量 / 家 | 占被调查俱乐部的比例 / % |
|---|---|---|---|
| 1 | 没有注册 | 7 | 6.4 |
| 2 | 民办非企业单位 | 74 | 67.3 |
| 3 | 社会团体 | 13 | 11.7 |
| 4 | 企业 | 8 | 7.3 |
| 5 | 其他类型 | 8 | 7.3 |
| | 合计 | 110 | 100.0 |

民办非企业单位举办青少年体育活动，在承担青少年体育活动促进职能方面有一定的优势。由于我国长期以来自上而下的体育政策实施程序，民办非企业单位办体育有较强的适应性和过渡性。此外，鉴于其资金主要依赖于财政拨款，相关部门可针对其经营绩效进行细致考量，从而制定有效措施，显著提升其运营效率与成果。

然而，当前民办非企业单位也存在诸多短板，如资金和人力资源匮乏、组织内部管理不完善、外部监督机制不完善、政府购买服务机制不健全等[1]。这些问题的存在，一方面导致民办非企业单位在遵循自身规划开展青少年体育活动时显得力不从心，另一方面使得民办非企业单位在政府监管与绩效保障方面的优势无法得到充分的发挥。

作为推动青少年体育活动促进工作的核心力量，民办非企业单位对财政资源的占用与社会效益的产出并不成正比。尽管在我国现行的体育体制架构中，这类组织具有其存在的强烈必要性，但将其定位为青少年体育活动促进的主体组织仍显不够恰当。在我国体育市场化与开放化的进程中，民办非企业单位作

---

[1] 向小雨. 基层民办非企业功能困境、致因及对策——以某县农业服务中心为例 [J]. 法制博览，2019（4）：288-289.

为主体，但与其他组织性质共存的现状，显示出其适应性尚显不足。特别是在推动青少年体育活动的促进工作中，其作用和成效并不显著。大力发展多种所有制青少年体育俱乐部，推动企业性质的俱乐部发展，出台相应政策，鼓励各青少年体育组织自负盈亏，允许组织盈利，并利用盈余扩大规模，增加社会效益是青少年体育俱乐部的重要发展方向。

当前，除青少年体育俱乐部外，青少年体育基金会、社会服务机构、培训机构、健身场所等在我国都处于逐渐兴起的阶段。以健身房为例，健身房作为重要的体育运动场所，对青少年体育活动促进也具有推进作用，当前越来越多的青少年产生了健身观念，进行健身活动。我国健身行业于 2000 年起步，截至 2015 年，健身房仅有 4 425 家，而 2018 年统计数据显示，健身房已达到 46 050 家，北上广等一线城市发展最为迅速，我国健身行业正处于井喷式发展阶段。尽管青少年体育活动组织中，从数量上看，以体育俱乐部为主，但多种其他形式的青少年体育组织已经开始走上市场化道路。市场化是我国体育未来发展的重要方向，多种体育组织形式的市场化及开放发展，为青少年体育俱乐部性质转变提供了先例，也为未来青少年体育活动促进提供了稳固的组织基础。

### （三）青少年体育社会组织活动

青少年体育相关活动是青少年体育活动促进的重要一环，《青少年体育活动促进计划》中提出，"全国青少年'未来之星'阳光体育大会对青少年体育赛事活动的带动作用明显增强，以三大球、田径、游泳、冰雪和民族传统体育项目为重点，各运动项目在青少年中的普及程度进一步提高，青少年体育国际交流与合作进一步加强"。

《青少年体育活动促进计划》中提出的阳光体育大会是我国目前紧密贴近青少年、示范带动作用最大的青少年综合性体育活动，旨在广泛传播青少年体育理念，树立健康向上的青少年榜样，引导青少年积极参与体育运动，倡导从运动中收获健康快乐的生活方式。阳光体育大会贯彻落实《中共中央 国务院关于加强青少年体育增强青少年体质的意见》精神，自 2011 年以来已举办 7 届。

　　阳光体育大会设置了五人制足球、三对三篮球、跳绳、踢毽子、拔河、校园定向跑 6 个项目。为了让青少年在欢乐中体验运动的乐趣，阳光体育大会还设置了集休闲、娱乐、交流于一体的运动乐园，其中包括软式棒垒球、棋牌、高尔夫球、英式橄榄球等在内的 21 个体验展示项目，以及富有地方特色的回族武术、趣味足球等项目。这是当前青少年体育中与全运会地位相当的体育盛会。

　　阳光体育大会作为《青少年体育活动促进计划》特别提出的要办好的青少年体育活动，在我国青少年体育活动领域有较强的影响力，是政策制定的推手和外界对政策实施效果进行检验的窗口。青少年在阳光体育大会上的表现将直接影响广大群众对青少年体育活动促进配套制度执行的信心。

　　阳光体育大会这一级别的赛事是青少年体育活动促进制度能够顺利运行的监测窗口和催化剂。然而，这样的活动当前以综合活动为主，缺乏专项活动；以夏季活动为主，缺乏冰雪活动；以现代体育活动为主，缺乏民族传统体育活动。因此，其距离《青少年体育活动促进计划》制订的标准还有一定的距离。未来的制度制定要充分认清这一实际国情，弥补当前青少年体育相关活动的不足之处，加强对冰雪运动项目及民族传统体育项目的关注。

　　在政策制定和政策执行过程中，我们都应注重青少年体育活动的充分开展和社会效益，不断引入青少年喜欢的体育项目，发展能够起到促进青少年身心健康作用的体育项目。借助青少年体育相关活动的力量，不断发展青少年体育，以完成《青少年体育活动促进计划》，并严格按照"健康中国"战略规定的发展战略，增强青少年的体质健康。

　　（四）青少年体育活动的培训人员

　　人员培养方面，《青少年体育活动促进计划》中指出，"培训体育传统项目学校、青少年体育俱乐部和青少年户外体育活动营地管理人员 3 000 名，培训国家级和省级体育传统项目学校体育骨干教师 5 000 名，培训基层体育指导人员 10 万人次。各地大力开展各类青少年体育指导人员培训"。

　　根据《中国青少年体育俱乐部发展报告（2017）》调查的相关数据，当前我国青少年体育俱乐部管理人员数量不足 1 000 名，距离 3 000 名的目标较远，而青少年户外体育活动营地管理人员数量甚至远低于青少年体育俱乐部管理人员。在管理人员中，本科学历人员较多。但专职人员本科人员比例显著低于兼职人员本科人员比例（表4-6）。

表4-6　青少年体育俱乐部管理人员学历分布

| 管理人员 | | 初中及以下 | 高中、中专 | 大专 | 本科 | 研究生 |
|---|---|---|---|---|---|---|
| 专职人员 | 人数 | 18 | 43 | 183 | 271 | 25 |
| | 比例/% | 3.3 | 8.0 | 33.9 | 50.2 | 4.6 |
| 兼职人员 | 人数 | 3 | 35 | 144 | 374 | 30 |
| | 比例/% | 0.5 | 6.0 | 24.6 | 63.8 | 5.1 |

当前，我国青少年体育活动培训领域面临管理人员空缺的挑战。这一状况对青少年体育活动促进制度的构建形成了制约。管理人员是组织中重要的组成要素，青少年体育活动组织中的管理人员更需将自身管理经验应用于组织管理过程中，运用管理知识进行资源整合和组织构建，以推动青少年体育活动的开展。青少年体育组织管理人员空缺，既有青少年体育组织本身的原因，也有人才储备不足、人才素质不高等原因。

面对管理人员在未来较长时期内将面临的数量和质量的双重增长需求，我国青少年体育活动促进制度的制定需要切实把握管理人员未来的发展方向，积极出台有效的政策，加强青少年体育管理人才的培养。同时，出台配套政策，加强优质人才待遇保障，吸引有青少年体育管理相关知识技能的高素质人才为青少年体育活动管理领域作出贡献。当前，我们应认清人才缺口对政策制定的制约作用，在制定政策的过程中考量人才缺口对政策执行带来的影响。此外，还需研究出台政策在地方实施时的人力资源占用预算线。

在培养管理人才的同时，我们还要加强对社会体育指导员的培养。当前，社会体育指导员在数量上虽呈上升趋势，但在质量上却存在短板。青少年社会体育指导员资格的含金量不高，对体育指导人才的吸引力不足，诸多取得资格的社会体育指导员缺乏实战经验，无法投入到青少年体育活动的指导和培训工作中，这对社会体育的发展产生了一定的影响。因此，在制定青少年体育活动促进制度时，我们应充分认识到当前人才在质量上的缺口，出台相应政策对社会体育指导员质量进行严格把关，在满足数量要求的同时，研究绩效评价机制，逐渐满足质量需求。

### 三、法律环境

当前，我国青少年体育活动促进所依赖的法律体系，以《体育法》为核心。在《体育法》相关精神的指导下，我国又出台了多项行政法规及部门规章，包括《国家学生体质健康标准》《学校体育工作条例》《全民健身条例》《公共文化体育设施条例》《学校卫生工作条例》等，这些共同构成了青少年体育活动促进的法制框架。

然而，《体育法》对青少年体育活动的直接规定主要集中在第二章的"全民健身"中，通过社会体育指导员和全民健身计划的实施，对青少年体育活动产生间接推动作用。第三章"青少年和学校体育"则对学校体育的相关规定进行了明确。然而，在第十一章"法律责任"中，缺乏对青少年体育活动促进的相关法条责任界定。作为框架性的基本法，在青少年体育活动促进领域，《体育法》有所欠缺。青少年体育活动的范围广泛，除学校体育，还包括校外体育组织的体育活动、社会培训体育活动等，《体育法》仅对学校体育进行了规定，在其他领域则缺乏对青少年的重视。同时，在法律责任的界定上，青少年体育活动促进相关的法律责任界定存在缺位，导致青少年体育活动促进方面的工作难以追责。

虽然《体育法》填补了我国体育法规体系中的空白，但随着时代的发展，其内容已难以满足青少年体育活动促进相关制度制定的法律要求。鉴于此，尽管 2022 年对《体育法》进行了修订，但政策制定者仍需重新审视并对其进行修订，以确保其能有效支持体育的长期发展。

解决这一问题需要长期的观察、讨论、调查，故政策机关通过出台规章及新政法规来弥补空缺，不断推进青少年体育发展。《学校体育工作条例》是国家较早出台的青少年体育活动促进规范文件，对学校体育教师的聘用、场地、时长的保障都提出了要求，并具体提出"对违反本条例，侵占、破坏学校体育场地、器材、设备的单位或者个人，由当地人民政府或者教育行政部门令其限期清退和修复场地、赔偿或者修复器材、设备"，对执行奖惩的权力机关进行了界定。《全民健身条例》第二十一条明确规定"学校应当按照《体育法》和《学校体育工作条例》的规定，根据学生的年龄、性别和体质状况，组织实施体育课教学，开展广播体操、眼保健操等体育活动，指导学生的体育锻炼，提高学生的身体素质。学校应当保证学生在校期间每天参加1小时的体育活动"，首次对青少年体育活动提出了"每天1小时"的要求。此外，《学校卫生工作条例》和《国家学生体质健康标准（2014年修订）》对青少年体育活动促进成果的考核给出了明确标准，《公共文化体育设施条例》对青少年体育活动场地提出了明确要求。

当前的青少年体育活动促进法律有比较完善的基础，对青少年体育活动促进工作的方方面面提出了具体而规范性的要求。然而，由于框架法的缺位，对青少年体育活动促进的要求大多体现在学校体育工作领域。有关青少年社会体育培训、青少年社会体育俱乐部等的建设缺少相关法律的支撑，我国青少年体育活动促进法律环境对于支撑当前的政策导向还存在不足之处，需要长期不断立法和完善，以优化法律环境，增强制度执行效果。

当前我国体育领域法律法规制约能力不强是青少年体育活动促进制度受到的法律环境制约。在这种情况下，青少年体育活动促进制度要通过制度暂时填补法律空白，充分认识到法律法规约束力缺口的问题。出台相关制度时，通过国家权力机关进行严厉的制约，对应当承担责任的企业严厉追责，对应当给予奖励的企业进行奖励。

同时，对制度制定也要认识到法律环境存在的问题，为制定的相应制度寻求相关法律法规的保护。在制定制度的同时，充分考虑制度实行中可能遇到的法律问题，充分研究判例，避免法律纠纷。在制度制定前，要寻求效力较高的法律的保护，维护制度的实行效力。在制度制定后，通过制度弥补法律空缺。

在法律空缺的领域，依托制度进行管理；而对法律不健全领域的制度，寻求其他高效法律的保护，这是在法律环境制约条件下青少年体育活动促进制度体系构建的重要发展路径。

## 四、经济环境

当前，我国的国内生产总值（GDP）呈现逐年稳步上升的趋势，尽管这一上升的势头正在放缓。我国的经济增长正从高速发展阶段逐步转向平稳增长阶段。如图 4-12 所示，尽管 GDP 总量连年增加，但其年增长率已呈现出下降的趋势。在这种趋势下，我国经济增长的驱动力也在发生转变，第三产业逐渐成为推动我国经济增长的主力军，经济增长正步入以技术发展为关键增长点的新时代。随着经济增长，我国人民的人均可支配收入有了显著提升，近 10 年来，我国人均可支配收入呈现逐年增长的趋势（图 4-13），恩格尔系数呈现连年下降的趋势，这表明人民的生活质量在不断提高，发展方向更加均衡。在这一背景下，体育产业迎来了新的发展机遇。特别是青少年体育，作为体育行业中的重要一环，发展势头强劲。首先，青少年作为下一代，他们的体育消费主要依靠家长的支持，具有较高的消费潜力；其次，问卷调查结果显示，

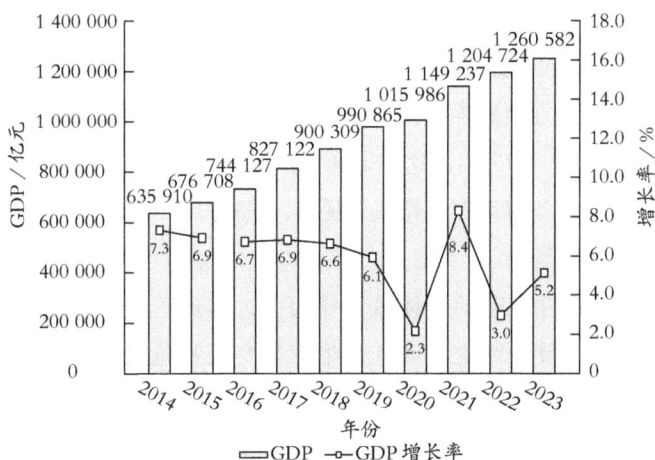

图 4-12　我国近 10 年 GDP 变化趋势

当前社会各界对青少年参与体育活动的态度总体上是支持的，青少年本身对体育消费也表现出浓厚的兴趣。因此，在体育产业中，青少年体育需求稳定，有助于推动体育产业供给的持续增长，促进未来青少年体育活动的不断发展。

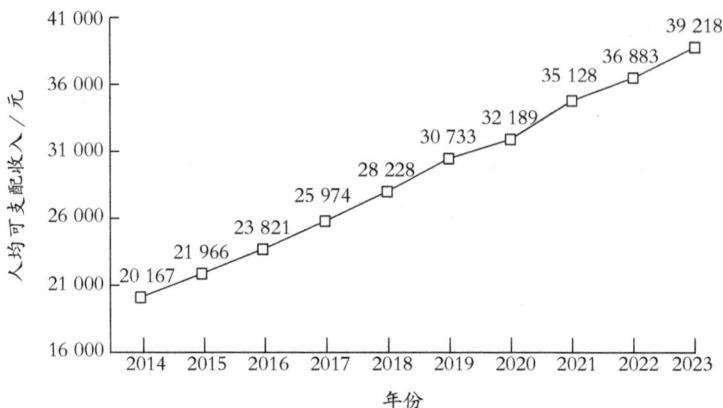

图 4-13　我国人均可支配收入变动情况

当前，我国实行的重要宏观经济政策是供给侧结构性改革。供给侧结构性问题是我国突破经济发展瓶颈所必须解决的一个难题。目前，我国经济发展供给侧存在区域结构不平衡、投入结构过于单一、排放结构污染性强、动力结构亟需升级、分配结构不均衡的问题。这些问题导致自 2003 年以来我国出现产能过剩和亏损面扩大等问题。

针对这一问题，2015 年，中央财经领导小组第十一次会议研究了经济结构性改革的相关问题。2017 年，党的十九大报告再次强调要重视深化供给侧结构性改革。2019 年，国务院政府工作报告提出，过去一年，深化供给侧结构性改革，实体经济活力不断释放。

在供给侧结构性改革的整体政策导向下，体育产业分配结构不均匀的问题也受到了企业、政策制定者和社会组织等有关利益主体的关注。体育科研部门在我国西北、西南等体育产业发展较慢的地区进行了较为全面的调研。如今，很多企业开始向我国西部地区迁移，这有助于解决体育产业发展的不平衡问题。

第五章

# 域外青少年体育活动促进概览

进入 21 世纪以来，国际青少年体育活动促进的理论与实践均有了长足的发展。各国开始从终身体育的视角重新审视青少年体育，将其放置于体育、教育及社会关联的大背景下进行深入发展。青少年体育不再局限于单一的运动技能培训，而是展现出整合性和包容性发展的全新趋势。本章分别选取美国、英国、加拿大、澳大利亚和日本的青少年体育活动促进情况进行介绍，拟从国际视角观察青少年体育活动促进机制，把握青少年体育的时代价值，了解青少年体育发展的重要意义。

## 第一节　美国青少年体育活动促进情况

### 一、多元主体在各自职责范围内推动青少年体育发展

美国青少年体育发展是由多个主体共同推动的，其中包括政府相关部门、非营利体育组织、社会体育组织、学校体育组织和职业体育联盟 5 个主体。

（一）政府相关部门

在美国，大部分有关体育活动的工作由美国卫生与公众服务部（United

States Department of Health and Human Services，HHS）承担，其使命是提升和维护美国公民的健康和福祉。HHS 通过为国家提供体育相关的战略、倡议和资源，帮助美国公民提升身体健康，促进其体育活动参与。在青少年体育活动促进方面，HHS 的主要任务为领导和制定涉及美国青少年的体育活动指南，提供儿童和青少年参与社区体育活动的资源，为儿童和青少年提供促进健康饮食与体育活动的营养指南[1]。此外，HHS 的工作内容还包括制定涉及青少年体育的相关政策，鼓励青少年参与体育活动，促进社区、学校等青少年体育项目的开展[2]，整合社会资源，为青少年体育提供资金支持[3]。HHS 还专门设立宣传与促进体育活动的办公室——美国疾病控制与预防中心（Centers for Disease Control and Prevention），它被公认为美国首屈一指的健康促进、预防和准备机构[4]。

美国农业部（United States Department of Agriculture）在推动青少年体育发展方面，主要负责对各个州的州级农业部门为青少年提供体育活动娱乐场所的土地使用进行监督管理和建议指导。例如，农业部在修订《国家森林滑雪场许可证法》时规定，在国家森林系统（National Forest System，NFS）土地上的滑雪场可以开展除北欧和高山滑雪以外的其他雪上运动，如单板滑雪、雪橇和雪车，并且允许在适当情况下为 NFS 土地上的滑雪场提供其他季节性和全年基于自然资源的娱乐活动所需的设施，前提是这些非滑雪的娱乐活动和设施不会改变滑雪场的主要用途[5]。

[1] U.S. DEPARTMENT OF HEALTH AND HUMAN SERVICES. Physical activity guidelines for americans, 2nd edition [EB/OL].（2018–11–20）[2023–09–05]. https://health.gov/paguidelines/second–edition/pdf/Physical_Activity_Guidelines_2nd_edition.pdf.

[2] U.S. DEPARTMENT OF HEALTH AND HUMAN SERVICES. Nutrition & physical activity [EB/OL]. [2023–09–05]. https://health.gov/our–work/nutrition–physical–activity.

[3] U.S. DEPARTMENT OF HEALTH AND HUMAN SERVICES. Top 10 things to know about the national youth sports strategy [EB/OL].[2023–09–05]. https://health.gov/our–work/nutrition–physical–activity/national–youth–sports–strategy/about–national–youth–sports–strategy/top–10–things–know–about–national–youth–sports–strategy.

[4] CENTERS FOR DISEASE CONTROL AND PREVENTION. History [EB/OL].[2023–09–05]. https://www.cdc.gov/about/history/index.html.

[5] U.S. DEPARTMENT OF AGRICULTURE. Definition of a ski area [EB/OL].[2023–09–05]. https://www.federalregister.gov/documents/2013/06/28/2013–15476/definition–of–a–ski–area.

美国司法部（United States Department of Justice）主要通过法律手段保障全国各地青少年能够公平地参与各类体育活动的权利。美国司法部处理了一些青少年参与体育活动的权利受到损害的司法案例。例如，在亚拉巴马州，数百名残疾儿童的教育计划被降级为隔离和劣质的教育计划，这些儿童被安置在精神病寄宿治疗设施中，这些不必要的安置切断了他们与家乡、学校、教师、社交活动和同龄人的联系。在这些高度隔离的安置中，他们往往无法获得适合年纪的课程、适当的指导、健身房设施的使用以及体育和课外活动等。美国司法部对亚拉巴马州的行为进行了指控，判定该州非法歧视有情感和行为障碍的寄养儿童的行为违反了《美国残疾人法》的第二章，并责令其进行整改，以确保这些残疾儿童可以获得公平的体育活动参与权利[1]。

美国国家公园管理局（National Park Service）主要负责维护和保持城市的自然生态多样性，并为当地青少年提供娱乐机会，管理运动场馆等体育活动场所。这些场所为青少年的体育活动提供了空间。例如，该机构对户外体育活动和公共设施进行管理，包括为户外运动参与者提供安全指示、对户外运动场所的自然环境进行勘测、提供运动设备租赁信息、推荐户外运动课程信息以及指引户外运动场所各类设施设备的分布情况等[2]。

除了在联邦政府层面形成了多部门合作参与青少年体育发展的整体格局，美国因其自身的地方分权制管理体制，在青少年体育管理体制上也体现出地方分权制的管理模式，形成了各州政府因地制宜发展青少年体育的特色。例如，加利福尼亚州发布了《本地学校福利政策》[3]，旨在为加州地区所有学生提供一个以学校为基础的体育活动计划，以此来使当地学生获得符合美国国家标准的日常体育活动时长（每天至少参加 60 分钟的体育活动）。可以看出，美国联

---

[1] U.S. DEPARTMENT OF JUSTICE. Justice department finds alabama's foster care system violates the Americans with disabilities act by discriminating against students with disabilities [EB/OL].（2022-10-12）[2023-09-05]. https://www.justice.gov/opa/pr/justice-department-finds-alabama-s-foster-care-system-violates-americans-disabilities-act.

[2] CALIFORNIA STATUTES. Local school wellness policy [EB/OL]. [2023-09-05]. https://www.cdph.ca.gov/Programs/CCDPH/DCDIC/NEOPB/CDPH%20Document%20Library/STAS_ModelSchoolWellnessPolicy.pdf.

[3] 同［2］。

邦政府在宏观方面把控青少年体育发展的整体方向，各州级政府根据当地的发展条件和青少年体育发展的实际情况，制定并推动施行能够有效促进当地青少年体育发展的具体方针、政策。

（二）非营利体育组织

在美国，专注各项青少年体育活动促进的非营利体育组织主要包括全国青少年体育联盟和全国业余体育联盟[1]。全国青少年体育联盟为教练员、志愿者和家长提供有关体育教育、装备和授权等方面的服务，目前已经培训了超过400万名专业体育教练员、志愿者、政府官员和管理人员[2]。全国青少年体育联盟与体育相关和非体育相关的企业、休闲协会、国家组织和美国军方都建立了有关青少年体育发展的合作伙伴关系，通过提供赞助、设施和场地等资源来支持联盟的体育发展计划，为联盟成员提供各类体育活动。全国青少年体育联盟为了让更多青少年积极参与体育活动，以《青少年体育国家标准》为指导开展了许多促进青少年体育参与的活动，并且按照联盟提供的《社区建议》开发适合当地青少年开展的体育项目。全国青少年体育联盟主要为青少年、家长、志愿者和管理人员提供了5项具有特色的体育活动项目，包括"开启智能""准备好运行""让每一个孩子打高尔夫球""体育家长承诺"以及"免费教练员和家长培训"。

全国业余体育联盟（Amateur Athletic Union，AAU）是美国最大的具有多项体育赛事的非营利组织之一，主要任务是宣传和组织以青少年体育为主的体育赛事、体育活动项目，并建立引导青少年参与体育活动的奖励机制。AAU作为一个体育管理机构，其主要职责是确保青少年体育赛事的公平性[3]。AAU还与美国国家健身基金会合作，负责管理总统青少年健身计划，是全美唯一一个

[1] HAYLEY WALKER.Major League Impact: A comparative analysis of youth programs within major league baseball club charities [D].The University of San Francisco:master's projects and capstones,2019:904.

[2] About the national alliance youth sport [EB/OL]. [2023–09–05]. https://www.nays.org/about/about–nays/.

[3] WILLISHR. AAU Basketball–participant's perceptions of their AAU experience [D].Eastern illinois university: The keep,2016:1–34.

管理校内和校外青少年体育和健身体育项目的组织[1]。美国大多数的青少年全国锦标赛都是在 AAU 的指导下举行的。目前，该联盟已经推出了 4 个用于促进青少年体育活动参与的代表性项目，它们分别是"AAU 青少年奥林匹克运动会""AAU 体育项目""AAU 詹姆斯·沙利文奖励机制"与"AAU 完整运动员项目"。

（三）社会体育组织

美国的社会体育组织大部分是以社区为单位，以俱乐部的形式建立的，而社区体育俱乐部是由志愿者组成的，主要为社区周边的儿童和青少年提供课外的各类体育活动。社区体育俱乐部也属于非学校体育俱乐部，包括美国男孩和女孩体育俱乐部、美国基督教青年会、全国青少年体育联盟等[2]。美国男孩和女孩俱乐部为不同年龄段的儿童和青少年提供不同的体育活动，还提供有助于儿童和青少年增强身体素质、减轻压力、有效利用闲暇时间、培养人际关系的体育活动计划。不仅如此，美国男孩和女孩俱乐部还与职业体育联盟如美国职业棒球大联盟（Major League Baseball, MLB）合作，为儿童和青少年提供在运动场内和场外的体育活动参与机会，如 PLAY BALL、RBI、JR RBI 等棒球或垒球的体育互动和培训项目。全国青少年体育联盟主要以《青少年体育国家标准》和《社区建议》为依据，为青少年体育领袖、志愿者和家长提供培训，致力于让所有的青少年都能认识到参与体育运动的好处。

（四）学校体育组织

学校是青少年参与体育活动的另一主要场所。青少年参与体育活动的方式主要为校际运动、校内体育活动、校园体育训练营。学校还会为儿童和青少年提供教学计划中所包含的体育教育，配备专门的体育教师，利用校园内的体育

[1]　AMATEUR ATHLETIC UNION. About AAU[EB/OL]. [2023-09-05]. https://aausports.org/About-AAU.

[2]　SUANNA GEIDNE, MIKAEL QUENNERSTEDT,CHARLI ERIKSSON. The youth sport club as a health-promoting setting: an intergrative review of research [J].Scandinavian journal of public health, 2013,41（3）:269-283.

设施进行体育教学。此外，美国的初中、高中和大学在组织校园体育竞赛活动时，会有不同的学校体育组织机构负责协调。例如，美国初中和高中校际运动是由美国高中体育协会和各州校际运动管理协会（如乔治高中协会、夏威夷高中体育协会等）负责制定比赛规则和教练员培训等标准，以确保所有学生都有公平参与以教育为基础的体育活动的机会，并确保所有学生都能够享受到参与体育活动所带来的健康益处、成就感和良好的体育氛围[1]。大学的校际运动是在美国大学体育协会的协调和指导下开展的，包括各类体育项目锦标赛和学生运动员精英体育赛事活动。

（五）职业体育联盟

美国的职业体育联盟在美国青少年体育发展中也起到了一定的作用。例如，美国四大职业体育联盟［美国职业棒球大联盟（Major League Baseball，MLB）、美国职业篮球联盟（National Basketball Association，NBA）、美国职业橄榄球大联盟（National Football League，NFL）和国家冰球联盟（National Hockey League，NHL）］分别为全美的儿童和青少年提供了与联盟体育项目相关的体育娱乐活动和体育培训服务。不仅如此，随着美国儿童和青少年对体育项目需求的不断增加，许多职业体育联盟都会在俱乐部团队所在的运营地区响应号召，推动实施有关青少年体育活动促进的计划，投入大量的资源和时间用于青少年的体育发展[2]。

MLB 是美国和加拿大历史上最优秀的职业棒球组织和主要的职业体育联盟。该联盟通过俱乐部团队为社区青少年体育活动提供支持，实施相关计划并组织相关赛事，如"PLAY BALL""RBI""安德烈道森经典赛"以及"城市青少年"等计划。MLB 还成立了城市青少年学院，为棒球和垒球教学制定标准，

---

[1] VEALEY R S, CHASE M A.Best practice for youth sport [M].Illinois, United States:Human Kinetics,2016.

[2] WALKER H.Major league impact: a comparative analysis of youth programs within major league baseball club charities [D].California:The University of San Francisco,2019.

并提高周边社区青少年的体育活动参与度[1]。此外，许多 MLB 的俱乐部都设有慈善机构，用来监督青少年体育活动促进计划的实施，确保社区青少年能够有机会参与体育项目。

NBA 是美国职业篮球联盟，组织并管理着世界上最著名的男子职业篮球联赛，由 30 支职业球队组成。虽然法院有时会将美国国家篮球协会称为合资企业，但其也可被看作单一实体。除了组织精彩的篮球赛事，美国国家篮球协会还在推动青少年体育活动方面不遗余力，管理着"青少年篮球计划（Jr. NBA）""NBA 关怀计划""NBA 运动员之声"和"NBA FIT"等项目。其中，Jr. NBA 是针对全球儿童和青少年的篮球计划，旨在传授基本的篮球运动技能，倡导篮球运动的核心观念，同时教导儿童和青少年养成积极健康的生活习惯。该计划已在全球范围内拓展，建立了数量庞大的青少年篮球社区，并且为来自世界各地的青少年举办一年一度的 Jr. NBA 全球锦标赛。不仅如此，该计划还通过与美国国家篮球协会合作，组建了一支专业的团队来解决美国青少年篮球面临的诸多问题，并制定了有关青少年参与篮球运动的时间建议[2]。

## 二、注重发挥青少年体育相关政策的引导促进作用

美国在促进青少年体育运动发展的过程中十分注重发挥政策引导的作用。从 20 世纪 70 年代至今，美国联邦政府相关部门已经发布了一系列青少年体育发展相关政策（表 5-1），这些政策涉及青少年的体育教育、身体健康、学校体育、社区体育、家长参与等诸多内容，倡导平等、包容、积极、健康的体育活动理念。

---

[1] YOUTH ACADEMY. About MLB youth academy [EB/OL]. [2023-09-05]. https://www.mlb.com/mlb-youth-academy.

[2] DIFIORI JP,GÜLLICH A, BRENNERJS,et.al.The NBA and youth basketball: recommendations for promoting a healthy and positive experience [J].Sports medicine(Auckland, N.Z.),2018,48(9):2053-2065.

表 5-1　美国青少年体育发展相关政策名录

| 颁布时间 | 政策 |
|---|---|
| 1972 年 | 《教育修正法》 |
| 1974 年 | 《平等教育计划法案》 |
| 1984 年 | 《不通过不参与法案》 |
| 1997 年 | 《青少年学校和社区终身体育促进规划》 |
| 2001 年 | 《一个都不放弃法案》 |
| 2008 年 | 《美国人身体活动指南》 |
| 2010 年 | 《大众健身计划》 |
| 2011 年 | 《青少年体育活动促进行动指南》 |
| 2012 年 | 《美国人身体活动指南中期报告：增加青少年身体活动的战略》 |
| | 《家长参与：让家长参与学校健康的策略》 |
| | 《促进家长参与学校健康：员工发展促进者指南》 |
| 2013 年 | 《综合学校体育活动计划：学校指南》 |
| 2014 年 | 《"全学校—全社区—全儿童"模式的学习和健康的协作方法》 |
| 2018 年 | 《美国人身体活动指南（第 2 版）》 |
| | 《儿童青少年身体活动能量消耗纲要》 |
| 2019 年 | 《体育课程分析工具》 |
| | 《综合学校体育活动计划：框架》 |
| | 《国家青少年体育战略》 |
| 2021 年 | 《健康教育课程分析工具》 |

这些政策中还包括美国联邦政府关于全国青少年体育发展的整体战略规划，如 HHS 在 2019 年根据总统第 13824 号行政命令制定了一项有关青少年体育发展的战略路线规划——《国家青少年体育战略》[1]，这是美国联邦政府首次发布的针对青少年体育运动的战略性文件。该战略旨在改善美国青少年的身体活动情况，提升青少年参加体育运动的意愿，提高青少年的体育运动参与度。该战略包括"促进青少年的体育参与""提高青少年对参与体育运动的好处的认知""监测和评估青少年的体育参与情况""招募志愿者参与到青少年体育运动当中"4 部分内容，为教练员、父母、社区和各个组织提供了行动指南，旨在让青少年能在更安全、愉快的环境中参与体育运动。

### 三、注重不同发展阶段青少年体育的衔接

美国有关青少年体育参与的发展可以分为 3 个阶段，即青少年基础参与阶段、高中与大学专项提高阶段和职业体育与奥林匹克精英体育阶段（图 5-1）。

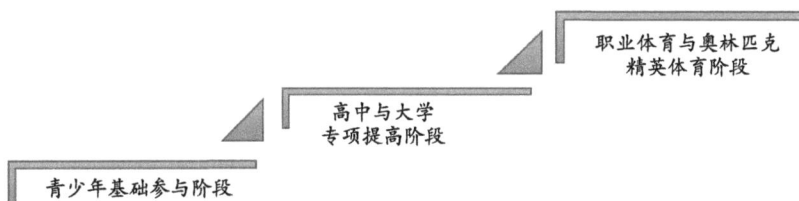

职业体育与奥林匹克
精英体育阶段

高中与大学
专项提高阶段

青少年基础参与阶段

图 5-1　美国青少年体育参与的发展阶段

第一阶段是青少年基础参与阶段，主要包括小学、初中和高中在内的 12 年基础教育阶段。此阶段主要培养青少年对体育的兴趣，并使他们养成参与体育活动的习惯。这个阶段的儿童和青少年可以参与国家和地方社区体育组织专为

[1]　U.S. DEPARTMENT OF HEALTH AND HUMAN SERVICES. The national youth sports strategy [EB/OL]. [2023-09-05]. https://health.gov/sites/default/files/2019-10/National_Youth_Sports_Strategy.pdf.

他们设置的相关体育休闲娱乐活动。同时，国家青少年单项联盟也会借此机会对其所代表的单项体育进行推广和宣传，以促进各类单项运动的发展。国家和地方社区体育组织的主要职能是为儿童和青少年提供参与体育活动的运动计划，鼓励儿童和青少年积极参与运动。这些体育组织中比较著名的有男孩和女孩俱乐部、美国男孩童子军、4 H 俱乐部（四健会）、营火男孩女孩等。在娱乐休闲组织中，与青少年体育工作关系最为密切的是美国娱乐与公园协会，该协会负责在公园设施为儿童和青少年开展娱乐活动，并大力组织开展各类儿童和青少年体育活动，培养儿童和青少年对体育的兴趣。

第二阶段是高中与大学专项提高阶段，这一阶段的主要作用在于增强青少年的专项体育能力，这也是为职业体育储备后备人才的重要阶段。为了使部分运动能力较好的青少年进一步提高运动水平，达到竞技运动的能力要求，此阶段的青少年体育工作重点是加强学生运动员的训练和高校校际比赛的组织管理。其中，学校体育联盟组织主要包括全美高中体育联盟与大学体育联合会，二者与各州的高中和大学体育联盟分会协同合作，负责比赛规则的制定、组织和管理等工作。国家单项联合会和各州分会则负责对单项俱乐部的青少年运动员进行专门的运动训练，并组织管理相关单项运动的锦标赛等比赛。

第三阶段是职业体育与奥林匹克精英体育阶段，该阶段的重点是培养符合职业性质和奥林匹克运动竞赛标准的精英运动员。能达到该标准的青少年运动员少之又少，因而这一阶段的体育发展与青少年体育活动促进的关系并不密切。

从整体来看，美国青少年体育参与的发展拥有较为清晰的阶段性规划。这一规划从基础体育活动参与到专项运动技能的提升，能够充分满足各阶段青少年的体育需求。各阶段的参与主体丰富多样，包括政府组织、社会组织和学校等，为青少年体育的发展提供了全方位的支持。同时，在每个阶段，不同的组织机构有着各自明确的工作目标以及较为清晰的权责机制。从青少年体育兴趣的培养和青少年体育技能的培训，到青少年体育赛事的组织管理和青少年体育后备人才输送渠道疏通，各阶段环环相扣，有序衔接，使得青少年在不同阶段的体育发展得以顺利进行。这种清晰、明确、完善的青少年体育发展体系，为美国青少年体育的蓬勃发展奠定了基础。

## 四、依托学校体育教育促进青少年体育活动广泛开展

对于青少年来说，学校的教育在其成长过程中有着十分深远的影响。同时，作为青少年体育教育的供给主体，学校的体育教育教学相关工作对青少年的体育活动促进和终身运动习惯的养成有着不可替代的基础性作用。美国的青少年体育之所以能够较好较快地发展，其中很重要的一点在于体育被很好地整合进学校的教育体系当中，形成了体育即教育、教育即体育的教学模式 [1]。

为了充分发挥学校体育教育对青少年体育活动促进的基础性作用，美国卫生与公众服务部下属的疾病控制与预防中心构建了一个名为"综合学校体育活动计划"（Comprehensive School Physical Activity Program，CSPAP）的框架。该框架旨在计划和组织学校体育教育和体育活动的开展 [2]。为了确保该框架计划的顺利开展，疾病控制与预防中心提前发布了配套的《综合学校体育活动计划：学校指南》。该指南为学校和学区制定了分步实施指南，帮助它们制订、实施和评估综合学校体育活动计划 [3]。该指南可以由现有的学校健康委员会阅读和使用，也可以由体育协调员、课堂教师、学校管理人员、课间监督员、课前和课后计划主管、家长和社区成员组成的小组或委员会阅读和使用。该指南还可用于开发新的综合学校体育活动计划，或评估和改进现有计划。《综合学校体育活动计划：框架》共由 5 个部分组成，包括体育教育、课间体育活动、课前和课后体育活动、学校工作人员的参与、家庭和社区的参与。

体育教育对于培养学生在体育活动、身体健康和运动技能方面的知识与能

[1] U.S. DEPARTMENT OF HEALTH AND HUMAN SERVICES. Physical activity guidelines for Americans, 2nd edition [EB/OL]. (2018–11–20) [2023–09–05]. https://health.gov/healthypeople/tools-action/browse-evidence-based-resources/physical-activity-guidelines-americans-2nd-edition.

[2] NATIOAL CENTER OF CHRONIC DISEASE PREVENTION AND HEALTH PROMOTION. Comprehensive school physical activity program framework [EB/OL]. (2013–12–01)[2023–09–05]. https://www.cdc.gov/healthyschools/physicalactivity/pdf/2019_04_25_PE-PA-Framework_508tagged.pdf.

[3] NATIOAL CENTER OF CHRONIC DISEASE PREVENTION AND HEALTH PROMOTION.Comprehensive school physical activity program: a guide for schools [EB/OL]. (2013–12–01)[2023–09–05]. https://www.cdc.gov/healthyschools/physicalactivity/pdf/13_242620-A_CSPAP_SchoolPhysActivityPrograms_Final_508_12192013.pdf.

力至关重要，它还帮助学生在学校参与各种体育活动。在规定的体育教育和体育活动参与时间中，小学每周至少需要 150 分钟的体育教育，初中和高中每周至少需要 225 分钟的体育教育，以确保学生在至少 50% 的体育课时间内进行适度到积极的运动。在学校体育学科的评价指标方面，形成了集健康体能、健康知识、运动技能、参与意识和运动价值意义于一体的 5 个较为全面的评价指标，即 SHAPE America 这一组织制定的 K–12 体育教育国家标准 [1]。美国全国各地学区基本以 K–12 体育教育国家标准为依据来制定或修订现有的标准、框架和课程。

课间体育活动包括在学校当天课堂上进行的一系列体育活动（如伸展运动、跳跃运动、球类运动等），以及课间休息时间由学校安排的训练有素的教学人员和志愿者监督进行的各项体育活动。这是除体育教育之外，学校在上学期间为学生提供的各种环境下的体育活动。一般来说，学生在白天参与的体育活动主要集中在课间休息时间，学校通过为学生提供空间、设施、设备和用品来吸引和鼓励学生积极参与体育活动，从而促进学生在校期间多参与体育活动。学校还会为有兴趣的学生提供有组织的课间体育活动，所有年级的青少年都可以参加并且从中受益。

课前和课后体育活动包括步行或骑自行车往返学校、参加体育俱乐部的活动、校内体育项目（所有学生都可以参加的学校或社区组织的体育活动）、校际运动（学校之间进行的体育竞技活动）等。课前和课后的体育活动项目可以进行协调。

## 五、构建社区体育活动服务体系

美国的社区体育隶属体育社团组织，以非营利性体育俱乐部为主要活动形式，且与政府属于协作关系。居民参与体育活动的场地包括社区体育活动中心、

---

[1] SHAPE AMERICA. National standards for K–12 physical education [EB/OL]. [2023–09–05]. https://www.shapeamerica.org/MemberPortal/standards/pe/default.aspx.

公园及私营体育俱乐部。其中，社区体育活动中心是青少年体育启蒙、居民业余锻炼及各类体育俱乐部训练活动的主要场所。从个体角度来讲，居民不仅可以通过社区体育活动中心提供的体育参与服务提高自身身体素质，还可以通过体育锻炼放松精神、娱悦心情，促进人的身心健康发展。可以说，社区体育活动中心为人们的日常休闲娱乐、强身健体以及儿童和青少年的健康成长提供了一个安全且舒适的区域。

美国的社区与学校之间的联系十分密切。在构建社区体育服务体系的过程中，加强与学校的合作能够更好地为儿童和青少年提供课外体育活动。早在1927年，就有32个州通过法律规定"社区可使用学校的建筑作为社区中心"，以鼓励居民进校锻炼。学校与政府还制订了相关计划，建立学校、社区联合的中小学教育行政机构，其成员由社区选民选举产生，并且选民可以直接参与学校教育及相关事务的管理。同时，政府还协调了来自社区组织、俱乐部、文化和公民组织、社会服务机构、宗教信仰组织、卫生诊所、学院和大学以及其他社区团体的信息、资源和服务。

通过在社区与学校之间开展组织合作，社区居民、代表、学生家长、教练员等从这些组织中获得了有用的信息和资源，并且让儿童和青少年获得了社区有关健康和体育的项目、服务和资源。美国社区还与学校达成了合作伙伴协议，使社区组织能够更好地开展各类健康项目和活动（如医疗卫生援助、体育活动项目服务等），为青少年参与体育活动提供安全便利的平台。社区还与学校合作创建了一个将社区卫生和社会服务资源、活动联系起来的网络，将学校设施供社区组织使用，社区组织为学生提供健康和体育教育培训与各类活动。

## 六、通过校际体育竞赛体系促进青少年体育水平提升

美国的校际体育竞赛对青少年来说是一个独特的体育教育机会，是一种激发青少年体育参与热情的纽带，也是学校树立自身品牌形象、实现学生全面发展的方式。美国学校体育联盟组织包括美国高中体育联盟（National Federation of State High School Associations，NFHS）和美国大学生体育协会（National

Collegiate Athletics Association，NCAA）。简要来说，美国中小学生可以通过社区俱乐部参加体育活动，在即将进入高中的青少年学生运动员中，表现出色的会被选入 NFHS 的合作高中，在高中加入校运动队或校外俱乐部训练，参加 NFHS 举办的比赛，在比赛中积极表现，则有机会获得 NCAA 的认可，拿到体育奖学金，进入大学学习，毕业后可进入美国四大职业体育联盟或国家奥林匹克运动队，也可以进入高校等机构担任教练员、体能训练师或其他体育相关岗位。

NFHS 总部位于印第安纳州印第安纳波利斯市，作为非营利组织，在全美的 51 个州（包括华盛顿特区）协会中为 1.95 万所高中和超过 12 万青少年提供运动训练和竞赛服务。NFHS 为高中体育竞赛制定比赛规则，为州政府官员、高中教练员、学生、家长提供在线体育教育课程[1]。该组织致力于将体育运动融入教育，以体教融合的发展方式促使青少年成为具备优秀运动能力且学习成绩优异的精英人才[2]。

NCAA 是一个非营利组织，负责监管美国、加拿大和波多黎各约 1 100 所学校的学生体育活动。它还组织大学的体育项目，并帮助每年参加大学运动的 50 多万名大学生运动员[3]。NCAA 的成员学校规模各异，从拥有数百名学生的学校到拥有数万名学生的学校。NCAA 将规模不等的学校分为 3 个级别，旨在为来自不同规模和运动水平的学校球队创造一个公平的竞争环境，并为大学运动员提供更多参加全国锦标赛的机会。在 NCAA 的 3 个级别的学校中，一级学校通常拥有最大的学生团体，管理最大的体育预算，并提供最多的体育奖学金；二级学校则主要在高水平体育比赛中学习和专注于为学生提供体育教育成长机会；三级学校主要为学生提供参与竞争激烈的体育环境，推动大学运动员在球场上表现出色，并鼓励他们发挥潜力，提升运动能力。

NFHS 和 NCAA 虽然分别代表了全美高中和大学的校际体育竞赛活动，

[1] NATIONAL FEDERATION OF STATE HIGH SCHOOL ASSOCIATIONS. About us [EB/OL]. [2023-09-05]. https://www.nfhs.org/who-we-are/aboutus.

[2] GREEN K. Key Themes in youth sport[M]. New York：Routledge, 2010.

[3] NATIONAL COLLEGIATE ATHLETIC ASSOCIATION. Overview [EB/OL]. [2023-09-05]. https://www.ncaa.org/sports/2021/2/16/overview.aspx.

但二者的侧重点有所不同。NFHS 的侧重点在于关注学生的体育教育，在美国所有的国家体育组织中，NFHS 是体量最大、影响最深的体育和艺术教育组织。它拥有十分成熟的在线学习平台——NFHS 学习中心（www.NFHSLearn.com）[1]，平均每月的线上课程学习人次超过 46 万，2022 年的线上总课程数超过 300 万（包括免费课程和付费课程）[2]。体育教练员、体育管理者、学生、家长、政府官员及表演艺术教育工作者等都是该平台的用户，他们通过该平台学习体育相关知识和技能，其目的不是在体育竞赛中获得胜利，而是通过教育来提升自己。相比之下，NCAA 更侧重于在体育竞赛中选拔运动表现优秀的精英运动员。NCAA 除了前文提到的拥有 3 个级别的学校，还会组织学校间的一些体育竞技活动，形成了一种独特的大学间的体育联盟文化。不同区域的大学会组成体育联盟，在成立之初，秉承着更好地加强同区域内校际的体育交流及管理的理念切磋竞技。然而在长时间不断地磨合切磋中，同区域的各个学校之间也逐渐拥有了自己的目标对手，也就是我们所熟悉的宿敌。同区域的体育联盟会经常设置比赛来进行区域冠军的角逐，NCAA 也会趁此在其中选出最优秀的运动队来进行全国冠军的对决赛。

可以看出，NFHS 关注青少年的体育文化教育，在竞技水平上更偏向业余水平，NCAA 则更关注在激烈的体育竞赛中选拔运动精英。这两个组织的合作，有效地将青少年体育教育发展和青少年精英体育发展结合在一起，极大地促进了美国青少年体育的全面发展。通过较为成熟的竞赛机制，美国的校际体育实现了相互结合发展，从体育兴趣培养到青少年精英运动员选拔、从体育精神文化输出到专业体育技能传授，为青少年提供了一条从小学、中学到大学通过体育获得成功的道路，这也极大地提升了校园体育的氛围，激发了青少年参与体育活动的热情。值得一提的是，NFHS 和 NCAA 的总部都位于印第安纳州印第

[1] LEARNING CENTER. The national leader [EB/OL]. [2023-09-05]. https://nfhslearn.com/.

[2] NATIONAL FEDERATION OF STATE HIGH SCHOOL ASSOCIATIONS. Focus on education separates high school sports, performing arts from other levels [EB/OL]. (2023-08-27) [2023-09-05]. https://www.nfhs.org/articles/focus-on-education-separates-high-school-sports-performing-arts-from-other-levels/.

安纳波利斯市，地缘上的便利促进了高中与大学之间的校际体育合作与交流。

## 七、注重家庭与学校体育的联动

美国的家庭体育文化价值观念非常浓厚，中产及以上的家庭尤其注重孩子在体育运动方面的发展。家长陪伴孩子参与体育活动成为一种普遍现象，孩子能够入选学校运动队更是家庭中的荣耀。因此，美国卫生与公众服务部下属的疾病控制与预防中心，以学校为单位，以发展儿童和青少年的身心健康为导向，下发了鼓励家长和社区参与儿童和青少年健康发展的系列政策，如《家长参与：让家长参与学校健康发展的策略》[1]《促进家长参与学校健康发展》[2]《促进家长参与学校健康发展：员工发展促进指南》[3]。该系列政策的发布旨在通过学校平台，鼓励家长、社区和学校工作人员共同努力，支持和改善儿童和青少年在校期间的身心健康发展，促进儿童和青少年更加积极地参加体育活动，养成良好的饮食习惯，营造健康的学校氛围。在该系列政策引导下，家长的陪伴和引导可以促进儿童和青少年产生积极健康的行为。例如，当父母在孩子的学校做志愿者时，孩子参加校园内各类体育活动的可能性也会增加。学校作为该系列政策的主要推动者，为家长提供了育儿支持，加强了学校与家长的沟通，还提供了在校园内做志愿者的机会，增加了家长在校园内与孩子的互动，使家庭得以在课后共同参与健康活动，并为家长提供了参与学校决策的机会，进一步提升了家长对孩子健康发展的关注。

---

[1] NATIOAL CENTER FOR HIV/AIDS, VIRAL HEPATITIS STD,TBPREVENTION.Parent engagement: strategies for involving parents in school health [EB/OL]. [2023−09−05]. https://www.cdc.gov/healthyschools/parentsforhealthyschools/pdf/parent_engagement_strategies.pdf.

[2] NATIOAL CENTER OF CHRONIC DISEASE PREVENTION AND HEALTH PROMOTION. Promoting parent engagement in school health [EB/OL].[2023−09−05].https://www.cdc.gov/healthyyouth/protective/pdf/parentengagement_slides.pdf.

[3] NATIOAL CENTER FOR HIV/AIDS, VIRAL HEPATITIS STD,TBPREVENTION.Promoting parent engagement in school health: a facilitator's guide for staff development[EB/OL]. [2023−09−05]. https://www.cdc.gov/healthyschools/parentsforhealthyschools/pdf/parentengagement_facilitator_guide.pdf.

加强家庭和学校之间的联动合作，让双方共同参与儿童和青少年的健康发展，有助于培养儿童和青少年积极向上的生活态度和学习态度，让儿童和青少年获得更多实用的健康和运动知识与技能。在家庭和社区共同参与的联动机制下，从青少年全面健康发展的角度出发，不仅提高了青少年的整体健康水平，还在增强个人体育素质方面取得了显著成效。

## 第二节　英国青少年体育活动促进情况

### 一、多元主体协同促进青少年体育发展

英国的青少年体育拥有丰富多元的制度供给主体，主要包括政府部门和非政府组织。这些部门和机构共同构成了由政府引导、半官方机构配合、大量社会组织共同参与促进的政策运行体系。涉及的政府相关部门包括英国教育部，文化、传媒与体育部（Department for Culture, Media and Sport, DCMS），儿童、学校与家庭事务部，环境、食品与农村事务部及卫健委；非政府组织包括英国研究理事会、英国奥委会、英国体育委员会、中央娱乐体育委员会、英国青少年体育信托基金（Youth Sport Trust, YST）等。虽然成分多元的制度供给主体体系在统筹管理上存在一定难度，但是也因此能够更好地调动社会各界的力量，使得青少年体育的相关政策能够得到政府各相关部门的支持和社会各类组织的积极响应，大大提高了政策的落实效率和程度。

DCMS 是英国政府内阁中的一个部门，也是 2012 年伦敦奥运会的协调部门，是任命和监督奥运赛事的基础措施和运动项目的负责机构。在青少年体育发展方面，DCMS 主要负责制定政府高层政策以及为青少年体育发展提供资金资助和政策支持。

YST 是一个儿童和青少年慈善机构，成立于 1995 年，旨在通过体育促进儿童和青少年的教育和身心健康发展。YST 在解决儿童和青少年健康状况

下降的问题方面也取得了很大的成就<sup>[1]</sup>。YST 与社会企业和组织在青少年体育发展方面有着密切的合作，倡导通过体育活动促进青少年教育和身心健康发展。YST 为学校的体育教育和活动提供了许多支持。例如，为学校的儿童和青少年制定和实施专业的培训与体育课程。儿童和青少年可以成为 YST 的会员，参与其提供的体育活动。2018—2022 年，有超过 100 万儿童和青少年通过 YST 的体育促进项目享受到了体育改变生活的好处；有超过 30 万儿童和青少年接受了 YST 的培训，成为鼓舞身边同龄人参与体育活动的带头人；有将近 6 万名教师、教练员和体育从业者通过 YST 的培训，成为学校体育教育和体育行业的高素质引领者。

### 二、有效利用各类政策推进青少年体育发展

英国政府在开展青少年体育活动促进工作的过程中发布了许多政策和文件，在这些政策文件中经常出现政府投资、资金支持、授权管理、政策推行阶段结果报告以及各地成功经验分享等内容，这些内容体现出了政府对各类政策的广泛使用，利用政策为青少年体育活动提供积极有效支持的必要性。

在政策落实方面，除了调动各界的力量积极参与青少年体育的相关工作，政府还配备了相关的政策工具，以确保政策能够得到有效实施。一方面，政府在青少年体育政策的推行过程中充分发挥了相关政策的法律作用，有力地保障了青少年体育政策的落实；另一方面，政府推出了国家体育课程标准，在多份有关教育的文件中强调体育课程的重要性，从而保障了体育课程的有效开展，其权威性与强制性是青少年体育良好发展的关键所在。

除了强制性的政策工具，政府还充分利用激励性的政策工具，如政府补贴、税收优惠等，激励社会各组织积极参与青少年体育发展的工作，吸引大量的资源投入到青少年体育的发展中。此外，政府还利用能动性的政策工具，为有能

---

[1]  YOUTH SPORT TRUST.Inspiring changemakers,building belonging[EB/OL].[2023-09-07].https://www.youthsporttrust.org/about/what-we-do/our-strategy.

力的组织和机构提供必要的信息与资源，帮助它们更好地参与青少年体育活动的促进工作。

政策工具的良好运用是政策实施的关键。英国在青少年体育发展过程中发布过一系列政策措施，具体见表 5-2。

表 5-2　英国青少年体育发展相关政策名录

| 颁布时间 | 政策 |
| --- | --- |
| 1995 年 | 《运动：提高比赛水平》 |
| 1997 年 | 《英国：体育大国》 |
| 2000 年 | 《全民体育的未来》 |
| | 《积极的未来》 |
| 2002 年 | 《游戏计划：实现政府体育和体育活动目标的战略》 |
| | 《通过体育教育和运动的学习》 |
| 2005 年 | 《体育教育、学校体育和俱乐部联合战略》 |
| 2008 年 | 《青少年的体育教育和体育战略》 |
| 2012 年 | 《养成终生运动习惯：一项青少年体育新战略》 |
| 2013 年 | 《个人、社会、健康与经济教育指南》 |
| | 《英格兰的国家课程：体育学习计划》 |
| | 《青少年体育信托基金：体育改变生活战略计划 2013—2018》 |
| 2015 年 | 《体育未来：积极国家新战略》 |
| 2019 年 | 《英国学校体育活动行动计划》 |
| 2021 年 | 《将运动联合起来》 |
| | 《2021—2031 年英国体育战略计划》 |

续表

| 颁布时间 | 政策 |
|---|---|
| 2022 年 | 《激励变革者，建立归属感 2022—2035 战略》 |
| 2023 年 | 《活跃起来：体育和身体活动的未来战略》 |

在 2005 年发布的《体育教育、学校体育和俱乐部联合战略》中可以看出，该战略是由英国教育和技能部（Department for Education and Skills，DFES）及文化、传媒与体育部（DCMS）两部门领导开展的，总体目标是将英国 5~16 岁儿童和青少年每周至少 2 个小时进行高质量体育教育（体育）和学校体育的比例，到 2006 年提高到 75%，到 2008 年提高到 85%。该战略文件中还提供了有关学校体育伙伴关系计划的成功经验："一所中学的初级体育领袖（JSL）和社区体育领袖（CSL）项目很好地帮助学生发展团队合作技能，并扩展了他们与其他学校学生的关系。学生们理解该奖项如何有助于他们自己的个人发展，并提升学校和合作小学之间的联系。他们会定期参加举办小学的体育节和其他活动。在这一过程中，他们能够解释这对他们自己的体育技能、对小学生的体育技能的影响。"

英国政府于 2023 年 8 月发布了《活跃起来：体育和身体活动的未来战略》。该战略是由 DCMS 部长大臣在英国国王的授权下提交给英国议会的战略方案。该战略提到了 DCMS 赞助了 4 个被称为"分支机构"（作为非政府机构）的组织，分别是英格兰体育（Sport in England）、英国体育（UK Sport）、英国反兴奋剂组织（UK Anti-Doping）、运动场地安全管理机构（Sports Grounds Safety Authority），它们致力于青少年体育运动的发展 [1]。DCMS 还支持建立了一个名为"积极伙伴关系网络"的机构，它是一个全国性的体育和体育活动组织协会，它的存在是为了创建一个更健康、更公平的社会。积极伙伴关系网络通过地方

---

[1] DEPARTMENT FOR CULTURE,MEDIA AND SPORT. Get active: a strategy for the future of sport and physical activity [EB/OL]. (2023-08-30)[2023-09-07]. https://www.gov.uk/government/publications/get-active-a-strategy-for-the-future-of-sport-and-physical-activity.

和非营利组织合作，减少差距，并与地方和国家利益攸关方合作，通过体育活动改变生活，进行广泛的社会变革。积极伙伴关系网络得到英国体育的支持和资助，共同实现其10年联合运动战略的雄心，其资金来自150万英镑的政府和国家彩票资金。由此可以看出，英国政府通过激励性的政策工具和政府补贴的手段来激励社会各类组织积极参与青少年体育的发展和促进工作。

### 三、建立青少年社会体育组织的认证标准

然而，多主体参与模式在具体实施过程中导致了管理混乱和无序，降低了推动青少年体育发展的效率，尤其在社会体育俱乐部中更为突出。为此，英格兰体育理事会于2004年推出了青少年体育俱乐部的标准化认证（ECB Clubmark），这一标准适用于英国所有的青少年体育俱乐部，是一种"执照制度"。该标准一经推出就得到了广泛认可，并被各体育俱乐部作为权威的认证标准。目前，ECB Clubmark已更新至2023年。

英国青少年体育俱乐部的标准化认证主要包括4个方面的内容：一是关于俱乐部的项目活动安排情况，如活动的具体项目、教练员资格情况、安全管理规定等；二是俱乐部服务标准，如儿童保护政策、风险控制、安全政策等；三是俱乐部的社区认可情况，主要是俱乐部在社区中的受欢迎程度、客户满意度等；四是俱乐部的管理规范，如俱乐部的管理制度、保险制度、定价策略等方面。

英国青少年体育俱乐部的标准化认证为青少年体育俱乐部的发展提供了闭环式的推动力，极大地提高了青少年体育俱乐部的组织效率：首先，认证标准为青少年体育俱乐部发展提供了明确的方向，解答了社会关于成功的青少年体育俱乐部应该是什么样的疑问，让所有的青少年体育俱乐部在努力获得认证的过程中避免了摸索前进可能要走的弯路。其次，标准化认证的权威性确保了标准化认证的存在意义，由英格兰体育理事会推出的标准化认证受到了广泛的认可，其权威性直接降低了俱乐部和社会的顾虑与怀疑，俱乐部对于获得标准化认证乐此不疲，家长们在为青少年选择服务提供者时也会优先考虑得到标准化认证的俱乐部，从而推动市场资源向优质项目聚集。最后，政府对获得认证的

俱乐部的资助使优质的俱乐部获得更好的发展机会，对于获得标准化认证的青少年体育俱乐部，英格兰体育理事会将联合地方体育联合组织、全国体育协会组织和地方政府，共同为俱乐部提供标准化的支持服务，如资金支持、宣传推广、政策支持等，推动优质俱乐部更好地发展。

## 四、健全青少年体育竞赛机制，提高青少年体育参与度

英国政府将体育竞赛与学校体育发展相结合，通过竞赛激发儿童和青少年的体育兴趣，吸引儿童和青少年参与体育活动。在《体育教育、学校体育和俱乐部联合战略》《英国学校体育活动行动计划》[1]《体育未来：积极国家新战略》[2] 等政策中均有体育竞赛与学校体育结合发展的相关内容体现。其中较为经典的是英国自 2010 年成立的"学校运动会（School Games）"项目 [3]，这是一项旨在将竞技体育作为学校体育核心的计划，为更多的儿童和青少年提供体育竞赛和实现个人体育成就的机会。学校运动会是通过地方和国家层面的伙伴关系实现的。学校运动会由地方一级的俱乐部、学校和县体育团体提供。地方组织委员会成立，通常由教师领导。在国家层面，伙伴关系通常由英格兰体育、YST、DCMS、Change4Life 以及英国残奥会构成。截至目前，学校运动会的比赛有超过 1.9 万所学校参加，参赛青少年超过 10 万人次，该比赛还得到了超过 1.5 亿英镑（折合人民币约 14 亿元）的彩票和政府投资（DCMS，卫生部和教育部）的支持，以此帮助促进学校的竞技体育发展。

[1] DEPARTMENT FOR EDUCATION WORKING , DEPARTMENT FOR CULTURE , MEDIA AND SPORT AND DEPARTMENT FOR HEALTH AND SOCIAL CARE.School sport and activity action plan [EB/OL]. (2023–07–01)[2023–09–05].https://www.gov.uk/government/publications/school–sport–and–activity–action–plan.

[2] DEPARTMENT FOR CULTURE,MEDIA AND SPORT ,DEPARTMENT FOR DIGITAL, CULTURE, MEDIA & SPORT. Sporting future:a new strategy for an active nation[EB/OL].(2015–12–17)[2023–09–05]. https://assets.publishing.service.gov.uk/government/uploads/system/uploads/attachment_data/file/486622/Sporting_Future_ACCESSIBLE.pdf.

[3] SCHOOL GAMES. What is the school games? [EB/OL].[2023–09–05].https://www.yourschoolgames.com/about/what–school–games/.

英国构建的全国范围内的学校运动会竞赛体系——学校运动会将青少年体育和精英体育相结合。所有年龄段、不同运动能力的青少年学生都可以参加比赛。比赛分 4 个级别：一、二级别的比赛水平不高，重点在于激发青少年的体育参与热情；三、四级别的比赛水平较高，重点在于选拔高水平的青少年运动员，为精英体育培养后备人才。学校运动会向所有学校开放，目标是定期在奥林匹克公园举行决赛。在奥林匹克公园进行决赛之前，有 3 个级别的比赛（班级对班级、学校对学校，以及地区或郡范围的体育节）。学校运动会的比赛项目包括田径、羽毛球、自行车、击剑、体操、曲棍球、柔道、七人制橄榄球、游泳、乒乓球、排球和轮椅篮球[1]。这一举措极大地促进了英国青少年体育的全面发展，根据官方数据，在政策实施后，英国青少年参加体育活动的人数有了明显的增长。

## 五、充分发挥社区体育的多元化运营能力

政府推出了联合运动战略，以"体育促进发展"为思路开展了一系列的社区体育干预活动，并倡议国民遵循医学建议：儿童每天需完成 60 分钟的运动，成人每周做满 150 分钟的运动。政府还出台了社区体育发展基本标准：要求每 2.5 万人的社区建设一个社区体育中心，并开展多项体育项目，如羽毛球、篮球、五人制足球、曲棍球、舞蹈、网球、乒乓球、蹦床等。此外，社区体育中心还需配备健身房、会议室及更衣室。

英国社区体育中心一般分为村镇与城市社区体育区域，考虑到土地集约化使用与社区居民的使用便捷性及丰富性，除要求对多种体育功能提供复合化设计之外，社区体育在空间规划时，还加入了社区其他功能以实现空间的多用途利用，如文化活动、社交聚会、休闲娱乐等功能的叠加。与此同时，社区老年人、青少年、妇女等各群体的体育需求和爱好也被作为重要考虑因素融入了使用空间设计范畴。另外，英国在进行社区体育中心设计时，要求能够在现有基础上

---

[1] DEPARTMENT FOR DIGITAL, CULTURE,MEDIA & SPORT. Huge support for sainsbury's school games competition[EB/OL]. （2012-02-06）[2023-09-05]. https://www.gov.uk/government/news/huge-support-for-sainsburys-school-games-competition.

进行扩建、延伸和改善，以提高环境标准，并允许开展更多的体育活动、多种类社区文化活动，满足多元化使用的要求，如能够灵活增加民用、商用活动区及临时搭建的看台，在社区体育中心能够设立展会、集会等社区活动，能够通过改善和更新一些设施来为社区学校提供服务。

除了在空间和功能设计上展现出多元化特点，英国社区体育在治理主体上也体现出了多元主体治理的特点。以英国伯明翰地区社区体育发展为例，治理主体可分为两大类：一是政府承担社区体育开展的相关部门，如卫生部和教育部、伯明翰地方政府的相关业务部门等；二是以推动社区体育开展为组织目标的社会组织，如英格兰体育理事会、全国单项运动协会、伯明翰体育理事会、伯明翰地区的社区体育俱乐部等。这些治理主体在多年的合作与磨合中，逐渐形成了一种以推动社区体育发展为目标，以伯明翰体育理事会为核心，以社区体育俱乐部等地方社团组织为载体，以社区体育志愿者为支撑，广泛吸纳各类资源，实现资源整合共享与分类监督的国家-社会合作型多元共治模式。在伯明翰地区社区体育多元治理运营机制下，资源整合共享机制、引导孵化培育机制、项目制的运作机制及基层民主协商机制共同推动社区体育的多元治理发展。其中，资源整合共享机制是基础机制，引导孵化培育机制是核心机制，项目制的运作机制是关键机制，基层民主协商机制是补充机制，为青少年体育活动促进提供全面有效的社区服务。

## 六、完善特殊青少年的体育发展保障

在英国，还存在着"社会边缘青少年"群体，这一群体多来自社会底层，被排挤于校园、体育活动和日常生活以外[1]。面对种种社会排斥，他们选择沉默应对，以自我隔离或自我排斥的方法减少甚至中断与他人的交往，以此应对人际关系紧张、缺乏发展机会和生活贫困所带来的种种挫折。在长期自我排斥

[1] AUERSWALD C L, PIATT A A, MIRZAZADEN A. Research with disadvantaged, vulnerable and/or marginalized adolescents[J].Innocenti research brief, 2017:17.

与社会排斥的双重打击下，他们的人际网络、经济条件与生活起居也逐渐远离主流社会的生活素质和方式，加上持续地缺乏成功经验、正面认同、安全感、机会及选择，他们便逐渐过着足不出户的边缘式生活。

为了保护"社会边缘青少年"群体能够享受到平等的社会福利待遇，英国政府在青少年体育发展方面作出了相关努力，鼓励当地相关部门、社区俱乐部、志愿者组织、慈善基金会以及其他相关组织开展合作，创建 1 000 个街道体育俱乐部，增加青少年的体育参与机会。例如，英国政府和凯利·霍姆斯夫人信托基金（Dame Kelly Holmes Legacy Trust）展开合作，该基金会的社会福利计划帮助了数千名"社会边缘青少年"，让他们有机会参加体育活动。此外，英国政府还为那些能够帮助"社会边缘青少年"参加体育活动的社会各类组织设立了专门的资助通道，鼓励社会各类组织关注并支持"社会边缘青少年"的体育发展。

## 第三节　加拿大青少年体育活动促进情况

### 一、建立依托学校的青少年体育活动促进系统

加拿大各地的政府和组织十分重视学校体育运动在促进青少年养成终身运动习惯和体育活动参与方面发挥的关键作用。在 2012 年的加拿大体育政策中，学校体育并未被明确定位为一个独立背景，它经常被视为解决加拿大青少年体育问题的潜在途径。

学校系统通过提供便捷的体育参与机会来发展儿童和青少年的体育素养，让他们接触各种各样的体育活动（包括加拿大主流体育项目，残疾人体育和文体活动）。加拿大政府通过学校系统为青少年提供多样化的体育活动，以解决儿童和青少年无法充分获得体育参与机会的问题。不仅如此，学校供社区使用的体育器材和基础设施的加强使用可以增加在体育服务不足的地区的青少年获得体育运动的机会。加拿大政府加强了体育和教育部门之间的合作和协调，在

2020 年发布的《加拿大青少年政策》[1] 中，加拿大政府将学校体育作为优先发展方向，投入资金和资源用于学校基础设施、规划、指导和领导力发展，以保障所有儿童和青少年能够获得负担得起、安全、高质量的体育参与机会。

"行动机会补助金计划"就是一个由加拿大体育部资助的、以学校为基础的、用于增加加拿大各地学生的体育活动参与度的资金计划 [2]。该计划强调了学校是接触加拿大绝大多数儿童和青少年的最佳途径。当前加拿大的儿童和青少年在体育活动机会方面还存在诸多不平等，特别是在加拿大多样化的气候下，新移民的儿童和青少年可能没有机会在寒冷的天气参加体育活动。"行动机会补助金计划"使得儿童和青少年可以在他们常在的地方（学校）开展适合自己的体育活动。该计划着重提升学校和社区的体育服务能力，以便在上学前、上学期间和放学后提供具有包容性和一定意义的体育活动与体育参与机会。该计划向单个学校或社区组织提供最高达 2 万加元( 折合人民币约 11 万元 )的补助金，用于吸引学龄儿童和青少年参加体育相关的活动，确保让每位儿童和青少年都有公平参与体育活动的机会 [3]。考虑到加拿大的季节变化，该计划的资金最早在 11 月发放，并在整个秋季和冬季滚动分配，鼓励学校董事会和学校各部门尽快申请，以确保学生在整个学年都能享受到运动带来的益处。总体来说，一个蓬勃发展的学校体育系统是解决青少年体育发展不平等、参与机会不足等问题，提升青少年身体素质的一种方式。

## 二、完善青少年体育活动参与的激励机制建设

税收优惠措施是加拿大政府用于促进青少年体育活动参与的重要手段。税

[1] FEDERAL YOUTH SECRETARIAT. Canada's youth policy. [EB/OL]. (2020–04–15) [2023–09–05]. https://www.canada.ca/en/youth/programs/policy.html.

[2] PHYSICAL AND HEALTH EDUCATION CANADA. Access to action grant program [EB/OL]. （2022–10–21）[2023–09–05]. https://phecanada.ca/connecting/funding/access–action–grant–program.

[3] PHYSICAL AND HEALTH EDUCATION CANADA. PHE Canada launches $2M school sport and physical activity grant program [EB/OL]. （2022–10–21）[2023–09–05]. https://phecanada.ca/connecting/news/physical–and–health–education–canada–launches–2m–school–sport–and–physical–activity.

收优惠措施可分为两大类：一是所得税措施，允许个人在年度税务申报中申请抵免；二是销售税措施，涉及减少或取消商品或撤销商品及服务的销售税。

在加拿大，第一个引入旨在促进青少年体育活动参与的所得税措施的地方政府是新斯科舍省，该政策名为"健康生活税收抵免"[1]。该政策于2005年推出，允许家庭为17岁以下的儿童和青少年支付注册体育、娱乐及其他体育活动项目的费用时，申请税收抵免。每个儿童和青少年最多可获得约44加元（折合人民币约240元）的税收抵免，这是基于当前加拿大的最低边际税率对最高500加元的支出金额计算得出的。为了鼓励更多父母重视和支持其孩子参与体育运动，加拿大政府针对儿童和青少年推出了一项名为"儿童健身税收抵免（Children's Fitness Tax Credit，CFTC）"的政策[2]。该政策于2007年生效，允许家长为16岁以下的儿童和青少年（残疾儿童和青少年抵免年龄放宽至18岁）参与有组织的体育活动计划费用申请税收抵免。第一年就有约130万纳税人（占总纳税人数量的5.2%）申请了这项减免，到2008年，这一数字增至约150万（占5.9%）。安大略省在2007年对自行车实施了免征省级零售税，以促进包括儿童和青少年在内的当地居民的体育活动，并鼓励骑自行车上班[3]，但这项措施并未持续。类似地，在不列颠哥伦比亚省，自行车和一些自行车零配件也实施了免征省级零售税[4]，这项措施的目的是通过促进替代交通方式的手段来提高当地人对体育活动的参与度。

除了税收优惠措施，还有补助金、奖学金等形式的激励措施，用于促进儿童和青少年的体育活动参与。加拿大新不伦瑞克省政府推行了"Go NB"捐赠

[1] NOVA SCOTIA LEGISLATURE. Income tax act, [S/OL]. （2019–04–12）[2023–09–05]. https://www.canlii.org/en/ns/laws/stat/rsns–1989–c–217/latest/rsns–1989–c–217.html.

[2] CANADA REVENUE AGENCY. Children's fitness tax credit [EB/OL]. （2015–07–15）[2023–09–05]. https://www.canada.ca/en/revenue–agency/programs/about–canada–revenue–agency–cra/federal–government–budgets/childrens–fitness–tax–credit.html.

[3] ONTARIO MINISTRY OF FINANCE. Retail sales tax act [S/OL]. （2022–03–01）[2023–09–05]. https://www.ontario.ca/laws/statute/90r31#BK20.

[4] BRITISH COLUMBIA MINISTRY OF FINANCE. Bicycles and tricycles: social service tax act [EB/OL]. (1981–03–01) [2023–09–05]. http://www.sbr.gov.bc.ca/documents_library/bulletins/sst_001.pdf.

计划 [1]，该计划旨在提升儿童和青少年的体育素质，并降低其参与体育运动的障碍，特别关注那些代表性不足的群体（如原住民青年、残疾人、妇女和女童、经济弱势群体）。新不伦瑞克省的省级和地方体育组织、市政府、非营利组织和原住民都有资格获得这笔补助金，以支持青少年体育素养的提升、领导力的培养以及代表性不足的青少年体育参与促进。可以看出，加拿大的一系列奖励机制可以引导更多儿童和青少年积极参与到体育活动中来。

### 三、发挥社区在青少年体育发展中的推动作用

社区组织是促进加拿大青少年体育发展的重要形式。在加拿大各社区都有功能完善的运动场所，包括室内游泳池、室内冰场和健身房等，这些场所都积极倡导青少年参与体育活动。针对青少年开设的健身课程，价格合理，且为了方便全家锻炼，还特别设置了家庭更衣室和卫生间（可供全家男女老少共同使用，内部设有便于照看孩子的小隔间）。

加拿大政府规定，在社区中心参加运动课程的未成年人，如能连续 8 周参加至少每周 1 次（10 岁以下半小时，10 岁及以上 1 小时）的收费课程，其学费可在父母报税时进行抵扣。如果是低收入家庭则只收办卡工本费，各种课程费用全免，租用冰鞋和头盔也免费。不仅如此，政府还鼓励社区举办一些适合孩子和家长一起参加的活动，如在圣诞节期间，温哥华的一些社区中心溜冰场就举办过"圣诞老人在冰场"活动，到场锻炼的孩子都收到了圣诞老人的礼物。

社区在青少年体育中发挥着重要的作用。加拿大的社区中心在每周末都会专门抽出几小时免费开放给亲子家庭，提供的项目包括游泳、滑冰等，目的是鼓励家长带子女参加锻炼。在加拿大联邦和省卫生部 / 厅网站上，还提供了"儿童健身指南"，建议家长根据子女的年龄，让他们参加适当锻炼和家务劳

---

[1] GOVERNMENT OF NEW BRUNSWICK. Go NB program guidelines [EB/OL]. [2023−09−05]. https://www2.gnb.ca/content/gnb/en/services/services_renderer.201310.Sport−Go_NB_(Grant).html.

动[1]。这仅仅是联邦层面的鼓励措施，各省还有自己的措施，如在卑诗省，公立学校每学期会获得一定时间的"运动课程优惠"，优惠时社区中心体育设施对学生免费开放，学校会组织家长和教师陪同前往。

## 四、完善青少年体育参与环境的法治建设

在加拿大，儿童和青少年在参加运动的过程中可能会遇到受虐待、遭歧视和欺凌等问题。超过 1/3 的黑人青少年和 1/4 的土著青少年表示，他们曾在体育运动中直接遭受过种族歧视。一些青少年表示，他们对体育界的教练员和权威人物缺乏信任；许多人表示，如果他们提出对虐待的担忧，那么不仅不会有用，可能还会面临一些负面后果。这些事例表明，加拿大儿童和青少年的运动安全并不能得到很好的保障。因此，加拿大政府一直致力于创造一个更安全、更具包容性的青少年参与体育运动的空间，让青少年以安全、包容、多样化和无虐待的方式参与体育运动。

加拿大体育争议解决中心建立和实施了一套新的独立安全的体育机制，这一新机制的主要目标是监管那些获得联邦资金的体育组织对《预防和处理体育运动中虐待行为的普遍行为准则》（The Universal Code of Conduct to Prevent and Address Maltreatment in Sport，UCCMS）的执行情况[2]。UCCMS的制定是为了防止和解决加拿大体育系统中各级别的运动员及其他参与者（包括教练员、官员、管理人员、从业者等）遭受的虐待问题。此外，加拿大政府还在 2021—2022 年向加拿大体育争议解决中心提供了 210 万加元（折合人民币约 1 130 万元）的资助，以推动这一新机制的执行。这一新机制为青少年体育发展提供了保障，为加拿大的青少年运动员、体育组织和其他体育利益

---

[1] GOVERNMENT OF CANADA. Sport in Canada [EB/OL].（2022-08-17）[2023-09-05]. https://www.canada.ca/en/canadian-heritage/services/sport-canada.html#a2.

[2] THE CANADIAN CENTRE FOR ETHICS IN SPORT. Universal code of conduct to prevent and address maltreatment in sport [EB/OL].（2022-05-31）[2023-09-05]. https://sirc.ca/news/universal-code-of-conduct-to-prevent-and-address-maltreatment-in-sport/.

相关方提供了可信和公平的程序，以防止和应对未来青少年在体育参与过程中可能遭遇的骚扰、虐待、歧视和有害行为。该机制一旦启动并运行，将是受害者报告事件的安全和独立场所。它将向受害者提供支持和指导，对报告的事件进行独立调查，确定适当的惩罚措施，并举行公平透明的听证会和上诉。

自 1961 年《健康和业余体育法》生效以来，加拿大政府正式承诺"鼓励、促进和发展加拿大的健身和业余运动"。该法赋予负责执行的部长向从事健身或业余体育活动的任何机构、组织提供资助的权力。这些新职责由当时的国家卫生和福利部通过其新的健身和业余体育计划来执行。这一法律条例的出现对促进加拿大的儿童和青少年参与健身和其他业余体育活动产生了积极作用，因为大多数青少年的体育运动水平是业余的，他们参与的体育活动主要以娱乐和健身为目的。《体育活动和体育运动法》（Physical Activity and Sport Act，PASA）则确定了加拿大的体育目标，包括提高加拿大民众对体育活动的参与度和支持加拿大精英运动员追求卓越的体育发展。主办方案、运动员援助方案和体育资助方案是实现该法目标的三大资助机制。可以看出，加拿大政府希望通过 PASA 来鼓励更多人参与体育活动（包括儿童和青少年），并推动精英运动员的卓越发展。其中，第一个目标是针对所有加拿大人而言的，第二个目标则是专门针对精英运动员而言的。具体来说，关于第一个目标（提升体育参与度），PASA 第 3 条规定，联邦政府应采取措施促进加拿大民众的体育活动参与，将其作为健康和福祉的基本要素；鼓励所有加拿大人通过将体育活动纳入日常生活来提升健康。关于第二个目标（推动精英运动员的卓越发展），PASA 第 4 条第 2 款规定，联邦政府应采取措施支持精英运动员追求卓越的体育发展，构建并完善加拿大的精英体育系统。

PASA 的颁布使得加拿大遗产部和卫生部得以推行措施，以激励、促进和发展加拿大的体育活动与体育运动。这些措施包括开展体育领域研究，鼓励私营部门投资体育，提供体育助学金，以及推动女性、弱势群体和边缘化群体等代表性不足的群体的体育参与。PASA 第 6 节还授权各部以赠款和捐款的形式提供财政支持。

## 五、着重打造独具地域特色的青少年体育活动项目

鉴于加拿大较高的纬度，冬季相较于其他三季更为漫长，这也让加拿大拥有了丰富的冬季运动场地资源，为众多人士参与冰雪运动提供了便利的场所。其中，冰球运动是加拿大最受欢迎的冰雪运动。蒙特利尔、温莎、新斯科舍省以及金斯顿、安大略省都声称自己是冰球的发源地，但几乎没有明确的证据可以确定这项运动的起源。大致可以确定的是，冰球运动起源于19世纪的加拿大[1]。每当冬季来临，加拿大各地的一些体育爱好者便聚集在冰面上，手中拿着曲棍，脚上绑着冰刀，互相追逐击打用木片等材料制成的球。这项运动因其丰富的趣味性、竞技性和观赏性，深受加拿大人的喜爱，流传至今，成为众人熟知的冰球运动。冰球运动在北美是极其重要的运动文化组成部分，其较为完善的少儿冰球体系也得到了广大冰球爱好者的认可。作为加拿大的国球，冰球基本上是本地儿童和青少年的必学项目。

在加拿大，完善的冰球体系为不同年龄段的儿童和青少年提供了针对性的训练、进阶计划，设立了各个年龄段的冰球培养路线。4~9岁的儿童处于冰球运动兴趣的培养期，9岁以上则可以逐步加强冰球的技巧和实战训练，同年龄段内，也会根据冰球技能水平的不同分为不同的等级，从而实现从兴趣爱好到专项技能的不断提升，有效促进了儿童和青少年的体育活动参与。

冰球运动对于加拿大人来说，仿佛是融入血液的运动，已经成为他们生活中不可或缺的一部分。很多加拿大的孩子在2~3岁就已经开始上冰，这一阶段是孩子参与冰上运动的启蒙阶段，主要目的是培养他们的冰上运动兴趣，使他们掌握基本的滑行技术，从而更好地帮助他们进行冰上运动。父母也同样希望自己的孩子可以通过冰上运动感受到快乐，提高免疫力和抵抗力，降低疾病风险。在该阶段，家长如果发现孩子有冰球的运动天赋，便会帮助他们制订未来的系统化冰球学习计划，以期有机会加入有组织的冰球队和赛事，即少年冰球（Minor Hockey），为孩子打冰球提前铺路。

---

[1]　MARSH J H. Ice hockey in Canada [EB/OL]. (2015–03–04) [2023–09–12]. https://www.thecanadianencyclopedia. ca/en/article/ice-hockey.

孩子成长到 4 岁以上，基本上都已掌握冰球的基本技能，并由此开始接触冰上运动。教练员会帮助孩子进行更有针对性的体能测试训练，通过饮食和训练让孩子长得更结实强壮，能够承受长时间的冰上运动训练；让孩子学会互相配合和支持，性格更坚韧，并培养他们的团队合作精神。在打冰球时，教练员会要求孩子能够吃苦耐劳，培养他们的进取心。同时，孩子们的冰球训练多是以小组为单位进行的有组织的集体教学，这样有利于巩固孩子的冰球训练基础。由于从小就接受冰上运动的训练，很多孩子在参与这项运动的过程中会结识许多球队里的朋友。这些孩子会在一起进行定期的集训、团训，甚至会在赛季期间同吃同住，如此不仅增进了团队成员之间的默契度，还营造出了浓厚的体育氛围。

加拿大还针对 5~8 岁的儿童设置了专门的竞赛联盟组织——社区联盟（House League）。House League 是全加拿大各地最基层的少儿联赛，也是最为入门的。该联赛在每年的 10 月中旬开始，第二年的 3 月结束。参加 House League 的球队只以当地社区为中心进行组队，通常情况下，每队有 12 名队员，参与度较高的社区可以组织多支球队参与联赛。House League 的主要目的是鼓励更多喜爱冰球的孩子参与到联赛中，并得到技巧提升，帮助孩子确立冰球学习的发展方向，即倾向于娱乐方向还是倾向于竞技方向。由于很多加拿大的孩子从小就喜欢打冰球，所以每当 House League 开始前，成群结队的"冰爸""冰妈"会争先为孩子报名，孩子们也愿意参与。当孩子进入 House League 开始技巧性进阶时，球队每周会进行一次训练，并在周末举办一场进阶提升比赛，帮助孩子们更好地巩固技巧，通过比赛来实现技巧的细化与加持。

孩子成长到 9 岁，就开始进入参加冰上运动竞技的阶段。联赛竞技会按年龄进行分组，随着孩子们的年龄、体能和运动技能的不断提高，也会提高比赛的竞技成分，逐渐从在体育中玩乐演变为在体育中竞技[1]。在各年龄组的竞赛中表现出色的孩子会被推荐参加市级甚至省级的联赛〔这些球队的水平很高，大多数国家冰球联盟（National Hockey League，NHL）的加拿大球员小时候都在这些球队打球〕。NHL 是全世界最高层级的职业冰球比赛，为北美四大职业

---

[1] HOCKEY CANADA. Introduction to U9 hockey [EB/OL]. [2023-09-12]. https://www.hockeycanada.ca/en-ca/hockey-programs/coaching/under-9/parents/introduction.

运动之一。队伍分成东、西两个大区，每个大区又各分为两个分区。NHL 于
1917 年在加拿大魁北克蒙特利尔市成立，成立之初有 5 支队伍。

　　然而，很多对冰球运动有一定了解的家长认为，冰球运动存在较高的危险
性，因为一般在冰球运动中会出现激烈的身体碰撞，锋利的冰刀、坚硬的球棍
等都可能成为潜在的风险因素。但实际上，为了让儿童和青少年在参加冰上运
动时能够收获更好的运动体验，在加拿大打冰球，12 岁以下是不允许身体碰撞
的，而且孩子们从头到脚都穿着护具。即便是过了 12 岁，升级到允许碰撞的比
赛级别，也是非常轻微的碰撞，危险系数很低，而且对于在比赛中恶意打架斗殴、
伤害他人的情况会进行严厉处罚，如终身停赛[1]。这既保证了儿童和青少年在
参与冰上运动时的安全性，又能够教育儿童和青少年"友谊第一，享受比赛"
的体育精神。

　　可以看出，加拿大根据本地自然气候条件，打造出了极具地域特色的运动
项目，并将该项目融入青少年体育当中。受浓厚的冰球文化影响，加拿大的家
庭从小就开始培养儿童和青少年的冰上运动兴趣，并在儿童和青少年的各个年
龄阶段按照兴趣培养、基础技能传授、专项技能训练的路径不断提升儿童和青
少年的冰上运动的参与水平，将其视为一项可受益终身的技能。

## 第四节　澳大利亚青少年体育活动促进情况

### 一、建立政府与多部门合作的协同发展机制

　　体育在澳大利亚人民的生活中占有非常重要的地位，即使是在澳大利亚最

---

[1]　HOCKEY CANADA. How do hockey Canada and local hockey associations ensure player safety? [EB/OL].
　　[2023-09-09]. https://www.hockeycanada.ca/en-ca/hockey-programs/parents/faq.

小的区域或城市，政府对体育运动也有着清晰而大胆的规划。从整体来看，澳大利亚形成了由政府牵头、多部门协调发展的青少年体育发展机制。

在国家层面，澳大利亚的体育活动由国家体育组织负责管理，并由政府部门旗下的一个英联邦企业实体——澳大利亚体育委员会（Australian Sports Commission，ASC）为其提供资助。澳大利亚体育委员会是体育政策制定和国家愿景实现之间的关键纽带，如今更广泛地关注休闲和体育活动。其在资助、发展、管理和教育国家体育组织方面发挥关键作用，并确保澳大利亚政府对体育活动的投资得到适当的分配。例如，国家体育组织在严格遵守澳大利亚体育委员会和澳大利亚体育协会所制定的标准和协议的前提下，接受其资助，旨在有效提升体育参与率。

ASC 通过参与设计工具包来吸引更多的体育参与者。澳大利亚官方统计机构 Asuplay 发布的数据显示，在 2020 年前，约有 230 万（47.4%）15 岁以下的儿童和青少年参与俱乐部提供的体育活动。ASC 通过设计高质量的工具包，包括俱乐部发展、包容性体育、体育素养、青少年体育参与、体育研究等的信息、资源以及框架，让更多的人参与体育活动。ASC 利用体育活动将联邦政府、州和地方政府机构以及社区和非营利部门建立合作伙伴关系创造了新的体育投资机会。

在州和地方层面，澳大利亚地方政府是青少年体育活动促进的主体，地方政府的主要职责是开发和维护体育与娱乐基础设施，并提供社区服务，使更多的澳大利亚人民积极参与体育活动。因此，澳大利亚州和地方政府根据区域情况制定政策和计划，这些政策和计划都旨在推动社区体育活动的发展、改善体育设施，并培养体育人才。

## 二、制定青少年体育活动促进相关政策

自 20 世纪 80 年代起，澳大利亚就以帮助青少年养成终身体育习惯为宗旨，颁布了多项体育政策，这些政策显著提升了澳大利亚青少年体育人口数量和体育参与热情。学校是这些政策的重点实施领域。1986 年澳大利亚体育委员会推

出了《澳式体育》计划，该计划强调学校、体育组织和社区团体之间的"共同责任"，并将构建国家体育组织的青少年体育框架作为重要任务（表5-3）。

表5-3　澳大利亚青少年体育发展政策名录

| 颁布时间 | 政策 |
|---|---|
| 1986 年 | 《澳式体育》（Aussie Sport） |
| 1996 年 | 《活跃的澳大利亚：国家参与框架》 |
| 2001 年 | 《提高澳大利亚的体育能力：更加活跃的澳大利亚》（BASA） |
| 2002 年 | 《游戏生活——加入体育俱乐部》 |
| 2005 年 | 《积极课后社区》（AASC） |
| 2008 年 | 《澳大利亚体育：新挑战，新方向》 |
| 2010 年 | 《澳大利亚体育：成功的通道》 |
| 2013 年 | 《游戏·体育·澳大利亚》 |
| | 《体育学校》（SS） |
| 2019 年 | 《青少年体育政策》 |

21世纪以来，电子科技和互联网成为儿童和青少年日常生活中经常接触的事物，由此带来了儿童和青少年沉迷网络、身体活动减少、身体健康水平降低等诸多负面影响。为此，澳大利亚政府出台了《澳大利亚体育：新挑战，新方向》[1]和《澳大利亚体育：成功的通道》[2]政策，并通过澳大利亚体育委员会在全国范围内发布《游戏生活——加入体育俱乐部》和《积极课后社区》

[1] ANALYSIS & POLICY OBSERVATORY. Australian sport: emerging challenges, new directions [EB/OL]. (2008–05–07) [2023–09–10]. https://apo.org.au/node/3623.

[2] DEPARTMENT OF HEALTH AND AGED CARE. Australian sport: the pathway to success [EB/OL]. (2021–10–28) [2023–09–10]. https://www1.health.gov.au/internet/main/publishing.nsf/Content/aust_sport_path~aust_sport_path_report_chapter1.

（AASC）[1] 政策，以游戏化的方式激发青少年的体育运动兴趣，促进青少年的体育参与。与之类似的理念也在 2013 年出台的《游戏·体育·澳大利亚》[2]和《体育学校》（SS）[3] 计划中得到延续。

AASC 政策同样秉持"为生活而游戏"的理念，在澳大利亚大城市、农村和偏远社区的 3 000 多个地点，为小学适龄儿童提供课外体育活动，并为大约 15 万名儿童提供课余托管服务。这些活动旨在促进儿童参加系统的体育活动、发展运动技能、培养终身体育的习惯 [4]。该计划的升级版 SS 计划进一步将服务扩展到 5~12 岁和 13~15 岁的儿童和青少年，将体育活动时间延长到上学前、放学后。AASC 政策和 SS 计划的重点是打破仅在上学期间参加体育运动的限制，利用课余或周末时间，在家中或其他地方参与体育活动，将体育运动融入生活的方方面面。另外，AASC 政策、SS 计划和 2019 年的《青少年体育政策》[5] 都强调体育志愿者对青少年体育的推动作用，并为体育志愿者提供学习裁判规则、管理技能和运动技术练习的机会。志愿者体育素养的提高会促进运动项目质量的提高，反过来高质量的运动项目又会引起青少年的体育兴趣，从而推动他们参与体育活动。

此外，澳大利亚的青少年体育促进政策还强调了家庭对青少年体育活动参与的支持作用。澳大利亚青少年体育政策着力于培养家庭体育习惯，推广健康的生活方式。例如，SS 计划就包含了如何让家长和监护人更好地支持青少年参与体育活动的具体内容。它鼓励儿童和青少年向父母展示在校学习的运动，以

[1]  AUSTRALIAN SPORTS COMMISSION. Active after-school communities (AASC) [EB/OL]. [2023-09-10]. https://www.clearinghouseforsport.gov.au/kb/aasc.

[2]  AUSTRALIAN SPORTS COMMISSION. Sporting schools [EB/OL]. [2023-09-05]. https://www.sportaus.gov.au/schools.

[3]  AUSTRALIAN SPORTS COMMISSION. Sport Australia's sporting schools program hits record milestone [EB/OL]. [2023-09-05]. https://www.sportaus.gov.au/schools/news/articles/sport-australias-sporting-schools-program-hits-record-milestone.

[4]  AUSTRALIAN NATIONAL AUDIT OFFICE. Active after-school communities program [EB/OL]. [2023-09-05]. https://www.anao.gov.au/work/performance-audit/active-after-school-communities-program.

[5]  ANALYSIS & POLICY OBSERVATORY. Australia's youth policy framework [EB/OL]. [2023-09-08]. https://apo.org.au/node/314287.

此带动全家共同参与体育活动，培养积极健康的生活习惯。此外，《青少年体育政策》也强调家长和监护人应更多关注青少年的比赛和训练过程，以及他们的感受，从而促进青少年身心健康发展。家庭成员共同参与体育活动，不仅能够增加彼此之间的情感交流，还能为青少年体育活动营造良好的氛围。

### 三、重视发挥学校体育的引导作用

澳大利亚学校体育教育注重兴趣的培养，将体育活动融入青少年的日常生活。学校根据每个运动项目的特点，为不同年龄段和运动水平的青少年设计了不同难度的课程计划，让他们能与伙伴们一起参与最适合自己的体育活动。

SS 计划是由澳大利亚联邦政府于 2015 年启动的，是对澳大利亚学校体育发展的重大投资。SS 计划与 37 个国家体育组织（包括田径、足球、羽毛球、棒球、篮球、保龄球、板球、自行车、龙舟、马术、足球、高尔夫球、体操、曲棍球、柔道、棍网球、无挡板篮球、定向越野、划桨、划船、橄榄球、帆船、雪上运动、垒球、特奥会、壁球、冲浪、冲浪救援、游泳、乒乓球、跆拳道、网球、触摸足球、铁人三项、终极飞盘、排球和水球项目的运动协会）合作，为儿童和青少年提供多样化的体育活动项目 [1]。例如，澳大利亚田径协会通过 SS 计划为儿童和青少年提供适合他们年龄、以乐趣为主的运动活动课程，以此培养他们积极、健康、热爱运动的习惯。其中，跑步活动是澳大利亚田径协会设计的一项基于游戏的、有趣的渐进式跑步 / 健身计划，适合所有中小学生参与，为期 4~8 周的计划包括一系列适龄和促进发育的体育活动，这些活动可提高儿童和青少年的体育素养，为他们养成积极健康的生活方式奠定基础。

SS 计划的主要目的是增加儿童和青少年对有组织的体育运动的参与，并且培养其终身参与体育活动的兴趣。该计划通过加强国家部门、专业体育教练员、当地体育俱乐部、学校与儿童和青少年之间的互动来实现这一目标。这一政策

---

[1] ATHLETICS AUSTRALIA. Athletics Australia programs [EB/OL]. [2023-09-08]. https://www.athletics. com.au/get-involved-athletics/sporting-schools/.

的推出是为了解决澳大利亚儿童和青少年健康状况迅速下降的问题，旨在通过鼓励青少年进行有组织的体育参与活动来降低慢性疾病的发病率，包括与肥胖相关的疾病的发病率。自 SS 计划启动以来，已有 8 000 多所学校通过体育学校计划获得了资助，每学期有超过 52 万名计划参与者加入。通过重点关注中小学，澳大利亚体育委员会有效地接触到了 70% 的澳大利亚儿童和青少年，并使儿童和青少年积极地参与体育运动，从而有效地解决了青少年体重超标和体育活动水平下降的问题。

### 四、保障青少年平等使用体育场地设施的权利

澳大利亚的社区体育基础设施是一项重要的体育资源，每年有超过 800 万澳大利亚人使用社区体育基础设施。对于澳大利亚民众来说，拥有更加灵活、可持续的体育运动器材和体育活动基础设施至关重要。澳大利亚政府特别重视确保所有获得资助的社区体育基础设施对所有人开放。对于残疾人来说，应提供专为他们设计的体育基础设施。澳大利亚政府与各州、领土和地方政府在资助满足澳大利亚社区不断变化的体育需求的基础设施方面发挥着关键作用。

2013—2018 年，澳大利亚政府在全国体育基础设施上投资了超过 6 亿澳元（折合人民币约 28.2 亿元）。在投资建设过程中，澳大利亚体育协会提供了有关社区体育基础设施使用情况的数据，这帮助政府更好地理解体育基础设施的经济价值和社会价值，进而帮助体育组织和政府更好地制订计划。在此基础上，澳大利亚政府确保各个年龄、性别和能力层级的儿童和青少年都能享有使用体育基础设施的权利，以及参加各类体育比赛和活动的权利。所有新开发的符合儿童和青少年体育发展的体育项目都可以对儿童和青少年开放，将体育活动作为核心设计元素，并满足儿童和青少年未来的体育需求。此外，澳大利亚政府还努力确保社区体育基础设施的开放使用时间更长，以便儿童和青少年个人、体育运动和社区团体能够更灵活地使用这些体育设施。

墨尔本市在体育设施建设使用方面具有丰富的经验，其市区所拥有的体育场地和设施能够满足青少年的各种体育活动需求。世界纪录认证机构（World

Record Certification Agency，WRCA）的世界影响力评审委员会还授予澳大利亚墨尔本市 2019—2020 年度"世界影响力的体育文化城市"的称号[1]。墨尔本市拥有世界一流的体育设施，如墨尔本板球场、墨尔本体育和水上运动中心、墨尔本公园、罗德拉沃竞技场、AAMI 公园球场（墨尔本矩形球场）、海信竞技场、阿提哈德体育场、弗莱明顿赛马场、州立篮球和曲棍球中心、玛格丽特球场、墨尔本大奖赛赛道等，都是世界闻名的体育场馆。在丰富的场地资源支持下，墨尔本市全年都在举办各类经典体育赛事，如澳大利亚网球公开赛（1月）、阿瓦隆机场国际航空展（2—3月）、澳大利亚一级方程式大奖赛（3月）、澳式足球联赛（3—9月）、MotoGP摩托车大奖赛（10月）、春季赛马嘉年华 [包括墨尔本杯（10—11月）、节假日国际板球锦标赛（12月）]。每当这些赛事来临，当地的人们都会举家前往场馆观看。在非赛季时间，这些体育场馆还会开设相关体育活动的儿童和青少年的培训和体验项目，培养儿童和青少年的体育兴趣，鼓励儿童和青少年参与体育活动。在任何一个周末，无论天气如何，只要在城市郊区开车，就能够感受到体育在墨尔本当地人生活中的地位。因此，墨尔本市的各类体育场地设施不仅能够充分满足青少年体育比赛观看需求，还能够满足其参与各类体育活动的需求，保证青少年有充足的体育场地设施可以使用。

悉尼市同样拥有丰富的、可供儿童和青少年使用的体育场地设施。作为2000年奥运会的举办城市，悉尼这座城市拥有一大批作为赛事遗产的体育设施。其奥林匹克公园内多个场馆是对公众开放的，如网球中心、高尔夫球场、曲棍球场和游泳馆等，游泳、篮球、排球、滑板等项目设施齐全，市民可按需求前来锻炼。在这里还有面向青少年的体育培训班，各类针对青少年的业余比赛也络绎不绝。据统计，2019—2020年，悉尼奥林匹克公园举办了近4 000场活动，包括大型体育赛事、音乐会和娱乐活动、商业活动、展览（包括社区和文化展览）；

---

[1] "WRCA 年度世界影响力"评审是世界纪录认证机构 (WRCA) 全新打造的项目。WRCA 总部位于英国伦敦，自创立以来已为全球数以万计申报者提供服务，并得到了世界各地的知名企业、政府和组织的认可。

每周约有 3 000 人到高尔夫训练场参加娱乐健身活动，1 600 人到网球中心打网球，1.35 万人参加学习游泳和田径赛事活动 [1]。

## 五、提高以社区为主体的课后体育活动参与度

体育活动一直是澳大利亚社会生活的重要部分，为了应对澳大利亚的青少年身体健康水平日益下降的问题，2004 年 6 月澳大利亚政府推出了旨在打造"一个健康、活跃的澳大利亚"的系列政策，其中最具影响力的当属 AASC 政策。该政策提出，在下午 3 点到 5 点半的课余时间为儿童和青少年提供免费的体育活动，旨在激发儿童和青少年对结构化体育活动的热情，提升其基本运动技能，并培养其对体育活动的持久热爱。

澳大利亚体育委员会执行的 AASC 政策在 3 年内获得了 9 000 万澳元（折合人民币约 4.2 亿元）的资金，这笔资金被有效用于在 3 000 多所学校建立课后体育活动社区。不仅如此，大约 15 万名儿童和青少年还享受到了这项政策提供的课外体育护理服务。2007 年 4 月，该政策又延长了 3 年（2008—2010 年），并获得了 1.244 亿澳元（折合人民币约 5.8 亿元）的额外资金。AASC 政策影响深远，覆盖了来自 6 万所学校和校外护理服务中心的 200 万名儿童和青少年，以及 7 万名教练员，他们遍布澳大利亚 6 个州和 2 个地区。平均每个学期都有 19 万名儿童和青少年积极参与其中。该项目提高了不喜欢运动的儿童和青少年对结构化体育活动的参与程度，并且提高了他们的基本运动技能，成为澳大利亚进入 21 世纪以来推动青少年体育发展的一项重要措施。

在澳大利亚，每年有超过 8 万人使用社区体育设施，其中儿童和青少年的占比很大。社区体育设施的建设与维护，都是以提高参与度为核心，以促进个体身心健康为目标。研究表明，更健康的孩子可以取得更好的学习成绩，

---

[1] SYDNEY OLYMPIC PARK AUTHORITY. Sydney olympic park authority, annual report 2019–20 [EB/OL]. (2020–11–30) [2023–09–09]. https://www.opengov.nsw.gov.au/publications/19170.

尤其是在体育运动中长大的孩子成年后保持身心活跃的可能性要比其他孩子高出 10%[1]。

## 第五节　日本青少年体育活动促进情况

### 一、完善青少年体育组织管理体系

青少年体育的有序发展离不开科学合理的组织体系构建和全方位的青少年体育服务。日本的体育组织采用 3 级管理模式，可以分为政府机构、社会团体和民间组织 3 类。

（一）政府机构

市、町（县）、村教委（下设体育科）等政府机构主要对社区体育发展进行宏观管理，并对具体的体育工作进行指导和监督，是体育组织中的核心力量。市、町（县）、村教委受上一级教委（都道府县教委）的管理，其主要工作职责包括执行上级部门的体育政策，制定并实施适合本地区的体育政策，向上一级部门申报年度预算以及具体使用上一级部门发放的体育振兴基金 [2]。体育振兴基金是日本政府设立的专门用于大众体育发展工作的一项固定资金，是体育发展的重要资金援助和支持来源。市、町（县）、村教委的体育科在发放体育振兴基金的工作中起着承上启下的作用，它们必须确保资金主要用于体育设施的维护、社会体育指导员的培训以及体育组织的建设等。

---

[1]　AUSTRALIAN GOVERNMENT, DEPARTMENT OF HEALTH AND AGED CARE. Community sport [EB/OL]. [2023−09−10]. https://www.health.gov.au/topics/sport/community−sport.

[2]　JAPAN SPORTS AGENCY. Revitalization of regional communities and the economy through sport [EB/OL]. (2019−09−01) [2023−09−10]. https://www.mext.go.jp/sports/en/b_menu/policy/economy/index.htm.

## （二）社会团体

市、町（县）、村级的体协和其他各类与体育发展工作有关的协会（如体育指导员协会、休闲协会等）都属于社会团体。这类体协同样受上一级体协的管理，但与政府机构的性质有所不同，其主要特点包括：广泛筹措社会资金，吸纳社会人才，与社会各界保持广泛联系；在具体工作中具有较大的自主性和能动性，如自主决定体育设施基金的发放、为俱乐部培训并配备体育指导员、组织社区体育比赛和研讨会等；设有监督机构，由体协内部成员和社会权威人士组成，主要负责对体协工作进行建议、指导和评价。可以说，市、町（县）、村级的各类体协是日本体育组织中的重要支柱。

## （三）民间组织

由财团、企业、私人业主等自发筹建的体育中心、体育组织等属于民间组织范畴。这类组织在建设之初，都要在本地区的教委和体协登记，并且必须办理各种合法手续，取得相应的资格，但由于这类组织一般有自己的体育设施，而且是自负盈亏，所以在实施具体工作时的自主性和能动性更大，只需符合各项法律法规，无须经教委和体协批准。

日本的体育组织体系在发展过程中曾出现过不少争论，经历了许多变革。然而，时至今日，这种集行政、社区交流与合作于一体的三位一体管理体系已经显示出其合理性和完善性。这种体系不仅便于行政管理，还促进了各社区间的互动与协作。得益于此，日本的青少年体育人口和体育消费得到了显著增长，青少年的体育活动向着"终身体育"的目标稳步前进。

## 二、丰富青少年体育活动促进制度

政策的制定和实施是一项系统工程，它关系到广泛的群体，从政策的制定者、执行者，到最终的受益者——服务对象。在这个过程中，服务对象的声音尤为重要。政策的制定与执行不是孤立的，而是一个有机整体。从纵向来看，青少年体育制度体系应包含活动、评估、奖惩等多个方面；从横向来看，则需要对场地、设施、人员、组织机构、财务等涉及青少年体育活动的各个方面进行规定。第二次世界大战后，日本政府推出了一系列有关青少年体育发展的政策（表5-4）。

表5-4　日本青少年体育发展相关政策名录 [1] [2]

| 颁布时间 | 政策 |
| --- | --- |
| 1945 年 | 《建设新日本的教育指南》 |
| 1946 年 | 《第一次美国教育使节团报告书》 |
| 1947 年 | 《学校体育指导纲要》 |
|  | 《学校教育法实施规则》 |
| 1961 年 | 《体育振兴法》 |
| 1964 年 | 《关于增进国民健康与体力的对策》 |
| 1989 年 | 《关于面向 21 世纪的体育振兴方策》 |
| 2000 年 | 《体育振兴基本计划》 |
| 2008 年 | 《青少年体验活动综合计划》 |
|  | 《小学校长期自然体验活动支援计划》 |
|  | 《应对青少年课题体育活动推进计划》 |
|  | 《放学后儿童计划》 |
|  | 《青少年活力支持项目》 |
| 2010 年 | 《体育立国战略》 |

[1]　王静，田慧.日本青少年休闲体育特点、经验及启示 [J].体育文化导刊，2018（9）：53-58.

[2]　郭思强，张向阳，李灵超，等.美国、日本青少年体质健康促进政策研究及其启示 [J].肇庆学院学报，2018，39（5）：79-85.

续表

| 颁布时间 | 政策 |
|---|---|
| 2011 年 | 《体育基本法》 |
| 2012 年 | 《体育基本计划》 |
| — | 《学习指导要领·体育篇》 |

日本政府通过建立有助于青少年体育发展的主要制度和配套制度，有效协调了各方力量，为青少年体育发展提供了全面的制度保障。在 20 世纪 70 年代，面对运动部体育活动开展不力的状况，日本政府及时推出了人力资源配套政策，解决了教师工资、职责范围等问题，既保障了教师的权益，也明确了他们的责任。在学校运动部发展的关键时期，这些政策解决了人才短缺问题，为学校运动部的质的发展提供了强大动力，实现了从数量向质量的转变，对日本实现"终身体育"的目标起到了关键作用。

日本政府还设立了青少年体育相关的保险制度。由于学校过度担忧学生的人身安全，一切可能发生危险的体育运动都被列入了学校体育的黑名单，导致许多学校不愿为学生设置复杂的体育活动。如此一来，学校体育的课程内容就只剩下了慢走、慢跑等基础型的有氧热身运动。若发生意外，家长往往会追究学校责任，而法律通常偏向于保护学生家长。学校可能面临舆论压力和巨额赔偿，双方在辩驳中产生不满。家长因感到保障不足，可能不愿让孩子参与体育活动。为解决此问题，政府建立了保险制度，无论学校是否有过错，受伤的学生都能获得政府补偿，减少了学校和家长的顾虑。这样，学校敢于开设多样化的体育课程，家长也更放心让孩子参与。

在制度建设上，日本不仅完善了青少年体育相关制度，如竞赛、培训、设施和课程，还从管理学角度全面理解青少年体育管理的各环节，使制度体系具备良好的管理功能。

### 三、通过学校赋予青少年体育以教育意义

青少年参与体育活动，不仅仅能够强身健体，获得更加强健的体魄，也能对心理发展起到极大的作用。日本政府以学校为基础，将体育融入学校的教育体系，通过提高体育教师的指导能力、加强学校体育工作、改善和充实学校体育俱乐部等方式，提高了学生的运动参与度，抑制了儿童和青少年体质下降的趋势，进而促进了儿童和青少年的身心健康成长[1]。

日本政府任命专业的体育教师为"小学体育活动协调员"，负责规划小学各班级的体育教学计划和体育活动，与班主任一起进行体育教学，并与综合俱乐部和当地社区其他相关方进行联络[2]。面对师资短缺和教练员不足的问题，特别是在武术和舞蹈等课程上，日本政府采取与当地社区的体育俱乐部和相关组织合作的策略。根据学生的实际人数比例，政府派遣当地社区的专业体育教练员到学校担任客座讲师，为学生提供专业和全面的体育指导。

为了确保新教育方针的顺利实施，日本政府增加了中小学健康体育课程的开设次数，并运用运动医学和心理健康等知识，针对不同阶段的儿童和青少年进行宣传教育，鼓励他们通过参与体育活动来实现身心的全面发展[3]。针对学校内有关体育实用技能的课程缺乏教材的问题，日本政府相关部门编写并发布了数字化健康体育教材，并将其分发到全国各地的学校，以满足学生对体育相关技能课程的学习需求。日本政府一方面加强学校体育教师队伍的建设，努力培养和提高教师队伍的体育教学能力，培养优秀教师，保障儿童和青少年获得优质体育教育；另一方面努力提升学校设施水平，给中小学生创造安全享受体

---

[1] JAPAN SPORTS AGENCY. Enhancing physical education and sports club activities at school [EB/OL]. (2015-10-01) [2023-09-10]. https://www.mext.go.jp/sports/en/b_menu/policy/clubschool/index.htm.

[2] THE MINISTRY OF EDUCATION, CULTURE, SPORTS, SCIENCE AND TECHNOLOGY. The basic plan for the promotion of sports [EB/OL]. (1999-09-13) [2023-09-10]. https://www.mext.go.jp/en/policy/sports/lawandplan/title02/detail02/sdetail02/1374144.htm.

[3] THE MINISTRY OF EDUCATION, CULTURE, SPORTS, SCIENCE AND TECHNOLOGY. Goals of the five key policies and main measures [EB/OL]. (2010-08-26) [2023-09-10]. https://www.mext.go.jp/en/policy/sports/lawandplan/title02/detail02/sdetail02/sdetail02/1374146.htm.

育活动乐趣的环境。根据每所学校的具体情况，日本政府推动室外运动场铺设草皮，并提供和升级学校的体育设施。在可能的情况下，日本政府还鼓励学校与当地社区共享校园体育设施，包括建立体育培训室、康复保健室等，以提高校园体育场地设施的使用率[1]。

为了让儿童和青少年掌握体育运动的方法，培养他们锻炼的习惯，日本政府专门制定了针对幼儿期和学龄期的运动指南。这些指南明确了儿童和青少年可以通过哪些运动有效提升身体素质，并设定了具体的运动量和目标值。此外，为了确保儿童和青少年有足够的运动参与机会，日本政府提出了相应的体育锻炼和体育指导方针，并与综合性体育俱乐部和青少年体育团体联络，支持旨在为儿童和青少年提供便利体育运动和锻炼机会的举措，如体育俱乐部开展的课后儿童体育培训班和课后儿童体育俱乐部活动等[2]。为鼓励缺乏体育运动的儿童和青少年参与体育活动，日本政府采取了一系列促进儿童和青少年参与体育活动的举措，如支持综合体育俱乐部开展适合儿童和青少年参与的体育活动，以及通过"运动交友"活动让孩子们在运动中相互交流。日本政府还为儿童和青少年及其家长，以及老年人提供体育课程和体育赛事活动，并对表现优异的儿童和青少年及其家长、老年人给予奖励。

## 四、将社区体育作为青少年体育的主阵地

一般来说，体育俱乐部是儿童和青少年参加有组织的体育活动最方便、最有效的途径，是社区体育的主要载体。日本的体育俱乐部具有业余性、自愿性、公开性、民主性、公益性和独立性等特征，既能够充分利用各种社会力量，最

---

[1] THE MINISTRY OF EDUCATION, CULTURE, SPORTS, SCIENCE AND TECHNOLOGY. Development of the government framework for implementation of the national physical activity strategy and future plan [EB/OL]. (2010–08–26) [2023–09–10]. https://www.mext.go.jp/en/policy/sports/lawandplan/title02/detail02/sdetail02/sdetail02/1374145.htm.

[2] THE MINISTRY OF EDUCATION, CULTURE, SPORTS, SCIENCE AND TECHNOLOGY. Basic concept [EB/OL]. (2010–08–26) [2023–09–10]. https://www.mext.go.jp/en/policy/sports/lawandplan/title02/detail02/sdetail02/sdetail02/1374147.htm.

大程度地组织儿童和青少年因地制宜地开展丰富多彩的体育活动，又有利于青少年体育和竞技体育的协调发展，是一种便利且行之有效的开展体育活动的组织形式，因而具有强大的生命力。日本的青少年体育俱乐部以社区体育俱乐部和学校体育俱乐部为主。

（一）社区体育俱乐部

社区体育俱乐部主要指参加对象以设施附近的居民为主的、公益性的且以政府投资为主的体育俱乐部。这些俱乐部已不单是增进健康、提高运动能力的场所，而是逐渐转变为社区教育的"公共课堂"。社区体育俱乐部通常又是指导中心，指导员按教学计划进行指导，但指导员同时又是经营者，要满足不同年龄、性别、兴趣爱好、运动水平的儿童和青少年的各种不同需要，使其感受到运动的乐趣。

为了让每个儿童和青少年都能够有机会在任何时间、任何地点，自由地选择参与自己喜欢的体育活动，日本政府建立了以市、町（县）、村学校为中心的综合型地域体育俱乐部，改善了儿童和青少年的体育参与环境，如神户市垂水俱乐部、杉并区光阳中学建立的光阳体育文化俱乐部、京都府立体育馆体育俱乐部等。根据当地社区的基本情况，这些俱乐部为社区的儿童和青少年提供受欢迎的体育活动项目，并且建立了将退役顶尖运动员等优秀教练员配置到各直辖市综合体育俱乐部的体制，让当地社区的儿童和青少年有机会接触到顶尖运动员，从而提高儿童和青少年参与体育运动的兴趣、意识和意愿。此外，这些退役运动员还被派往距离当地社区较近的几个综合体育俱乐部和学校担任客座教练员，发挥辐射作用。

每个当地社区都被指定了一项标志性的运动，财政部门支持那些积极与顶尖运动员合作的青少年体育俱乐部，以培养和加强当地社区青少年的体育参与动力和热情。推广体现"新公共共享"的社区体育俱乐部，促进当地居民自主组织社区体育俱乐部的体育活动，加强当地学校与当地社区的合作，提高儿童和青少年的福祉和身体素质。为了创造一个让儿童和青少年无忧无虑地参与体育活动的环境，日本政府还采取措施鼓励人们为儿童和青少年购买保险，以防在社区活动中受伤和／或可能发生事故。

日本政府还开发和培养负责社区体育的人力资源，进一步支持日本体育协会和国家休闲体育协会等体育协会正在采取的举措，考虑体育教练员的实际状况，开发和培养青少年体育的教练员等综合俱乐部管理人才。同时，为了将培养的教练员充分运用到社区体育的各个场景，地区体育中心建立了一站式服务体系，对教练员的数据进行统一整理和提供，同时为社区的儿童和青少年参与各类体育活动提供体育指导的服务。此外，为了预防儿童和青少年在日常体育活动中出现运动损伤，日本政府还对社区体育教练员进行运动医学和运动康复等相关知识的培训。

（二）学校体育俱乐部

日本体育少年团是一个校际青少年体育组织，也是学校运动部社区化的学校体育俱乐部。日本体育少年团是于 1962 年由日本体育协会（Japan Sports Association，JASA）创办的，主要目的是让更多的青少年尽情享受体育的乐趣，并通过体育活动促进青少年身心健康发展，是日本规模最大的一个青少年体育团体[1]。截至 2018 年末，日本全国共拥有约 3.19 万个青少年体育俱乐部，涉及约 86.43 万名会员、教练员和其他人员[2]。体育少年团以培养青少年自主自立的精神为原则，并非专门为培养和训练比赛选手而成立。虽然重视比赛成绩，但严禁教师和家长为了实现自己的目的，而在管理过程中让孩子们承受过激的训练。据统计，日本全部 47 个都道府县和 82.8% 的市、町（县）、村体协都设有体育少年团。体育少年团的活动是有规律、有计划的，一般每周 2~3 天，每天 2~3 小时。活动场地以学校体育设施为主（占 73.8%），另外，也有公共体育设施、民间体育设施和营利性体育设施。体育少年团除体育活动外，还进行文娱活动、野外活动、社会活动和体力测验等。除了本团的活动，体育少年团的成员还参

---

[1] JAPAN SPORT ASSOCIATION. Corporate slogan [EB/OL]. [2023-09-10]. https://www.japan-sports.or.jp/english/tabid637.html.

[2] JAPAN SPORT ASSOCIATION. Junior sport clubs [EB/OL]. [2023-09-10]. https://www.japan-sports.or.jp/english/tabid649.html.

加全国和地区的少年团活动及比赛。

体育少年团在创立时就提出了三大基本原则：其一，活动要使参加进来的所有孩子都能满意；其二，活动要能充分满足家长对孩子的期待；其三，活动要能得到地区所有人的赞许。通过这三大原则，日本体育少年团不断发展，除了日本社会、居民意识等使人们接受青少年体育俱乐部的运营模式，更加重要的原因是，日本体育少年团服务质量的高标准、高要求，让人们选择相信体育少年团，孩子们愿意加入体育少年团进行体育运动，家长们放心将孩子交给体育少年团来教育培养，地区的其他人也愿意为体育少年团提供一定的帮助。体育少年团在各方的支持、帮助下，不断地向前发展。日本在运营体育少年团的时候也严格地遵守这三大原则。在这三大原则的指导下，日本青少年对于加入体育少年团有着极高的意愿，70% 的青少年表示在朋友的邀请下加入体育少年团，并且意愿极强地参与其中。日本体育少年团发展至今已有 60 多年的历史，它比学校运动部具有更大的优越性，因此在社区体育中占有不可替代的位置。

### 五、加强青少年体育场地设施的高效利用

场地设施是青少年参加体育活动必不可少的条件，其数量、完善程度及管理经营方法都直接影响着青少年对其的使用。第二次世界大战后，日本经过多年的努力，体育设施增加了 1 倍多，对外开放也已达到一定规模，基本能够满足青少年日常参与体育活动的需求。日本青少年参加体育活动的场地设施主要包括公共体育设施、学校体育设施和民间体育设施 3 类[1]。

（一）公共体育设施

日本的公共体育设施主要是指由政府出资，为进行必要的大型比赛和活动以及满足当地居民参加体育活动的需要而建设的体育设施，它是社区体育设施

---

[1] JAPAN SPORTS AGENCY. Improvement and management of sport facilities [EB/OL]. (2015-10-01) [2023-09-10]. https://www.mext.go.jp/sports/en/b_menu/policy/managesport/index.htm.

的主体。在公共体育设施中，大部分规模较大，通常配备有观众席、浴室、快餐店、商店和信息中心等综合设施。另外，日本还有一类半公共性的体育设施，如国民年金健康设施、厚生年金福利设施、勤劳者综合设施、"青少年之家"、家庭旅行村和家庭野营村等，这些设施提供住宿，适合体育休闲活动。在公共体育设施的经营管理中，体育馆、游泳池及综合体育设施多是由建造单位直接经营管理的（约占总数的 50.0%），其余的则采取委托式管理，包括部分委托和全部委托。其中，约有 40.0% 的设施在维护方面采取委托式管理，但关键的工作仍由建造单位负责。

关于公共体育设施的建立和完善，日本文部大臣的咨询机关——保健体育审议会曾在 1972 年提出了《日常生活圈内的体育设施标准》。到了 20 世纪 80年代，为适应日本体育人口的显著增长和运动需求的多样化、高度化，该审议会又于 1989 年提交了《关于面向 21 世纪的体育振兴方策》，其中包括《体育设施建设方针》。该方针具体明确了各级公共体育设施所应具备的设施标准，如面积、活动项目和附属设施等，同时指出"地方公共团体应具有主动性，按照市、町（县）、村级和都道府县级三个生活范围，着眼于体育设施的功能，在种类、标准化规模和附属设施等方面加以完善，并且要将体育设施和图书馆等学校设施间的信息相结合，形成网络化和管理运营一体化，即寻求一种综合性配置"。

（二）学校体育设施

日本的学校体育设施超过 16.6 万个，占据了全国体育设施总量的半数以上，它们是市民最接近的体育活动场所。开放学校体育设施，可以补充社区公共体育设施的不足，其对外开放的程度直接影响着体育设施的利用率，也是影响社区居民参加体育锻炼的重要因素之一。日本文部省设定的目标是，全国公立学校的体育设施在每天下午 5 点后都能向公众开放，以此增加儿童和青少年的课外体育活动机会。调查显示，大约 99% 的公立中小学已经开放了体育设施，其中体育馆和运动场的开放比例最高，分别达到约 80%，其次是游泳池（40%）和室外网球场（30%）。

日本的学校体育设施在对外开放时，一般以社区体育俱乐部的形式进行管理。在公立中小学中，约 40.0% 由教委负责、25.0% 由校长负责、15.0% 成立专门的经营委员会负责，也有委托当地的居民组织来经营的。工作人员多采取雇用的方式，职员的构成以退休教师为主，且多是志愿服务者。资金来源方面，除了文部省下拨的体育振兴基金，还有社区内的企业赞助等。

（三）民间体育设施

日本的民间体育设施占全国体育设施总数的 20.0% 左右，其中以营利性设施为主。由于民间体育设施具有完善的附属设施和合理易行的管理制度，吸引了大量的儿童和青少年进行体育活动。日本的民间体育设施主要在有效利用空地上下功夫，如东京浅草大街，原本是以电影街的形式兴盛起来，后来建成了全天候、多功能体育设施，不仅可以进行足球、滑板、游泳等活动项目，而且为了方便儿童和青少年在放学后能够直接来运动，现场还提供各种体育器材和用品的租赁服务。此外，由停车场改造成的吹田市足球场、在立体停车场的房顶建起的世田谷足球场、由网球场改造成的宇都宫足球俱乐部、由网球和高尔夫球场改造成的大阪市井高野足球学校等，都是有效利用土地修建体育设施的典范。

为了切实提高体育设施的利用率，真正方便儿童和青少年使用，日本政府在统筹规划体育设施的建设时，将地方的自主性放在首位，让各都道府县、市、町（县）、村能够根据实际情况，如儿童和青少年的人口数量、人口密集程度、地区特色、对体育项目的兴趣爱好等，制订和实施建设计划。在设施的管理和经营上，日本政府鼓励采用多种灵活实用的方式，树立典型，做出示范，并对成绩显著的给予表彰和奖励。

第六章

# 我国青少年体育活动促进制度体系

本章探讨了我国青少年体育活动促进制度体系，首先界定了制度的含义、分类和特点，然后分析了构建背景，包括形势要求和现实背景。在构建思路方面，提出了指导思想、构建原则和构建目标，最后详细描述了制度体系框架及其主要内容。这一体系以青少年体育活动促进为核心，沿着正式制度和非正式制度两大脉络构建框架。正式制度方面包括组织、指导、培训、保障、评估五大制度要素，以及青少年体育活动开展、青少年体育组织建设、青少年体育场地设施、青少年体育指导人员、青少年运动技能培训、青少年科学健身普及、青少年体育文化教育七大制度任务。非正式制度方面围绕运行机制构建青少年体育活动决策、执行、督导、评估考核、绩效评价、问责、干预、标准、研发等系列制度。

## 第一节　青少年体育活动促进制度的界定

### 一、含义

制度泛指以规则或运作模式，规范个体行动的一种社会结构。制度是制度制定机关为解决社会问题或提升社会整体福利，针对某一部门或某一部门的行为进行的规定和规范。制度体系则是多个不同功能的制度形成的体系。任何国家层面的问题的解决都一定需要经过制度构建，然而制度构建并不能独立地解决问题，还需要后续的制度运行和制度调控两个过程，这样才能使制度成为有价值输出的有效制度。因而制度可以孤立地产生，但不能孤立地发挥作用，单个制度面对确定目标，需要有效的配套制度来保障制度运行和制度调控过程才能发挥其效力。单一目标的实现不能仅靠某个制度，还需要其他运行和调控机制的制约。因而，制度的有效实施需要制度体系的支撑。

具体到青少年体育活动促进制度，是指为推动青少年体育活动开展而设立的一系列规范。它既包括宪法、法规、政策、条例、纪律、规章等正式规范，也包括青少年体育活动的价值信念、风俗习惯、伦理道德、意识形态等非正式规范。青少年体育活动促进制度体系是青少年体育活动促进制度运行过程中所涉及的相关制度的整合体。它既包括制度本身，也包括为保障制度运行而设立的一系列保障制度，还包括制度伴生的社会文化、风俗等非正式制度。青少年体育活动促进制度服务于青少年体育活动促进事业的根本目标——促进青少年体育活动的开展，提升青少年体质健康水平和综合素质。《青少年体育活动促进计划》作为青少年体育活动促进的风向标，为青少年体育活动促进事业指明 7 项任务。青少年体育活动促进制度体系中的正式制度与这 7 项任务目标的完成相对应，而青少年体育活动促进制度的配套执行制度和保障制度则确保了正式制度的有效运行。正式制度、非正式制度构成了青少年体育活动促进制度体系的整体。

## 二、分类

我国政策制定机关已经针对青少年体育活动促进出台了诸多政策。然而，当前我国青少年体育活动促进事业还存在诸多问题。不可否认，问题的产生并不全是因为制度的缺位，但制度的缺位确实是问题产生的重要原因之一。这就需要明确当前我国青少年体育活动促进制度体系中的缺位制度有哪些，以及什么制度是当前施行效力较低的制度，没有发挥其应有的作用。为了实现这一目标，我们需要对体系制度进行分类，将现有制度与体系制度类别进行对比，发现并填补缺位制度的空白。制度分类存在诸多标准,但当前行业最急需的是按照性质、要素、运行机制流程对正式制度进行分类。因为性质是制度效力的保障,不同性质的制度应当按一定比例保证制度运行的上行下效。要素是制度覆盖面的保障,不同要素的制度要相互补充,以保障制度运行的全面性。同时,运行机制作为制度执行的重要保障机制,其内在流程也是制度实施的重要保障,因此需要对运行机制流程进行明确和划分。

（一）按性质分类

制度按性质分类可划分为宪法、法律、全国人大出台政令、国务院各部委行政法规、国务院各部委政策、规范性文件6种不同性质。其中,《宪法》是我国的根本大法,拥有最高法律效力。法律是由国家制定或认可,并以国家强制力保证实施的行为规范体系,体现了特定物质生活条件下统治阶级的意志。中华人民共和国全国人民代表大会是最高国家权力机关。它的常设机关是全国人民代表大会常务委员会。全国人民代表大会和全国人民代表大会常务委员会行使国家立法权。中华人民共和国国务院,即中央人民政府,是最高国家权力机关的执行机关,是最高国家行政机关。这些制度的执行效力依次递减。

（二）按要素分类

制度按要素分类可分为组织制度、指导制度、培训制度、保障制度和评估制度。其中,组织制度是指青少年体育活动促进过程中与活动的组织和社会组织的构建相关的制度。指导制度则是对青少年体育活动的开展提供方向性指导和对社会企业、非营利组织未来在青少年体育领域的发展方向予以指导的相应制度。培训制度既包含对青少年的培训,也包含对青少年体育培训人员的培训,是对青少年体育培训行业的行业标准制定和对青少年体育培训人员的相关要求。保障制度是在各个流程中为青少年体育活动促进事业提供场地、组织、人才等诸多方面的保障而建立的制度体系。评估制度则是对青少年体育活动促进制度实施效果进行评价考核的制度。组织、指导、培训、保障、评估是青少年体育活动促进正式制度的五要素。

（三）按运行机制流程分类

运行机制流程是包含青少年体育活动供给制度、决策制度、激励制度、执行制度、督导制度、评价考核制度、绩效评价制度、问责制度、干预制度、标准制度和研发制度的制度执行机制体系。供给制度、决策制度作为制度设计的初始流程，是制度制定合理性和价值正向性的关键，而激励制度、执行制度和督导制度作为制度执行的过程机制，其设计是制度执行高效的重要保障。评价考核制度和绩效评价制度是制度执行过程中的评价机制，对旧制度实施效果的复盘和新制度的改进方面有直接的指导意义。问责制度、干预制度则是制度执行过程中的刹车键，能够在制度失灵时及时止损。标准制度和研发制度则对制度设计框架进行了提前界定，以防止制度制定出现过于空泛和不切实际的问题。

## 三、特点

青少年体育活动促进制度是一个较为新颖的概念，青少年体育活动促进制度概念的提出是基于我国青少年体质健康水平亟待提升的社会背景，从政府宏观层面到青少年家庭和个人等微观层面均存在不同程度的提升青少年体质健康和综合素质的迫切需求。因而，除了满足一般政策制度普遍具备的目标明确性、涉及主体多元性，青少年体育活动促进制度还存在制度演变的强制性特点。

（一）制度目标的明确性

青少年体育活动促进制度的目标明确。七部门联合制订的《青少年体育活动促进计划》明确了青少年体育活动促进政策制度的根本目标，即提高青少年体质健康水平和综合素质，并明确指出要实现青少年体育活动蓬勃开展、青少年身体素质不断提高、青少年体育组织发展壮大、青少年体育场地设施明显改善、青少年体育指导人员培训广泛开展以及青少年科学健身研究和普及成效显著6个具体目标。

### （二）涉及主体的多元性

青少年体育活动促进制度的涉及主体多元。从青少年体育活动促进制度需求分析的框架可知，青少年体育活动促进制度包含宏观层次、中观层次和微观层次 3 个不同层次的主体。宏观层次主要包括政府层面和社会层面的各级各类主体，包括但不限于职业体育、竞技体育和群众体育的参与者；中观层次主要指青少年体育活动教育和参与的主体，即各级学校体育教育；微观层次主要指青少年体育活动参与中的家庭和青少年个人。

### （三）制度演变的强制性

我国青少年体育活动促进制度的变迁，从发生机制角度来看，更多体现为强制性制度变迁的特征：首先，作为青少年体育活动参与主体之一的家庭有动机促使青少年参与体育活动，但由于不确定性和机会主义的存在，家庭仍会将体育活动的时间转换为报名参加补习班的时间，难以将体育活动对青少年体质健康的益处内在化，因而需要强制性变迁机制，来实现利润内在化，激励青少年体育活动促进行为的产生。其次，诱致性制度变迁建立在一定的文化素质、价值观念和行为习惯等非正式制度安排的制度环境基础上。当前，我国青少年成长社会环境中高考制度和应试教育的影响仍然显著，缺乏青少年体育活动参与的自我兴趣和文化环境，这进一步突显了青少年体育活动促进制度"自上而下"的强制性变迁特征。


## 第二节　青少年体育活动促进制度体系的构建背景


我国青少年身体素质下滑的问题已持续多年。李亚虎指出，相关调查结果显示，近 30 年来我国青少年学生身体素质各项指标普遍下降，问题尤其在耐力、力量等方面尤为严重，同时，青少年群体中近视、肥胖、脊柱侧凸等

问题也日益普遍 [1]。青少年体质健康的问题愈发突出，提升其体质健康和综合素质已成为社会热议的焦点。近年来，在政府倡导与支持下，众多青少年体育相关的企业和社会非营利组织应运而生，为青少年体育活动促进事业提供了政策和物质上的基本保障。

包长春 [2] 提出，"2020 年体育培训行业总规模将接近 2 000 亿元。未来体育培训潜在机构规模非常可观，如果按照 2 000 亿元基数来测算，考虑到二孩政策放开以及服务业水平的加快，加之公众对健康生活方式的追求，体育培训产业未来的发展规模将非常可观"。他对青少年体育行业中的代表细分行业——体育训练业的发展前景持乐观态度，这也反映了学术界和市场对青少年体育活动的积极看法。近年来，青少年体育培训机构如雨后春笋般涌现，涵盖了从传统的田径、球类运动，到随着冬奥会的举办而兴起的冰雪运动项目，以及武术等传统体育项目和新兴的棒球项目，呈现出全方位、多角度、广维度的全面发展态势。

## 一、形势要求

我国决策机构已对青少年体质健康问题给予了高度关注，并出台了一系列政策、部门规章和规范性文件，以支持青少年体育活动促进事业。自 2007年，《中共中央　国务院关于加强青少年体育增强青少年体质的意见》首次从国家层面对青少年体育活动促进进行了综合政策部署。2011 年，《青少年体育"十二五"规划》的发布，明确提出实施"青少年体育活动促进计划"标志着青少年体育活动促进从宏观政策出台阶段步入具体计划制订阶段。至2016 年《青少年体育"十三五"规划》的制定，确立了"增强青少年体质"的根本目标，而到 2020 年青少年身体素质显著提升的阶段性目标也基本落成。2017 年，七部门联合制订的《青少年体育活动促进计划》，使青少年体育活

[1]　李亚虎. 浅谈青少年学生身体素质的现状 [J]. 当代体育科技，2016，6（12）：91-92.

[2]　包长春. 我国青少年校外体育培训机构治理问题研究 [D]. 长春：东北师范大学，2019.

动促进事业正式成为有计划可依的国家性事业。

七部门联合制订的《青少年体育活动促进计划》对青少年体育活动促进事业提出了 7 项任务。这些任务包括广泛开展青少年体育活动、加强青少年体育组织建设、统筹和完善青少年体育活动场地设施、强化青少年运动技能培训、推进青少年体育指导人员队伍建设、加强青少年科学健身研究与普及、加强对青少年的体育文化教育。该促进计划在青少年体育活动促进事业中有较强的指导性意义，其提出的 7 项任务是青少年体育活动促进事业的风向标，也是青少年体育活动促进制度体系建设的关键要求。

广泛开展青少年体育活动，要求学校和校外体育组织活跃起来，积极举办校内外体育活动，对青少年体育活动场地保障制度和青少年体育活动组织及人员保障制度提出了要求；同时，对青少年体育活动举办标准的有关制度的可实行性和有效性提出了较高要求。而加强青少年体育组织建设则要求政策制定机关出台相应的绩效考核和评价机制，以及相应的激励制度，如减税降费等，激励青少年体育组织在量上增加的同时，保障其在质上的高标。统筹和完善青少年体育活动场地设施，就要不断优化场地设施相应标准和管理办法，使场地设施管理真正可实操化，将考评标准量化。强化青少年运动技能培训，就要增加青少年体育活动宣传推广制度，通过制度激励手段提升企业进入青少年体育训练行业的动力，并通过鼓励机制，以学校为媒介，刺激青少年体育培训需求。推进青少年体育指导人员队伍建设需要一套完整的人才培养、考核评价和激励制度，以实现体育领域人才培养全方位、多元化，满足数量逐年递增的社会体育组织对体育人才的大量需求。加强青少年科学健身研究与普及、加强对青少年的体育文化教育则更加要求宣传机制的合理有效，能够使宣传机制落到实处，让青少年真正形成终身体育观。

当前，这些制度尚在建立中，导致青少年体育活动促进的 7 项任务缺乏明确的指导方向，也存在诸多问题。因而，建立青少年体育活动促进制度体系是青少年体育活动促进大形势下的关键一步。

## 二、现实背景

　　随着青少年对体育活动需求的增长，制度体系的建设显得尤为迫切。近期，我们针对学生和家长对青少年参与体育活动的态度进行了问卷调查。针对家长的问卷调查中，对于"学业压力大时，是否有必要强制孩子参加一定量的体育运动"的问题，有73.9%的家长认为有必要，而剩余26.1%的家长中，大多数家长选择将决定权交给孩子（图6-1）。

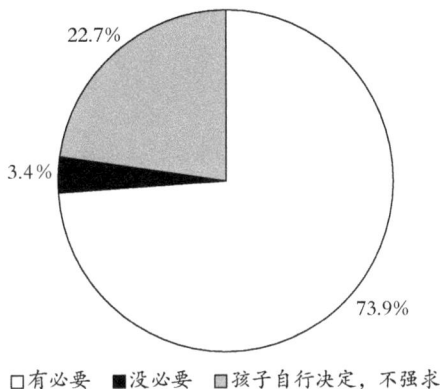

图6-1　"学业压力大时，是否有必要强制孩子参加一定量的体育运动"调查结果

　　根据调查结果，当前有86.9%的家长每周至少有一次可以与孩子一起参加体育活动，有18.4%的家长每周可以抽出时间多次参与孩子的体育活动（图6-2）。在工作压力日益增大、工作强度日益增强、业余时间被挤占的今天，这实属不易，也能体现当前家长有较强的参与孩子体育教育的诉求。对于限制家长与孩子共同参与体育活动的因素的调查结果显示，有68.7%的家长认为，工作忙是与孩子无法一同参与体育活动的重要因素，是家长不能参与孩子体育活动的因素中被家长最多提及的因素；有62.3%的家长则表示相应社区缺乏场地设施，这是家长第二多提及的因素（图6-3）。由此可见，当前青少年体育场地设施的建设和配给还不能满足广大家长对于和孩子共同参与体育活动的诉求。51.1%的家长则提及孩子课余时间少，认为不能一同参与体育活动是教育的问题。尽

管存在种种问题，大多家长还是能挤出每周至少一次的时间与孩子共同参与体育活动，这显示了家长对孩子体育活动的高度重视。

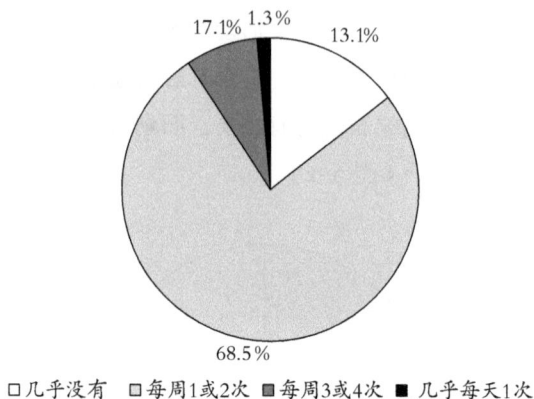

图 6-2 "每周家长与孩子共同参与体育活动的次数"调查结果

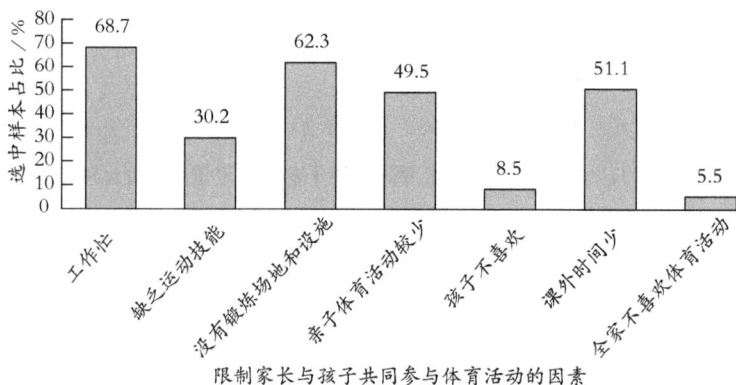

图 6-3 限制家长与孩子共同参与体育活动的因素的调查结果

根据调查结果，家长普遍认为当前青少年体育活动制度存在问题，有84.9%的家长认为我国当前的青少年体育制度一般完善、不太完善和根本不完善，认为当前我国青少年体育活动制度比较完善的家长不超过20%（图6-4）。从上一个问题不难看出，当前社区青少年体育组织和青少年体育场地设施都存在一定缺位，制度的颁布没有解决这一问题，导致60%以上的家长无法参与到孩子的体育教育中去。有 64.3% 的家长认为"了解青少年体育活动诉求"是各级政府当前亟待解决的问题，有 60.5% 的家长则认为"青少年体育活动组织管理"是重中之重（图 6-5）。这一来表明了当前青少年体育活动促进舆情监测制度的缺位，使得家长感受到自身关于青少年体育活动的相关诉求并没有被政策制定者所充分考量；二来表明了青少年体育组织的建立是当前的重要政策制定方向。

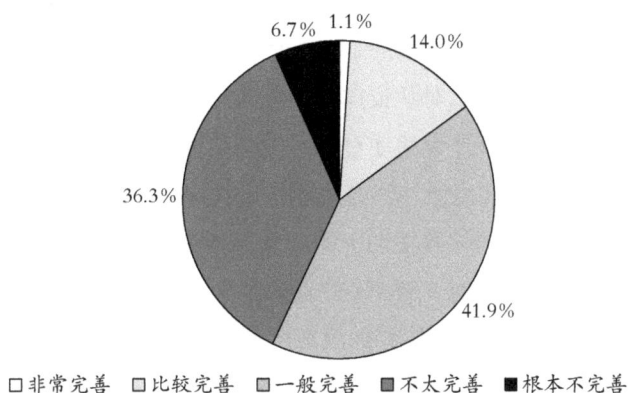

图 6-4　"您认为当前我国青少年体育活动制度" 调查结果

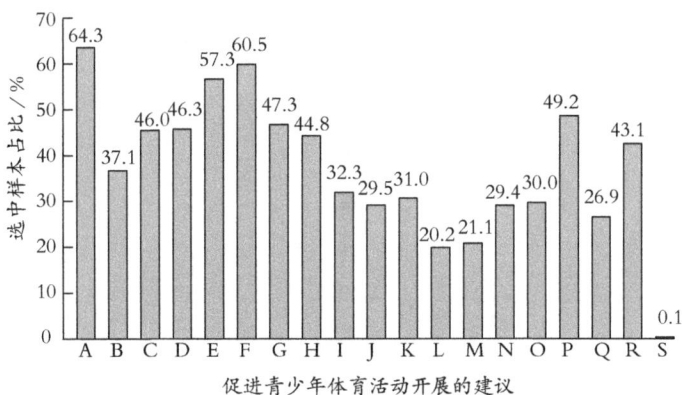

图 6-5　"您认为我国各级政府应改进哪些工作以促进青少年体育活动开展"调查结果

注：A.了解青少年体育活动诉求；B.青少年体育活动舆情监测；C.青少年体育活动走势预测；D.青少年体育活动沟通；E.青少年体育活动供给；F.青少年体育活动组织管理；G.青少年体育活

动激励；H.青少年体育活动方式方法创新；I.青少年体育活动督导；J.青少年体育活动评估考核；K.青少年体育活动绩效评价；L.青少年体育活动问责；M.青少年体育活动干预；N.青少年体育活动标准研制；O.青少年体育活动项目研发；P.青少年体育场地设施研发；Q.青少年体育文化塑造；R.青少年体育活动指导与培训；S.其他。

对孩子而言，体育活动虽然重要，但在实际开展过程中还存在一些不足。根据调查，有90%以上的青少年认为体育活动很重要，而有80%的青少年表示愿意参加体育活动。这表明，青少年已经逐渐认识到体育活动对他们自身的重要性，并且初步认识到自己应该参与到体育活动中去。他们普遍对学校体育认可度较高，在调查中，超过88.6%的青少年对学校体育表现出了满意的态度，其中有58.8%的青少年表示对学校体育比较满意、非常满意。除学校体育外，青少年也开始意识到课外体育活动对身体健康和社交能力的积极影响。有超过84.8%的被调查青少年认为课外体育活动是比较好的、非常重要的。然而，在课外锻炼（指除学校外的体育活动）的满意度调查中，17.8%的青少年表示对自己参加的课外锻炼不满意，37.4%的青少年表示对自己参加的课外锻炼一般满意（图6-6）。他们对学校体育的满意度与对自身参加课外锻炼的满意度形成了鲜明对比，这表明相对于学校体育，青少年参与课外体育活动存在明显的不足。其中，青少年诉求与家长诉求不谋而合，有62.6%的青少年表示"玩的地方不要太远，最好在家门口"（图6-7），这也表明当前社区青少年体育场地设施的建设存在缺位。

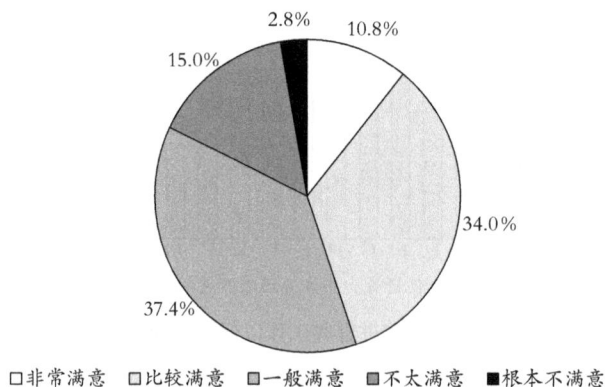

□非常满意 □比较满意 ▨一般满意 ▨不太满意 ■根本不满意

图6-6 课外锻炼（指除学校外的体育活动）的满意度调查结果

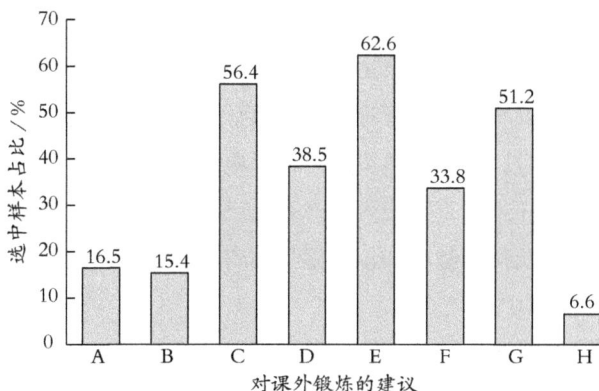

图 6-7 青少年对课外锻炼的诉求的调查结果

注：A.有人来教我玩；B.有人来找我一起玩；C.家长要支持我玩；D.要有更多的地方玩；E.玩的地方不要太远，最好在家门口；F.玩的地方要吸引人；G.玩的内容要丰富，如比赛、培训、交流等；H.其他。

与此同时，对中小学生课外时间分配情况的调查发现，有 75.9% 的中小学生表示在做作业，有 69.1% 的中小学生表示在看电视、玩电子游戏 / 电脑 /iPad/ 手机等（图 6-8）。这一现象既反映了社会竞争压力的增大，也反映了跨时代的

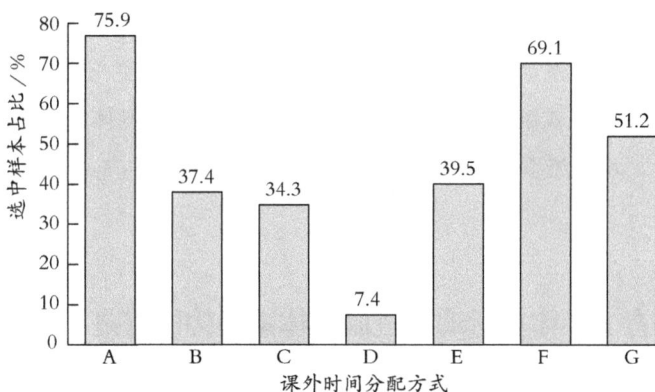

图 6-8 中小学生课外时间分配情况调查结果

注：A.做作业；B.参加课外辅导班（主要指英语、数学等课程学习辅导班）；C.自主参与户外体育活动；D.参加体育培训班；E.参加其他兴趣才艺培训班等；F.看电视、玩电子游戏 / 电脑 /iPad/ 手机等）；G.其他娱乐活动（逛街、唱歌、聚会等）。

体育危机。孩子们更愿意将休闲时间投入到电子游戏和网络中，而不愿意参与体育活动。参加体育培训班和自主参与户外体育活动的中小学生数量就更少。结合前一个问题可以看出，尽管青少年能够认识到体育活动的重要性，但是在选择娱乐活动方式时，他们仍然更愿意选择电子游戏等娱乐方式。由于课业压力沉重，青少年往往难以真正投入到体育活动中去。因此，形成终身体育观、传播体育文化和普及科学健身知识，是当前青少年体育活动促进事业中必须走的一步。

当前，无论是学生还是家长，都形成了对体育的积极认识，家长和学生都开始意识到参加体育活动的重要性。然而，青少年体育活动制度存在的缺位问题也日益显现。这一问题导致了青少年体育活动场地设施和体育组织的供给不足，进而影响了青少年对体育的兴趣。家长们认为，在政策制定和出台过程中，有关部门没有充分考虑他们的需求。通过对当前我国青少年体育活动促进制度体系的认识，我们发现相关的保障机制尚未形成，这成为家长和学生当前面临的主要问题。舆情反馈机制的缺失使得家长的诉求无法有效传达给有关部门，而宣传保障机制的不足也使得当前青少年对体育活动的兴趣逐渐丧失。此外，场地设施保障机制和体育组织管理机制过于笼统，使得每年越来越多的体育场地和体育组织仍无法满足家长和学生的需求。因此，要想杜绝隐患、解决问题，就需要构建制度体系。只有将包含了组织制度、指导制度、培训制度、保障制度和评估制度等正式制度和一系列非正式制度在内的制度体系完全构建起来，青少年体育活动促进事业面临的问题和隐患才能被彻底解决。

## 第三节　青少年体育活动促进制度体系的构建思路

我国青少年体育活动不足已成为影响青少年体质的关键因素，亟待对青少年体育活动开展进行制度层面的顶层设计和体系构建，并通过合理的行动计划予以推进实施。制度体系构建过程是一个从制度形式到制度构型确立的复杂过程，是相关主体根据社会发展的目标和需要，构想、设计和创建一种新的制度体系的过程。轮廓设计是制度体系构建的第一步，从不同角度、途径提出多种多样的方案，实际上就是粗线条地勾画，提出大致方案并将各方案的轮廓描画出来，其内容至少包括行动上的目标、原则、指导方针和基本措施等 [1]。

## 一、指导思想

制度的确立是一个融合了知识、经济和政治多方面因素的复杂过程。该过程包含认知性和社会性。每一种制度的建立，一方面需要揭示制度形成过程中各参与主体的认知过程，另一方面也必须指出，这些基本的认知过程是建立在社会制度之上的。基于香农的信息模型，我们可以将制度的结构视为一种信息复合体的形式，其中包含了过往的经验，为未来的预期提供了指导。这样的阐述进一步强调了社会制度对于相关主体基本认知过程的重要性。在理解制度信息编码的过程中，存在一种可能预期：制度若能更完善地将其预期编码，就能更好地控制不确定因素，甚至可能带来更深层次的影响，即行为会逐渐与制度规范保持一致。如果这种协调达到一定程度，无序和混乱就会得到消除。制度通常从较为粗略的规范开始，但最终可以包含所有有用的信息。在信息减熵构建的过程中，早期的制度需要一些促进稳定的原则，以防止制度过早地失去效力。

制度体系的构建过程包括准备阶段、实施阶段和运行调控阶段。其中，准备阶段和实施阶段是制度体系构建的主要内容，运行调控阶段则是在制度体系构建完成后的后续工作，主要包括执行制度规定、规范制度关系和角色关系，以确保制度效率，并对无效制度进行逆向反馈调控。在制度体系构建中，我们主要关注准备阶段的制度选择和设计，以及实施阶段的制度制定和执行这 4 个方面。

---

[1] 王曙光，李维新，金菊. 公共政策学 [M]. 北京：经济科学出版社，2008.

综上所述,青少年体育活动促进制度体系的构建,其指导思想如图6-9所示。制度选择是制度体系构建的初始端,指在创新组织或寻求提高组织绩效的过程中,通过比较分析,从众多制度形式中挑选出符合需求的制度构型。基于青少年体育活动参与主体对青少年体育活动促进需求的认知,我们选择建立以法律法规等正式规范为主导,辅以价值信念、风俗习惯、道德伦理等非正式制度的青少年体育活动促进制度。制度设计是制度体系构建的第二步,也是制度体系构建的基础性工作,制度设计指对已选定的制度形式进行论证并制定出制度体系构建的基本方案和整体框架。七部门联合制订的《青少年体育活动促进计划》中强调的青少年体育活动促进七大任务,我们可以构建一个包括青少年体育活动开展制度、组织建设制度、场地设施制度、指导人员制度、运动技能培训制度、科学健身普及制度和文化教育制度在内的核心制度框架体系。正式制度和运行机制并行的制度选择确定了制度体系构建的目的和方向,而以七大任务为核心的制度设计则确定了制度体系构建的基本框架和总体构思。青少年体育活动促进制度的实质性工作从制度规定开始,通过制度执行得以落实。制度设计方案需要经过制度规定的过程,包括成立制度规制机构以及依法合规审议发布相关促进制度,才能转化为具体的制度规定。

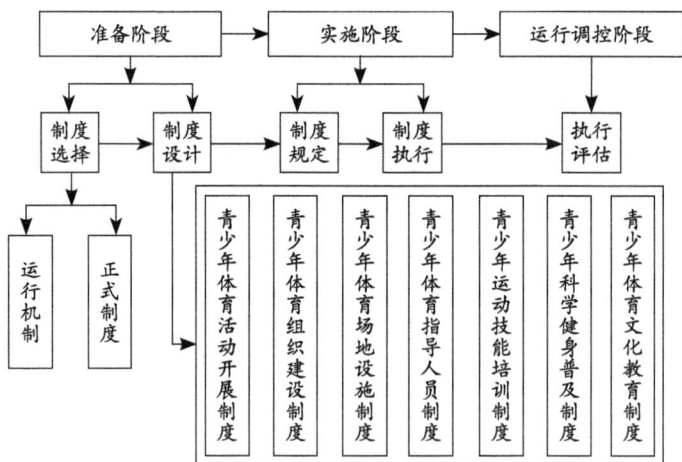

图6-9 青少年体育活动促进制度体系构建的指导思想

## 二、构建原则

按照制度学有关表述，制度选择和制度设计是制度体系构建的方向性、基础性工作，是制度体系构建的准备阶段；制度规定和制度执行是制度体系构建的具体化、操作化行为，是制度体系构建的实施阶段。在青少年体育活动促进过程中，我们面临诸多问题，如目标选择问题、观念强化问题、主体参与问题、经济效益问题等，这些问题虽然看似独立，实则相互关联和制约。因此，为了优化青少年体育活动促进制度的生态环境，提高制度效力和制度场作用力，必须将所有问题整合为一个整体，进行统一分析和解决，构建一个不同层次环环相扣、不同领域横向协调、不同层级纵向一致，正式制度和非正式制度相互支撑、相互补充的动态开放制度体系。为了实现这一目标，在制度体系构建过程中，我们需要遵循以下 3 个原则。

### （一）按照制度选择的目的和方向进行制度设计

彭和平 [1] 指出，制度设计的具体方案要与制度选择的目的和方向保持一致，"制度设计方案要确定制度规定和制度执行的基本要求以及确定制度规制机构和制度执行机构的组成方式、基本职能及其相互之间的结构关系，使得在前一项工作的基础上，按照制度选择的要求确定制度的效力"。也就是说，制度设计要与组织设计相结合，且不仅限于组织设计。因为制度设计本身可以视作决定组织结构形式的工作，但它更关注的是在确定组织中的主体间制度角色关系的基础上，如何通过这些关系来关注制度的性质、特点以及效率和效果等方面。制度有其自身的发展规律，而制度设计是关键阶段，它影响着制度体系构建是否能够按照制度选择的意图逐步发展。

在青少年体育活动促进制度的制度设计中，需要沿着正式制度和运行机制两个路径进行。在制度设计的过程中，要始终明确青少年体育活动促进制度的根本目的在于全面提升青少年体质健康水平。因此，所选择的正式制度方向要

---

[1] 彭和平. 制度学理论和制度创新路径初探（下）[J]. 人民公仆，2015（12）：55—60.

聚焦于指导思想、凝聚共识上，并为制度需求主体提供支撑，减少信息的不对称性，确保相关参与主体能够接收到制度传递的利好信号，从而积极参与到青少年体育活动的促进中。同时，所选择的运行机制也必须确保畅通有效，为正式制度的执行提供强有力的重要保障。因而，制度设计要明确从顶层设计到具体操作执行的政策传递链条中的方向性，确保青少年体育活动促进制度的体系设计能够实现其目标。

（二）制度设计要考虑制度及制度效力的整体性

在制度场的分析中，要让制度形式达到整体大于部分之和的理想效果，就必须让集体发挥最大的效力去实现既定的目标。进一步来讲，在组织设计的基础上，制度设计还需考虑组织成员的基本关系及其性质、角色要求和行为要求，制度效率、效果及制度作用力的实际要求等。如果制度设计不能达到理想的制度效率、效果以及制度作用力较弱，这可能是因为制度选择的偏差，或者是制度形成的不足，其根本原因或许在于制度设计本身缺乏整体性。制度设计的整体性关系到组织的整体性和制度效力的整体性。这种整体性包括空间和时间两个方面：空间整体性意味着制度设计需要涵盖广泛的范围，尽可能包含所有相关的主体；时间整体性则意味着制度设计需要能够承受较长时间周期的执行和检验，以产生预期的整体效果。

青少年体育活动促进制度，具体来说，是对青少年体育活动开展具有根本性、基础性和保障性的规则和准则的集合。这一制度需要从空间和时间两个维度进行全面考量。从空间上来看，青少年体育活动促进制度既包括法律、法规、政策等正式规范，也包括价值信念、风俗习惯、道德伦理等非正式规范。为了建立青少年体育活动促进制度的空间整体性，我们需要从理念、政策法规、管理体制及运行机制等方面进行合理的制度设计，以确保形成青少年体育活动促进行动的根本保障。从时间上来看，青少年体育活动促进并非一日之功，需要参与主体从观念上转变、从行动上落实、从习惯上养成，最终从动机上自愿，青少年体育活动促进制度需要遵循参与主体行为动机演变的周期发展规律，循序渐进地进行引导和规范，从逐步厘清并解除制约因素到有效促进和激励参与动机等方面进行合理设计，从而建立青少年体育活动促进制度时间上的整体性，以确保制度与行为相互演化。

（三）构建要符合政治设计技术范畴的价值要求

政治设计技术范畴的价值包含价值导入和价值产出两个方面。通俗地说，制度体系构建本身将一种社会伦理观念灌输给制度客体，并在对制度客体的作用中产生价值，价值的输入和输出是一个闭环过程。之所以在制度体系构建过程中要遵循政治设计技术范畴的价值要求原则，一是因为制度本身的正义性是制度存在的必然条件，一个不正义的制度必将走向灭亡；二是因为制度价值输出是制度构建的根本目标，制度体系构建若缺乏完整的价值输出链条，制度体系也将失去其本身的意义，造成社会成本的浪费。

具体到青少年体育活动促进制度而言，其价值原则就是要坚持为"健康中国"战略服务的内在逻辑。在制度设计过程中，我们应当将促进青少年体育活动作为提升我国青少年体质健康水平的重要手段，这一价值观应贯穿于整个制度客体。在制度体系构建过程中，我们必须考虑每一个环节对于核心价值的关联性。具体而言，就是要重视制度前期准备工作中对青少年群众体育和学校体育的指导方向；在执行制度制定阶段，需确保各级机关准确传达并贯彻上级精神，根据地方实际情况有效提升青少年体质健康；在保障和监察阶段，要将青少年体质健康作为考核的重要标的。在构建我国青少年体质健康制度体系的过程中，我们必须进行深入的探讨与反思，以此深化和巩固对青少年体质健康重要性的价值认知；在执行阶段，要深刻理解制度精神，确保执行措施与制度引导方向的一致性；特别是在监察阶段，应选择适当的变量，避免单一的以成绩为导向的评价方式，而应采用科学的评估方法，选择恰当的评价指标，对制度执行效果进行全面而精确的评价。

### 三、构建目标

公共政策的目标是公共政策解决问题的具体化认识，公共政策的目标应该包括"政治统治和公共事务，一些公共政策是为实现某一特定任务和目标服务的"[1]。青少年体育活动促进制度体系是为青少年体育活动促进事业服务的。具体而言，青少年体育活动促进是以提高青少年体质健康水平和综合素质为根本目标的重要工作。

当前，我国国家决策机关已经构建了以《青少年体育活动促进计划》为核心的体系，该体系涵盖了《关于强化学校体育促进学生身心健康全面发展的意见》《中共中央　国务院关于加强青少年体育增强青少年体质的意见》等重要意见和计划。同时，《国务院关于实施健康中国行动的意见》《"健康中国 2030"规划纲要》等一系列国家总体健康战略性质的政策性文件中也反复提及青少年体育活动促进事业的重要性。这足以证明，我国决策机关对青少年体育活动促进给予了高度重视。然而，当前以学校体育法律法规为代表的青少年体育法律法规体系还存在不足之处。青少年体育活动促进制度相关配套的执行机制和评价机制尚未建立，制度制定的具体性和可实施性存在问题。这一问题带来的衍生问题不仅包括政策执行效力的低下，还包括制度价值导入和输出难以实现和衡量。这在很大程度上导致了《青少年体育活动促进计划》自发布以来，青少年体育活动促进并未在全社会范围内引起广泛关注，也并未改变学校体育的一系列问题。从公共政策目标理论角度看，公共政策是为了实现某一特定任务和目标服务的，如果目标和任务不够清晰具体，公共政策的服务效果也会受到影响。因而，提高青少年体质健康水平和综合素质的根本目标必须从方向上的目标演化成实行上的任务。构建青少年体育活动促进制度体系的目标就是要将提高青少年体质健康水平和综合素质的目标拆分，分步化、可测量地完成青少年体质健康水平提升工作，并具体化评价体系标准，让现有的意见、计划能够切实实现令出如山，令不虚行，最终使青少年的健康有保障，从长期角度为"健康中国"战略提供助力。

---

[1] 王曙光，李维新，金菊. 公共政策学 [M]. 北京：经济科学出版社，2008.

## 第四节　青少年体育活动促进制度体系的构建

　　我国青少年体育活动不足已经成为影响青少年体质的关键因素。为了吸引青少年参与体育活动，促进青少年体育活动的开展，我们必须构建青少年体育活动促进制度体系，从而提高我国青少年体质健康水平和综合素质。根据制度需求部分的研究结论，从政府、社会和个人三类主体出发，青少年体育活动促进制度体系构建符合需求主体的认知需求。然而，结合制度供给研究结论可知，青少年体育活动促进制度供给不足，因而存在青少年体育活动促进制度的供需失衡问题。从制度经济学的角度看，在制度非均衡状态下，当存在制度收益大于成本时，将可能发生制度变迁。根据交易费用的边际转换，新时代青少年体育工作要求和任务亟须完善制度体系安排。同时，青少年体育活动促进制度几乎保证了没有使任何一个主体福利变差的情况下使得绝大部分主体的福利变好，即青少年体育活动的制度变迁属于帕累托改进。总而言之，青少年体育活动需要构建一个"自上而下"、层层深入，不同领域横向协调、不同层级纵向一致，正式制度和非正式制度相互支撑、相互补充的动态开放的、强制性的制度体系。

　　根据制度体系构建的指导思想，制度体系构建一方面要基于相关主体的认知，另一方面要为相关主体预期决策提供行动依赖保障，因此，构建的制度体系要兼具整体性和效率性。图6-10就是基于制度"供给侧结构性改革"，结合制度体系构建的指导思想、原则和目标所构建的新时期我国青少年体育活动促进制度的理想体系。

### 一、制度体系框架

　　制度体系框架以促进青少年体育活动开展、提高青少年体质健康水平和综合素质为制度体系的构建目标。该体系以明确的顶层设计为指导，逐层细化至具体的操作执行，确保政策理念的顺利传递与实施。在制定制度时，坚持以正

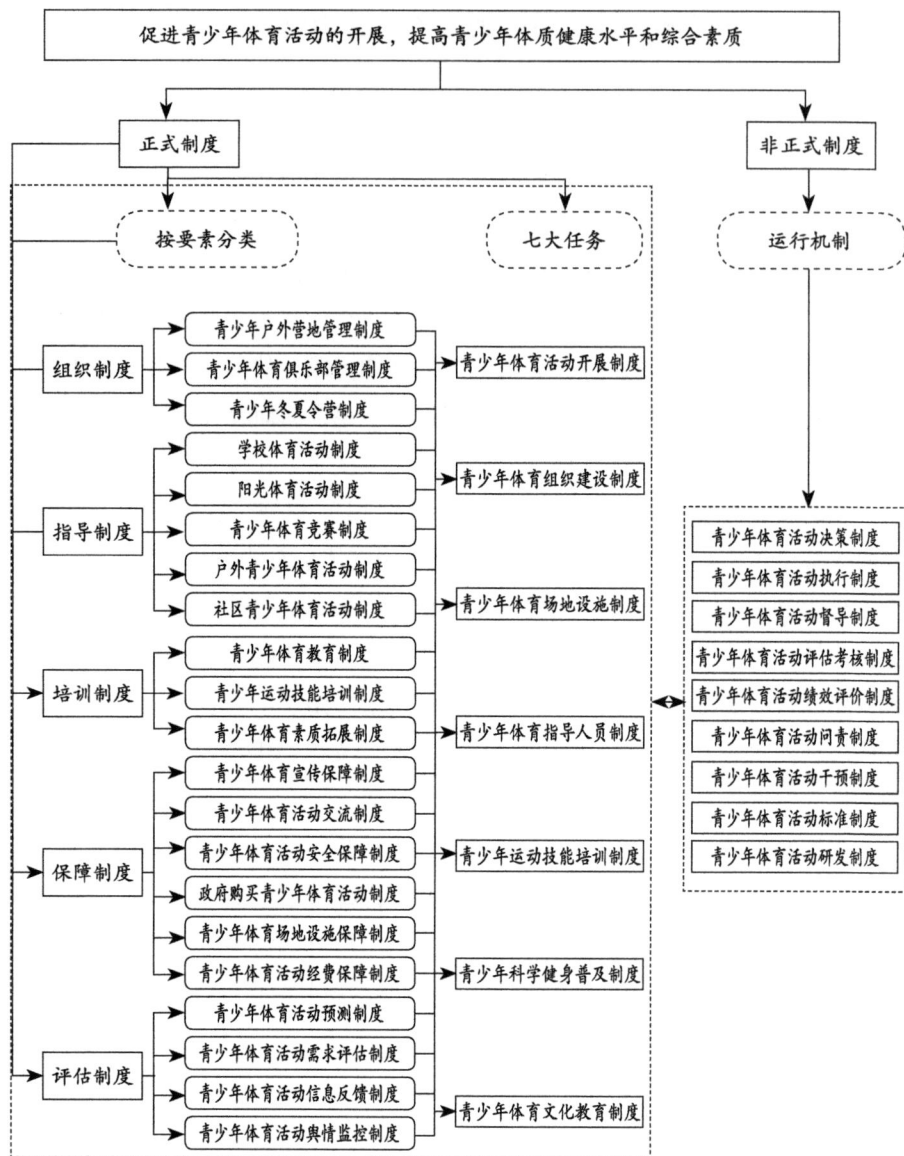

图 6-10 青少年体育活动促进制度体系框架

式制度为主导，辅以非正式制度，形成一种强制性的制度选择。在制度选择确定的基础上，参考《青少年体育活动促进计划》这一指导性文件中提出的七大任务，结合制度实施的五大流程，设计了青少年体育活动促进制度的正式部分的基本方案和整体框架。同时，关注制度体系构建的实质性工作，从执行落实的角度出发，构建了非正式制度规范中必须确保的制度运行机制的主要内容。其中，正式制度和非正式制度的分类，明确了制度设计的主要方向：在推动青少年体育活动促进的制度设计中，重视正式制度的强制性变迁，并确保实施成效。七大任务和五大流程交互设计则确定了制度体系构建的基本轮廓和总设想，突出了制度设计在制度选择基础上的目的性和方向性。运行机制与正式制度的总体交互则强调了在青少年体育活动促进制度强制性制度变通过程中制度方案的贯彻落实是逐步分析、分解完成的。整个制度体系框架的构建，既遵循了从准备到实施的制度体系构建逻辑，又紧抓青少年体育活动促进的核心任务。在任务框架内，对具体制度进行要素最小熵化的拆解，形成了一个"自上而下"、层次分明、不同领域横向协调、不同层级纵向一致、正式制度和非正式制度相互支持、相互补充的动态开放强制性制度体系。

制度体系框架遵循了制度体系构建所需的目标一致性、制度整体性和制度效率性原则。

（一）满足制度目标一致性

青少年体育活动促进制度体系构建的最终目标是促进青少年体育活动的开展，提高青少年体质健康水平和综合素质。该最终目标的提出源自七部门联合制订的《青少年体育活动促进计划》。为实现这一最终目标，该计划提出了我国青少年体育活动促进发展中的七大任务，为达成最终目标奠定了基础。因此，制度体系的构建应与计划逻辑保持一致，关注七大任务的具体要求，以任务实现为制度的中间目标，通过具体目标和执行目标与任务完成的交互，确保中间目标的实现，最终达成计划中的最终目标。制度框架的设计应通过具体目标和执行目标，引导中间目标到最终目标的实现，确保制度目标的一致性。

## （二）兼顾制度时空整体性

按照体育活动制度的性质，青少年体育活动促进制度可划分为青少年体育活动综合性制度和青少年体育活动专项制度。制度体系以七部门联合制订的《青少年体育活动促进计划》这一综合性制度中的七大任务为制度体系构建的起点，具体到组织、指导、培训、保障和评估等按要素划分的专项正式制度，以及包括决策、执行、督导、评估考核、绩效评价、问责、干预等按执行过程划分的非正式制度。制度体系的设计既考虑了综合性制度又兼顾了专项具体制度，因而，在空间范围上具有整体性。同时，制度体系设计中不仅包含组织、指导等正向反馈的制度设计，也包含评估考核和绩效评价等具有负向反馈的制度设计，为制度较长周期的执行和调控进行了规范设计，因而，在时间范围上也具有整体性。

## （三）提高保障制度效率

为确保制度实现整体大于部分之和的效果，使集体发挥最大效力，实现最终目标，提高保障制度的效率，在青少年体育活动促进制度体系构建的过程中，在明确要素分类、任务分类、运行机制流程分类的组织设计的基础上，进一步对按照要素分类的机制与任务分类机制进行交互，同时将运行机制流程分类与正式制度进行交互，进一步明确各要素之间的相互要求，制度效率、效果以及制度作用力的实际要求等，确保部分交互形成的整体作用效果大于部分孤立的效果之和。

## 二、制度体系主要内容

根据强制性制度变迁的制度选择构建的制度设计方案和总体轮廓，包含正式制度和非正式制度两大分类、促进计划明确提出的七大任务以及按照制度分类的五大要素、三部分主要内容，各个部分具体内容如下。

## （一）综合两大分类，多角度完善制度体系设计

根据制度需求和供给分析结论，我国青少年体育活动促进存在制度失衡，

且由于边际收益大于边际成本，从制度经济学分析的角度，我国青少年体育活动促进制度体系构建具有帕累托改进（经济学概念，指在资源配置或政策变更中，使至少一个个体的福利水平提高，而其他个体的福利水平不下降的变动）的强制性制度变迁的特点，这一特点不仅体现在政府对公共产品的购买力增强，而且在青少年体育活动促进制度中，鲜有因某一主体的福利恶化而导致其他主体福利提升的情形。这种"自上而下"的制度变迁逻辑，为我国青少年体育事业的发展奠定了坚实的理论基础。在此基础上，青少年体育活动促进制度体系的构建要以政府为主要供给主体，完成从综合性到专项性制度的正式制度设计。同时，正式制度的设计离不开运行机制的保障，因而按照运行机制的实施流程，在正式制度大类构建的基础上，进一步细分了青少年体育活动决策制度、执行制度、督导制度、评估考核制度、绩效评价制度、问责制度、干预制度、标准制度和研发制度等运行机制全流程制度，通过综合两大分类，完善了对正式制度和非正式制度两个角度的制度体系构建。

（二）立足七大任务，全方位确保制度效率

为实现青少年体育活动的最终目标，将七部门联合制订的《青少年体育活动促进计划》中明确提出的七大任务，即将青少年体育活动开展制度、青少年体育组织建设制度、青少年体育场地设施制度、青少年体育指导人员制度、青少年运动技能培训制度、青少年科学健身普及制度和青少年体育文化教育制度视为制度体系构建的中间目标，并将中间目标中具体提及的，如阳光体育活动制度、青少年体育竞赛制度、青少年体育教育制度、青少年体育活动交流制度等需要制定措施和贯彻执行的具体政策进行梳理，与按要素分类的五大流程中设计的具体制度进行归类整合，并进一步实现交互，通过制度的交互，确保了制度整体效果大于部分之和，通过立足七大任务，确保了对活动本身、场地设施、参与人员、运动技能、健身普及和文化教育等全方位中间目标的制定效力。

（三）追溯五大要素，全过程落实制度细节

为进一步细分制度体系构建内容，将七大任务所对应的中间政策目标进一步最小熵化处理，并将青少年体育活动促进制度按照要素划分为组织制度、指导制度、培训制度、保障制度和评估制度 5 个大类，并进一步将 5 个大类的制度进行最小熵化处理。组织制度按照青少年活动促进主要关注的组织分类划分为青少年户外营地管理制度、青少年体育俱乐部管理制度和青少年冬夏令营制度；指导制度进一步划分为学校体育活动制度、阳光体育活动制度、青少年体育竞赛制度、户外青少年体育活动制度和社区青少年体育活动制度；培训制度进一步划分为青少年体育教育制度、青少年运动技能培训制度和青少年体育素质拓展制度；保障制度则划分为青少年体育宣传保障制度、青少年体育活动交流制度、青少年体育活动安全保障制度、政府购买青少年体育活动制度、青少年体育场地设施保障制度和青少年体育活动经费保障制度；评估制度则包括青少年体育活动预测制度、青少年体育活动需求评估制度、青少年体育活动信息反馈制度和青少年体育活动舆情监控制度。通过这种从不同角度细分和交互的制度体系构建，我们既追溯了五大要素，又全程落实了制度细节。尤其是五大要素对应的最小熵化制度，如组织制度中的青少年冬夏令营制度，指导制度中的学校体育活动制度、阳光体育活动制度、青少年体育竞赛制度等，培训制度中的青少年体育素质拓展制度，保障制度中的政府购买青少年体育活动制度、青少年体育活动安全保障制度，评估制度中的青少年体育活动需求评估制度、青少年体育活动预测制度等，都实现了与七大任务中的青少年体育活动开展制度的交互和融合。

第七章

# 我国青少年体育活动促进整体政策概况

为了全面掌握我国自党的十八大以来发布的青少年体育活动促进政策，本章特选取了 2012—2023 年，国家级层面所发布的相关政策文件作为研究对象。数据的收集主要源自中国政府网、国家体育总局网站以及中国法律法规网数据库等渠道，并从政策文件的发布数量、类型、内容，以及与《青少年体育活动促进计划》的相关表述等多个角度进行了深入的剖析。

## 第一节　政策发布数量分析

自 2012 年以来，我国发布的青少年体育活动促进政策法规，以综合性政策为主导，其内容覆盖了青少年体育文化教育、青少年体育运动项目、青少年体育后备人才培养、青少年体育竞赛活动以及青少年体育社会组织等多个关键领域，充分体现了党和政府对青少年体育发展的高度关注和重视。

对政策文件的发布数量进行分析，是理解政策文本的一个重要维度。由图 7-1 可知，自 2012 年以来，我国共发布了 255 件青少年体育相关政策，平均每年发布 21.25 件。从整体趋势来看，政策发布量呈现出波动上升的态势，显示出青少年体育政策的发布并不总是稳定，存在一定的不确定性。其中，2012

年和 2017 年，政策发布数量均处于较高水平，分别为 33 件和 31 件；而 2015
年的发布数量最少，仅有 9 件。在 2012—2013 年、2015—2016 年以及 2020—
2021 年，政策发布量出现了较大幅度的波动，特别是在 2020—2021 年，发布
量显著增加，而在 2021—2023 年，政策发布则趋于平稳。

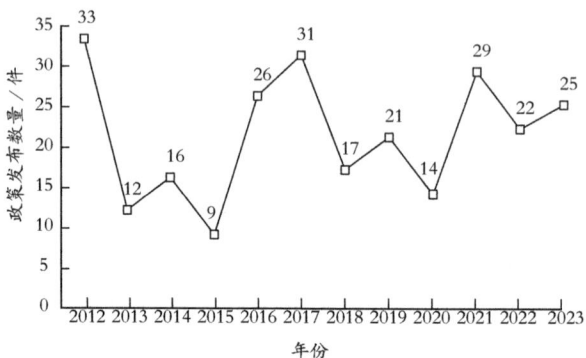

图 7-1　青少年体育政策发布数量情况

　　通过以上分析可以看出，国家对于青少年体育发展较为关注，从 2012 年党
的十八大以来，不断推出相关政策，以期促进青少年体育的发展。近年来，随
着青少年群体在我国体育事业发展中重要性的日益凸显，国家对提升青少年体
质健康水平的认识越发深刻。因此，党和国家通过政策的引导和推动，为青少
年提供了多样化的健康促进途径，鼓励他们积极参与体育活动，从而提高体质
健康水平，确保青少年在体育活动中得到全面的成长与发展。

## 第二节　政策类型分析

### 一、从政策执行效力上分析

　　在整理和分类政策文件时，通过与北大法宝法律数据库、国家体育总局网

站等渠道发布的青少年体育政策相关年鉴、法律法规、政府文件进行对比，最终确定了以国家体育总局政策法规司的政策文库作为分类的标准。据此，将政策文件分为：①法律 1 部；②行政法规 2 部；③党中央与国务院文件 27 件；④部门规章 81 件；⑤国家体育总局制度性文件 144 件。本书对这些政策文件进行了系统的汇编和整理。

（一）法律与行政法规

中国体育法律制度的建设，依赖于先进和完善的法律法规，这是贯彻青少年体育政策的关键。在青少年体育相关政策法规中，3 部法律与行政法规起着核心作用，分别是《体育法》《全民健身条例》《学校体育工作条例》（表 7-1）。尽管这些法律法规在政策中占比不大，但它们能从宏观层面激励青少年参与体育活动，指明青少年体育工作发展的方向。

表 7-1 法律与行政法规一览表

| 文件名称 | 发文机构 | 发文字号 | 发文时间 |
|---|---|---|---|
| 《体育法》 | 第十三届全国人民代表大会常务委员会 | 中华人民共和国主席令第 114 号 | 2022 年 6 月 24 日第三十五次会议修订 |
| 《全民健身条例》 | 国务院 | 中华人民共和国国务院令第 666 号 | 2016 年 2 月 6 日修订 |
| 《学校体育工作条例》 | 国家教育委员会、国家体育运动委员会 | — | 2017 年 3 月 1 日修订 |

《体育法》作为一部综合性的法律文件，在新修订的内容中，将原本第三章"学校体育"的章名修改为"青少年和学校体育"，明确提出"国家实行青少年和学校体育活动促进计划，健全青少年和学校体育工作制度，培育、增强青少年体育健身意识，推动青少年和学校体育活动的开展和普及，促进青少年身心健康和体魄强健"。这一修订将青少年和学校体育置于优先发展的战略地位，并对相关部门的工作开展作出了具体指示。教育行政部门和学校应当将体育纳入学生综合素质评价范围，将达到国家学生体质健康标准要求作为教育教学考核的重要内容，培养学生体育锻炼习惯，提升学生体育素养。体育行政部门应

当在传授体育知识技能、组织体育训练、举办体育赛事活动、管理体育场地设施等方面为学校提供指导和帮助，并配合教育行政部门推进学校运动队和高水平运动队建设。学校必须按照国家有关规定开齐开足体育课，确保体育课时不被占用。学校应当在进行体育课教学时，组织病残等特殊体质的学生参加适合其特点的体育活动。学校应当将在校内开展的学生课外体育活动纳入教学计划，与体育课教学内容相衔接，保障学生在校期间每天参加不少于1小时体育锻炼。鼓励学校组建运动队、俱乐部等体育训练组织，开展多种形式的课余体育训练，有条件的可组建高水平运动队，培养竞技体育后备人才等。

《全民健身条例》以促进全民健身活动的开展、保障公民在全民健身活动中的合法权益、提高公民身体素质为目的，从全民健身计划、全民健身活动、全民健身保障等方面展开，提出"学校应当保证学生在校期间每天参加1小时的体育活动。学校每学年至少举办1次全校性的运动会；有条件的，还可以有计划地组织学生参加远足、野营、体育夏（冬）令营等活动。基层文化体育组织、学校、家庭应当加强合作，支持和引导学生参加校外体育活动。青少年活动中心、少年宫、妇女儿童中心等应当为学生开展体育活动提供便利"。

《学校体育工作条例》以保证学校体育工作的正常开展、促进学生身心的健康成长为目的，从体育课教学，课外体育活动，课余体育训练与竞赛，体育教师，场地、器材、设备和经费，组织机构和管理等方面进行规定，以促进青少年体育的发展。特别是第三章课外体育活动部分，强调"开展课外体育活动应当从实际情况出发，因地制宜，生动活泼。普通中小学校、农业中学、职业中学每天应当安排课间操，每周安排3次以上课外体育活动，保证学生每天有1小时体育活动的时间（含体育课）。中等专业学校、普通高等学校除安排有体育课、劳动课的当天外，每天应当组织学生开展各种课外体育活动"，为青少年体育活动的开展提供强有力的支撑。

（二）党中央与国务院文件

在我国现有的法律体系中，按照政策的执行效力从高到低排序，依次为：法律，行政法规，党中央与国务院文件，部门规章，规范性文件，地方性法规、规章和规范性文件。在实践中，党中央与国务院发布的政策文件通常具有较高的政策权威性。2012—2023 年，党中央与国务院发布的文件中有 27 个政策文件涉及青少年体育，具有宏观性、战略性的指导意义（表 7-2）。

表 7-2　党中央与国务院文件一览表

| 文件名称 | 发文机构 | 发文字号 | 发文时间 |
|---|---|---|---|
| 《关于构建优质均衡的基本公共教育服务体系的意见》 | 中共中央办公厅、国务院办公厅 | — | 2023 年 6 月 13 日 |
| 《国务院办公厅关于印发"十四五"城乡社区服务体系建设规划的通知》 | 国务院办公厅 | 国办发〔2021〕56 号 | 2022 年 1 月 21 日 |
| 《关于建立中小学校党组织领导的校长负责制的意见（试行）》 | 中共中央办公厅 | — | 2022 年 1 月 26 日 |
| 《关于构建更高水平的全民健身公共服务体系的意见》 | 中共中央办公厅、国务院办公厅 | 中办发〔2021〕61 号 | 2022 年 3 月 23 日 |
| 《国务院办公厅关于印发"十四五"国民健康规划的通知》 | 国务院办公厅 | 国办发〔2022〕11 号 | 2022 年 5 月 20 日 |
| 《关于进一步减轻义务教育阶段学生作业负担和校外培训负担的意见》 | 中共中央办公厅、国务院办公厅 | — | 2021 年 7 月 24 日 |
| 《国务院关于印发全民健身计划（2021—2025 年）的通知》 | 国务院 | 国发〔2021〕11 号 | 2021 年 7 月 18 日 |
| 《关于全面加强和改进新时代学校体育工作的意见》 | 中共中央办公厅、国务院办公厅 | — | 2022 年 10 月 15 日 |
| 《中共中央、国务院关于印发〈深化新时代教育评价改革总体方案〉的通知》 | 中共中央、国务院 | 中发〔2020〕19 号 | 2020 年 10 月 13 日 |
| 《国务院办公厅关于同意建立青少年体育工作部际联席会议制度的函》 | 国务院办公厅 | 国办函〔2020〕122 号 | 2020 年 12 月 22 日 |
| 《国务院办公厅关于印发体育强国建设纲要的通知》 | 国务院办公厅 | 国办发〔2019〕40 号 | 2019 年 8 月 10 日 |
| 《关于以 2022 年北京冬奥会为契机大力发展冰雪运动的意见》 | 中共中央办公厅、国务院办公厅 | — | 2019 年 3 月 31 日 |

续表

| 文件名称 | 发文机构 | 发文字号 | 发文时间 |
|---|---|---|---|
| 《国务院办公厅关于促进全民健身和体育消费推动体育产业高质量发展的意见》 | 国务院办公厅 | 国办发〔2019〕43号 | 2019年9月17日 |
| 《国务院关于实施健康中国行动的意见》 | 国务院 | 国发〔2019〕13号 | 2019年7月15日 |
| 《国务院办公厅关于新时代推进普通高中育人方式改革的指导意见》 | 国务院办公厅 | 国办发〔2019〕29号 | 2019年06月19日 |
| 《关于深化教育教学改革全面提高义务教育质量的意见》 | 中共中央、国务院 | — | 2019年6月23日 |
| 《国务院办公厅关于印发健康中国行动组织实施和考核方案的通知》 | 国务院办公厅 | 国办发〔2019〕32号 | 2019年6月24日 |
| 《国务院关于印发国家教育事业发展"十三五"规划的通知》 | 国务院 | 国发〔2017〕4号 | 2017年1月10日 |
| 《国务院关于印发"十三五"推进基本公共服务均等化规划的通知》 | 国务院 | 国发〔2017〕9号 | 2017年1月23日 |
| 《国务院教育督导委员会办公室关于印发<中小学校体育工作督导评估办法>的通知》 | 国务院教育督导委员会办公室 | 国教督办〔2017〕4号 | 2017年3月27日 |
| 《中长期青年发展规划（2016-2025年）》 | 中共中央、国务院 | — | 2017年4月13日 |
| 《国务院办公厅关于强化学校体育促进学生身心健康全面发展的意见》 | 国务院办公厅 | 国办发〔2016〕27号 | 2016年4月21日 |
| 《国务院关于印发全民健身计划（2016—2020年）的通知》 | 国务院 | 国发〔2016〕37号 | 2016年6月23日 |
| 《"健康中国2030"规划纲要》 | 中共中央、国务院 | 中发〔2016〕23号 | 2016年10月25日 |
| 《国务院关于印发"十三五"卫生与健康规划的通知》 | 国务院 | 国发〔2016〕77号 | 2016年12月27日 |

| 文件名称 | 发文机构 | 发文字号 | 发文时间 |
|---|---|---|---|
| 《国务院办公厅关于加快发展健身休闲产业的指导意见》 | 国务院办公厅 | 国办发〔2016〕77 号 | 2016 年 10 月 28 日 |
| 《国务院办公厅转发教育部等部门关于进一步加强学校体育工作若干意见的通知》 | 国务院办公厅 | 国办发〔2012〕53 号 | 2012 年 10 月 22 日 |

　　各文件从不同角度对青少年体育活动促进进行了指导，如中共中央办公厅、国务院办公厅印发的《关于构建优质均衡的基本公共教育服务体系的意见》提出，应丰富公共文化体育服务的角度，充分发挥公共文化体育资源的重要育人作用，落实有条件的公共体育设施、科技馆和各类科普教育基地免费或低收费向学生开放。国家法定节假日和学校寒暑假期间适当延长开放时间，并增设适合学生特点的文化体育和科普活动。中共中央办公厅、国务院办公厅印发的《关于构建更高水平的全民健身公共服务体系的意见》提出培养终身运动者。实施青少年体育活动促进计划，让每个青少年较好地掌握 1 项以上运动技能，培育运动项目人口。开齐开足体育课，鼓励基础教育阶段学校每天开设 1 节体育课。支持体校、体育俱乐部进入学校、青少年宫开设公益性课后体育兴趣班。支持学校、青少年宫和社会力量合作创建公益性体育俱乐部。而《关于全面加强和改进新时代学校体育工作的意见》则强调了体育评价的重要性，提出应建立日常参与、体质监测和专项运动技能测试相结合的考查机制，将达到《国家学生体质健康标准》的要求作为教育教学考核的重要内容，引导青少年学生养成良好的锻炼习惯和健康生活方式，锤炼坚强意志，培养合作精神。中小学校要客观记录学生日常体育参与情况和体质健康监测结果，定期向家长反馈。改进中考体育测试内容、方式和计分办法，形成激励学生加强体育锻炼的有效机制。

　　《体育强国建设纲要》明确提出了发展青少年身体素养的目标要求，规定学生至少要掌握两项运动技能，并以学校体育教育为主阵地，从制度保障的角度将青少年体质健康状况纳入学校、政府和教育行政部门的考核体系。可以说，《体育强国建设纲要》的颁布不仅体现了党中央、国务院对青少年体育事业发展的高度重视，也奠定了新时代青少年体育在培养合格社会主义建设者和接班人中的基础战略地位。

《关于以 2022 年北京冬奥会为契机大力发展冰雪运动的意见》（以下简称《意见》）则是为了充分利用 2022 年北京举办冬奥会这一重大机遇，调动各方面发展冰雪运动的积极性，全面提升我国冰雪运动水平，推动我国冰雪事业快速发展而出台的具有战略意义的文件。《意见》指出：要大力发展青少年冰雪运动，积极举办青少年冰雪赛事，将冰雪运动的知识纳入学校体育课教学内容。可见，青少年群体作为我国竞技体育的基础性力量，对我国的体育发展和冰雪后备人才的选拔都起着不可替代的重要作用，是我国冰雪运动开展的重点人群。

《国务院关于实施健康中国行动的意见》提出实施中小学健康促进行动。其指出，中小学生处于成长发育的关键阶段，应动员家庭、学校和社会共同维护中小学生的身心健康。引导学生从小养成健康生活习惯，锻炼健康体魄，预防近视、肥胖等疾病。中小学校按规定开齐开足体育与健康课程。把学生体质健康状况纳入对学校的绩效考核，结合学生的年龄特点，以多种方式对学生的健康知识进行考核，将体育纳入高中学业水平测试。

总之，党中央与国务院文件是党中央、国务院根据我国当前的体育事业发展情况所做出的具有概括性和方向性的规范性文件。文件中，青少年被作为一个重要板块纳入主体内容，在各省级政府制定青少年体育政策的过程中起着统领作用。

### （三）部门规章及规范性文件

部门规章是国务院各部门、各委员会、审计署等根据法律和行政法规的规定和国务院的决定，在本部门的权限范围内制定和发布的调整本部门范围内的行政管理关系的规范性文件，这些文件不得与宪法、法律和行政法规相抵触[1]。在 2012—2023 年所发布的青少年体育促进政策法规中，部门规章及规范性文件共 225 件。其中，国家体育总局发文数量最多，共计 144 件，占比达到 64%；

---

[1] 法律出版社法规中心. 中华人民共和国常用法律大全 [M]. 6 版. 北京：法律出版社，2009.

教育部发文数量次之，共计 74 件，占比为 33%；国家发展改革委发文 5 件，占比为 2%；国家卫生健康委员会发文数量最少，共计 2 件，占比为 1%（图 7-2）。

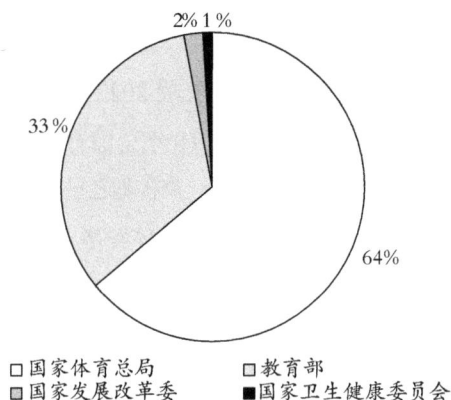

图 7-2　部门规章及规范性文件发文主体占比

　　国家体育总局发布了 144 件青少年体育活动促进政策文件，年平均发布 12 件，其中，2021 年的发文数量最多，高达 17 件；2020 年的发文数量最少，为 2 件。这些政策主要涉及青少年健康促进、青少年体育训练、青少年体育竞赛等方面，全面铺开政策内容，涵盖了青少年体育竞赛、青少年体育后备人才、青少年体育组织以及体教融合等多个领域，为青少年体育活动的促进提供了全方位的支持。同时，这些政策在参与主体、活动领域等方面也呈现出多元化的特点。其中，参与主体方面，包括了学校、家庭以及社会等多方力量；活动领域方面，则横跨课内课外、校内校外等多个维度。例如，2017 年国家体育总局联合教育部、中央文明办、国家发展改革委、民政部、财政部、共青团中央，七部门联合制订了《青少年体育活动促进计划》，以加强体育课和课外锻炼，促进青少年身心健康、体魄强健为根本目标，坚持政府主导、部门协作，充分发挥市场作用，激发社会活力，建立和完善有利于青少年体育活动开展的体制机制，培养青少年体育锻炼习惯，提高青少年运动技能，增强青少年身体素质，营造全社会关心支持青少年体育的氛围，吸引更广泛的青少年参与体育活动。2023 年，国家体育总局办公厅、国家发展改革委办公厅、财政部办公厅、住房城乡建设部办公厅、人民银行办公厅五部门印发了《全民健身场地设施提升行动工作方案（2023—2025 年）》，从场地设施入手，大力推行《青少年体育锻炼器材配置指南》，指出公共体育场馆应 100% 提供老年人和儿童青少年健身活动场所等，不断促进青少年身边的场地设施更趋规范。与此同时，国家体育总局还积极下发各项青少年体育活动的通知，如《关于开展 2022 年"奔跑吧·少年"儿童青少年主题健身活动的通知》《关于做好 2018 年全国青少年体育冬夏令营实施工作的通知》《关于举办 2018 年全国青少年"未来之星"冬季阳光体育大会的通知》，广泛开展青少年体育活动，推动青少年体育事业的发展。

教育部发布了 74 件青少年体育活动促进政策文件，年平均发布 6 件，其中，2012 年的发布数量最多，达到了 32 件；2016 年的发布数量最少，为 5 件。这些政策文件主要分为规范性文件和通知文件两种，二者互为补充、相辅相成。规范性文件既包括指导性较强的文件，也包括规范性较强的文件，二者侧重点不同，但均为青少年体育活动的促进提供了坚实的理论依据。例如，2018 年 1 月，教育部、国家体育总局、北京冬奥组委联合发布了《北京 2022 年冬奥会和冬残奥会中小学生奥林匹克教育计划》。这是一份全面且细致的文件，对我国的奥林匹克教育、青少年冬季运动以及冰雪运动等方面都具有重要的指导意义。通知文件是一种广泛应用的知照性公文，主要用于发布法规、规章，转发上级机关、同级机关和不相隶属机关的公文，批转下级机关的公文，以及对下级机关办理某项事务的具体要求。例如，2018 年 3 月发布的《教育部办公厅关于开展全国学校体育教学、训练、竞赛及条件保障体系建设改革成果征集活动的通知》《教育部办公厅关于做好全国青少年校园足球特色学校、试点县（区）创建（2018—2025）和 2018 年"满天星"训练营遴选工作的通知》，这些都是教育部办公厅针对学校体育改革成果的征集、足球特色学校的创建等工作向下级教育行政部门发布的要求实施的具体强制性政策。总之，规范性文件从宏观层面为青少年体育的发展提供了明确的方向，而通知文件则从微观层面对青少年体育活动中具体的问题提供了政策依据，两者在青少年体育活动促进中发挥着不可或缺的作用。

国家发展改革委发布的 5 件青少年体育活动促进政策文件中有 2 件是 2021 年发布的，分别为《"十四五"时期全民健身设施补短板工程实施方案》《关于推进体育公园建设的指导意见》，这些政策为青少年体育活动的推进提供了场地设施方面的支持。2016 年发布的《中国足球中长期发展规划（2016—2050年）》《全国足球场地设施建设规划（2016—2020 年）》《关于印发全国足球场地设施建设规划（2016—2020 年）的通知》对青少年在足球领域的发展起到了规划作用，《冰雪运动发展规划（2016—2025 年）》中的校园冰雪计划则为青少年在冰雪领域的发展提供了指导。

2020 年，国家卫生健康委办公厅、教育部办公厅、市场监管总局办公厅、国家体育总局办公厅、共青团中央办公厅、全国妇联办公厅《关于印发儿童青少年肥胖防控实施方案的通知》从防控儿童青少年超重肥胖入手，提出培养儿童青少年进行体育锻炼的习惯。该政策提出：营造良好的家庭体育运动氛围，积极引导孩子进行户外活动和体育锻炼；提倡家长与孩子共同运动，创造必要的条件促进运动日常化、生活化；培养儿童青少年运动兴趣，使其掌握 1 或 2 项体育运动技能，引导孩子养成经常锻炼习惯，减少儿童使用电子屏幕产品时间，保证睡眠时间；保证在校身体活动时间，强化体育课和课外锻炼，各地各校要严格落实国家体育与健康课程标准，按照有关规定将体育成绩纳入中考等考核。2019 年 7 月 9 日国家卫生健康委员会发布的《健康中国行动（2019—2030 年）》包含了中小学健康促进行动，指出中小学生正处于成长发育的关键阶段。面对我国学生肥胖和视力不良检出率持续上升的问题，《健康中国行动（2019—2030 年）》提供了关于健康行为与生活方式、疾病预防、心理健康、生长发育与青春期保健等方面的知识和技能，并提出了个人、家庭、学校、政府各方应采取的行动。

## 二、从政策发文形式上分析

从政策发文形式来看，我国青少年体育政策存在单一部门发文和多部门联合发文两种形式。这两种形式既突出了部门的主体责任，也体现了部门间的协同与合作。单一部门发文可以充分体现国家或地方意志，从政策的制定到颁布均依托于部门主体，速度快、效率高，上传下达较为通畅；而多部门联合发文通常要求参与部门级别相当，各参与部门可以充分发挥自身优势，形成"合力"，从而减小政策落实的阻力。

自2012年党的十八大召开以来，我国青少年体育政策单一部门发文161件，发文部门主要有中共中央、国务院、国务院办公厅、教育部、教育部办公厅、国家发展改革委、国家卫生健康委员会、国家体育总局、国家体育总局办公厅等。其中，国家体育总局办公厅发文数量最多，为95件；国家发展改革委与国家卫生健康委员会发文数量最少，均分别发布1件。多部门联合发文共94件，主要包括中共中央办公厅与国务院办公厅联合发文、国家体育总局与教育部联合发文、国家体育总局办公厅与教育部办公厅联合发文等两个主体联合发文的形式，也包括国家体育总局、教育部、共青团中央等多主体联合发文的形式（图7-3）。

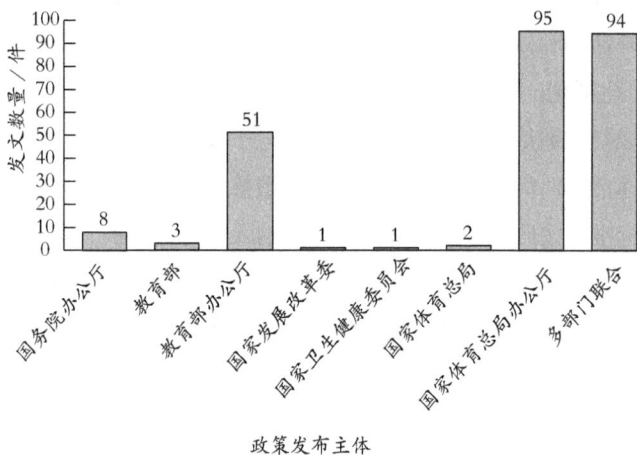

图7-3　青少年体育政策发布主体情况

可以看出，我国大部分青少年体育政策还是以单一部门发文为主，单一部门发文虽然明确了部门的主体作用，但是对于青少年这样一个复杂且庞大的群体，单靠一个部门的力量有时难以达到预期目标。例如，《教育部等四部门关于加快推进全国青少年冰雪运动进校园的指导意见》的发文部门多达4个，分别是教育部、国家体育总局、国家发展改革委和财政部。联合发文的优势在于可以将各部门的资源充分调动起来，从而形成多元主体的合作态势，以便发挥政策的最大效力。同时，多部门联合发文可以从各方面对青少年体育政策的实施给予必要的支持与帮助，有利于将政策落到实处。然而，联合发文也存在一些问题，如多头管理和权责不明确，容易在利益面前出现责任推诿，导致政策执行不力，有些部门甚至可能只是走走形式，对政策的落实并没有实质性帮助。因此，在制定政策时，应首先明确各部门的权责，各司其职，以确保政策的有效执行。

总之，通过以上分析可以得知，青少年体育政策的发布主体既包含专业管理机构，也包含综合管理机构；既包含单一部门发文，也包含多部门联合发文。这表明青少年体育发展已经逐步纳入国家发展战略层面。青少年体育活动促进政策的两种发文形式，各有优势和弊端，体育行政部门应根据实际情况选择最合适的发布形式，以期高效推动青少年体育活动的蓬勃发展。

### 三、从政策颁布类型上分析

通过对党的十八大以来搜集到的255件青少年体育活动促进政策进行研究，发现我国青少年体育活动促进政策的颁布形式种类多样，政策颁布的主要类型有法律法规、行政法规、规划、计划、通知、意见、工作要点、实施方案、函等。其中，通知数量最多，共发布192件，占比达到75%（图7-4）。其他政策颁

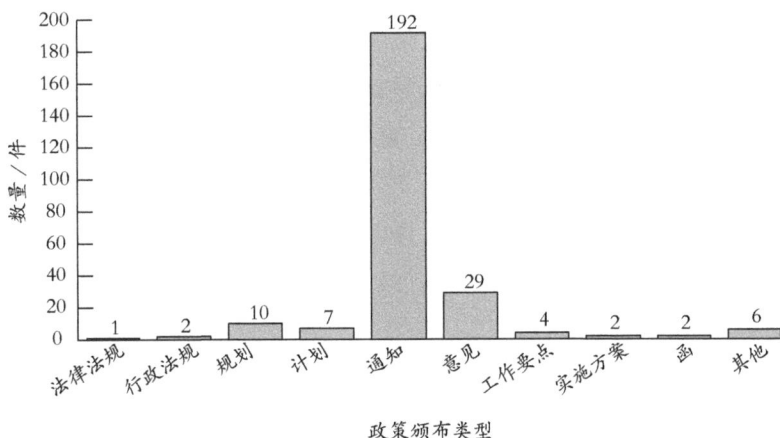

图7-4　青少年体育政策发布文本类型情况

布类型包含办法、标准、方案、决定、指南。

根据《党政机关公文处理工作条例》的解释："通知是指适用于发布、传达要求下级机关执行和有关单位周知或者执行的事项，批转、转发公文。"2017年由七部门联合制订的《青少年体育活动促进计划》颁布之后，各地举办的青少年体育竞赛活动数量呈直线增长，与此同时，"通知"类型的文件数量也随之上涨，为青少年体育活动的开展提供了有力保障。多年来，"竞赛通知"类型的文件通常作为下行文件，用于指导各地开展青少年体育竞赛活动、发布竞赛规程，从而保证比赛的顺利进行，是青少年体育活动开展的重要文件形式。

"意见"是上级领导机关对下级机关部署工作，指导下级机关工作活动的原则、步骤和方法的一种文体，它是一种机关公文，在体育领域里常由中共中央、国务院、国家体育总局和教育部制定。在2012—2023年所发布的青少年体育活动促进政策统计中，"意见"类型的文件共有29件，均具有很强的指导性和参考性，如《关于以2022年北京冬奥会为契机大力发展冰雪运动的意见》《教育部等四部门关于加快推进全国青少年冰雪运动进校园的指导意见》等，这两部文件从冰雪运动角度出发，为我国冰雪运动的发展创造了条件，也为地方开展冰雪运动提供了政策支持，是各地制定冰雪政策的重要蓝本。

总之，无论什么类型的政策文件都是国家和地方针对一定时期内青少年体育发展所作出的具体规划。随着体育强国和健康中国战略的日益凸显，青少年体育政策作为重点内容也越来越受到国家的重视。但我们也应看到，我国青少年体育政策偏向于短期政策，如通知、意见等，法律法规、标准、方案、计划、法案等中长期规划等较为缺失甚至是完全没有，同时在执行层面缺乏有效的法律监督和约束。党和国家有关部门对青少年体育工作作出宏观指示的同时，也应在具体工作方面提出要求并监督执行，在完善青少年政策法规方面仍需做进一步的努力。

# 第三节　政策内容分析

## 一、青少年体育文化教育政策

体育文化教育是教育的重要组成部分，也是学校教育中不可或缺的一部分。当今，我国青少年面临着体教融合发展的新趋势，体育文化教育政策作为一种指导性文件，在发展青少年的身心健康中起着极其重要的作用。2012—2023 年，青少年体育文化教育政策共有 36 件（表 7–3）。

表 7–3　青少年体育文化教育政策一览表

| 文件名称 | 发文机构 | 发文字号 | 发文时间 |
|---|---|---|---|
| 《体育法》 | 全国人大常委会 | — | 2022 年 6 月 24 日（新修订） |
| 《全民健身条例》 | 国务院 | 中华人民共和国国务院令第 560 号 | 2016 年 2 月 6 日( 二次修订 ) |
| 《学校体育工作条例》 | 国家教育委员会、国家体育运动委员会 | 国家教育委员会令第 8 号、国家体育运动委员会令第 11 号 | 2017 年 3 月 1 日( 修订 ) |
| 《关于构建优质均衡的基本公共教育服务体系的意见》 | 中共中央办公厅、国务院办公厅 | — | 2023 年 6 月 |
| 《关于建立中小学校党组织领导的校长负责制的意见（试行）》 | 中共中央办公厅 | — | 2022 年 1 月 26 日 |
| 《关于进一步减轻义务教育阶段学生作业负担和校外培训负担的意见》 | 中共中央办公厅、国务院办公厅 | — | 2021 年 7 月 |
| 《国务院关于印发全民健身计划（2021—2025 年）的通知》 | 国务院 | 国发〔2021〕11 号 | 2021 年 7 月 18 日 |

续表

| 文件名称 | 发文机构 | 发文字号 | 发文时间 |
|---|---|---|---|
| 《关于全面加强和改进新时代学校体育工作的意见》 | 中共中央办公厅、国务院办公厅 | — | 2020 年 10 月 |
| 《深化新时代教育评价改革总体方案》 | 中共中央、国务院 | — | 2020 年 10 月 13 日 |
| 《国务院办公厅关于印发体育强国建设纲要的通知》 | 国务院办公厅 | 国办发〔2019〕40 号 | 2019 年 8 月 10 日 |
| 《国务院办公厅关于促进全民健身和体育消费推动体育产业高质量发展的意见》 | 国务院办公厅 | 国办发〔2019〕43 号 | 2019 年 9 月 17 日 |
| 《国务院关于实施健康中国行动的意见》 | 国务院 | 国发〔2019〕13 号 | 2019 年 7 月 15 日 |
| 《体育总局、发展改革委关于印发〈进一步促进体育消费的行动计划（2019—2020年）〉的通知》 | 国家体育总局、发展改革委 | 体经字〔2019〕13 号 | 2019 年 1 月 4 日 |
| 《国务院关于印发国家教育事业发展"十三五"规划的通知》 | 国务院 | 国发〔2017〕4 号 | 2017 年 1 月 19 日 |
| 《国务院教育督导委员会办公室关于印发〈中小学校体育工作督导评估办法〉的通知》 | 国务院教育督导委员会办公室 | 国教督办〔2017〕4 号 | 2017 年 3 月 27 日 |
| 《中长期青年发展规划（2016—2025 年）》 | 中共中央、国务院 | — | 2017 年 4 月 13 日 |
| 《国务院办公厅关于强化学校体育促进学生身心健康全面发展的意见》 | 国务院办公厅 | 国办发〔2016〕27 号 | 2016 年 4 月 21 日 |
| 《国务院关于印发全民健身计划(2016—2020 年)的通知》 | 国务院 | 国发〔2016〕37 号 | 2016 年 6 月 15 日 |
| 《"健康中国 2030"规划纲要》 | 中共中央、国务院 | 中发〔2016〕23 号 | 2016 年 10 月 25 日 |
| 《国务院办公厅转发教育部等部门关于进一步加强学校体育工作若干意见的通知》 | 国务院办公厅 | 国办发〔2012〕53 号 | 2012 年 10 月 22 日 |

续表

| 文件名称 | 发文机构 | 发文字号 | 发文时间 |
|---|---|---|---|
| 《教育部办公厅关于做好当前疫情形势下学校体育工作的通知》 | 教育部办公厅 | 教体艺厅函〔2023〕4号 | 2023年2月14日 |
| 《教育部关于进一步加强普通高等学校高水平运动队建设管理的意见》 | 教育部 | 教体艺〔2022〕1号 | 2022年1月28日 |
| 《中共教育部党组关于学习贯彻习近平总书记给中国冰雪健儿重要回信精神的通知》 | 中共教育部党组 | 教党〔2022〕8号 | 2022年3月5日 |
| 《教育部等五部门关于全面加强和改进新时代学校卫生与健康教育工作的意见》 | 教育部等五部门 | 教体艺〔2021〕7号 | 2021年8月2日 |
| 《教育部、国家体育总局关于进一步完善和规范高校高水平运动队考试招生工作的指导意见》 | 教育部、国家体育总局 | 教学〔2021〕2号 | 2021年9月7日 |
| 《教育部应对新冠肺炎疫情工作领导小组办公室关于在常态化疫情防控下做好学校体育工作的指导意见》 | 教育部应对新冠肺炎疫情工作领导小组办公室 | 教体艺厅函〔2020〕12号 | 2020年5月12日 |
| 《教育部办公厅关于贯彻全国学校体育工作座谈会精神进一步强化学校体育工作的通知》 | 教育部办公厅 | 教体艺厅〔2017〕5号 | 2017年11月30日 |
| 《关于印发儿童青少年肥胖防控实施方案的通知》 | 国家卫生健康委办公厅、教育部办公厅、市场监管总局办公厅、国家体育总局办公厅、共青团中央办公厅、全国妇联办公厅 | 国卫办疾控发〔2020〕16号 | 2020年10月16日 |
| 《体育总局办公厅关于开展2022年"奔跑吧·少年"儿童青少年主题健身活动的通知》 | 国家体育总局办公厅 | 体青字〔2022〕11号 | 2022年1月26日 |
| 《关于提升学校体育课后服务水平 促进中小学生健康成长的通知》 | 国家体育总局办公厅、教育部办公厅、国家发展改革委办公厅 | 体办字〔2022〕88号 | 2022年6月14日 |

| 文件名称 | 发文机构 | 发文字号 | 发文时间 |
|---|---|---|---|
| 《国家体育总局办公厅、教育部办公厅关于开展 2022 年全国青少年科学健身指导普及工作的通知》 | 国家体育总局办公厅、教育部办公厅 | — | 2022 年 8 月 10 日 |
| 《国家体育总局关于印发〈"十四五"体育发展规划〉的通知》 | 国家体育总局 | 体发〔2021〕2 号 | 2021 年 10 月 8 日 |
| 《国家体育总局办公厅关于做好课外体育培训行业服务监管工作的通知》 | 国家体育总局办公厅 | — | 2021 年 9 月 30 日 |
| 《国家体育总局、教育部关于印发深化体教融合 促进青少年健康发展意见的通知》 | 国家体育总局、教育部 | 体发〔2020〕1 号 | 2020 年 8 月 31 日 |
| 《国家体育总局关于印发〈青少年体育"十三五"规划〉的通知》 | 国家体育总局 | 体青字〔2016〕92 号 | 2016 年 9 月 8 日 |
| 《体育总局办公厅关于印发〈体育总局青少司 2014 年工作要点〉的通知》 | 国家体育总局办公厅 | — | 2014 年 1 月 16 日 |

由表 7-3 可知，我国 2012—2023 年发布的青少年体育文化教育的政策内容丰富。

2012 年 10 月 22 日，国务院办公厅发布了《国务院办公厅转发教育部等部门关于进一步加强学校体育工作若干意见的通知》。该通知将加强学校体育作为贯彻党的教育方针、实施素质教育和提高教育质量的重要举措。要求各地规范办学行为，减轻学生课业负担，切实保证中小学生每天 1 小时校园体育活动，严禁挤占体育课和学生校园体育活动时间。要因地制宜制定并落实体育与健康课程的实施方案，在地方课程和校本课程中科学安排体育课时。2014 年 1 月 16 日，国家体育总局办公厅发布了《体育总局办公厅关于印发〈体育总局青少司 2014 年工作要点〉的通知》，在工作任务的具体部署中提到了联合教育行政部门督导省市开展运动员文化教育情况，这对我国后备体育人才的文化素质和竞技水平的全面发展具有极其重要的影响。

2016 年，正值我国"十三五"规划的开局之年，国家体育总局于 2016 年发布了《青少年体育"十三五"规划》，其具体发展目标为青少年体育素养普遍提高。同年，国务院还颁布了《全民健身计划（2016—2020 年）》。《全民健身计划（2016—2020 年）》将青少年作为实施全民健身计划的重点人群，大力普及青少年体育活动，提高青少年身体素质。加强学校体育教育，将提高青少年的体育素养和养成健康行为方式作为学校教育的重要内容，保证学生在校的体育场地和锻炼时间，把学生体质健康水平纳入工作考核体系，加强学校体育工作绩效评估和行政问责。

2017 年，教育部办公厅发布了《教育部办公厅关于贯彻全国学校体育工作座谈会精神进一步强化学校体育工作的通知》，推动学校体育工作再上新台阶。要求各地区贯彻落实全国学校体育工作座谈会精神，把促进学生全面发展、健康成长作为学校体育工作的出发点和落脚点，推动每个学生掌握一项或数项体育运动技能；以培育"一校一品""一校数品"为目标，深化学校体育教学改革。

2019 年国务院办公厅发布了《体育强国建设纲要》，其中在战略任务部分，再次提出"将促进青少年提高身体素养和养成健康生活方式作为学校体育教育的重要内容"。这一提法，已从单纯的"体质"提升，上升到了"素养"的层面，要求青少年在体育观念上必须实现根本性的转变。《体育强国建设纲要》中的"重大工程三　青少年体育发展促进工程"，明确规定开展青少年体育技能培训，使青少年掌握 2 项以上运动技能，对青少年参与体育活动以及活动目标作出了具体规定。此外，《体育强国建设纲要》以学校体育为主要阵地，要求在学校中开展丰富多样的体育活动，从制度保障的角度将青少年的体质健康状况纳入学校体育的考核体系，以此来奠定青少年体育发展的战略基础地位。同年颁布的还有《国务院关于实施健康中国行动的意见》，该文件把体育与健康联系在了一起，提出："中小学校按规定开齐开足体育与健康课程。把学生体质健康状况纳入对学校的绩效考核，结合学生年龄特点，以多种方式对学生健康知识进行考试考查，将体育纳入高中学业水平测试。"通过开设体育与健康课程，使学生掌握科学的体育卫生知识，并以考核的形式使学生养成体育锻炼的习惯，从而改善学业压力带来的体质下降等问题。

2020 年 8 月，国家体育总局、教育部联合发布《关于深化体教融合 促进青少年健康发展的意见》，旨在推动青少年文化学习和体育锻炼协调发展，促进青少年健康成长、锤炼意志、健全人格，培养德智体美劳全面发展的社会主义建设者和接班人。这一政策为深化体教融合指明了方向，使得各地的体教融合工作呈现出蓬勃发展的态势。同年 10 月，中共中央办公厅、国务院办公厅在《关于全面加强和改进新时代学校体育工作的意见》中，不仅鼓励义务教育阶段和高中阶段学校严格按照国家课程方案和课程标准开齐开足上好体育课，还倡导高等教育阶段学校要将体育纳入人才培养方案，学生体质健康达标、修满体育学分方可毕业。同时，该政策还鼓励高校和科研院所将体育课程纳入研究生教育公共课程体系。此外，同期发布的还有《关于印发儿童青少年肥胖防控实施方案的通知》，该文件再次提到"严格落实国家体育与健康课程标准，按照有关规定将体育成绩纳入中考等考核""保证学生每节课间休息并进行适当身体活动，减少静态行为。保证幼儿园幼儿每天的户外活动时间在正常的天气情况下不少于 2 小时，其中体育活动时间不少于 1 小时。中小学生每天在校内中等及以上强度身体活动时间达到 1 小时以上，保证每周至少 3 小时高强度身体活动，进行肌肉力量练习和强健骨骼练习"。这些政策的出台，强化了校方的责任，旨在平衡文化学习和体育锻炼，以维持儿童青少年的身体健康。

2021 年是我国"十四五"时期的第一年。2021 年 10 月，国家体育总局颁布了《"十四五"体育发展规划》。其在目标设置中提到"体教融合取得实质性进展"，并在具体任务中设置了体教融合建设工程。这一工程致力于落实《关于深化体教融合 促进青少年健康发展的意见》，充分发挥青少年体育工作部际联席会议机制作用，定期研究解决重大问题，深化体教融合。此外，《"十四五"体育发展规划》还提到青少年健康促进体系的建设与青少年体育"健康包"工程的实施，推广针对青少年近视、肥胖、脊柱形态不良、心理亚健康等健康问题的运动干预方法。《"十四五"体育发展规划》首次专章部署了青少年体育的有关工作，将整个青少年体育工作上升至新高度。同年，发布了《国务院关于印发全民健身计划（2021—2025 年）的通知》，将青少年作为重点人群，组织开展健身活动，推进青少年体育"健康包"工程，并对青少年近视、肥胖等问题开展体育干预，这为提高青少年体质健康水平奠定了政策基础。《关于进一步减轻义务教育阶段学生作业负担和校外培训负担的意见》中也提出："提升学校课后服务水平，满足学生多样化需求。"《关于进一步减轻义务教育阶段学生作业负担和校外培训负担的意见》将为学有余力的学生提供更多的学习空间，开展丰富多彩的文体兴趣小组及社团活动，为青少年参与体育锻炼提供更多的资源与机会。

　　2022年1月26日，国家体育总局办公厅发布了《体育总局办公厅关于开展2022年"奔跑吧·少年"儿童青少年主题健身活动的通知》。该通知以体育强国建设为目标，深入推动体教融合，秉持"健康第一"的教育理念，以"奔跑吧·少年"为主题，开展面向全体儿童青少年的常态化健身活动，旨在让儿童青少年在体育锻炼中体验运动的乐趣，增强体质，健全人格，锤炼意志。该通知为全国各地的"奔跑吧·少年"系列活动提供了指导。通知中提到，各省（区、市）和有关单位应根据本地区和项目的实际情况，积极鼓励学校参与，并在校园中开展科学健身讲座和科学健身指导等活动。2022年，"奔跑吧·少年"儿童青少年主题健身活动为了让更多儿童青少年享受运动的健康和快乐，积极推动体育活动进校园，展现出体教融合的新动态。同年3月5日，发布了《中共教育部党组关于学习贯彻习近平总书记给中国冰雪健儿重要回信精神的通知》。首先，提出要充分挖掘北京冬奥会蕴含的爱国主义教育元素，深入开展高校师生服务保障冬奥会全国宣讲、冬奥冠军进校园等活动，利用爱国主义教育基地等革命场馆组织青少年开展实践体验活动。其次，提出要坚持健康第一，深入推进体教融合。进一步健全体教融合机制，优化学校体育教学改革，不断完善"健康知识＋基本运动技能＋专项运动技能"的教学模式，培养学生终身受益的体育运动技能，养成良好的体育运动习惯。该通知旨在将习近平总书记对青少年的殷切期望转化为加快教育高质量发展的强大动力，引导青少年以中国冰雪健儿为榜样，坚定理想，勤奋学习，磨炼意志，增强能力，努力实现德智体美劳全面发展。

　　2023年2月14日，发布了《教育部办公厅关于做好当前疫情形势下学校体育工作的通知》。该通知针对我国当前形势，从四个方面提出了具体要求：

一是高度重视并做好学校体育工作；二是有序开展体育教育教学活动；三是科学组织学校体育考试工作；四是促进学生身心健康全面发展。这些要求将学校体育作为工作重点，引导学生自觉当好自身健康第一责任人，推动学生文化学习与体育锻炼协调发展，保障学生身心健康。同年，中共中央办公厅和国务院办公厅联合发布了《关于构建优质均衡的基本公共教育服务体系的意见》。该意见指出，各地区在推进学校建设标准化的同时，可结合实际支持学校适当扩大教室学习活动空间和体育运动场地。此外，该意见还提到教职工的有关管理办法，确保县级单位实现中小学教职工编制全面达到国家基本标准，并依据国家课程方案配齐配足教师，特别是加强思政课、体育、美育、劳动教育和心理健康教育、特殊教育教师的配备。这些举措都是推动我国体教融合发展的重要措施。

## 二、青少年体育运动项目政策

体育运动项目政策通常是国家在特定的历史时期，根据形势需要，为了实现某一运动项目的重点突破所颁布的具有战略意义的规范性文件。2012—2023年涉及青少年的体育运动项目的政策共有 55 个。其中，政策内容主要集中在"冰雪运动"和"足球改革"领域（表 7-4）。

表 7-4　青少年体育运动项目政策一览表

| 文件名称 | 发文机构 | 发文字号 | 发文时间 |
|---|---|---|---|
| 《关于以 2022 年北京冬奥会为契机大力发展冰雪运动的意见》 | 中共中央办公厅、国务院办公厅 | — | 2019 年 3 月 |
| 《关于加强中国青少年足球联赛赛事管理的通知》 | 教育部办公厅、国家体育总局办公厅、中国足球协会 | — | 2023 年 5 月 30 日 |
| 《教育部办公厅关于组织开展全国青少年校园足球师资国家级专项培训的通知》 | 教育部办公厅 | 教体艺厅函〔2022〕18 号 | 2022 年 4 月 14 日 |
| 《全国青少年校园足球工作领导小组关于印发〈2022 年全国青少年校园足球工作要点〉的通知》 | 全国青少年校园足球工作领导小组 | — | 2022 年 4 月 15 日 |

续表

| 文件名称 | 发文机构 | 发文字号 | 发文时间 |
|---|---|---|---|
| 《教育部、国家体育总局、中国足球协会关于印发〈中国青少年足球联赛赛事组织工作方案（2022–2024年）〉的通知》 | 教育部、国家体育总局、中国足球协会 | 足球字〔2022〕199号 | 2022年6月1日 |
| 《教育部办公厅关于公布2020年全国青少年校园足球特色学校、试点县（区）、"满天星"训练营和足球特色幼儿园名单的通知》 | 教育部办公厅 | 教体艺厅函〔2021〕1号 | 2021年1月25日 |
| 《教育部办公厅关于组织开展全国青少年校园足球教练员国家级专项培训的通知》 | 教育部办公厅 | 教体艺厅函〔2021〕2号 | 2021年1月25日 |
| 《教育部办公厅关于组织开展全国青少年校园足球师资国家级专项培训的通知》 | 教育部办公厅 | 教体艺厅函〔2022〕18号 | 2022年4月14日 |
| 《教育部办公厅关于公布全国青少年校园足球改革试验区名单的通知》 | 教育部办公厅 | 教体艺厅函〔2021〕25号 | 2021年5月27日 |
| 《教育部办公厅关于开展2021年全国青少年校园足球特色学校、试点县（区）、"满天星"训练营和改革试验区申报工作的通知》 | 教育部办公厅 | 教体艺厅函〔2021〕35号 | 2021年7月29日 |
| 《教育部办公厅、国家体育总局办公厅北京冬奥组委秘书行政部关于举办"筑梦冰雪·相约冬奥"全国学校冰雪运动竞赛暨冰雪嘉年华的通知》 | 教育部办公厅、国家体育总局办公厅、北京冬奥组委秘书行政部 | 教体艺厅函〔2021〕45号 | 2021年10月25日 |
| 《教育部办公厅关于做好全国青少年校园冰雪运动特色学校及北京2022年冬奥会和冬残奥会奥林匹克教育示范学校遴选工作的通知》 | 教育部办公厅 | 教体艺厅函〔2020〕1号 | 2020年1月8日 |
| 《教育部办公厅关于做好2020年全国青少年校园篮球、排球特色学校遴选等工作的通知》 | 教育部办公厅 | 教体艺厅函〔2020〕5号 | 2020年1月21日 |

续表

| 文件名称 | 发文机构 | 发文字号 | 发文时间 |
|---|---|---|---|
| 《教育部办公厅关于开展 2020 年全国青少年校园足球特色学校、试点县（区）和"满天星"训练营创建工作的通知》 | 教育部办公厅 | 教体艺厅函〔2020〕20 号 | 2020 年 6 月 24 日 |
| 《教育部等七部门关于印发〈全国青少年校园足球八大体系建设行动计划〉的通知》 | 教育部、国家发展改革委、财政部、国家新闻出版广电总局、国家体育总局、共青团中央、中国足协 | 教体艺〔2020〕5 号 | 2020 年 8 月 28 日 |
| 《教育部办公厅关于公布 2020 年全国青少年校园篮球、排球、冰雪体育传统特色学校等名单的通知》 | 教育部办公厅 | 教体艺厅函〔2020〕34 号 | 2020 年 10 月 23 日 |
| 《教育部办公厅、北京冬奥组委秘书行政部关于举办"筑梦冰雪·相约冬奥"全国学校冰雪运动竞赛暨冰雪嘉年华的通知》 | 教育部办公厅、北京冬奥组委秘书行政部 | 教体艺厅函〔2020〕41 号 | 2020 年 11 月 16 日 |
| 《教育部办公厅关于组织申报全国青少年校园足球改革试验区和 2020 年优秀夏令营承办营区的通知》 | 教育部办公厅 | 教体艺厅函〔2020〕49 号 | 2020 年 12 月 14 日 |
| 《教育部等四部门关于加快推进全国青少年冰雪运动进校园的指导意见》 | 教育部、国家发展改革委、财政部、国家体育总局 | 教体艺〔2019〕3 号 | 2019 年 5 月 20 日 |
| 《教育部办公厅关于召开全国青少年校园足球工作领导小组第五次会议的通知》 | 教育部办公厅 | — | 2019 年 11 月 11 日 |
| 《全国青少年校园足球工作领导小组关于做好 2019 年校园足球工作的通知》 | 全国青少年校园足球工作领导小组 | 教体艺函〔2019〕2 号 | 2019 年 3 月 14 日 |
| 《教育部办公厅关于开展 2019 年全国青少年校园网球特色学校遴选工作的通知》 | 教育部办公厅 | 教体艺厅函〔2019〕20 号 | 2019 年 3 月 15 日 |
| 《教育部办公厅关于继续做好 2019 年全国青少年校园篮球特色学校遴选等有关工作的通知》 | 教育部办公厅 | 教体艺厅函〔2019〕11 号 | 2019 年 2 月 2 日 |

续表

| 文件名称 | 发文机构 | 发文字号 | 发文时间 |
|---|---|---|---|
| 《国务院办公厅关于印发体育强国建设纲要的通知》 | 国务院办公厅 | 国办发〔2019〕40号 | 2019年8月10日 |
| 《关于以2022年北京冬奥会为契机大力发展冰雪运动的意见》 | 中共中央办公厅、国务院办公厅 | — | 2019年3月31日 |
| 《教育部办公厅关于做好全国青少年校园足球特色学校、试点县（区）创建（2018-2025）和2018年"满天星"训练营遴选工作的通知》 | 教育部办公厅 | 教体艺厅函〔2018〕17号 | 2018年3月20日 |
| 《教育部办公厅关于加强全国青少年校园足球特色学校建设质量管理与考核的通知》 | 教育部办公厅 | 教体艺厅函〔2018〕18号 | 2018年3月12日 |
| 《教育部办公厅关于做好全国青少年校园冰雪运动特色学校及北京2022年冬奥会和冬残奥会奥林匹克教育示范学校遴选工作的通知》 | 教育部办公厅 | 教体艺厅函〔2018〕95号 | 2018年12月25日 |
| 《教育部办公厅关于加强全国青少年校园足球改革试验区、试点县（区）工作的指导意见》 | 教育部办公厅 | 教体艺厅〔2017〕1号 | 2017年2月9日 |
| 《教育部办公厅关于印发〈全国青少年校园足球工作领导小组第二次会议纪要〉的通知》 | 教育部办公厅 | 教体艺厅〔2017〕4号 | 2017年3月23日 |
| 《教育部办公厅关于做好2017年全国青少年校园足球特色学校与试点县（区）遴选工作的通知》 | 教育部办公厅 | 教体艺厅函〔2017〕13号 | 2017年3月20日 |
| 《关于同意设立全国青少年校园足球改革试验区的函》 | 全国青少年校园足球工作领导小组办公室 | 教体艺厅函〔2017〕43号 | 2017年9月25日 |
| 《教育部办公厅关于公布第一批全国青少年校园篮球特色学校名单的通知》 | 教育部办公厅 | 教体艺厅函〔2017〕49号 | 2017年10月27日 |
| 《教育部办公厅关于开展全国青少年校园网球试点工作的通知》 | 教育部办公厅 | 教体艺厅函〔2017〕46号 | 2017年10月19日 |

续表

| 文件名称 | 发文机构 | 发文字号 | 发文时间 |
|---|---|---|---|
| 《教育部办公厅关于继续做好2018年全国青少年校园篮球特色学校遴选等有关工作的通知》 | 教育部办公厅 | 教体艺厅函〔2017〕63号 | 2017年12月19日 |
| 《教育部办公厅关于校园篮球推进试点工作的通知》 | 教育部办公厅 | 教体艺厅函〔2016〕31号 | 2016年8月11日 |
| 《教育部办公厅关于印发〈全国青少年校园足球教学指南（试行）〉和〈学生足球运动技能等级评定标准（试行）〉的通知》 | 教育部办公厅 | 教体艺厅〔2016〕4号 | 2016年6月27日 |
| 《教育部关于公布2016年全国青少年校园足球特色学校及试点县（区）名单的通知》 | 教育部 | 教体艺函〔2016〕1号 | 2016年6月27日 |
| 《教育部办公厅关于组织开展加快发展青少年校园足球重点督察工作的通知》 | 教育部办公厅 | 教体艺厅函〔2016〕7号 | 2016年4月26日 |
| 《关于印发中国足球中长期发展规划（2016—2050年）的通知》 | 国家发展改革委、国务院足球改革发展部际联席会议办公室、国家体育总局、教育部 | 发改社会〔2016〕780号 | 2016年4月6日 |
| 《关于印发〈冰雪运动发展规划（2016—2025年）〉的通知》 | 国家发展改革委、国家体育总局、教育部、国家旅游局 | 体经字〔2016〕645号 | 2016年11月25日 |
| 《国务院办公厅关于印发中国足球改革发展总体方案的通知》 | 国务院办公厅 | 国办发〔2015〕11号 | 2015年3月8日 |
| 《教育部等6部门关于加快发展青少年校园足球的实施意见》 | 教育部等六部门 | 教体艺〔2015〕6号 | 2015年7月22日 |
| 《国家体育总局办公厅关于印发第一届全国学生（青年）运动会（公开组）自行车等7个项目竞赛规程的通知》 | 国家体育总局办公厅 | — | 2023年7月31日 |
| 《国家体育总局办公厅关于印发第一届全国学生（青年）运动会（公开组）柔道等12个项目竞赛规程的通知》 | 国家体育总局办公厅 | — | 2023年7月19日 |

续表

| 文件名称 | 发文机构 | 发文字号 | 发文时间 |
|---|---|---|---|
| 《国家体育总局办公厅关于印发第一届全国学生（青年）运动会（公开组）赛艇等6个项目竞赛规程的通知》 | 国家体育总局办公厅 | — | 2023年6月25日 |
| 《国家体育总局办公厅关于选派第一届全国学生（青年）运动会（公开组）曲棍球、冲浪项目技术官员的通知》 | 国家体育总局办公厅 | — | 2023年6月20日 |
| 《国家体育总局办公厅关于香港、澳门特别行政区以及广西所属城市参加第一届全国学生（青年）运动会（公开组）集体球类项目决赛有关事宜的通知》 | 国家体育总局办公厅 | — | 2023年6月21日 |
| 《国家体育总局办公厅关于印发第一届全国学生（青年）运动会（公开组）击剑等10个项目竞赛规程的通知》 | 国家体育总局办公厅 | — | 2023年6月5日 |
| 《国家体育总局办公厅关于印发第一届全国学生（青年）运动会（公开组）跆拳道项目竞赛规程的通知》 | 国家体育总局办公厅 | — | 2023年5月18日 |
| 《国家体育总局办公厅关于印发第一届全国学生（青年）运动会（公开组）帆船等6个项目竞赛规程的通知》 | 国家体育总局办公厅 | — | 2023年4月20日 |
| 《国家体育总局办公厅关于印发第一届全国学生（青年）运动会（公开组）射击等6个项目竞赛规程的通知》 | 国家体育总局办公厅 | — | 2023年4月12日 |
| 《国家体育总局办公厅关于印发第一届全国学生（青年）运动会（公开组）举重项目竞赛规程的通知》 | 国家体育总局办公厅 | — | 2023年3月10日 |
| 《国家体育总局办公厅关于发布〈普通高等学校运动训练、武术与民族传统体育专业招生文化考试大纲（2021版）〉的通告》 | 国家体育总局办公厅 | 体科字〔2021〕185号 | 2021年9月27日 |

| 文件名称 | 发文机构 | 发文字号 | 发文时间 |
|---|---|---|---|
| 《中共教育部党组关于学习贯彻习近平总书记给中国冰雪健儿重要回信精神的通知》 | 中共教育部党组 | 教党〔2022〕8号 | 2022年3月5日 |

不论是在 2022 年北京冬奥会举办前的筹备阶段，还是在冬奥会圆满落幕后的后冬奥时代，加快青少年冰雪运动的发展都是我国迫切需要解决的问题。《体育强国建设纲要》中提到，要积极推进冰雪运动进校园、进社区，普及冬奥知识和冰雪运动，并要求各地积极举办冰雪旅游节、冰雪文化节、冰雪嘉年华、赏冰乐雪季、冰雪马拉松等冬季项目品牌赛事活动，打造冰雪健身体系，吸引更多的青少年参与冰雪运动。《关于以 2022 年北京冬奥会为契机大力发展冰雪运动的意见》的发布进一步激发了青少年冰雪运动的发展。该意见鼓励开展以冰雪运动为主题的冬令营活动，建立健全冰雪项目 U 系列赛事体系，打造品牌赛事，吸引青少年积极主动地参与冰雪运动。冰雪运动作为我国奥运战略的重要组成部分，也具有选拔优秀冰雪后备人才的重要作用。

学校作为青少年体质发展的重要场所，也肩负着普及冰雪运动的重要使命。当前，学校体育面临着师资短缺、场地不足等诸多问题，提高校园冰雪运动的普及程度、丰富冰雪教学内容成为政府亟待解决的问题。2019 年，《教育部等四部门关于加快推进全国青少年冰雪运动进校园的指导意见》提出，以特色学校、试点县（区）和改革试验区为引领，示范带动广大中小学校普及发展冰雪运动。该文件从经费投入、师资建设、人才培养、激励考核等多方面为冰雪运动进校园工作提供保障，使冰雪运动进校园工作得以顺利进行。2020 年，《教育部办公厅关于做好全国青少年校园冰雪运动特色学校及北京 2022 年冬奥会和冬残奥会奥林匹克教育示范学校遴选工作的通知》，旨在通过特色学校和示范学校遴选，树立一批校园冰雪运动教育教学工作的先进典型，推动广大青少年普及校园冰雪运动，促进青少年对冬奥会和冬残奥会项目知识的了解和兴趣的培养，传播积极健康的生活方式和包容性发展理念，夯实冬季运动青少年基础，增强青少年体质。总之，在 2022 年北京冬奥会的机遇下，我国冰雪政策的相继出台，不仅为青少年冰雪运动的开展提供了有力保障，也为我国迈向冰雪强国之路贡献了力量。

2015 年，国务院办公厅印发了《中国足球改革发展总体方案》，各省也纷纷制订本省的足球改革发展计划，以指导实践。青少年作为重点人群，被纳入到这一改革发展的重点之中。为贯彻落实《中国足球改革发展总体方案》，同年颁布了《教育部等 6 部门关于加快发展青少年校园足球的实施意见》，从提高校园足球普及水平、深化足球教学改革、加强足球课外锻炼训练、完善校园足球竞赛体系、畅通优秀足球苗子的成长通道 5 个方面，具体部署了任务，加快了青少年校园足球的发展。2016 年国家发展改革委、国务院足球改革发展部际联席会议办公室、国家体育总局、教育部四部门联合发布了《中国足球中长期发展规划（2016—2050 年）》。该文件指出，要大幅增加青少年足球参与规模，加强校园足球建设，把足球列入体育课教学内容，发展足球社团，培养足球兴趣，开展足球竞赛活动，不断培育足球爱好者和足球人才。增强学生、家长对足球的认同感，支持学生课余、校外参加足球活动。同时，还设置了专栏 2——"十三五"校园足球普及行动，从深化足球校园改革、健全足球竞赛体系、健全足球项目骨干队伍等多方面进行具体部署，从而推动校园足球发展。青少年校园足球特色学校是普及发展校园足球的主体力量。为推动校园足球的长足发展，贯彻落实《中国足球中长期发展规划（2016—2050 年）》的有关规定，同年，《教育部办公厅关于组织开展加快发展青少年校园足球重点督察工作的通知》《教育部办公厅关于印发〈全国青少年校园足球教学指南（试行）〉和〈学生足球运动技能等级评定标准（试行）〉的通知》陆续发布。自 2015 年以来，已遴选认定 20 218 所全国青少年校园足球特色学校。为切实加强全国青少年校园足球特色学校建设质量管理与考核，2018 年，发布了《教育部办公厅关于加强全国青少年校园足球特色学校建设质量管理与考核的通知》。《关于深化体教融合　促进青少年健康发展的意见》出台后，我国青少年体育进入了发展新阶段。在此背景下，2022 年全国青少年校园足球工作领导小组发布了《2022 年全国青少年校园足球工作要点》，表示将切实履行校园足球"扩大足球人口规模、夯实足球人才根基、提高学生综合素质、促进青少年健康成长"的任务；提高足球项目教学质量；提升师资队伍水平，开展师资培训，加强兼职管理，畅通优秀足球退役运动员、教练员进校任职；持续优化、完善竞赛体系；积极探索符合国情的女子足球人才培养"一条龙"模式，并在北上广等高校布局女子足球高水平运动队，畅通优秀女足人才的成长通道。邓小平曾说"足球要从娃娃抓起"。自改革开放至今，我国在青少年校园足球建设方面取得了显著成果，足球运动政策的出台不仅彰显了我国发展青少年足球的决心，也为青少年足球的改革奠定了坚实的基础。

### 三、青少年体育后备人才政策

体育后备人才储备是衡量一个国家竞技体育发展水平的主要标志之一，也是我国竞技体育事业持续发展的重要条件。青少年作为我国未来竞技体育发展的后备力量源泉始终受到重视。2012—2023 年共有 14 个青少年体育后备人才政策纳入统计中来（表 7–5）。

表 7–5　青少年体育后备人才政策一览表

| 文件名称 | 发文机构 | 发文字号 | 发文时间 |
|---|---|---|---|
| 《关于全面加强和改进新时代学校体育工作的意见》 | 中共中央办公厅、国务院办公厅 | — | 2020 年 10 月 15 日 |
| 《关于进一步加强普通高等学校高水平运动队建设管理的意见》 | 教育部 | 教体艺〔2022〕1 号 | 2022 年 1 月 26 日 |
| 《中共教育部党组关于学习贯彻习近平总书记给中国冰雪健儿重要回信精神的通知》 | 中共教育部党组 | 教党〔2022〕8 号 | 2022 年 3 月 5 日 |
| 《教育部、国家体育总局关于进一步完善和规范高校高水平运动队考试招生工作的指导意见》 | 教育部、国家体育总局 | 教学〔2021〕2 号 | 2021 年 9 月 7 日 |
| 《教育部办公厅关于开展 2020 年全国青少年校园足球特色学校、试点县（区）和"满天星"训练营创建工作的通知》 | 教育部办公厅 | 教体艺厅函〔2020〕20 号 | 2020 年 6 月 24 日 |

续表

| 文件名称 | 发文机构 | 发文字号 | 发文时间 |
|---|---|---|---|
| 《教育部等七部门关于印发〈全国青少年校园足球八大体系建设行动计划〉的通知》 | 教育部、国家发展改革委、财政部、国家广播电视总局、国家体育总局、共青团中央、中国足协 | 教体艺〔2020〕5号 | 2020年8月28日 |
| 《教育部等四部门关于加快推进全国青少年冰雪运动进校园的指导意见》 | 教育部、国家发展改革委、财政部、国家体育总局 | 教体艺〔2019〕3号 | 2019年5月20日 |
| 《体育总局关于印发〈国家高水平体育后备人才基地认定办法〉的通知》 | 国家体育总局 | — | 2021年11月17日 |
| 《国家体育总局关于印发〈"十四五"体育发展规划〉的通知》 | 国家体育总局 | 体发〔2021〕2号 | 2021年10月8日 |
| 《关于促进和规范社会体育俱乐部发展的意见》 | 国家体育总局、教育部、公安部、民政部、人力资源和社会保障部、国家卫生健康委员会、应急部、市场监管总局 | 体规字〔2020〕2号 | 2020年6月11日 |
| 《国务院办公厅关于促进全民健身和体育消费推动体育产业高质量发展的意见》 | 国务院办公厅 | 国办发〔2019〕43号 | 2019年9月4日 |
| 《关于以2022年北京冬奥会为契机大力发展冰雪运动的意见》 | 中共中央办公厅、国务院办公厅 | — | 2019年3月 |
| 《国家体育总局办公厅关于推荐国家高水平体育后备人才基地认定检查工作委员会成员的通知》 | 国家体育总局办公厅 | — | 2015年3月6日 |
| 《国家体育总局关于印发〈青少年体育"十三五"规划〉的通知》 | 国家体育总局 | 体青字〔2016〕92号 | 2016年9月8日 |

2019年9月4日，《国务院办公厅关于促进全民健身和体育消费推动体育产业高质量发展的意见》中指出："以游泳、田径等项目为试点，将教育部门主办的符合要求的赛事纳入运动员技术等级评定体系。加强普通高校高水平运动队建设，将其纳入国家竞技体育后备人才培养体系。"该文件充分体现了后备人才培养的发展方向，通过依托高等院校的教育资源，实现高水平运动员竞技能力培养和全面发展的真正统一，从而达到运动员的全面发展和为国家选拔优秀体育后备人才的目的。《关于以2022年北京冬奥会为契机大力发展冰雪运动的意见》则是以冰雪运动为出发点，通过制订冰雪运动后备人才培养计划，积极引导学校、企业、社会组织共同参与冰雪运动后备人才队伍建设，形成多元化培养模式，为冰雪人才的选拔提供了有力支持。在后冬奥时代，《中共教育部党组关于学习贯彻习近平总书记给中国冰雪健儿重要回信精神的通知》中再次提出要充分利用北京冬奥会的丰富资源，加大中小学冰雪运动特色学校建设力度，加强高校高水平冰雪运动队建设，大力培养冰雪竞技后备人才。

此外，2020年发布的《关于促进和规范社会体育俱乐部发展的意见》从"社会力量"这一主体视角发展出发，突出培养后备人才的重点任务，指出各级体育行政部门和单项体育协会要研究建立依托社会体育俱乐部培养竞技体育后备人才的长效机制；要推动后备人才培养资源下沉，积极探索在有条件的社会体育俱乐部建立高水平运动队和专业化的科学训练保障团队，支持社会体育俱乐部提升后备人才培养能力。东京奥运会结束后，新一轮的"基地"认定工作将开始启动，为此，2021年，国家体育总局印发了《国家高水平体育后备人才基地认定办法》，针对"基地"认定工作展开相关部署。

值得注意的是，2016年发布的《青少年体育"十三五"规划》中，并未专门部署青少年竞技体育后备人才培养工作，而是在完善青少年训练竞赛体系、落实《奥运项目竞技体育后备人才培养中长期规划（2014—2024）》两部分内容中提到，在体校开展训练，选拔培育优秀苗子，鼓励支持社会力量参与青少年训练，拓宽人才培养和选拔平台，加强奥运项目竞技体育后备人才梯队建设。而2021年发布的《"十四五"体育发展规划》，则专门开设专栏部署了"十四五"时期我国竞技体育后备人才培养任务。在"专栏11 竞技体育后备人才培养工程"中提到：巩固和加强体校、学校和社会组织培养青少年竞技体育人才三大阵地的建设；开展新周期国家高水平竞技体育后备人才基地认定工作；研究制定青少年体育训练中心建设指南；强化青少年训练体系建设；持续开展各级各类体校教练员培训，切实提高体校等基层训练单位教练员水平；加强青少年运动员爱国主义教育，弘扬中华体育精神，普及奥林匹克知识和反兴奋剂教育。总之，在我国迈向体育强国的过程中，青少年群体作为体育后备人才的重要一环，在我国体育事业的发展中占有举足轻重的地位。

### 四、青少年体育活动竞赛政策

《青少年体育活动促进计划》制订后，各省相继通过发布"竞赛通知"形式的文件，开展符合地方特色的体育活动。这些活动旨在通过政策法规的强制力，引导青少年积极参与体育运动，养成基本的体育锻炼习惯，从而全面提升青少年的体质健康水平。在2012—2023年统计的青少年体育政策中，有关体育活动竞赛的政策文件共有12个（表7-6）。

表7-6　青少年体育活动竞赛政策一览表

| 文件名称 | 发文机构 | 发文字号 | 发文时间 |
|---|---|---|---|
| 《国务院关于印发全民健身计划（2021—2025年）的通知》 | 国务院 | 国发〔2021〕11号 | 2021年7月18日 |
| 《关于构建更高水平的全民健身公共服务体系的意见》 | 中共中央办公厅、国务院办公厅 | — | 2022年3月 |
| 《关于全面加强和改进新时代学校体育工作的意见》 | 中共中央办公厅、国务院办公厅 | — | 2020年10月 |
| 《国务院办公厅关于印发体育强国建设纲要的通知》 | 国务院办公厅 | 国办发〔2019〕40号 | 2019年8月10日 |
| 《关于以2022年北京冬奥会为契机大力发展冰雪运动的意见》 | 中共中央办公厅、国务院办公厅 | — | 2019年3月 |

| 文件名称 | 发文机构 | 发文字号 | 发文时间 |
|---|---|---|---|
| 《教育部等四部门关于加快推进全国青少年冰雪运动进校园的指导意见》 | 教育部、国家发展改革委、财政部、国家体育总局 | 教体艺〔2019〕3号 | 2019年5月20日 |
| 《体育总局办公厅、教育部办公厅关于印发〈2019年全国青少年体育活动计划〉的通知》 | 国家体育总局办公厅、教育部办公厅 | —— | 2019年3月25日 |
| 《国务院办公厅关于强化学校体育促进学生身心健康全面发展的意见》 | 国务院办公厅 | 国办发〔2016〕27号 | 2016年4月21日 |
| 《国务院关于印发全民健身计划（2016—2020年）的通知》 | 国务院 | 国发〔2016〕37号 | 2016年6月15日 |
| 《国务院办公厅转发教育部等部门关于进一步加强学校体育工作若干意见的通知》 | 国务院办公厅 | 国办发〔2012〕53号 | 2012年10月22日 |
| 《教育部办公厅等四部门关于印发〈面向中小学生的全国性竞赛活动管理办法〉的通知》 | 教育部办公厅等四部门 | 教监管厅函〔2022〕4号 | 2022年3月3日 |
| 《体育总局、教育部关于印发深化体教融合 促进青少年健康发展意见的通知》 | 国家体育总局、教育部 | 体发〔2020〕1号 | 2020年8月31日 |

《全民健身计划（2016—2020年）》中提到，全面实施青少年体育活动促进计划，积极发挥"青少年阳光体育大会"等青少年体育品牌活动的示范引领作用。《国务院办公厅关于强化学校体育促进学生身心健康全面发展的意见》要求强化体育课和课外锻炼，确保学生每天1小时校园体育活动落到实处。幼儿园要遵循幼儿年龄特点和身心发展规律，开展丰富多彩的体育活动。中小学校要组织学生开展大课间体育活动，寄宿制学校要坚持每天出早操。同时，还要组织开展全国学校体育工作示范校创建活动，各地定期开展阳光体育系列活动和"走下网络、走出宿舍、走向操场"主题群众性课外体育锻炼活动，坚持每年开展学生冬季长跑等群体性活动，形成覆盖校内外的学生课外体育锻炼体系。

《体育强国建设纲要》指出："打破部门界限和注册限制，逐步建立面向所有适龄青少年、不同年龄阶段相互衔接的全国青少年 U 系列竞赛体系。"《体育强国建设纲要》的实施，不仅为青少年体育活动的顺利进行提供了坚实的制度保障，而且为各级体育行政部门举办形式多样的青少年体育赛事提供了有力的政策支撑。

中共中央办公厅、国务院办公厅印发的《关于以 2022 年北京冬奥会为契机大力发展冰雪运动的意见》指出："鼓励各地方开展以冰雪运动为主题的冬令营活动，建立健全冰雪项目 U 系列赛事体系。"《教育部等四部门关于加快推进全国青少年冰雪运动进校园的指导意见》规定："有条件的学校要把冰雪项目列入课外体育活动范畴，开展丰富多彩的冰雪活动。"这些政策的推出，不仅为青少年冰雪运动的普及创造了有利条件，也为我国冰雪事业的壮大打下了坚实基础。

国家体育总局办公厅、教育部办公厅印发的《2019 年全国青少年体育活动计划》则是充分发挥了政府部门的主导作用。该计划通过举办冬季和夏季青少年"未来之星"阳光体育大会、全国青少年冬夏令营活动、青少年体育俱乐部联赛、体育传统项目学校联赛、户外营地大会等系列活动，拓宽了青少年体育活动规模，为各级各类青少年体育组织提供了相互交流的平台。在《2019 年全国青少年体育活动计划》的引领下，地方体育局也在积极响应号召，同类活动纷纷启动，有效提升了青少年的身体素质。

2020 年国家体育总局、教育部印发的《关于深化体教融合　促进青少年健康发展的意见》是推动青少年文化学习和体育锻炼协调发展的重要文件，其中提到开展丰富多彩的课余训练、竞赛活动，扩大校内、校际体育比赛覆盖面和参与度，组织冬夏令营等选拔性竞赛活动，完善青少年体育赛事体系等内容。同年，《关于全面加强和改进新时代学校体育工作的意见》也提到建立集校内竞赛、校际联赛、选拔性竞赛于一体的大中小学体育竞赛体系，构建国家、省、市、县四级学校体育竞赛制度和选拔性竞赛（夏令营）制度。

2021 年发布的《国务院关于印发全民健身计划（2021—2025 年）的通知》指出，合理调整适合未成年人使用的设施器材标准，在配备公共体育设施的社区、公园、绿地等公共场所，配备适合学龄前儿童大动作发展和身体锻炼的设备设施，保障青少年能在公共场所开展体育活动。

为进一步健全与完善面向中小学生的竞赛活动管理制度，规范全国性竞赛活动，防止项目过多过滥，减轻学生负担，教育部办公厅等四部门于2022年颁布了《面向中小学生的全国性竞赛活动管理办法》。该办法旨在贯彻落实《关于进一步减轻义务教育阶段学生作业负担和校外培训负担的意见》。此外，《关于构建更高水平的全民健身公共服务体系的意见》中也提到，要培育赛事活动品牌；建立分学段、跨区域的四级青少年体育赛事体系，建立足球、篮球、排球业余竞赛体系，加快发展以自主品牌为主的体育赛事体系，培育形成具有世界影响力的职业联赛；支持打造群众性特色体育赛事，引导举办城市体育联赛。自2016年以来，我国青少年体育活动竞赛政策的发布明显增多，这些政策是根据我国青少年体育活动的发展状况所制定的具体方案，是全国各地开展青少年体育竞赛活动的重要依据。

## 五、青少年社会体育组织政策

青少年社会体育组织是青少年体育工作开展的重要载体，在健康中国建设、体育强国建设及满足青少年日益增长的体育需求中肩负着重要的社会责任。2017年七部门联合制订的《青少年体育活动促进计划》指出，我国青少年体育仍然薄弱，体育组织建设滞后，提出了到2020年国家示范性青少年体育俱乐部达到300家，各级青少年体育俱乐部达到1.2万家的目标，并强调要推进青少年体育社会组织能力建设。从实践来看，我国当前青少年体育俱乐部的建设仍有待改进，但近年来政策的不断出台使得我国在青少年体育组织建设方面已有所改善，青少年体育组织正在逐步走上正轨。

2012—2023年，关于青少年社会体育组织的政策文件共7份（表7-7）。其中，《体育强国建设纲要》在"重大工程三　青少年体育发展促进工程"中指出："构建青少年体育社会组织管理和支持体系，促进青少年体育俱乐部、青少年户外体育活动营地等发展。"这些政策文件从宏观层面对青少年体育俱乐部的组织提出了要求，为青少年体育活动的开展提供了有力支持。

表 7-7　青少年社会体育组织政策一览表

| 文件名称 | 发文机构 | 发文字号 | 发文时间 |
|---|---|---|---|
| 《关于全面加强和改进新时代学校体育工作的意见》 | 中共中央办公厅、国务院办公厅 | — | 2020 年 10 月 |
| 《体育总局关于印发〈"十四五"体育发展规划〉的通知》 | 国家体育总局 | 体发〔2021〕2 号 | 2021 年 10 月 8 日 |
| 《体育总局办公厅关于做好课外体育培训行业服务监管工作的通知》 | 国家体育总局办公厅 | — | 2021 年 9 月 30 日 |
| 《关于促进和规范社会体育俱乐部发展的意见》 | 国家体育总局、教育部、公安部、民政部、人力资源和社会保障部、国家卫生健康委员会、应急部、市场监管总局 | 体规字〔2020〕2 号 | 2020 年 6 月 11 日 |
| 《体育总局、教育部关于印发深化体教融合　促进青少年健康发展意见的通知》 | 国家体育总局、教育部 | 体发〔2020〕1 号 | 2020 年 8 月 31 日 |
| 《国务院办公厅关于印发体育强国建设纲要的通知》 | 国务院办公厅 | 国办发〔2019〕40 号 | 2019 年 8 月 10 日 |
| 《青少年体育活动促进计划》 | 国家体育总局、教育部、中央文明办、国家发展改革委、民政部、财政部、共青团中央 | — | 2017 年 11 月 28 日 |

2020 年，教育部、国家市场监督管理总局等部门针对社会体育俱乐部规范有序展开了全面、详细的工作部署。《关于促进和规范社会体育俱乐部发展的意见》从完善治理结构、开展水平评价、加强师资建设、保障场地设施、丰富赛事活动、加强安全管理 6 个方面全面支持社会体育俱乐部发展。该意见以优化发展环境、加快孵化培育、培养后备人才为发展重点，进一步规范俱乐部培训行为，明确培训宗旨，规范招生行为，严格收费管理，科学设置相关课程。同时，该意见还强化了对于俱乐部的监督管理，加强了体育等部门的落实责任，提升了整体治理效能。国家体育总局、教育部印发的《关于

深化体教融合　促进青少年健康发展的意见》在第 5 部分提到，规范社会体育组织，鼓励社会俱乐部进校园，为学校体育活动提供指导。同时，鼓励通过向社会体育组织购买服务的方式，为中小学提供体育教学和教练服务。同年，《关于全面加强和改进新时代学校体育工作的意见》在健全体育竞赛和人才培养体系方面提到，鼓励学校与体校、社会体育俱乐部合作，共同开展体育教学、训练、竞赛。

　　《关于进一步减轻义务教育阶段学生作业负担和课外培训负担的意见》的发布为社会体育俱乐部提供了新的机遇，为学生的课外体育培训服务创造了条件。为促进社会体育俱乐部的有序发展，课外体育培训行业的服务监管工作也需要尽快提上日程。2021 年《体育总局办公厅关于做好课外体育培训行业服务监管工作的通知》，对相关工作进行了部署。《"十四五"体育发展规划》中提到："培育青少年体育社会组织。鼓励青少年体育俱乐部发展，建立衔接有序的竞赛、训练和培训体系。构建青少年体育社会组织的扶持、管理、服务和监督体系，引导青少年体育社会组织健康规范运营、安全有序发展。支持青少年体育社会组织为学校体育活动提供指导，普及体育运动技能。鼓励政府向体育社会组织购买体育教学和教练服务。"这些都为我国在"十四五"时期发展社会体育俱乐部提供了强有力的政策指引。

　　近年来，青少年体育俱乐部作为社会体育组织一直在探索改革和发展的路径。政府也在通过购买公共体育服务的方式促进体育俱乐部的发展。尤其是《关于深化体教融合　促进青少年健康发展的意见》《关于进一步减轻义务教育阶段学生作业负担和课外培训负担的意见》的出台，青少年体育俱乐部日益受到广泛关注。然而，尽管青少年社会体育组织相关政策不断出台，但数量整体偏少，激励效果不强，且大多数青少年体育俱乐部还在沿用数年前的发展模式，很多内容已经不符合当今体育俱乐部的发展需求。因此，加强新时代青少年体育俱乐部的建设和完善相关政策至关重要，对青少年体育的发展具有重要意义。

# 第八章

# 《青少年体育活动促进计划》专项政策生成

自 2015 年《关于加快构建现代公共文化服务体系的意见》首次将"实施青少年体育活动促进计划"写入国家政策以来，随后的几年里，党和国家在一系列重大政策文件中多次提及这一概念。2017 年《青少年体育活动促进计划》的制订标志着青少年体育活动促进已开始成为一项国家政府部门推动的、有部署安排的行动计划，这一计划更是被写入新修订的《体育法》，成为国家强制执行的意志，晋升为国家行动。《青少年体育活动促进计划》与青少年体育活动促进工作相辅相成，政策指导工作的统筹设计与实施，而工作则是政策的具体体现和执行。这一计划的形成，源于全社会对健康生活的追求，以及党和国家对青少年体质健康问题的深切关注和期待。本章将对《青少年体育活动促进计划》政策的相关内容进行系统介绍。

## 第一节 《青少年体育活动促进计划》的生成逻辑

### 一、健康中国建设呼唤体育活动引领健康行动

"没有全民健康，就没有全面小康"，发展体育运动、增强人民体质，是

全面建成小康社会的重要内涵。2016 年 10 月，中共中央、国务院印发《“健康中国 2030”规划纲要》，将健康中国建设上升为满足人民健康生活和国家健康发展需求的中国特色行动方案，专门制订了青少年等特殊群体的体质健康干预计划，其中“实施青少年体育活动促进计划”被明确提出。健康是青少年成长成才和幸福生活的根基，关乎国家民族的未来和亿万家庭的福祉，对实现健康中国战略目标具有重要的意义。从 1995 年我国首个“全民健身计划”将青少年体育作为全民健身的重要发展对象，到《“健康中国 2030”规划纲要》将青少年确定为重点人群，青少年体育始终是我国全民健身的重点。党的十九大报告将健康中国建设提升为国家战略，将人民健康置于“民族昌盛和国家富强的重要标志”地位。体育是为人民群众提供健康服务的重要组成部分，青少年体育是推进健康中国建设的关键举措 [1]。青少年时期是终身体育行为养成的关键阶段，通过广泛开展各类青少年体育活动，搭建起体育活动与健康之间的桥梁，对于营造全民健身运动氛围、引领健康中国行动具有深远的意义，青少年体育活动的价值在健康中国建设的时代背景下无可替代。

## 二、青少年体质健康水平提升的根本是开展体育活动

当前，青少年体质健康问题已成为世界各国面临的巨大挑战。联合国儿童基金会、世界卫生组织和世界银行的数据显示，2000—2013 年全球超重儿童人数从 3 200 万增长到 4 200 万，在世界所有区域，儿童超重的流行率都在不断上升，如果这种增长趋势继续下去，预计到 2025 年，全球 5 岁以下儿童的超重率将从 2012 年的 7% 增加到 11%[2]。2021 年，教育部发布的第八次全国学生体质与健康调研结果显示，视力不良、近视率偏高、超重肥胖率上升、握力水平下降、

[1] 刘扶民. 新时代青少年体育当有新作为 [J]. 青少年体育，2018，58（2）：12-13.

[2] WORLD HEALTH ORGANIZATION. Global nutrition targets 2025: childhood overweight policy brief[EB/OL].(2014–12–30)[2023–09–05]. https://www.who.int/publications/i/item/WHO–NMH–NHD–14.6.

身体素质下滑等一系列体质健康问题亟待解决 [1]。儿童和青少年时期是体格塑造、健康习惯养成的关键时期，对他们进行早期投资，在其成长发育的关键阶段给予支持，才能进一步改善儿童和青少年的健康状况。青少年体育活动是提升青少年体质健康的基础工程，通过传授体育知识和技能，帮助青少年培养体育锻炼能力，从而改善他们的体质健康和心理健康，最终使他们养成良好的生活习惯和生活方式，促进青少年的全面发展。

### 三、党和国家领导人高度关注青少年体育的开展

党的十八大以来，习近平总书记十分关心青少年体育工作和青少年体质健康，多次指出青少年是国家的未来和民族的希望，促进青少年健康也是实施健康中国战略的重要内容。2013 年 4 月，习近平总书记参加首都义务植树活动时指出，身体是人生一切奋斗成功的本钱，少年儿童要注意加强体育锻炼，家庭、学校、社会都要为少年儿童增强体魄创造条件，让他们像小树那样健康成长，长大后成为建设祖国的栋梁之材 [2]。2016 年 9 月，习近平总书记在北京市八一学校考察时强调，"基础教育是全社会的事业，需要学校、家庭、社会密切配合……各相关单位特别是宣传、文化、科技、体育机构要积极为学生了解社会、参与实践、锻炼提高提供条件" [3]。历史与实践表明，青少年体育活动是加快发展体育产业的固本之策，是传承体育文化、弘扬中华体育精神的舞台，是国际对外交往的重要窗口。贯彻落实习近平总书记的重要指示、批示，将广泛开展青少年体育活动注入"拔节孕穗期"的青少年成长发育全过程，不仅能为青少年一生打牢健康基础，牢固健康中国建设的基石，更为担当民族复兴大任的时代新人筑牢强健的身体基础。

---

[1]　教育部. 第八次全国学生体质与健康调研结果公布 学生身高、体重等发育指标持续向好 [EB/OL]. (2021–09–03)[2023–09–05]. http://edu.people.com.cn/n1/2021/0903/c100b–32216712.html.

[2]　吴斌. 党和国家领导人参加首都义务植树活动 [EB/OL] .(2013–04–03)[2023–09–05]. http://jhsjk.people.cn/article/21005659.

[3]　朱马烈. 习近平：全面贯彻落实党的教育方针努力把我国基础教育越办越好 [EB/OL] . (2016–09–09)[2023–09–05]. https://china.huanqiu.com/article/9CaKrnJXxRe.

## 四、党和国家对实施青少年体育活动促进计划提出政策要求

2008 年北京奥运会后，我国正式从"体育大国"向"体育强国"的目标迈进。党的十八大以来，体育强国推进速度明显加快[1]。2014 年 10 月，国务院印发《国务院关于加快发展体育产业促进体育消费的若干意见》，其中首次对"学生课外体育活动计划"提出明确要求。2015 年，中共中央办公厅和国务院办公厅在《关于加快构建现代公共文化服务体系的意见》中首次正式提出了"实施青少年体育活动促进计划"。学校体育活动，作为青少年体育活动的重要载体，在 2016 年 5 月得到了国务院办公厅的高度重视，其发布了《国务院办公厅关于强化学校体育促进学生身心健康全面发展的意见》，强调学校体育在实施素质教育、促进学生全面发展中起到的重要作用。同时，《国家教育事业发展"十三五"规划》也明确指出，要全面加强学校体育工作，广泛开展课外体育锻炼活动。青少年体育活动促进计划成为推动校内外青少年体育活动统筹发展的关键动力，其活动主要体现为体育课程与课外锻炼这两种基本形式。在 2016 年的《中华人民共和国国民经济和社会发展第十三个五年规划纲要》中，也提出了要广泛开展全民健身运动，实施青少年体育活动促进计划，培育青少年体育爱好和运动技能。同时，《全民健身计划（2016—2020 年）》和《"健康中国 2030"规划纲要》也都强调了实施青少年体育活动促进计划的重要性。可以看出，"实施青少年体育活动促进计划"这一政策表述在多项党和国家层面的重大政策文件中被反复强调。到了 2017 年，这一计划的政策文本由国家体育总局、教育部、国家发展改革委等七部门联合印发，标志着我国青少年体育活动促进工作开始进入一个有计划、有目标、由政府主导的有序发展阶段。

---

[1] 鲍明晓，邱雪，吴卅，等. 关于加快推进体育强国建设的几个基本理论问题——基于党的十九大报告提出体育发展全局的战略性问题 [J]. 北京体育大学学报，2018，41（2）：1-6.

## 第二节　《青少年体育活动促进计划》的研发逻辑

### 一、制订依据

一个民族的活力、文明进步以及国家综合国力的基础，都体现在广大青少年的身心健康、体魄强健、意志坚强和充满活力上。为了进一步提高青少年的体质健康水平，国家体育总局启动了《青少年体育活动促进计划》的研制工作。制订《青少年体育活动促进计划》的依据主要体现在以下方面。

（一）党和国家明确要求实施青少年体育活动促进计划

党的十八大以来，习近平总书记十分关心青少年体育工作，多次发表重要讲话，作出重要批示和指示，为青少年体育的改革发展指明了方向。2013 年 11 月 12 日，党的十八届三中全会通过的《中共中央关于全面深化改革若干重大问题的决定》专门提出要"强化体育课和课外锻炼，促进青少年身心健康、体魄强健"。这是新时期党中央对青少年体育工作的战略要求，我们需要领会其深层含义，并坚决贯彻落实

2014 年 10 月 2 日，国务院颁布实施的《国务院关于加快发展体育产业促进体育消费的若干意见》在"将全民健身上升为国家战略"的同时，明确指出要"切实保障中小学体育课课时，鼓励实施学生课外体育活动计划"。这是国务院对于青少年体育工作的决策部署。

2015 年 1 月，中共中央办公厅、国务院办公厅在《关于加快构建现代公共文化服务体系的意见》中提出，要"实施青少年体育活动促进计划"。这是在构建现代公共文化服务体系中，对青少年体育活动促进提出的明确要求。

2016 年 3 月 17 日，十二届全国人大四次会议通过的《中华人民共和国国民经济和社会发展第十三个五年规划纲要》是"十三五"时期国家发展的总体纲领和指南。该纲要明确提出要实施"青少年体育活动促进计划"，为《青少年体育活动促进计划》的研制提供了重要的政策依据。

2016 年 6 月 15 日，国务院印发的《全民健身计划（2016—2020 年）》进一步提出，"全面实施青少年体育活动促进计划"，将青少年作为实施全民健身计划的重点人群，大力普及青少年体育活动，提高青少年身体素质，使青少年提高身体素质、掌握运动技能、培养锻炼兴趣，形成终身体育健身的良好习惯。这是"十三五"时期国家对青少年体育活动促进更为具体的战略部署。

2016 年 10 月 25 日，中共中央、国务院印发了《"健康中国 2030"规划纲要》，再次强调要"实施青少年体育活动促进计划"。

上述一系列文件的出台，为我国青少年体育活动的开展提出了明确的政策依据与任务要求，成为《青少年体育活动促进计划》研制的政策依据。

（二）青少年体育活动参与状况亟待改进，需要体育活动促进政策予以保障

当前，我国青少年体育工作仍然面临不少挑战，广大青少年体育活动时间普遍不足，青少年体育锻炼的频次和时间仍有很大的提升空间。为更好地满足广大青少年日益增长的体育活动需求，进一步加强青少年体育工作，确实需要《青少年体育活动促进计划》的规制。同时，《青少年体育活动促进计划》的出台，也为确保广大青少年参加体育活动提供了必要的保障。

（三）青少年体育实现跨越式发展的形势与任务要求

"十三五"时期是青少年体育跨越式发展的重要机遇期，是全面建成小康社会决胜阶段。习近平总书记指出：没有全民健康，就没有全面小康。青少年时期是塑造终身体育习惯的关键时期，因此，我们必须重视青少年体育在建设"体育强国"和"健康中国"目标中的重要作用，它在推动经济结构转型、增强国家凝聚力以及提升文化竞争力等方面发挥着独特而重要的作用。青少年体育的持续、健康、快速发展至关重要。

随着"全民健身"被提升为国家战略，青少年体育发展迎来了新的机遇。《国务院关于加快发展体育产业促进体育消费的若干意见》的发布，标志着体育产业的积极调整和变革。2016 年的政府工作报告中，特别提出了支持包括体育在内的服务消费，旨在"打造全民健身新时尚"。体育行业的深化改革，包

括行政审批制度、足球改革、体育协会改革等新政策、新措施的实施，都为青少年体育的发展注入了新的活力。冬奥会的成功申办，将成为推动青少年体育快速发展的"催化剂"。随着冬奥会的举办，"北冰南展西扩"的战略逐步实施，进一步吸引了更多家庭和青少年关注、体验和参与冰雪运动。在国家战略的保障和结构调整的推动下，青少年体育发展环境优越，面临重大机遇，拥有巨大的增长空间。

（四）青少年体育活动促进工作的基本规律及现实条件

《青少年体育活动促进计划》的研制充分考虑了我国青少年体育工作的基本规律及现实条件。首先，《青少年体育活动促进计划》的研制遵循了问题导向原则，主要问题集中在以下方面：一是青少年体育有效供给不足，难以满足日益增长的体育需求；二是青少年体育事业发展中的一些长期制约因素和突出问题依然存在，体制机制的约束长期未能解决；三是全社会对青少年体育事业的支持、信任与理解的氛围还需加强；四是现行青少年体育政策法规落实不到位，投入不足，保障和评估机制亟须完善。为了解决这些问题，《青少年体育活动促进计划》设定了相应的目标任务和保障措施。

其次，《青少年体育活动促进计划》是在对青少年体育活动促进工作的深入理解、全面把握和跟踪国内外未来发展趋势的基础上，以前瞻性的眼光进行了科学规划与设计。《青少年体育活动促进计划》立足于国家发展大局，深化体育改革，突出重点，精准施策，力求实现青少年体育公共服务体系更加完善，保障体系更加有力，资源配置更加优化，管理工作更加规范，发展效益更加显著的新局面。

最后，《青少年体育活动促进计划》的定位准确，既体现了政策高度，又体现了落实力度，同时强调了部门分工与实施进度。作为《全民健身计划（2016—2020年）》中关于青少年体育部分的执行方案，《青少年体育活动促进计划》是全民健身国家战略的重要组成部分，特别注重政策的落实和项目的实施。

## 二、研发理念

### （一）循序渐进

随着《青少年体育活动促进计划》的有序实施，青少年体育工作不断深入，青少年体育活动开展日趋活跃。"十三五"期间的《青少年体育活动促进计划》实施调研报告显示，我国青少年体育活动促进目标完成度较好（表8-1），"十三五"时期我国青少年体育活动促进工作取得了较好的进展。按照新一轮《青少年体育活动促进计划》的规划设计，除个别量化目标要调整外，大部分定性目标在"十四五"时期仍继续沿用。新一轮《青少年体育活动促进计划》将在现有基础上，循序渐进、不断调整和改变，不延迟、不冒进、重基础、重依据，根据青少年体育活动开展的规律，有序推进青少年体育活动促进工作。

表8-1 《青少年体育活动促进计划》任务指标完成情况概览

| 发展任务及指标设计 | | 实际完成状况 |
|---|---|---|
| 每天1小时校园体育锻炼 | | 2019年，99.5%的学校可以保障 |
| 学生体质健康标准优良率达到25%以上 | | 2019年，优良率为31.46%，连续6年上升 |
| 体育组织发展 | 国家示范性青少年体育俱乐部：300家 | 截至2020年，各地依托学校、体校、体育场馆、拥有固定场馆的单项体育协会和社区创建命名的省（区、市）级以上青少年体育俱乐部4 667个（国家级1 592、省级3 075） |
| | 各级青少年体育俱乐部：1.2万家 | |
| | 各级体育传统项目学校：1.5万所 | 截至2020年，全国共有省（区、市）级以上体育传统项目学校5 574所（国家级157、省级5 417）。相比2017年的1 413所，数量更多，项目范围更广，结构更合理 |
| 场地设施改善 | 各市（地）建立1个以上青少年校外体育活动中心和青少年户外体育活动营地 | 截至2020年，全国共有校外体育活动中心和户外体育活动营地381个，相比2017年的175个提高了一倍。53%的省份进行青少年体育活动中心和户外体育活动营地的建设 |

续表

| 发展任务及指标设计 | | 实际完成状况 |
|---|---|---|
| 指导人员培训 | 培训体育传统项目学校、青少年体育俱乐部和青少年户外体育活动营地管理人员：3 000 名 | 2017 年以来，全国各省（区、市）共参加和承办国家与地方各级管理人员培训班 278 次，培训人数达 10 131 人次 |
| | 培训国家级和省级体育传统项目学校体育骨干教师：5 000 名 | 2017—2020 年，全国各省（区、市）参加国家体育总局和地方举办的体育传统校师资培训班共计 412 场，培训体育教师 25 795 人次，培训场次和培训人数连续 3 年上涨 |
| | 培训基层体育指导人员：10 万人次 | 截至 2020 年，全国共开展国家级、省级教练员培训 313 次，共培训基层教练员 34 635 人次 |

（二）紧接地气

当前，经济社会的发展为进一步促进青少年体育活动提供了较好的物质条件。研究表明，随着经济水平的提升，儿童青少年的体育健身社会生态环境也在不断改善[1]。在全社会关注和重视青少年体育的背景下，青少年体育活动也将获得更良性的支持与发展。新型冠状病毒感染疫情作为近年来体育线下活动开展的一大不确定性因素，给青少年体育活动带来了障碍，但也催生了许多有利的新条件。各地在抗疫防疫的大前提下，积极利用各类资源和线上线下条件，创新青少年体育活动的方式方法。例如，青海省举办的"2020 年青海省线上亲子运动会"，共有 6 414 组家庭、19 242 人参赛，平台点击量高达 1 500 万人次。青少年体育需求的高涨、科技手段的应用、体育培训的兴起以及家庭体育的升温，都为青少年体育活动的广泛普及提供了新的模式和路径。新一轮的《青少年体育活动促进计划》紧密结合实际需求，充分考虑各种新条件的作用与价值，使工作开展与社会环境有机结合，旨在最大化利用现有资源优势，取得更优效果。

---

[1] 胡月英，唐炎，张加林. 我国儿童青少年体育健身社会生态环境调查研究 [C]// 中国体育科学学会. 第十一届全国体育科学大会论文摘要汇编. [出版者不详], 2019：3426-3427.

### （三）提升理念

公共政策是环境的产物，受到自然和社会的各种因素的制约与影响[1]。作为一项国家政策规划的工作，青少年体育活动的推广程度与政治、经济、社会文化等发展状况密切相关。因此，我们需要不断提升理念，适应新情况、新条件，指向未来的发展空间，这是工作开展的重要理念。《青少年体育活动促进计划》始终强调将我国经济社会发展、体育工作和青少年体育工作中形成的新理念进行系统梳理，并贯彻落实在文件之中。例如，在脱贫攻坚的重要阶段，以体育活动助力贫困地区青少年，既是精准扶贫工作的重要内容，也是《青少年体育活动促进计划》不可或缺的一个主题。"十三五"时期，江西省开展以"体育精准扶贫、关爱留守儿童"为主题的夏令营活动，180 名 10~15 岁贫困留守儿童参加，这充分展现了对特殊青少年群体体育活动参与及权益保障的关注和重视。基于此，青少年体育活动治理能够始终贴合时代进步的前沿和需求，为我国青少年体育工作创造美好的未来。

### （四）创建标准

在"十三五"时期青少年体育活动促进工作的周期内，各级体育政府部门加大了对体育设施建设管理的力度，通过指导、规范、监督和检查，使体育设施建设管理水平得到了显著提升，步入了规范化和标准化的新阶段。到 2020 年，全国已有 22 个省（区、市）建立了青少年体育信息网，提供了运动员注册、赛事活动组织以及信息发布的标准化平台服务。例如，北京市推出了《北京市青少年校外冰雪活动中心创建标准》。面对体育事业的快速发展，社会对体育标准化的需求日益增强。然而，体育标准的缺失、老化、供给不均以及覆盖面窄等问题依然存在[2]。2022 年 2 月，国家体育总局印发《体育标准化管理办法》，

---

[1] 陈庆云. 公共政策分析 [M]. 2 版. 北京：北京大学出版社，2011.

[2] 吴子鹏，由文华，杨蕊，等. 基于标准需求的"十四五"时期体育标准体系建设研究 [C]//. 中国体育科学学会. 第十二届全国体育科学大会论文摘要汇编——墙报交流（体育工程分会）. [出版者不详]，2022：19–21.

以制定、组织实施和监督标准为主要任务，顺应了国家标准化发展的需求，对体育工作规范开展具有重要意义。与此同时，随着青少年体育工作的深入发展，许多关于青少年体育活动的标准也在不断地进行调整。这些新标准为制订《青少年体育活动促进计划》提供了重要依据，为青少年体育活动的治理提供了更加科学、规范、有序的政策环境。

### 三、制订原则

#### （一）坚持以青少年为本，促进青少年身心全面发展

青少年体育活动是加强青少年爱国主义和集体主义教育、磨炼青少年坚强意志、培养青少年良好品德的重要途径，是促进青少年全面发展的重要方式。坚持以人为本的理念，充分认识体育活动在青少年健康成长中的重要作用是青少年体育活动促进工作的核心原则。《青少年体育活动促进计划》充分遵循广大青少年的身心发展规律，以不断激发并满足青少年体育活动的需求为根本，通过开展行之有效的体育活动，实现体育活动在促进青少年人格完善、心智成长、意志磨炼、人际交往和社会融合等方面的功能，从而实现青少年身心健康和体魄强健的目标。2018—2020 年，"青少年体育"相关的国家社科基金年度项目（包括青年基金项目）基本稳定在 20~22 项，占总量的 1/8~1/7。2017 年以来，全国各地积极开展青少年科学健身普及活动，累计受益青少年达到 174 320 人次。许多省（区、市）根据当地的水乡、草原、大漠等自然环境，开发出了一系列深受青少年喜爱的体育活动项目，吸引他们积极参与。例如，辽宁省通过"武术进校园""博物馆一日学""世界武术日"等主题活动，让学生近距离感受中国武术的博大精深，传承武术精神，促进了青少年的身心健康全面发展。

#### （二）坚持依法治体，保障青少年体育合法权益

体育强国建设离不开体育法治的发展。2022 年《体育法》的修订标志着我国青少年体育活动立法层面的不断完善，充分体现了加快建设体育强国的要求。新《体育法》将"优先发展青少年和学校体育"等纳入法律条文，从学校

体育发展、行政部门职责分工、场地与人才保障等多个方面对青少年体育活动促进工作的开展提出了强制性要求。《青少年体育活动促进计划》以《体育法》为政策依据，进一步强化法治思维和法律意识，将完善青少年体育活动促进的相关政策法规视为促进工作的重要保障。在法治的规范与约束下，保障广大青少年体育活动权益，特别是障碍青少年群体的体育活动权益，是今后一段时间工作的重要内容。

（三）坚持改革创新，推进青少年体育治理体系和治理能力现代化

以改革作为青少年体育活动促进的推动力，不断完善青少年体育活动促进的治理体系与治理能力现代化，破除不同系统、行业和领域中青少年体育活动开展的壁垒，推进青少年体育活动治理能力现代化和管理方式科学化，是青少年体育活动促进工作永葆活力的关键路径，也是 2035 年基本建成体育强国的战略要求。"十三五"期间，在青少年运动技能培训任务方面，部分省（区、市）采取政府购买服务等方式，举办了多种形式的青少年体育技能培训。例如，上海市体育局青少处与社区体育协会、东方体育传媒合作开展的"你点我送"青少年体育社区配送工作，通过依托体育协会整合汇聚资源，让青少年在家门口就能享受到体育运动的乐趣，从而为青少年提供更多参与运动的机会和展示自己的平台。湖南省举办的冬夏令营活动创新了"互联网＋体育"的工作机制和模式，在影响范围和活动规模上实现了新突破。2018 年湖南省开展冬夏令营活动 350 余场，直接参与人数超过 30 000 人次；2019 年增至 391 场，参与活动的青少年达到 34 874 人次。新一轮《青少年体育活动促进计划》将改革创新作为重要原则，致力于推动青少年体育活动促进的思路与方法、体育活动场地设施与器材的研制、体育活动项目的开发、体育活动指导的科学化和体育活动经费筹集多元化等方面的创新，不断提升青少年体育活动促进的管理水平。

（四）坚持青少年体育活动的统筹协同，实现多部门间有效联动

"青少年体育活动促进"是一项政府主导、全社会广泛参与的工作。各级政府正逐步将青少年体育工作纳入经济社会发展的规划中，许多地方政府已将青少年体育活动作为工作目标和政绩考核范围的一部分。"十三五"时期，体育行政

部门和教育行政部门的协作不断加强，定期或不定期地召开体教结合工作联席会议，共同研究和推进实施《青少年体育活动促进计划》。江苏省政府于2020年将体教融合的4项举措纳入对各市委、市政府20项任务的质量考核中。新修订的《体育法》对体育行政部门、教育行政部门的职能方向作出了更加明确的规定，为政府内部对青少年体育活动的统筹规划和科学设计提供了参考和标准。政府充分发挥主导作用，进一步明确各部门在青少年体育活动促进工作中的具体职责，通过责任落实，促进体育、教育、发展和改革、民政、财政、共青团等部门的协同行动，实现青少年体育管、办、评分离，不断完善青少年体育公共服务体系。

（五）坚持多元力量整合，促进全社会共同参与

青少年体育活动促进工作不能仅依靠政府进行，社会力量在体育事业和体育产业发展中具备强大的资源优势。以政府为主导，引领全社会多元主体广泛参与，这种合作机制越丰富、互动机制越顺畅，则越有利于主体资源优势的充分发挥。"十三五"时期，江西省在2019年举办的近200期、吸引1.3万人次参与的青少年体育冬夏令营活动，就是采用政府与社会力量结合的方式，以政府配资为辅、社会力量为主，通过每人每天补贴50元、每期每人补贴250元的举措，实现了活动的有效开展。上海市体育局推广的"家庭、社区、学校"三位一体的青少年体育活动模式也取得良好的效果。新一轮《青少年体育活动促进计划》进一步明确了政府的职责与权限，能够充分发挥政府、市场、学校、社区、家庭等多元主体在青少年体育活动促进中的作用，积极引导社区、家庭开展形式多样、内容丰富的青少年体育活动，通过政府购买服务、税收优惠、项目扶持等形式，鼓励支持社会力量组织开展青少年体育活动。

## 四、制订目的与意义

（一）制订《青少年体育活动促进计划》的目的

### 1. 以体育活动为入手点，促进青少年身心全面发展

《青少年体育活动促进计划》坚持以人为本的理念，充分认识到体育活动在

青少年健康成长中的重要作用。遵循广大青少年的身心发展规律，以不断激发并满足青少年体育活动的需求为根本，《青少年体育活动促进计划》通过对开展行之有效的体育活动的顶层设计，实现体育活动在促进青少年人格完善、心智成长、意志磨炼、人际交往和社会融合等方面的功能，最终促进青少年身心健康、体魄强健。

**2. 推进改革创新，促进青少年体育治理体系和治理能力现代化**

以改革为动力，推动青少年体育活动的全面发展，不断完善治理体系与治理能力现代化，消除系统、行业和领域间的障碍，推进治理能力现代化和管理方式的科学化。在思路和方法、体育设施和器材的创新、体育项目的开发、科学化的体育活动指导以及多元化经费筹集等方面进行创新，以提高青少年体育活动的管理水平。

**3. 落实依法治体，保障青少年体育合法权益**

加强法治思维和法律意识，完善相关政策法规，保障青少年的体育活动权益，特别是特殊青少年群体的权益。对故意妨碍青少年体育活动参与的组织和个人，依法追究其责任。

**4. 促进青少年体育活动开展的统筹协同，实现多部门有效联动**

政府应发挥主导作用，统筹规划和科学设计青少年体育活动，明确各相关部门的职责分工，促进体育、教育、发展和改革、民政、财政、共青团等部门的协同行动，实现青少年体育的管、办、评分离，不断完善青少年体育公共服务体系。

**5. 实现多元力量整合，形成全社会共同参与支持青少年体育活动的新局面**

政府应明确自身的职责与权限，发挥政府、市场、学校、社区、家庭等多元主体在青少年体育活动中的作用，积极引导社区和家庭开展丰富多样的青少年体育活动。政府可以通过购买服务、税收优惠、项目扶持等方式，鼓励和支持社会力量组织开展青少年体育活动。

（二）制订《青少年体育活动促进计划》的意义

**1. 有助于各部门建立明确的工作目标与分解任务，指导各行业领域开展青少年体育活动促进行动**

《青少年体育活动促进计划》体现了青少年体育活动开展的系统性、整体性与协同性，对青少年体育活动的开展进行了较为细致的部署。《青少年体育活动促进计划》是指导"十三五"时期我国青少年体育活动开展的总体规划和行动纲领，具有很强的规范性与指导性。《青少年体育活动促进计划》既体现了政策高度，又体现了落实力度，同时强调了部门分工与实施进度。

### 2. 有助于形成政府主导有力、部门协作顺畅，社会活力进一步增强的青少年体育工作开展格局

《青少年体育活动促进计划》对相关部门、行业领域青少年体育活动开展的主要任务进行了规范，并具体明确了工作领域和工作方式。在组织保障方面，明确了政府相关部门的职责，有助于形成政府主导有力、部门协作顺畅、社会活力进一步增强的青少年体育工作开展格局。

### 3. 有助于体育文化教育与传播，形成健康向上的青少年体育文化

《青少年体育活动促进计划》对各地、各行业领域弘扬体育精神、传播体育文化、营造体育文化氛围提出了任务要求，鼓励家长积极参与青少年体育文化活动，培养家庭体育文化，营造体育锻炼氛围。这对于引领文化发展、提倡青少年体育活动多样化、形成具有地方特色和文化内涵的青少年体育活动模式具有至关重要的作用，同时也有助于体育文化的教育和传播，塑造健康向上的青少年体育文化。

### 4. 有助于遵循"创新、协调、绿色、开放、共享"的新发展理念，开展青少年体育工作

《青少年体育活动促进计划》的制订遵循了"创新、协调、绿色、开放、共享"的新发展理念，并在实施过程中予以具体落实。《青少年体育活动促进计划》以创新发展的理念推动青少年体育工作的机制和体系创新，以协调发展的理念构筑政府主导、部门协作、社会参与的工作模式，以绿色发展的理念强调青少年体育活动和资源环境的和谐共生，以开放发展的理念引领国内外体育活动的开放性建设，以共享发展的理念实现青少年体育活动参与的全覆盖与均衡化。

## 第三节 我国青少年体育活动促进的时代价值

《青少年体育活动促进计划》对我国青少年体育工作的全面深入实施具有重要意义。全面落实《青少年体育活动促进计划》，对于解决我国青少年体质健康问题、推动体育强国建设、深化体教融合、促进青少年全面发展、落实《体育法》等都具有深远的现实意义和价值。

### 一、有效遏制青少年体质健康下滑的根本途径

在全球范围内，青少年体育活动普遍存在运动量不足的问题，通过体育活动来改善青少年体质健康已得到世界各国的广泛认可。欧美国家在长期实践中积累了一系列成功经验，例如美国的"总统挑战杯"就是一项旨在提升青少年学生身体活动水平、降低肥胖发生率、促进健康生活方式的体适能奖励计划[1]。根据 2021 年 9 月教育部发布的第八次全国学生体质与健康调研结果，体育活动的开展对我国青少年体质健康水平的提升起到了积极的作用。

第八次全国学生体质与健康调研结果显示：（1）初中生体质健康达标优良率上升最为明显。2019 年全国 6~22 岁学生体质健康达标优良率为 23.8%，自 2014 年教育部颁布实施《国家学生体质健康标准》以来，我国学生体质健康达标优良率总体呈上升趋势。（2）校园足球等体育特色学校建设促进学生体质与健康。校园足球特色学校学生体质健康达标优良率为 29.2%，高于非校园足球特色学校的 22.3%。（3）中考体育的强化增加中学生体育活动时间。随着中考体育考试分值提高，中学生尤其是初三学生体育活动时间显著增加。在校体育锻炼 1 小时比率，初三学生为 42.7%，高于高一学生的 30.6%。体质健康达标优良率初三学生为 29.2%，高于高一学生的 22.6%。（4）学生每天足量体育锻

---

[1] 汪晓赞，郭强，金燕，等. 中国青少年体育健康促进的理论溯源与框架构建 [J]. 体育科学，2014，34（3）：3-14.

炼等对增强体质有积极影响。每天能够保证 1 小时以上在校体育锻炼时间的学生体质健康达标优良率为 27.4%，显著高于体育锻炼时间不足 1 小时的学生的17.7%。"[1]

近年来，党和国家以及体育、教育等相关部门连续发布了一系列深化体教融合、加强学校体育、防控青少年肥胖的重要政策文件，这些举措使广大青少年参与体育活动的频率和意识明显增强，但青少年学生体质健康水平的提升仍有较大空间。《青少年体育活动促进计划》不仅是政策导向，也是实施手段，对于解决青少年体质健康的突出问题将发起一场"全民攻坚战"，并最终有望扭转青少年体质健康下滑的趋势。

## 二、助力体育强国、健康中国建设的基础性、战略性工程

青少年体育是整个体育工作的基础和先导，实施《青少年体育活动促进计划》是体育强国建设的明确要求。2019 年，国务院办公厅发布《体育强国建设纲要》，将青少年体育促进作为一项重大工程纳入体育强国建设内容。体育强国涉及群众体育、竞技体育、体育产业、体育文化与体育外交等多个重要领域。增强体育综合实力，加快体育强国建设，需要不同领域交互渗透、共同推进。这些领域的共同基础都在于青少年体育。因此，青少年体育是群众体育的基础、竞技人才的源泉、体育产业的推力、体育文化的载体与体育外交的纽带，也必然成为体育强国建设的基石。将青少年体育纳入体育强国建设内容，关乎国家政治、经济、社会与文化的可持续发展，在完成体育强国战略任务的过程中发挥着不可替代的作用。

"健康"是一切的前提。青少年体育在青少年品德塑造、智力开发、体育素养、审美提升、社会参与、全面发展等方面均发挥着不可替代的重要作用，所有这些的前提都是以"健康第一"为指导原则。《"健康中国 2030"规划纲要》

---

[1] 教育部. 第八次全国学生体质与健康调研结果发布：我国学生体质健康达标优良率逐渐上升 [EB/OL]. (2021-09-03)[2023-09-05]. https://m.news.cctv.com/2021/09/03/ARTIuhlFwq5Od0HVEr8ADTnH210903. shtml.

将青少年确定为重点人群，在"健康第一"的指导下，通过体育活动促进青少年掌握情绪发泄和控制的方法，在运动锻炼中弘扬运动精神、磨炼意志、培育品质、塑造性格，培养心理健康和人格健全的青少年。这不仅有利于营造青少年"积极参与、健康成长"的文化氛围，而且以健康发展理念促进青少年的全面成长，以青少年为重点对象的健康中国建设也将通过青少年体育获得持久的动力支持。

### 三、深入推进全民健身、体教融合的重要抓手

全民健身是全民健康的实现手段和基础保障，通过"健康运动"把健康关口前移到健康维护和疾病防控，这是健康中国行动的目标与任务[1]。青少年体育活动的蓬勃发展，对于营造全民健身运动氛围，引领健康中国行动具有重大意义。历次"全民健身计划"都明确指出，全民健身服务应将青少年作为重点人群，发挥其在促进健康、提高体质、培养运动习惯以及推动人的全面发展等方面的综合功能和作用。借助青少年体育运动的独特魅力以及体育对人身心发展的综合作用，推动社会体育锻炼的兴起，营造社会"追求健康"的运动氛围，有力地推动全民健身的广泛开展。

体教融合是新时代我国教育与体育工作的升级改进，是具有中国特色的体育与教育工作的顶层设计。2020 年，中央全面深化改革委员会第十三次会议审议通过了《关于深化体教融合 促进青少年健康发展的意见》，以学校体育、赛事体系、体育传统特色学校与高水平运动队建设、体校改革、社会体育组织发展、教师与教练员队伍、政策保障、组织实施等 8 个主题，强调了体教融合的一体化设计与推进路径。青少年体育活动作为贯穿这 8 个主题的关键内容，充分调动了相关部门和行业领域的协同作用，实现主体间的有效联动。全面实施《青少年体育活动促进计划》，以青少年体育活动为索引，使政府、市场、学校、社区、家庭等多元主体在各类青少年体育活动的开展与参与中得到检验、不断完善，最终

---

[1] 祝莉，王正珍，朱为模. 健康中国视域中的运动处方库构建 [J]. 体育科学，2020，40（1）：4-15.

实现体教深度融合。

## 四、促进青少年全面发展的重要手段

体育是德智体美劳全面发展的重要环节，体育活动是推动青少年全面发展的关键手段。在青少年的全面发展过程中，青少年体育具有重要的内生引导作用，以其独特优势促进青少年德智体美劳的全面发展，成为推动青少年全面发展的基石。1917 年，毛泽东通过《体育之研究》一文分享了"六段运动"的活动心得，强调"体育一道，配德育与智育，而德智皆寄于体，无体是无德智也"[1]。体育活动在青少年全面发展中占据重要位置，以其特有的实践性、基础性、融合性成为青少年身心健康、德智体美劳全面发展的重要支撑。《青少年体育活动促进计划》坚持以人为本，遵循广大青少年的身心发展规律，以激发并满足青少年体育活动需求为根本目标，充分利用体育活动在青少年健康成长中的重要作用。体育活动对青少年的影响深远而广泛，是青少年参与体育运动、学习体育技能、培养体育爱好、参与社会实践的路径和方式。青少年可以通过多种类型的体育活动学习运动项目技能、提升体育素养，在活动过程中感受运动氛围、塑造体育品格，通过体育活动改善身体机能、强化头脑发育，并在实践过程中充分融入、适应社会。实施《青少年体育活动促进计划》，有助于夯实青少年全面发展之路，最终为实现中华民族伟大复兴凝聚起更磅礴的青春力量。

## 五、贯彻落实国家法治层面治理青少年体育活动的标尺

2022 年，十三届全国人大常委会第三十五次会议审议通过新修订的《体育法》，"优先发展青少年和学校体育"等被首次纳入法律条文。新修订的《体育法》明确规定，"学校必须按规定开齐开足体育课""确保体育课时不被占用""保障学生在校期间每天参加不少于一小时体育锻炼"，在校园体育活

---

[1] 毛泽东. 体育之研究 [J]. 新青年，1917，3（2）：1.

动、体育教师配备、场地设施安排等方面对青少年和学校体育提出了更全面和详细的法律要求。"青少年体育活动促进计划"被写入《体育法》，是我国青少年体育法治化的重要体现，标志着青少年体育的法律保障取得了历史性突破，充分显示国家在促进青少年体育发展中更加注重发挥法律的引领和推动作用，拉开了国家从法治轨道上治理青少年体育活动的序幕。这不仅意味着国家对青少年体育活动的重视程度进一步提升，并以法律强制施行，也意味着青少年体育活动治理逐渐走向规范化和法治化。今后，各地、各系统是否全面实施青少年体育活动促进计划，将成为是否贯彻落实《体育法》的一把考量标尺。

## 第四节 《青少年体育活动促进计划》重点任务解读

### 一、广泛开展青少年体育活动

体育活动是促进青少年身体锻炼、提高身体素质的重要载体，是构建国民体质的基石。通过贯彻执行《青少年体育活动促进计划》，促使青少年的骨骼、关节、肌肉得到健康发展，为他们一生的健康打下坚实基础。纵观我国青少年体育事业建设，自 2007 年《中共中央　国务院关于加强青少年体育增强青少年体质的意见》发布，到 2017 年七部门联合印发《青少年体育活动促进计划》，各地都在积极推动青少年体育工作，青少年体育活动的开展有了显著的进步。全社会广泛开展青少年体育活动，是为了满足提高青少年体质、实施全民健身国家战略、国家法律政策要求、建设体育强国、发展体育产业的需要。

（一）充分发挥全国青少年"未来之星"阳光体育大会示范带动作用

全国青少年"未来之星"阳光体育大会由国家体育总局、教育部、共青团中央联合主办，目的是在青少年中推广体育理念，树立健康向上的榜样，引导青少年积极参与体育运动，增强体质，实现全面发展，倡导从运动中收获健康快乐的生活方式。《青少年体育活动促进计划》要求，"在寒（暑）假举办全国青少年'未来之星'阳光体育大会，设置主会场和各省（区、市）分会场，实现全国联动"。全国青少年"未来之星"阳光体育大会是一个集体育竞赛、文化交流、运动展示、科普健身等多项功能于一体的综合活动平台。自 2011 年首届在青岛举办以来，其规模、水平和影响力逐年提升，一度成为国内规格较高的青少年大型综合类体育活动。虽然该项赛事在 2019 年被取消，但其办赛模式仍在许多地区得以延续，并创新运用到许多地方赛事活动之中。

通过总结历届全国青少年"未来之星"阳光体育大会的举办经验，我们发现有以下几个特点：

（1）竞赛项目要做到因地制宜，充分发挥主、分会场地区地理环境优势，不仅挖掘城市、学校等公共场馆，北方会场要充分利用山川、草地以及沙漠等地形，南方会场应当丰富水上项目，从而增加比赛的趣味性。

（2）展示项目要注重项目的质量而非单纯的数量，要从形式的创新性、推广的可行性及操作的安全性等角度考核。

（3）青少年体育科技要紧跟体育科技发展潮流，将我国乃至世界先进体育科技以通俗易懂、便于青少年理解的方式展现出来，激发儿童和青少年参加体育活动、科学锻炼身体、钻研体育科技的热情。

（4）奥林匹克文化交流活动应当丰富文化内涵与外延，把交流的内容扩大到方方面面，做到"以体育为主题，以文化为载体"，在宣传奥林匹克运动精神的同时结合社会主义核心价值观建设。

（二）广泛开展青少年体育活动和竞赛

青少年体育要跟进体育强国建设的步伐，必须实现普及性的横向发展，吸引更多青少年参与体育运动，享受运动乐趣，从而全面提升全民族的青少年健康水平。《青少年体育"十三五"规划》指出，要推动"全国青少年体育活动周"的开展，并打造"全国体育传统项目学校联赛""全国青少年体育俱乐部联赛"以及"全国青少年户外体育活动营地夏（冬）令营"等国家级青少年体育品牌活动。同时，支持各地创建具有区域特色和优势的青少年体育品牌活动。此外，还要积极开展以训练营、夏（冬）令营为依托的全国青少年赛事活动，并改革青少年竞赛制度，完善县、市、省、国家四级竞赛体系，使之更加多元、多样和灵活。

（三）提高学校体育活动质量

《学校体育工作条例》明确指出我国学校体育的基本任务是：增进学生身心健康、增强学生体质；使学生掌握体育基本知识，培养学生体育运动能力和习惯；提高学生运动技术水平，为国家培养体育后备人才；对学生进行品德教育，增强组织纪律性，培养学生的勇敢、顽强、进取精神。显然，开展学校体育活动是完成这些基本任务的必要手段。《青少年体育活动促进计划》主要从学校体育课程设置、学校体育活动举办、《国家学生体质健康标准》和资源优化配置四方面提出了相应的要求。

（四）大力发展青少年足球运动

足球是深受广大青少年喜爱的体育项目，对于青少年健康成长具有独特的综合教育功能。青少年是全民健身的重要群体，青少年足球是足球运动的基础和源泉。广泛开展青少年校园足球活动有利于增强青少年体质，提升青少年体育公共服务水平。我国正处于青少年足球建设事业快速发展期，《青少年体育活动促进计划》专门针对青少年足球提出了校园足球特色学校建设、青少年校园足球竞赛体系和人才选拔与培养体系的相关要求与建议。

（五）推动青少年冰雪运动的普及与提高

早在 20 世纪 80 年代，体育主管部门就提出了"北冰南展"战略。南方沿海城市纷纷加大对冰雪场馆的投入，冰雪运动形势有所改观，但也经历过"北冰难展"的问题。以筹办 2022 年冬奥会为契机，《青少年体育活动促进计划》从青少年冰雪运动的角度对各地各级政府部门提出了一系列要求与建议，其中包括实施冰雪运动"南展西扩战略"、推进"校园冰雪计划"、举办冰雪普及活动等。

（六）促进民族传统体育项目在青少年中的推广与普及

少数民族传统体育是我国体育事业的重要组成部分，是我国宝贵的文化遗产，深受各民族群众的喜爱。它在传承发展优秀传统文化、促进各民族交往、提升各族人民体质健康水平、丰富各族群众精神文化生活等方面发挥着重要的作用。《青少年体育活动促进计划》中提到，各地方要挖掘、保护与传承民族传统体育项目，鼓励在青少年中举办民族传统项目比赛与展示。

## 二、加强青少年体育组织建设

青少年体育组织是指以青少年为服务对象，以开展青少年体育活动为基本内容的、按照一定规则建立的体育活动实体。根据注册类型，青少年体育组织可分为在工商部门登记注册的各类企业型青少年体育组织，如健身俱乐部、健身会所等；在民政部门登记注册的各类青少年体育社会组织，如基金会、体育社团和社会服务机构等。青少年体育组织是供青少年参与体育活动的社会平台，为青少年参与体育活动提供了一定的组织体验。与无组织的青少年体育活动相比，参与有组织的体育活动更能够激发青少年参与的意愿。青少年体育组织能够有效促进青少年体育活动的开展，对青少年体育发展起到了推动作用。

### （一）促进青少年体育组织发展

《青少年体育活动促进计划》当中对于青少年体育组织未来发展提出了具体目标，提出在未来实现"青少年体育组织发展壮大"。针对当前我国青少年体育俱乐部存在的类型单一、总体规模小、布局不均衡，各省体育传统项目学校发展不均衡等现实问题，提出了"青少年体育组织类型不断丰富，规模不断扩大，布局更加均衡"的目标。针对当下我国体育组织普遍存在的发展能力不足、专业化水平不高等问题提出了"服务与发展能力明显加强"的目标。

特别是针对青少年体育俱乐部数量不足的问题，《青少年体育活动促进计划》提出了远高于现今水平的具体数量上的目标："国家示范性青少年体育俱乐部达到300家，各级青少年体育俱乐部达到1.2万家，每2万名青少年拥有1家青少年体育俱乐部。"针对体育传统项目学校建设，同样提出"各级体育传统项目学校达到1.5万所"的目标。《青少年体育活动促进计划》对于青少年体育组织服务范围扩大提出了新的要求，要求"青少年体育组织覆盖乡镇（街道）、城市社区和具备条件的农村社区"。保障青少年体育组织提供服务能够落实到每个社区，切实惠及青少年，工作落到实处。

（二）推进青少年体育社会组织能力建设

青少年体育社会组织在目的上的独特性体现在其专注于为青少年提供体育公共服务，并推动青少年体育事业的发展。这种组织能力指的是它们通过内部运作向青少年提供相关公共服务，并促进我国青少年体育产业发展的能力。党的二十大报告指出，"健全共建共治共享的社会治理制度，提升社会治理效能"。青少年体育社会组织作为推动青少年体育事业发展的重要一环，其组织能力的建设响应党的二十大号召，积极发挥作用，做好治理体系的建设工作。然而，目前我国青少年体育社会组织的服务能力仍有待提高，无论是青少年体育俱乐部还是体育传统项目学校，它们在发展能力上均存在局限。因此，需要增强吸纳青少年参与体育组织的能力，以及推动青少年体育产业发展的能力。

（三）推动各级青少年体育行业协会建设

行业协会是政府与企业之间、商品生产者与经营者之间提供服务、咨询、沟通、监督、公正、自律、协调的社会中介组织。青少年体育行业协会则是由政府创立或经政府倡议，基于自愿原则建立，并在民政部门登记注册的非营利性体育社会组织。它们在青少年体育行业内提供服务、咨询、沟通、监督等，并具有社团法人资格。作为青少年体育产业中各企业、社会组织实现自治的载体，行业协会不仅服务于各青少年体育组织，还制定行业准则并监督实施，协调各相关青少年体育组织的工作。

《青少年体育活动促进计划》提出，"推动各级青少年体育行业协会建设。鼓励和引导全国性和地方性青少年体育行业协会建设发展，充分发挥各级青少年体育行业协会的职能，不断提高行业协会自我发展、自我管理、自我服务、自律规范的能力，促进青少年体育行业协会健康有序发展"。《青少年体育活动促进计划》鼓励各单位自发建设全国性和地方性的青少年体育行业协会，在依法治国的原则下实现体育自治，加强青少年体育行业的自我管理能力，提升自我发展水平，进而促进我国青少年体育行业的健康发展。

（四）加强各级体育传统项目学校建设

青少年体育传统项目学校是指那些在实施素质教育方面成效显著，体育工作成绩突出，学生体质健康水平明显提高的学校。这些学校严格执行国家体育与健康课程标准，学生体育活动具有特色，并在至少两个体育运动项目上形成传统。它们由体育和教育行政部门联合命名，是普通中小学校和中等职业学校中的佼佼者。

《青少年体育活动促进计划》提出，"加强各级体育传统项目学校建设。各级体育、教育部门应积极构建以国家级体育传统项目学校为龙头，省级体育传统项目学校为骨干，市（地）和县（区）体育传统项目学校为基础的体育传统项目学校发展体系。优化体育传统项目学校项目结构和学段结构比例，保障重点项目、优势项目和民族特色项目在体育传统项目学校的布局，完善体育传统项目学校竞赛、培训、评估制度，畅通竞技体育后备人才的选拔、培养和输送渠道"。目前，我国体育传统项目学校的发展结构中，国家级体育传统项目学校发挥模范带头作用，占据龙头地位，各省级体育传统项目学校配合国家级体育传统项目学校工作，成为我国体育传统项目学校发展中的中坚力量。地市级体育传统项目学校的健康发展为省、国家体育奠定基础，处于基础地位。

### 三、统筹和完善青少年体育活动场地设施

青少年体育场地设施是指面向青少年群体、用以开展青少年体育活动的各级各类体育活动场地设施等的总称，包括体育建筑、场地、室外设施及体育器材等。青少年体育场地设施是当前青少年参与体育活动的重要载体。建立功能全面、布局完善的体育场地设施能够有效吸引青少年参与体育活动，为青少年参与体育活动提供良好的参与体验。正确使用青少年体育场地设施进行体育锻炼，能够有效增强锻炼效果，并保障了青少年参与体育活动的安全性。体育场地设施作为硬件条件之一，其本身也是青少年体育产业发展不可或缺的一部分，青少年体育俱乐部、青少年体育活动中心、体育传统项目学校等体育组织的建

设都需要体育场地设施的建设。建设青少年体育场地设施，对青少年体育活动的开展以及青少年体育事业的发展能够起到推动作用。《青少年体育活动促进计划》具体指出了对于青少年体育场地设施建设和学校体育场地设施对外开放两个问题，致力于解决当前存在的青少年体育场地设施数量不充足、分布不均、学校体育场地开放力度不大等问题。

（一）加快青少年体育场地设施建设

《青少年体育活动促进计划》在场地设施部分的第一项任务就是"各地应结合城镇化发展统筹规划、合理布局青少年体育场地设施。重点建设一批规模适度、经济实用、功能配套完整的青少年校外体育活动中心和青少年户外体育活动营地等场地设施。中型以上（含中型）全民健身中心应设立青少年体育活动功能区，具备条件的城乡社区应配置儿童运动乐园，全民健身路径应增加儿童青少年体育设施。鼓励合理利用广场、公园、旧厂房、仓库、老旧商业设施、空置场所等空间，改建、扩建、新建小型、便利、多样的青少年体育场地设施。研制青少年体育场地设施标准，开发符合青少年特点的场地设施和运动器械。鼓励社会力量建设青少年体育场地设施"。

从青少年体育场地设施总体情况来看，数量上呈上升趋势。根据国家体育总局官网公布的数据，1995 年我国体育场地数量约为 61.57 万个，而 2003 年公布的数据中，数量已提升至 85.01 万个，上涨幅度为 38%。截至 2013 年的统计数据显示，数量上升至 169.46 万个，10 年上涨幅度 99%。同时，我国人均体育场地面积也一直处于上升趋势，1995 年，我国人均体育场地面积仅为 0.65 平方米。2003 年，人均体育场地面积提升至 1.03 平方米。2013 年，人均体育场地面积提升至 1.46 平方米。《国务院关于加快发展体育产业促进体育消费的若干意见》提出了 2025 年人均体育场地面积达到 2 平方米的目标。截至 2022 年 12 月 31 日，全国体育场地 422.68 万个，体育场地面积 37.02 万平方米，人均体育场地面积 2.62 平方米。

近年来，青少年体育场地设施总体建设无论数量还是质量都得到了巨大的提升。根据第六次全国体育场地普查办公室提供的数据，在我国现有的 169.46

万个体育场地中，中小学共有 58.49 万个，占全国体育场地总数的 34.51%。分布在广场、公园、居住小区（街道）、乡镇（村）和其他地点的体育场地约 84 万个，已经或可能在未来为青少年提供体育服务。按场地所属单位性质分类，我国校外能够向青少年开放的体育场所主要有青少年专属体育场地（青少年校外体育活动中心、青少年户外体育活动营地、校外青少年体育俱乐部、少年宫、青少年校外活动中心），公共体育场馆，社区体育场地，公园、城市广场内体育场地，社会单位对外开放的体育场地等。

（二）加大体育场地设施对青少年的开放力度

《青少年体育活动促进计划》中对于学校体育场地设施对外开放工作进行了强调，指出，"加大体育场地设施对青少年的开放力度。各地积极推动公共体育场地设施免费或低收费向青少年开放。学校体育场地设施应在课余时间、节假日、寒（暑）假期间免费或低收费向青少年开放，并采取有力措施加强安全保障。鼓励社会力量积极参与体育场馆对青少年开放。各地应为特殊青少年群体参与体育活动提供必要的场地设施保障"。2017 年，教育部与国家体育总局联合发布了《关于推进学校体育场馆向社会开放的实施意见》，进一步明确学校体育场馆应优先满足本校师生的需求，同时向青少年和社会组织开放。此举不仅满足了学生课外锻炼的需求，也体现了我国政策制定的人文关怀，确保了特殊人群能够享有参与体育活动的权利。

**四、强化青少年运动技能培训**

强化青少年运动技能培训是青少年生理与心理成长过程、体育产业发展进程、体育后备人才培养等三方面的需求，并主要从技能的培训与评定两方面进行。

（一）开展青少年运动技能培训

《青少年体育活动促进计划》要求，"各级体育、教育等部门应以各类学校、青少年校外体育活动中心、青少年体育俱乐部、运动项目协会、健身中心、青少年宫、青少年户外体育活动营地、研学旅行营地和示范性综合实践基地等为依托,通过体育课、课外体育锻炼和夏(冬)令营等广泛开展体育运动技能培训,注重发挥各级各类体校在青少年运动技能培训中的带动作用。各地应采取政府购买服务等方式,充分调动社会力量的积极性,举办多种形式的青少年运动技能培训"。从青少年的活动时间和地点来看,学校、社区、俱乐部以及夏(冬)令营是开展技能培训的最佳选择。

首先,学校是青少年集中接受体育训练的主要场所,学校尤其是体校掌握丰富的青少年培训资源和优势,应发挥其在青少年运动技能培训中的引领作用。各地教育行政部门和体育行政部门应当重视体育课教学质量,确保校内基础运动技能培训的质量,通过田径、足球、篮球、排球、武术、冰雪运动及传统运动项目的教学,以培养兴趣、巩固基础为目标,不断提升青少年的运动技能水平,拓宽他们的运动视野和兴趣爱好。

其次,运动技能培训不能仅靠课堂。对于青少年而言,他们需要大量的校外运动训练机会。相较于校园,校外培训环境更为丰富多彩,场地和设施也更加完备。根据《青少年体育活动促进计划》,具体的校外训练场所包括青少年校外体育活动中心、青少年体育俱乐部、运动项目协会、健身中心、青少年宫、青少年户外体育活动营地、研学旅行营地和示范性综合实践基地等。这些校外体育培训机构既有营利性组织,也有非营利性组织,它们具备或公益或非公益的属性。在监管过程中,需要把握正确的方向,对于公共财政出资的项目,应当强调师资配置和培养效果,确保区域内所有青少年都能得到公平对待。对于非公益培训机构,它们主要致力于提高青少年的竞技能力,重点是培养更专业的运动技能,因此,在监管中,应当注重审查其培训资质和安全防范措施。同时,也要确保上述各类机构的管理人员、体育指导人员的风险培训到位,以防止安全事故的发生。

最后,各地教育行政部门和体育行政部门要抓住寒暑假时期,开展技能培训夏(冬)令营。通常,青少年在寒暑假有较多自由支配的时间,在此期间,积极开展体育训练,不仅可以弥补春秋两季锻炼时间的不足,还能在一定程度上解决青少年沉迷网络、社交不足等问题。

### （二）研究建立青少年运动技能等级评定标准

应根据青少年体育需求和运动项目特点，以足球、篮球、排球、田径、游泳、体操、武术、冰雪运动、乒乓球、羽毛球等项目为试点，制定并实施青少年运动技能等级评定标准，大力推动广大青少年积极参加运动技能等级评定。各级教育行政部门也应将运动技能等级纳入学生综合素质评价体系。

## 五、推进青少年体育指导人员队伍建设

一方面，青少年正处于生长发育的关键阶段，他们的身体状态与成年人存在较大差异，运动需求也不尽相同。专业的体育指导人员对青少年的身体和心理状况非常熟悉，他们在组织青少年活动、激励青少年锻炼方面拥有更多经验，能提供专业的体育运动指导，并带领青少年科学运动。另一方面，我国青少年体育活动无论是在校内课程还是校外培训辅导方面，都存在着青少年体育师资、指导员队伍的短缺问题。从数量上讲，需要扩大青少年体育教师、指导员队伍，以弥补青少年体育指导的不足；从质量上讲，专业的体育指导人员直接参与青少年的课外体育活动，并对青少年的成长发展产生重要影响，因此，需要更多专业、优秀的青少年体育指导员。总的来说，无论是基于青少年运动科学性、专业性的要求，还是为了满足中小学课外体育指导与行为引导的需要，我国当前都有必要推进青少年体育指导员队伍的建设。

### （一）继续实施全国体育传统项目学校体育师资培训计划

《青少年体育活动促进计划》明确指出：要继续实施全国体育传统项目学校体育师资培训计划，开展本地区体育传统项目学校体育师资培训工作，不断提升体育教师的专业能力。这涉及培训对象和规划、培训组织形式和方式、培训预期目标三方面的内容。

### （二）大力实施基层教练员培训计划

在基层，大多数教练员要同时负责不同组别、年龄段的男、女队的训练工作，工作的强度与难度非常大，而与其他级别的教练员相比，基层教练员的工作质

量直接决定了竞技体育后备人才培养的质量,关系到我国竞技体育的战略发展。基层教练员主要来源于高水平运动员和体育专业院校生,他们在专业成长经历、专业技能、知识结构以及对运动项目和训练理念的理解方面都具有差异性。专业运动员赛场经验丰富,但是在知识传授方面可能有所欠缺;体育专业的院校生则对体校情况熟悉,理论基础厚实,对新训练方法和新器械的运用上手快,重视理论修养,但缺乏实践经验和高水平运动员的经历。《青少年体育活动促进计划》提出"大力实施基层教练员培训计划",目的就是要运用两者的长处服务基层训练,广泛选用人才,巩固竞技体育后备人才的培养根基,通过积极开展基层教练员培训工作和广泛选拔、录用基层教练员,改善我国教练员结构失衡的状况。

培训内容应符合现阶段青少年竞技人才队伍的发展状况,有针对性地开展一些项目的基层教练员培训,如足球、篮球、排球、乒乓球、游泳、冰雪项目等。对一些缺乏年轻运动员的运动项目和处于推广阶段的运动项目,应在当地体育教师和俱乐部教练员的队伍中选拔一些执教经验丰富、理论基础扎实的人员组成一支兼职教练员队伍,这既可以有效支援基层训练工作,又可以促进学校、体校、俱乐部三方相互学习训练经验。

具体到我国各个省(区、市),各地都有自己独特的传统强项和优势项目,对教练员人才的需求也因地域而异。我们可以根据实际需求和目标,构建一个全国性的教练员人才信息平台,该平台将详尽地包含教练员的个人基本信息、能力、特点、业绩以及个人需求等,以便各个基层训练点能够更精准地选择合适的人才,避免人才浪费或短缺的问题,从而形成一个完整的基层教练员人才供应链。

(三)加强青少年体育管理人员培训

青少年体育管理人员包括运动项目协会、体育传统项目学校、青少年体育俱乐部、青少年户外体育活动营地和青少年校外体育活动中心等组织机构的管理人员。这些管理人员的业务能力直接影响到地方青少年体育活动的开展成效。《青少年体育活动促进计划》因此特别强调了对这些管理人员进行培训的重要性，以确保地方青少年体育管理体系的高效运作。

（四）建立青少年体育指导人员队伍

《青少年体育活动促进计划》提出，"鼓励体育教师、教练员、裁判员、退役运动员和体育爱好者等各类人才通过培训获取社会体育指导员（青少年）资格，为青少年在校外进行体育锻炼、提高运动技能提供指导和服务"。对青少年体育指导人员的发展目标及任务提出要求，旨在扩大青少年体育指导人员的队伍，完善服务体系，提升业务能力，从而提高服务水平。从广度和深度两个方面建设发展青少年体育指导人员队伍，建成组织结构完整、人员数量充足且服务质量高的青少年体育指导人员队伍。

## 六、加强青少年科学健身研究与普及

当前，青少年科学健身的研究与普及工作面临着严峻的形势。青少年体质状况存在较大问题，身体素质水平并不理想，还出现了多种体质健康问题。解决这些问题，迫切需要青少年科学健身的指导和支持。然而，传统的重视智力发展而忽视体育锻炼的观念，以及应试教育的现状，导致许多青少年和家长对青少年科学健身的重要性认识不足。因此，青少年科学健身的研究与普及工作任重而道远。

当前，我国青少年的身体素质现状不容乐观，体质健康问题仍然严峻。不可否认，科学健身是改善身体素质十分有效的方法之一，特别是在我国青少年体质现状并不乐观的情况下，更要重视青少年科学健身的研究与普及工作，充分发挥科学健身对青少年体质的积极作用，通过科学健身让青少年的身体素质得到更快更好的提升。

（一）开展青少年科学健身研究

《青少年体育活动促进计划》指出，"各级体育、教育部门应研究和推广符合青少年身心特点、生长发育规律和兴趣爱好的体育项目、科学健身理论与方法、健身器材，提高青少年健身的科学性、合理性和有效性。加强对青少年肥胖、近视、脊柱侧弯、骨质健康和心理认知等重要问题的研究，积极探索行之有效的预防、干预模式，形成有针对性的解决方案，促进青少年身心全面发展"。

当前，青少年科学健身研究存在一个重要问题，即研究对象过于狭窄。大部分研究仅将青少年运动员作为研究对象，通过对特定运动项目运动员身体素质的分析，探讨身体素质与运动成绩、未来发展等方面的相关性，或是根据运动项目特性确定运动员需要强化的身体素质和相应训练方式、计划。这些研究内容并不适应目前青少年广泛人群科学健身普及的需求。因此，各级体育和教育行政部门应加强对全体青少年为对象的研究，以更好地指导青少年科学健身工作。

（二）推广青少年科学健身普及活动

此外，青少年科学健身普及工作的目标并非仅仅是举办多少普及活动，更重要的是普及活动的接受程度。如果公众对青少年科学健身的关注度、讨论参与度没有提升，那么青少年科学健身的普及工作就是徒劳的。因此，在如何进行青少年科学健身普及方面，各级体育、教育行政部门仍需努力。

《青少年体育活动促进计划》要求，"各级体育、教育部门应以青少年科学健身需求为导向，以体育课、体育活动和竞赛等为载体，向广大青少年普及科学健身的先进理念、基本知识、基本技能和有效方法；在校园、社区、文化体育活动场所，开展科学健身讲座、科学健身指导、科学健身知识竞赛等活动；鼓励优秀运动员和体育健身专家等走进校园、社区和青少年体育活动场所，传授科学健身方法；运用新媒体传播体育健身项目、运动损伤预防与康复等视频教程，对青少年进行科学健身指导"。

要真正做好青少年科学健身工作，关键还是要落到青少年身上，要对青少年普及科学健身知识，让青少年参与科学健身，从健身活动中有所收获，这样青少年科学健身工作才不会仅仅停留在理论层面。一方面，科学设定青少年科学健身普及的内容，使青少年能够运用知识进行科学有效的健身，并通过合理的健身锻炼强健的体魄。另一方面，注重青少年科学健身普及的方式方法，重视青少年学习生活中的多元场域，根据不同的场景和影响，发挥不同场域对青少年科学健身普及的积极作用。例如，在校园中，青少年主要通过体育课和课外活动等途径接受各类知识技能，教师可以丰富校园体育课的理论知识内容，并将理论教学和实践训练相结合，以青少年熟悉和乐于接受的方式传授新知识、新技能。在校外，可以借助社区、家庭等平台，以社区为单位举办科学健身讲座、进行科学健身指导活动，充实青少年的校外时间，发挥家庭氛围的优势，通过举办亲子活动、社区知识竞赛活动等方式，让青少年主动接受科学健身知识。此外，还可以充分利用当代年轻人熟悉的网络资源和平台，向他们传授科学健身方法。

## 七、加强对青少年的体育文化教育

"文明其精神，野蛮其体魄。"体育从本质上来说就是身体教育。每一项体育运动，每一场体育赛事，每一次体育活动背后所蕴含的独特精神和文化，都是教育过程中不得不重视的一部分。没有文化教育的体育，只能是野蛮的化身。

从体育弱国到取得瞩目的竞技成绩，再到如今建设体育强国的战略目标，体育事业与中华民族伟大复兴的中国梦密不可分。体育强国梦承载的是国家兴盛、民族振兴的梦想；体育精神、体育文化是实现中国梦的过程中不可或缺的精神力量。无论是为了完成建设体育强国的战略目标，还是最终实现中国梦，体育文化的传播和体育精神的弘扬都是不可或缺的一个环节。因此，各级体育、教育行政部门必须重视青少年体育文化的教育，为建设体育强国和实现中华民族伟大复兴奠定基础。

从教育影响来看，体育不仅带给学生强健的体魄，更将坚毅的性格和顽强拼搏的精神植根于他们的内心，在青少年教育中占据着重要的位置。然而，反观当前的体育教育现状，重智轻体的传统思想仍未得到根本扭转。即便在一些体育发展较为突出的地区，体育应试问题依然突出。一些人甚至将体育教育仅仅与身体教育等同起来，忽略了体育在青少年文化教育、精神塑造方面的重要作用。因此，加强体育文化教育的紧迫性和必要性不言而喻。

从全球视角来看，奥林匹克不仅是体育竞技的舞台，更是体育与文化交流的盛会。奥运会作为一个重要的平台，不仅展现了体育精神，也向全世界展示了举办国的丰富文化。例如，2008 年北京奥运会和 2022 年北京冬奥会，不仅呈现了中国数千年的历史，还展示了我国在现代化进程中的辉煌文化。在我们向世界展示体育与文化完美融合的同时，对青少年的体育文化教育显得尤为重要。

《青少年体育活动促进计划》将青少年的体育文化教育分为了以下 3 个任务。

### （一）弘扬体育精神

青少年体育文化教育的目的是让青少年深入理解体育所包含的精神与文化内涵，认识到体育不仅仅是身体的锻炼，更是精神和心灵的磨砺。这种理解对于青少年形成正确的价值观具有深远的影响。为了实现这一目标，我们需要精心选择教育内容，既要涵盖青少年教育的核心精神，又要易于他们理解和掌握，从而达到融会贯通的效果。

《青少年体育活动促进计划》指出，"在青少年中大力弘扬以爱国主义为核心的中华体育精神，开展奥林匹克文化教育，传承和推广民族传统体育，推进运动项目文化建设"。体育运动所承载的历史和文化经过长时间的沉淀和交融，孕育出了独特的体育精神。这些精神对于培养青少年积极向上的价值观至关重要，如太极所倡导的以柔克刚、龙舟运动背后的屈原悲壮故事、中国女排不屈不挠的斗志等，这些都在青少年的成长过程中发挥着不可估量的积极作用。在进行青少年体育教育时，我们要注重运动技能的培养，更要强调体育背后丰富文化内涵的传承，让青少年深入了解每一个运动项目的独特魅力，而不仅仅是培养强壮而粗野的未来人才。

### （二）传播体育文化

在推进青少年体育文化教育的过程中，我们应当充分利用学校和青少年体育社会组织的平台，发挥具有广泛影响力的公众人物，尤其是运动员的示范作用，对青少年进行高质量、高效率的体育文化教育。《青少年体育活动促进计划》要求，"各级体育、教育部门应鼓励青少年积极参与不同层次和形式的体育文化交流活动。鼓励优秀运动员、教练员等走进校园、社区，普及运动项目知识，讲解运动项目规则和标准，宣传运动项目文化、体育赛事文化和体育礼仪文化"。

文化的传播，离不开传播平台的重要作用。首先，我们应充分利用学校、社区等平台，通过设置体育课程和举办丰富多样的体育活动，激发青少年积极参与体育锻炼的热情。同时，通过各类体育文化交流活动、校园体育赛事等形式，让青少年亲身感受体育文化的魅力。其次，我们要充分发挥运动员的示范作用，积极引导青少年向优秀运动员学习。让受到青少年喜爱的运动员、教练员等，借助体育文化传播平台与青少年进行体育文化交流，发挥榜样力量，传播积极的体育文化。

（三）营造体育文化氛围

体育文化的教育，不能仅仅依靠几次讲座或活动，我们应为青少年营造一个浓厚的体育文化氛围，对他们产生潜移默化的影响。文化氛围对青少年群体具有极其重要的影响，对体育文化的了解和感知，能够为青少年创造一个良好的体育文化氛围，引导他们积极参与体育活动，培养良好的运动习惯，使体育文化真正深入人心，成为青少年未来生活的重要组成部分。因此，《青少年体育活动促进计划》要求，"各地应充分利用报刊、广播、电视和网络等渠道，加强青少年体育宣传力度，营造全社会关心、重视和支持青少年体育的良好舆论氛围。扶持青少年体育影视和体育文学作品创作。鼓励家长积极参与青少年体育文化活动，培养家庭体育文化、营造体育锻炼氛围"。

**第九章**

# 我国青少年体育活动促进举措

　　党的二十大报告提出了"加强青少年体育工作"的明确要求。作为一项党委领导、政府主导、全社会参与的系统工程，在优先发展青少年体育的国家法治建设框架内，新时期全面实施青少年体育活动促进计划，必须以习近平新时代中国特色社会主义思想为指导，以"健康中国""体育强国"国家战略为指引，以《"十四五"体育发展规划》及新周期《青少年体育活动促进计划》为参照，抓住重点，有条不紊地予以推进。新时期青少年体育活动促进工作要向体育活动广泛普及、保障条件坚实有力、政策体系建立健全等方向积极谋划，并通过卓有成效的行动予以推进。

## 第一节　推进新一轮《青少年体育活动促进计划》实施

### 一、实施新一轮《青少年体育活动促进计划》

　　政策的执行和落实是将政策期望转化为实际成果的决定性环节。我国公共体育服务组织管理具有"大政府、小社团"的特征，政府在公共体育服务发展中具有绝对的控制权[1]。受各种因素影响，我国体育政策法规在贯彻落实中存在许多问题，包括立法层面先天欠缺、考核监督机制欠缺、组织机构执行低效等[2]。新时期要继续实施新一轮《青少年体育活动促进计划》，这是改善青少年体质健康问题、发挥政策统筹力量、实现青少年体育良好发展的关键之举。第一，各级政府和相关部门要对《青少年体育活动促进计划》进行充分解读，并结合地方特色制订地区的、更加具体的青少年体育活动促进计划。第二，要加强组织自身能力建设，明确权责划分，将归属于部门职能的工作完成好，将需要部门协同的工作参与好，以促进青少年体育活动广泛普及开展为统一目标，充分发挥各部门的主管优势，使整个政府形成一股合力，共同促进青少年体育的良好发展。第三，物质保障是促进工作落实的障碍，但也是政府需要强化的工作内容。政府应当进一步完善青少年体育活动的保障条件，对于地方政府难以独自支持的资金、资源等内容，应当重新审视政策规划与激励机制，建立健全保障体系运转机制和协同发展机制，充分调动社会力量，让其投入到青少年体育活动的开展中来。第四，各行政部门应当对现存工作方案、工作机制予以积极变革，如学校体育课程内容的优化、社会活力的激发、考评机制的设立等，从多方面升级优化青少年体育活动促进的工作体系。第五，应当探索借助大数据、云计算等工具，设计政府执行的阶段性汇总与审查，建立全国性的《青少年体育活动促进计划》执行指标数据库，加强对地方政府执行过程、执行效果的监督和指导。

## 二、健全青少年体育活动促进政策体系

### （一）提升政策指引性和可操作性

《青少年体育活动促进计划》是引导青少年体育活动开展的指向和标准，

---

[1] 李留东，田林，杜浩楠，等. 美、德、英三国公共体育服务建设经验及启示 [J]. 天津体育学院学报，2019，34（6）：466–473.

[2] 李娟娟，胡旭忠. 山西省贯彻落实体育政策法规的长效机制构建 [J]. 当代体育科技，2019，9（27）：13–15.

政策内容的针对性与可操作性直接关乎促进计划的实施效果和评价，尤其是各省（区、市）在落实促进计划的过程中，应具备更加细化、针对性更强、可操作的具体方案。首先，要从政策规划上紧跟新《体育法》的修订变化，尽快落实"将体育科目纳入初中、高中学业水平考试范围"的法律要求，并建立相应的体育考查政策方案，切实让社会和家长从主观上转变思想观念，重视青少年体育活动。其次，青少年体育活动促进计划的目的性和手段性有待提升，以体育活动提升青少年体质健康水平，但还应构建起更具针对性的活动体系，使活动规划与具体预期紧密联系，以成果期望推动各项活动的落实。最后，青少年体育活动促进是一项系统、复杂的工程，需要相关部门设立更加健全的保障计划，使每一项活动任务都有完善的配套政策予以支持，切实保障场地设施齐全、资金支持到位、组织培育有效、活动种类齐全、师资人员充足、主体协作顺畅、管理机制健全，打造出科学完备的青少年体育活动促进计划。

### （二）完善相关配套政策

配套政策是辅助支持青少年体育活动开展的重要补充内容。当前，我国青少年体育还存在巨大的发展空间，但各类活动的开展和管理仍处于探索阶段，体育的育人功能需要得到有效发挥，青少年体育的重要程度需要加强，青少年体育组织的评价与监管需要完善，基础设施建设有待增强，体教融合的深度及效果还不理想。一方面，政府应当主导建立多种类的专家智库，辅助开展相应领域的理论研究与科学规划，促使政府在幼儿体育发展、儿童和青少年健康干预等专项工作上更具科学性。另一方面，体育行政部门、教育行政部门、民政部门、市场监管部门等应当立足于自身职能，积极投身于青少年体育的发展建设之中，在自身领域之内不断完善各项管理制度，为青少年体育的发展营造出健康积极的政策环境。

### （三）健全政策评价体系

活动评价是判断开展青少年体育活动促进工作效果的重要内容，是发现青少年体育活动促进不足的重要手段，也是改善青少年体育活动促进计划的重要基础。当前，我国体育标准化工作正处于改革建设之中，青少年体育活动的相关评价标准也应顺势编制。尽管相关政策的出台对辅助青少年体育活动评价具有重大意义，然而青少年体育活动的促进不能仅依靠现有政策予以评判，应当建立更为直接、更具有针对性的评价标准。从青少年校园体育参与来看，应当建立日常参与、体质监测和专项运动技能测试相结合的考查机制，对青少年参与体育的频率以及参与后的体质提升状况、技能学习情况等进行全方位的评价，建立学生体质健康档案，把体质健康测试情况列入学生成长记录或素质报告。从青少年体育活动整体评议来看，政府应当对青少年体育活动促进计划的实施结果、体育活动的开展过程、体育活动最终成效等多个方面进行全方位的标准界定，内容应当更加完备，指标应当更加清晰，标准应当更加合理有效，形成科学规范的青少年体育活动评价指标体系。同时，应加强对各类青少年体育活动组织及赛事等的监管，推进线上线下一体化监管模式，为规范青少年体育活动发挥力量，并将此作为后期审议评价、完善相关政策要求的事实依据。

## 第二节　满足青少年需求的体育活动供给

### 一、正确认识青少年体育活动的多元需求

各级政府应不断丰富体育活动供给，从开展主体、受众群体、活动内容等多个角度进一步认清青少年体育活动开展的创新点和着力点，打造更加适配全体青少年、助力青少年全面发展、满足青少年多元需求的青少年体育活动供给内容。

从活动目的来讲，青少年体育活动可以分为四大类：一是以学校为主体，社会、体校的资源补充参与的校园体育活动，以体育教学和课后辅导为主要方式，目的在于传授学生基础健康知识，提升学生的基本运动能力。二是以社会体育组织和市场化的体育机构为主体，为青少年提供更加丰富的专业运动技能培训

活动,目的在于满足青少年的个体兴趣和个性化需求,加强专项运动技能的掌握。三是举办多种多样的赛事活动,包括以政府、单项体育协会为主导的专业级别竞赛和以社会力量为主导的品牌化赛事两大类型。四是以知识科普为主要目的,多开展文化展演、场馆展览、科普书籍出版等形式的活动,重点在于普及体育相关知识、营造浓厚的社会体育氛围。

从人群划分来讲,不同年龄段的孩子具有不同的体育活动选择偏好。幼儿体育的发展对青少年健康成长具有重要意义。研究表明,体育游戏的完成需要体力活动与思维活动紧密结合,有利于发展幼儿智能,符合幼儿活动规律,是适合幼儿年龄特征的特殊体育活动 [1]。幼儿阶段的体育活动以各类体育游戏为主要活动方式,而儿童和青少年则以更加专业的运动技能学习和训练为主。

从项目种类来讲,随着"体育与健康"类课时占比的增加,以及新时期体育强国建设的进一步开展,拓展体育活动种类、内容,是满足青少年体育需求、激发青少年运动热情的重要内容,也是普及中华传统体育项目、推广新兴体育项目、着重发展重点体育项目的重要手段。

## 二、广泛深入开展各类青少年体育活动

### (一)扩大人群覆盖面

当前,我国各类青少年体育活动及相关科学健身研究存在着人群差异化明显、地区发展不平衡等问题。一方面,儿童和青少年中不同年龄层次的体育活动发展具有较大差异,尤其是对幼儿人群缺乏明显关注,其体育活动的发展相较中小学生明显落后,长期呈现出活动概念混乱、内容体系缺乏科学性、测试及评价成人化等问题 [2]。另一方面,"十三五"时期,《青少年体育活动促进计划》评估报告显示,各省(区、市)青少年体育活动开展差异较大,存在明显的不平衡、不充分问题,如陕西、广西等经济欠发达地区的政府财政资金

---

[1] 吴雪玲. 体育游戏在幼儿素质教育中的作用 [J]. 体育学刊, 2003, 10(4): 111-113.
[2] 庄弼, 任绮, 李孟宁, 等. 幼儿体育活动及其内容体系的思考 [J]. 体育学刊, 2015, 22(6): 64-70.

拨款数甚至不到上海市的 3%，开展青少年体育工作面临极大阻力；相较于中心城区学校，农村地区学校也普遍面临着体育教师缺编、器材缺乏、场地设施条件差等问题。

体育强国的重要根基在于全民健康的达成和全民健身意识的培育，青少年体育活动作为实现体育强国国家战略的重要途径，人群覆盖的"全面广泛"是基本要求，也是"十四五"期间应当被重点关注和达成的目标。首先，增加幼儿体育活动人群。幼儿时期是青少年养成习惯、发掘爱好、亲子互动的关键时期，幼儿体育的发展对青少年培养运动技能、养成健康锻炼生活习惯具有正向促进作用 [1]。积极开展幼儿体育活动，帮助孩子们从幼儿时期开始接触体育、塑造体质、发掘兴趣、培养爱好。其次，扩大参与青少年体育赛事人群。体育赛事是检验训练教学效果的杠杆，但赛事等级划分、赛事创立目标等多方面的差异性导致青少年参赛人群受限，不同赛事的成绩认可度、奖励差异度等也会直接影响青少年参与各类体育赛事的积极性 [2]。因此，需要也有必要构建青少年体育竞赛体系，充分培育各类社会主导的青少年体育赛事，扩大青少年体育赛事的人群覆盖范围。最后，覆盖不同区域青少年体育活动人群。《"十四五"体育发展规划》指出，"国内体育发展不平衡不充分问题依然突出"，满足青少年的一般性体育活动诉求是青少年体育活动促进计划的根本要求，但当前我国基础性青少年体育公共服务的提供仍旧不足，这多是由城乡地域的经济和文化差别导致的。"青少年体育活动促进"，促进的是全体青少年的体育活动状况，应当进一步关注偏远及贫困地区的体育活动开展能力和水平，保障全国青少年都能够参与到体育活动中来。

（二）课内外体育活动多样化

随着党和国家对青少年体育的愈加重视，我国中小学体育课的课时、教

---

[1] 陶小娟，汪晓赞，范庆磊，等. 新时代中国幼儿体育发展的现实问题与应对策略 [J]. 体育科学，2021，41（9）：24-34.

[2] 柳鸣毅，丁煌. 我国体教融合的顶层设计、政策指引与推进路径 [J]. 上海体育学院学报，2020，44（10）：13-27.

学等均有了极大提升，但仍存在着学生没有掌握一项体育运动技能的现实问题 [1]。只有不断探索课内外体育育人新方案，重视体育、将体育纳入日常生活的序列内容，才能进一步满足体育活动开展和青少年体育发展的需求。《"十四五"体育发展规划》提出，"深化体教融合政策精神，推动发挥学校技能普及、体校专业化训练、社会力量个性化培训功能，推动建立主体多元、途径多样的青少年体育优秀人才培养体系"。一方面，要把体育课上好。学校要开齐开足体育课，切实提高课堂教学质量，指导学生掌握健康知识和运动技能，通过购买服务的方式以体校专业资源或社会专业力量补充校园体育服务供给，保障学校体育活动的高质量开展。另一方面，要把课外体育活动开展得足够丰富。要孵化培育青少年体育活动新业态，推动青少年体育活动与教育、医疗、旅游、文化创意等产业融合发展，各地依据地方特有资源优势或需求重点，使青少年体育活动在体旅融合、体育文创等活动内容创新发展的过程中，吸引更加广泛的社会力量参与投资建设，培育打造独具特色的青少年品牌活动。以学校为第一阵地，以政府为统筹，进一步提升体校和社会力量的参与程度，尤其是青少年体育社会组织要在提供多样化的体育活动、专业化技能指导、品牌化体育赛事等多个方面发挥其特色力量，形成充满活力的社会体育资源供给模式。

（三）丰富活动种类、内容与形式

随着"双减"政策的出台和教育部最新课程标准的发布，"体育与健康"类课程课时占比达到10%~11%[2]，这是我国减轻中小学生学业压力，为儿童和青少年提供良好体育环境的重要举措，也是对学校体育教学、社会体育活动开展提出的巨大挑战。学校体育教学课程内容改革和社会体育活动发展仍是一项长期工程。首先，要拓展活动的种类。可以通过丰富多彩的青少年体

---

[1] 许弘，李先雄. 体教融合背景下青少年体育活动开展的困境与思考 [J]. 体育学刊，2021，28（2）：7–12.

[2] 教育部. 教育部关于印发义务教育体育与健康课程标准（2022年版）的通知 [EB/OL].（2022–03–25）[2022–04–08]. http://www.moe.gov.cn/srcsite/A26/s8001/202204/t20220420_619921.html.

育活动，培养青少年树立健康理念、具备基本运动能力、拓展专项运动技能，激发青少年积极参与的热情，满足青少年独特的个性化需求。其次，要丰富活动的内容。随着新时期体育强国建设的进一步开展，武术、摔跤、龙舟等中华传统体育项目需要得到普及，新兴的攀岩、骑行等户外运动项目需要不断被推广，"三大球"运动和冰雪运动等重点项目也应得到进一步关注和发展。最后，要增加活动的形式。2022 年 6 月，国家体育总局办公厅发布《关于进一步加强群众体育工作安全风险防控的通知》，要求大力推进"互联网＋体育"的形式，充分利用互联网平台持续开展好"奔跑吧·少年"线上系列活动，通过健康打卡、体育教学、云端分享等形式，辐射带动广大儿童和青少年及其家庭参与全民健身。

（四）提升青少年体育活动成效

新《体育法》提出的"优先发展青少年和学校体育""实行青少年和学校体育活动促进计划""促进青少年身心健康和体魄强健"等要求仍需逐步实现。青少年体育活动促进不仅要广泛开展体育活动，使青少年形成体育锻炼的习惯，使全社会形成体育健身的氛围，更要通过体育活动取得更为深刻的成效。青少年体育活动的深入开展应当取得文化养成、习惯养成、心理塑造等成效。《体育强国建设纲要》将体育文化繁荣纳入重点战略任务。一方面，从各类体育工作的开展自主性来说，应当形成外部推动到内生自发的转变，各级政府和社会青少年体育活动的开展不能仅由政策法律强制推行，要形成为了青少年健康、为了青少年发展而自主自发开展推进的常态化工作意识，从根本上转变为了完成任务而开展的"绩效式"工作模式。另一方面，从活动目的来说，应当具备从关注体质健康到关注青少年内心塑造的转变。我国青少年体育在起步和改革阶段需要外力推动，以改善体质健康状况为初级目标，开展各类活动，但其长足发展最重要的依靠还是体育文化和精神力量。要达成体育强国战略目标，更离不开体育文化的弘扬和精神力量的指引，必须在儿童和青少年内心根植体育的重要性，使他们养成自主运动、自发锻炼的健康生活习惯，营造良好的社会氛围，这样才能有利于青少年体育的长久发展。

## 第三节 以多元主体为基础的协同治理

### 一、明晰青少年体育活动促进主体互动权责

《青少年体育活动促进计划》在研制初期就秉承"多部门协同"的理念，在坚持以政府为主导的同时，强化部门责任，促进多部门协调统筹，调动全社会资源共同支持、开展青少年体育活动。青少年体育活动的蓬勃开展需要各政府部门、各社会组织、学校等多元主体的协同参与，合作越顺畅就越有利于主体资源优势的充分发挥。首先，新修订的《体育法》对教育行政部门和体育行政部门在青少年体育活动促进中的职能进行了更加明确清晰的划分，"教育行政部门和学校应当将体育纳入学生综合素质评价范围，将达到国家学生体质健康标准要求作为教育教学考核的重要内容"，"体育行政部门应当在传授体育知识技能、组织体育训练、举办体育赛事活动、管理体育场地设施等方面为学校提供指导和帮助"。教育行政部门与体育行政部门应当充分承担起各自的职责权力，充分发挥其教育或体育资源优势，保障行政部门对青少年体育活动的综合指导与管理。其次，教育行政部门与学校之间应该在"学生体育活动安全管理与风险防范、学生体质健康监测评估"方面进行积极合作，教育行政部门要对学校进行充分支持与监督管理，学校则应立足校园与学生实际情况创新特色体育活动。最后，新修订的《体育法》规定，"教育行政部门应当将体育运动学校的文化教育纳入管理范围"，因此，如何对各体育运动学校开展符合青少年发展需要、符合体育生实际状况的教育模式，也是当前教育行政部门面临的一大挑战。各行政部门、各级政府以及体育社会组织之间需要形成更加系统顺畅的青少年体育互动模式，立足自身职责能力，充分在协同合作中共同应对"十四五"时期青少年体育活动的各类问题和需求。

### 二、强化"融合""协同"新理念

融合发展与协同治理已成为当前我国体育治理的重要思想理念。一方面，

协同治理具备 4 个主要特征：治理主体多元化、子系统的协同性、自组织间的协同以及共同规则的制定 [1]。通过协同，可以更加便利地汇聚体育资源、强化系统能力，加强政社家校的协同发展，形成以政府为主导、家校联动、社会力量配合的青少年体育活动体系，这是解决青少年体育活动促进分层分块发展的重要方式。要不断探索设立专门机构，负责统筹政府、社会力量、学校、家庭、青少年自身的联动互通，探索政府出资、社会承办（如体育俱乐部、公益团体等）、学校推动、家庭参与、青少年感兴趣的多元协同供给模式。利用协同联动机制充分调动课外体育相关的各类资源，有效促进青少年体育活动参与的积极性，形成"学生—家庭—学校—社会—政府"多元互动的青少年体育活动良性生态圈。

另一方面，体教融合不仅是一项政策手段，更是新时代青少年体育发展的新机制、新理念。体教融合具有全面性、整体性、协调性的特点 [2]，这就与青少年体育活动促进所关注的以体育活动促进青少年的全面发展、青少年体育活动对包括幼儿在内的全体儿童和青少年的普适性，以及中央与地方之间、不同区域之间、不同部门之间、政府与社会之间、社会多元主体之间的齐抓共管、协同推进具有指导性和一致性。要全面贯彻落实党和国家关于体教融合相关政策的精神，以体教融合为引领，推动青少年文化学习和体育锻炼协调发展，健全整合资源、协同育人体制机制，完善体教融合政策体系，使体育和教育行政部门在青少年体育教学机制、人才培养机制、服务社会机制，在教育理念、教学方法、教学条件、社会参与等方面实现一体化设计、一体化推进、一体化落实。各级体育行政部门应主动融入学校体育，尽快研究制定在校学生运动水平等级认证、社会体育俱乐部校园准入、体育传统特色学校评定等标准，以标准化工作推动青少年体育活动高质量发展，在提高体育课质量、开展业余训练、举办赛事等方面发挥作用。

---

[1]  李汉卿. 协同治理理论探析 [J]. 理论月刊，2014（1）：138–142.

[2]  李爱群，吕万刚，漆昌柱，等. 理念·方法·路径：体教融合的理论阐释与实践探讨——"体教融合：理念·方法·路径"学术研讨会述评 [J]. 武汉体育学院学报，2020，54（7）：5–12.

### 三、完善"政、社、校、家"的青少年体育活动促进参与机制

#### （一）政府全面实施《青少年体育活动促进计划》

政府是《青少年体育活动促进计划》制订实施的关键主体，对促进计划的全面落实起着总体把控作用。2020 年，我国接连发布了 3 份关于青少年体育的重磅文件——《关于全面加强和改进新时代学校体育工作的意见》《深化新时代教育评价改革总体方案》《关于深化体教融合　促进青少年健康发展的意见》，进一步提升了青少年体育工作的地位，进一步明确了青少年体育改革发展方向。《青少年体育活动促进计划》是建设体育强国、实现健康中国宏伟蓝图的关键计划，政策设计的内容、各级政府的学习把握、相关部门的认识程度、基层政府体育服务供给等，都是能否贯彻落实促进计划的影响因素。政府部门应当充分意识到青少年时期是终身体育行为养成的关键阶段，积极发挥青少年体育在体育强国建设、推动经济转型升级、增强国家凝聚力和文化竞争力等方面的重要价值和独特作用；应当明确划分领导责任，积极动员基层组织机构和社会力量，构建符合地方特色与实际情况的制度管理体系和统筹治理机制。青少年体育活动促进工作是一项系统、复杂、长期的工程，需要多部门、多主体长时间协同作用，定期根据实践进展与反馈形成符合时代潮流的独特规划。

#### （二）社会力量积极参与青少年体育活动服务

社会力量是提供青少年体育活动服务主体中最具活力的部分，也是管理最为复杂的部分。体育社会组织应当积极参与青少年体育活动，充分发挥自身能动性、专业性的价值，以体能训练为核心，专注于运动习惯的养成和正确动作模式的建立。体育社会组织对青少年个性化体育需求的满足具有政府和学校都难以匹配的适应性，在基本体育素养构建之上，结合不同青少年的个体素质差异和喜好差异，针对性地提供多元体育产品和服务，这是《青少年体育活动促进计划》高质量实施、体育强国建设高质量发展的重要内容。体育社会组织还应积极承担起青少年体育赛事开展、青少年竞赛体系建立的责任，依托组织优势和项目特色，打造具有高度影响力和知名度的精品体育赛事，使青少年在组

织中学习、在赛事中成长，形成一体化的青少年体育培养路径。全国性单项体育协会应积极承担起赛事定级、分级分类划分的职能，使青少年体育竞赛在项目领域形成畅通、合理的等级划分，为青少年参与各类体育赛事提供规范、科学的管理和评定环境。

（三）学校努力推动体教融合深度发展

学校是青少年体育发展的首要阵地，是体教融合的主战场。学校体育教学与课外培训是青少年学习体育知识技能、参与体育活动的两大主要路径。首先，学校应当进一步改革教学培养模式，紧密结合青少年身心发育的特点和需求，以培养青少年综合体育素养为目标，专注于运动基本能力和健康基础知识的学习，并在冰雪运动、"三大球"运动、中华优秀传统运动项目的推广普及中起先导作用。其次，学校通过政府购买课外体育服务的方式引入社会力量，以摆脱自身专业性和资源不足的困境。以"安踏体育课"为例，可以有效改善青少年体育课程科学性与专业性的不足、体育课枯燥及缺乏体育素养等多种问题，用专业、科学的体育课程激发青少年的运动兴趣。

（四）家庭全力支持青少年参与体育活动

家庭是青少年生活的基本阵地，是引导青少年行为最直接的场所，对青少年的体育参与产生重要作用。研究数据表明，父母体育锻炼行为对孩子体质具有正向促进作用，得到父母支持的孩子的体质健康达标的优良率高于没有得到父母支持的孩子，父母参与体育活动的状况可以作为子女参与体育运动的预测因素，并且早期的社会体育化经验可能影响个体终身参与体育的情况[1]。孩子的运动参与可以分为两个时期：一是幼儿时期，二是学生时期。幼儿时期，孩子难以独立运动，需要得到父母的陪伴和支持，因此其成长几乎完全取决于家庭早期体育教育的启蒙，亲子体育活动可以最大化地满足幼儿运动与父母陪伴

---

[1] 李彬彬，符明秋. 家庭影响青少年体育参与的研究进展 [J]. 成都体育学院学报，2004，30（1）：12–15.

的双重需求，如乒乓球、羽毛球、篮球等趣味性较强的球类运动项目受场地限制较小，可以在社区、公园等地轻松开展；各类社会组织机构提供的亲子体育活动更加规范、科学且教育意义更强，但这类亲子活动的参与取决于家庭的消费能力和消费意愿。学生时期，青少年更加独立，其运动爱好和体育技能的选择逐渐分化，父母的支持可以为青少年选择运动项目提供更多机会，促进青少年在运动与坚持中不断成长。

## 第四节　青少年体育活动保障的整合优化

### 一、完善青少年体育师资队伍建设

体育教师和体育教练员是参与青少年体育活动开展、培养青少年体育能力提升的重要资源，与青少年体育活动的质量息息相关。当前我国青少年体育师资力量明显不足，学校体育教师和各地各项的专业教练员水平参差不齐，直接影响青少年的运动锻炼效果和成绩。《体育强国建设纲要》强调，加快体育人才培养和引进，建立健全适应体育行业特点的人事制度、薪酬制度、人才评价机制，并在"青少年体育发展促进工程"中专门指出：引导建立幼儿体育课程体系和师资培养体系。落实教练员培养规划，实施教练员轮训，提高青少年体育教练员水平。《"十四五"体育发展规划》从优秀体育教师和教练员的引进、培养、管理等方面对青少年体育骨干队伍建设提出了明确要求，提升青少年体育活动指导人员能力势在必行。一方面要加强政策引导，开展对体育教师、教练员、社会体育指导员、退役运动人员的培训，提升其专业性和指导能力；另一方面要完善人力资源管理机制和模式，从人员引进、开发、培训、激励、保障等多个层面予以支撑和保障。

## 二、加强青少年体育活动经费投入

经费问题是阻碍各省（区、市）青少年体育活动顺利开展的一个重要因素，尤其是经济欠发达的边远地区普遍存在经费欠缺而导致的社会组织发展不良、基础设施建设不足、活动能力欠缺以及奖励激励不充分等困难。《青少年体育活动促进计划》评估报告显示，2018 年国家体育总局本级使用彩票公益金298 700 万元，其中仅 38 460 万元用于开展青少年体育活动，占比 12.9%；此外，经济欠发达地区的青少年体育经费与发达地区相比具有明显差距，资金短缺问题较为严重。《体育强国建设纲要》提出，要完善公共财政体育投入机制，多渠道筹措资金支持体育强国建设。一方面，地方各级政府应不断加大对青少年体育的财政投入，提升财政保障能力，健全财政投入稳定增长的机制，加大彩票公益金用于青少年体育活动开展的力度；对于经济欠发达地区，上级政府要予以一定扶持，保障地区间青少年体育活动基本投入的平衡。另一方面，国家应当引导和支持融资方式创新，鼓励社会力量参与、投资青少年体育，推动形成多元化、多层次、多渠道的青少年体育活动投资体系，利用市场和社会经济资源补充资金投入，形成政府保障基础、社会激发繁荣的资金保障模式。

## 三、健全青少年体育基础设施

青少年运动场地和安全标准的器材设施是青少年体育活动广泛开展的重要条件。《体育强国建设纲要》单列"青少年体育发展促进工程"，专门强调要推进幼儿体育器材标准体系建设。当前，青少年体育场地设施是制约青少年体育活动促进的一大短板。从学校内部来看，许多市区小学由于场地受限，校内难以容纳众多学生同时进行体育活动。从学校外部来看，虽然足球场、全民健身中心、体育公园等项目进展顺利，但在青少年校外体育活动中心和青少年户外体育活动营地建设上的投入较为不足，面向青少年的体育健身器材、基础设施不健全。

青少年体育活动促进工作应当更为关注青少年体育场地设施资源的开发与

利用，针对青少年体育活动的特点和需求，保障校内场地设施与基础体育器材的配备，合理调整公共体育设施对青少年的适用性。一方面，教育行政部门要建设好学校体育场地设施、配好体育器材，完善学校体育场地设施对外开放制度，出台开放治安管理和安全保障工作办法，鼓励学校体育场馆开放的市场化、专业化运营，保障学校体育活动的场地设施资源配备。同时促使体育资源充足的学校成为社会或社区青少年体育服务的资源提供者。另一方面，体育系统要将青少年体育场地设施纳入全民健身和公共体育场馆的建设规划之中，完善青少年体育场地设施和运动器械标准，通过给予适当税收优惠方式促进体育系统的各类公共体育设施、体校免费或低收费向青少年开放，新建居住区、城乡社区等基层场所也要统筹配置青少年体育场地设施，保障青少年体育活动基层场地设施和社会专业场地设施的双重提供。

### 四、建立体育网络信息服务平台

互联网服务平台是青少年及家庭获取体育服务信息的重要方式，也是强化舆论宣传、回应社会需求的重要渠道。《体育强国建设纲要》指出，"推进全民健身智慧化发展。运用物联网、云计算等新信息技术，促进体育场馆活动预订、赛事信息发布、经营服务统计等整合应用"。2020年发布的《国务院办公厅关于以新业态新模式引领新型消费加快发展的意见》，提出建立健全"互联网＋服务"和电子商务公共服务平台。青少年在校内的信息获取极为有限，青少年体育信息服务平台的建设可以整合社会多方资源，一方面为青少年的体育活动提供更多选择，另一方面可以为体育社会组织提供良好的宣传渠道，使课后体育培训、青少年体育赛事、体育冬夏令营、体育科普等各类青少年体育活动信息在平台内部被规范地公示与管理。

### 五、培育建设青少年体育社会组织

体育社会组织是青少年课外体育活动开展的重要场域，是政府购买体育服务、深化体教融合的关键要素，是激发社会体育活力、实现体育产业繁荣发展的重要实体。当前，我国体育社会组织的管理仍处于变革和适应阶段，社会力量投入青少年体育发展建设的活力有待加强。当前，我国大部分省（区、市）都面临着青少年体育组织数量少、规模小、质量参差不齐、管理不够完善等现象，这也是制约"十三五"时期青少年体育活动蓬勃开展的问题之一。从组织培育视角来看，体育运动学校、体育传统特色学校、青少年体育俱乐部、青少年校外体育活动中心等青少年体育组织有待成长完善，各级政府部门需要对青少年体育组织予以一定扶持，在不断提升组织数量的同时，保障青少年体育组织向高质量方向发展；从人员保障视角来看，有待招纳培养各类体育组织专业性人员，既要保障组织内部专业指导员、教练员等的基本能力，又要不断提升其专业素养，以应对不断变化的服务需求；从管理制度视角来看，青少年体育组织自身需要加强自我管理和功能定位，形成适应环境需求和组织发展需要的管理模式，并以此建立独具特色的体育供给。同时，各级政府和监管部门应当加强风险防范和监督审查，保障体育社会组织外部的约束性和管理规范，实现健康有序的青少年体育组织发展。总之，政府要加强对青少年体育组织培育的重视程度，引导创建发展青少年体育行业协会，鼓励各地成立青少年体育行业协会，推动财税相关优惠政策落实和完善，降低青少年体育俱乐部运营成本，鼓励将青少年体育赛事活动交由青少年体育社会组织承办。要积极构建青少年体育社会组织扶持、管理、服务和监督体系，引导青少年体育社会组织规范健康运营。

## 第五节　激发青少年体育参与内驱力的文化塑造

### 一、激发内驱力，合理引导青少年积极参与体育活动

理想信念是人生的灯塔，是前进的方向，是个人行动的自发性、内生性动力。理想信念关乎青少年的终身成长，具有远大理想信念的时代新人更能以理想信

念为指引，关注当下自身发展建设，理解体育对个人成长的重要作用。根据"人民主体性"思想，培育时代新人是推进体育强国建设的根本立场，因为体育强国战略需要依靠人民来实践，人民主体的需求就是体育强国建设的价值追求，人民对体育的获得感和满意度是衡量体育强国建设的尺度[1]。"少年强则中国强，体育强则中国强"，青少年的身心健康、体魄强健对于一个国家、民族、社会和家庭都具有不可替代的重要意义。青少年需要意识到体育的重要作用，远大理想信念需要依托于当下健康的体质、强健的体魄，从而产生精神动力，自发自主地参与到体育活动中来。

模仿是榜样影响力的基础，模仿可以使一个人原有的行为模式得到巩固或改变，使原来潜在的行为倾向得到体现，使人学到新的行为[2]。通过榜样教育，青少年可以学习运动健儿的拼搏精神并培养体育爱好，从而形成积极健康的运动生活习惯和品德修养。在历届奥运会上，中国的奥运健儿生动地诠释了奥林匹克精神和中华体育精神，他们的拼搏、汗水、努力、顽强，乃至最终站上领奖台的那一刻的喜悦都深深影响着人们。"中国力量""中国速度""中国风采"向全世界生动展现着新一代朝气蓬勃的中国年轻人形象。2021年8月，中共中央、国务院向第32届奥运会中国体育代表团致贺电，"激发广大人民群众特别是青少年参与体育运动的热情"这一提法在历届贺电中首次出现。把运动健儿的榜样作用融入青少年体育活动，首要任务就是在全社会树立起奥运健儿的良好形象，发挥标杆的号召及影响力，让榜样力量去领航，鼓舞激励更多的青少年了解体育、热爱体育，激发广大青少年积极参与体育运动的热情，为体育强国、健康中国建设构筑体魄强健的坚实基础。榜样作为示范的价值主体需要得到青少年的广泛认知和了解，通过奥运健儿进校园、冠军大讲堂、冠军直播课等多种形式，让奥运健儿在青少年面前讲述个人经历，塑造起可供模仿的个人形象，鼓舞青少年积极参与体育活动，并以具有相似

---

[1] 于素梅，王晓燕. 培育时代新人推进体育强国建设的理论内涵及实践探索 [J]. 体育学刊，2021，28（6）：1-7.

[2] 戴锐. 榜样教育的有效性与科学化 [J]. 教育研究，2002（8）：17-22.

的体育精神为荣。

## 二、加强文化引领，大力发展青少年体育文化教育

（一）将青少年体育活动与奥运精神和中华体育精神相衔接

体育文化是人们在体育运动及其相关领域中产生或创造的物质产品、思想观念、制度、思维模式、行为模式等，它包括人类在体育活动中所创造的物质文化、制度文化、精神文化[1]。青少年作为我国发展的主要人才后备队伍，健康的身体素质和健全的心理人格都是支持国家发展的保障，青少年体育活动要与体育文化的培育充分融合。一方面，要充分发挥好优秀运动员的引领作用，支持青少年运动员积极参与不同层次和形式的体育文化交流活动，通过青少年与优秀运动员的趣味互动，增强青少年体育参与的兴趣，用中华体育精神激励青少年爱党爱国、乐观向上、拼搏进取。另一方面，要充分挖掘运动项目文化的内涵，积极组织开展"中华武术走进乡村学校少年宫"等中华传统文化传承活动，引导青少年以武习礼、修身律己，增进青少年对中华优秀传统文化的认知、认同，弘扬中华优秀传统文化，各地还可依托当地传统文化与传统体育项目，开展具有地方特色的体育文化普及和教育活动，将体育项目的文化性、趣味性和健身性相结合，进一步拓展青少年体育活动的内容和形式。

（二）广泛利用大众传媒进行体育推广和奥林匹克教育

中华体育传统文化、奥林匹克精神与当前我国体育强国建设和构建社会主义核心价值体系具有一致性。借奥运会、冬奥会举办之际，大力宣传体育文化，在青少年中开展奥林匹克教育，弘扬奥林匹克文化，进一步加强中华体育精神的普及和教育，向青少年倡导文明观赛、文明建设等体育文明礼仪，不仅是促

---

[1] 杨文轩，冯霞. 体育文化在社会主义精神文明建设中的地位和作用 [J]. 体育学刊，2006，13（1）：4-7.

进青少年参与体育活动的重要手段，而且是青少年体育活动促进的重要内容。原创小说、剧本、读本、百科等都是青少年喜闻乐见的文化作品形式。以体育为主要题材的读本、百科以其科普性、客观性可以向读者直观地展现体育魅力，能够帮助青少年快速了解体育相关知识。北京 2022 年冬奥会期间，冬奥组委支持一些单位出版了《履冰踏雪冬奥会：青少年冰雪运动绘本百科》等一系列科普作品，面向青少年群体，以简洁、幽默的语言和大量手绘图介绍了冬奥会的起源、文化等内容，以及北京 2022 年冬奥会的竞赛场馆、竞赛项目、竞赛规则等知识，并融入优秀冰雪运动员的故事，增进读者对冬奥会的了解。小说、剧本等作品则具有鲜明的故事性，以主角视角带领读者进入一个丰富有趣的体育世界。《夺冠》《摔跤吧！爸爸》等都是优秀典型的体育影视剧作，在给予青少年精神感动的同时，引导其树立坚定的体育信仰，鼓舞其践行奋斗的体育精神。

# 主要参考文献

[1] 罗默. 高级宏观经济学（第四版）[M]. 吴化斌，龚关，译. 上海：上海
    财经大学出版社，2014.

[2] 胡庆龙. 罗纳德·哈里·科斯：新制度经济学创始人 [M]. 北京：人民邮
    电出版社，2009.

[3] 孔泾源. 中国经济生活中的非正式制度安排 [J]. 经济研究，1992(7)：
    70-80.

[4] 罗必良. 新制度经济学 [M]. 太原：山西经济出版社，2005.

[5] 李冰，周爱光. 二战后日本青少年课外体育活动的政策及启示 [J]. 体育
    与科学，2012，33(6)：106-112.

[6] 柳鸣毅，张朋龙，李健楠，等. 英国青少年校外体育参与模式研究——兼论
    政府、社会和市场的权界 [J]. 沈阳体育学院学报，2016，35(4)：78-83.

[7] 卢现祥. 西方新制度经济学 [M]. 北京：中国发展出版社，2003.

[8] 谭庆刚. 新制度经济学导论：分析框架与中国实践 [M]. 北京：清华大学
    出版社，2011.

[9] 体育总局，教育部，中央文明办，国家发展改革委，民政部，财政部，共青团
    中央. 关于印发《青少年体育活动促进计划》的通知 [EB/OL].（2018-01-17）.
    [2022-05-23].https://www.sport.gov.cn/qss/n5015/c844024/content.html.

[10] 肖林鹏，等. 中国青少年体育活动促进发展报告. 2017[M]. 北京：人民
    体育出版社，2018.

[11] BECKER G S. A theory of competition among pressure groups for political
    influence[J]. The quarterly journal of economics,1983,98(3):371-400.

[12] STIGLER G J. The theory of economic regulation[J]. Bell journal of
    economics,1971,2(1):3-21.

# 后记

　　2013 年初，有幸借助主持国家体育总局青少年体育司（以下简称"青少司"）委托项目"青少年体育俱乐部评估工作性研究"的机缘，我开始涉足青少年体育研究领域。2015 年初，我的团队承担了青少司委托研究项目"青少年体育活动促进计划"的研制。该项目是对"十三五"期间《"健康中国 2030"规划纲要》《全民健身计划（2016—2020 年）》等一系列党和国家重要政策中明确提出的要求（"实施青少年体育活动促进计划"）的落实。

　　在青少司原司长刘扶民、原副司长张智的指导参与下，在青少司发展指导处原处长朱英、原副处长徐杰等同志的大力支持下，在各省市体育局青少处领导的支持帮助下，团队在研制青少年体育活动促进专门政策过程中均感受益颇大。于我而言，恐怕受益更多。我于 2015 年发起成立国家体育总局青少年体育司、天津体育学院青少年体育研究中心，2016 年成为"青少司青少年体育发展战略研究小组"成员，2018 年获批国家社科基金项目"青少年体育活动制度研究"，2021 年担任国家体育总局"十四五"体育决策咨询专家，2023 年主持国家体育总局体育决策咨询重大项目"青少年体育发展机制研究"……至今想来，那段岁月、那段经历对我把青少年体育作为首选研究领域起到了决定性作用。无论是获批科研项目，还是兼职学术活动，以及发表学术成果，青少年体育这块阵地都给予了我最无私、最充足的滋养。我发自内心地感念、感恩由青少年体育而结缘的领导、同人、青年才俊……

　　本书成稿也是在我过去主持的国家社科基金项目成果基础上编写而成的，由衷感谢北京体育大学出版社领导、编辑老师的厚爱，此书才得以付梓。在书稿的编校过程中，我再次有机缘得以结识编辑老师，并得到他们的精心审核赐教。在此过程中同样受益匪浅，在编辑老师的细心审稿、慧眼识别过程中，我不断收获着来自另一个系统的正知正念，感受着鼓舞，同时也有一定压力。心中的学术躁动不断被平息，不断为某些书稿文字差强人意而惴惴不安，甚至一度产生撤稿之念。

在我看来，书稿部分文字差强人意乃我之责，我会永远虚心接受大家批评。

发自内心感谢我的老搭档靳厚忠教授。由衷感谢胡庆、凌晨、枢佳等一群青年才俊在我最需要的时候出手相助！

是为后记。

肖林鹏

2024 年 5 月 9 日于北体校园